本书系江苏省第六期"333高层次人才培养工程"培养对象研究成果

法医类司法鉴定意见
专门审查实务探析

邢 庭／著

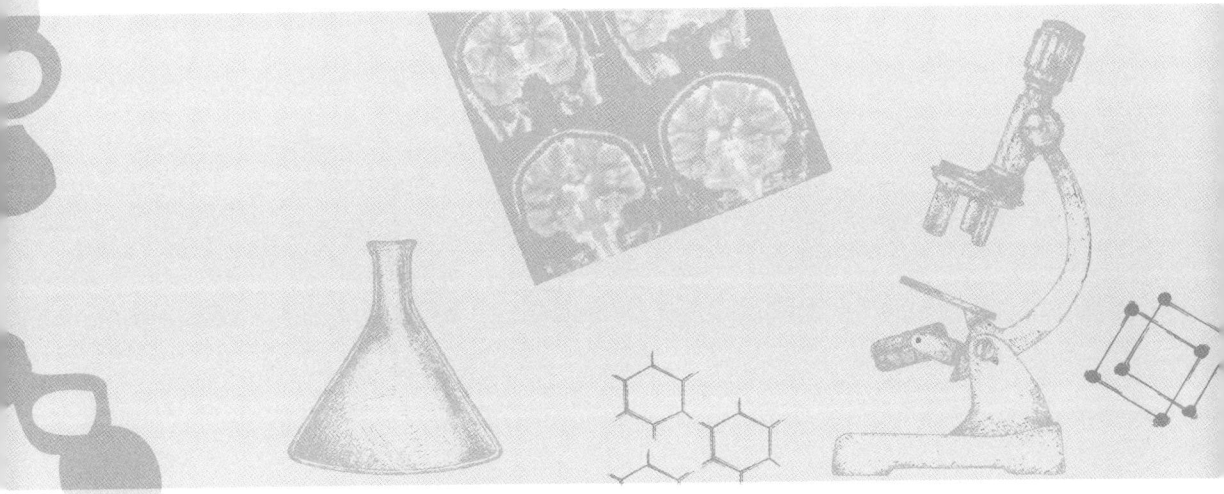

FAYILEI SIFA JIANDING YIJIAN
ZHUANMEN SHENCHA SHIWU TANXI

法律出版社
LAW PRESS · CHINA
北京

图书在版编目（CIP）数据

法医类司法鉴定意见专门审查实务探析 / 邢庭著.
北京：法律出版社，2024. -- ISBN 978-7-5197-9573-3

Ⅰ. D919.4

中国国家版本馆 CIP 数据核字第 20245EF260 号

法医类司法鉴定意见专门审查实务探析
FAYILEI SIFA JIANDING YIJIAN
ZHUANMEN SHENCHA SHIWU TANXI

邢　庭　著

策划编辑　许　睿
责任编辑　许　睿
装帧设计　鲍龙卉

出版发行 法律出版社
编辑统筹 司法实务出版分社
责任校对 郭艳萍
责任印制 胡晓雅
经　　销 新华书店

开本 710 毫米×1000 毫米　1/16
印张 27.5　　**字数** 448 千
版本 2024 年 12 月第 1 版
印次 2024 年 12 月第 1 次印刷
印刷 北京盛通印刷股份有限公司

地址：北京市丰台区莲花池西里 7 号(100073)
网址：www.lawpress.com.cn
投稿邮箱：info@lawpress.com.cn
举报盗版邮箱：jbwq@lawpress.com.cn

销售电话：010-83938349
客服电话：010-83938350
咨询电话：010-63939796

书号：ISBN 978-7-5197-9573-3　　**定价**：118.00 元

凡购买本社图书，如有印装错误，我社负责退换。电话：010-83938349

序 / Preface

证据是认定案件事实的基石，在刑事案件中，证据对于认定犯罪事实、准确定罪量刑具有至关重要的意义，确保证据的证据能力和证明力是检察机关作为诉讼机关的主要职责。检察人员通过对案件中的证据进行审查，是对证据是否具有证据能力和证明力的主要工作方法。鉴定意见作为刑事诉讼中的八种法定证据之一，需要专门知识的人运用科学理论和科学技术手段才能作出，专业性强、涉及面广，一般检察人员难以通过常识加以判断。因此，实践中需要通过具有专门知识的人的辅助审查，才能确保鉴定意见的客观性和科学性，以达到证明犯罪、打击犯罪的目的。

2017 年，中共中央办公厅、国务院办公厅印发《关于健全统一司法鉴定管理体制的实施意见》的通知，要求“人民法院和人民检察院要加强相关专业技术队伍建设，健全对鉴定意见等技术性证据的科学审查机制，提高对鉴定意见等技术性证据的审查判断能力，全面落实证据裁判规则”，这是检察机关技术人员对技术性证据材料进行审查的制度保证。

俗话说“隔行如隔山”，法医类技术性证据是伤害案件、命案等案件中决定案件性质和定罪量刑的重要证据之一，检察官虽然是办案主体，但对案件中的法医类证据审查往往无从入手。我们在对近年来披露的一些刑事错案分析后认为，鉴定意见的缺失或错误是导致错案发生的重要因素之一，因此借助具有专门知识的人的专业能力，加强对鉴定意见等技术性证据材料的辅助审查，在司法办案中就显得尤为重要和迫切，鉴于目前尚无较为系统论述技术性证据审查方面的著作，邢庭法医在较为系统研究的基础上、结合自己的工作实践，撰写《法医类司法鉴定意见专门审查实务探析》一书，是一种很好的尝试。

邢庭是江苏省人民检察院的一名法医技术人员，首批全国检察技术专家，具有在基层公安一线从事法医检验鉴定和省检察院从事法医鉴定、技术性证据审查的丰富经验；他既是江苏省检察机关的办案主力成员，也是江苏省人民检察院发布的如《法医类鉴定专门审查指引（试行）》等众多法医技术规范的主要制定参与者；他是一位具有法医学和法学双学位的复合型人才，入选江苏省“333高层次人才培养工程”培养对象，对法医类技术性证据审查具有丰富的理论和实践经验。本书以作者多年的司法实践和研究心得为视角，从问题实践、需求层面及应用维度出发，研究法医类鉴定专门审查工作的有效路径，提出专门审查范式，旨在规范开展法医类技术性证据专门审查工作，进一步提升专门审查工作的监督纠错作用，为高质效办好每一个案件提供技术支撑。作为他多年的同事，对他书中例举的一些案件也有所了解，这些案件从不同角度阐述了法医类技术性证据审查的路径、要点、难点，对易出现的风险点及防范补救措施等均作出了相对明确的指引，对公检法办案人员及律师具有重要的参考价值。虽然书中有些问题还有待完善，但仍不失为是一本在法医类司法鉴定意见专门审查领域具有相当借鉴作用的参考用书，值得一读，是为序。

全国检察业务专家
全国模范检察官　　顾晓生
主任法医师
2025年3月25日于南京

前言 / Foreword

近年来，在刑事诉讼中曝出有瑕疵的鉴定意见造成冤错案件的现象警示我们，鉴定意见的去伪存真非常重要。从社会中一些案件的发生可以看出，个案中或多或少暴露出鉴定意见运用出现的失真和错位的情形，同时也暴露了刑事诉讼鉴定意见审查过程中容易忽视的问题。

关于鉴定意见等技术性证据专门审查理论研究，是目前司法实践的热点，但是在专门审查理论与实践层面，尚缺乏系统的、具有可操作性的法医鉴定专门审查实务类书籍，我也尝试在专门审查规范指引、标准化等领域开展研究。

在工作实践中，通过与检察官、法官、侦查人员等法律实务办案人员的沟通协作情况来看，关于对鉴定意见等技术性证据专门审查进行体系化的梳理，并提出技术性证据专门审查的标准化的路径方法，明晰专业技术审查边界，识别办案中技术性证据的风险，显得尤为重要，这也是我创作的动力与源泉。

本书立足专门审查理论与司法实务，从实践问题、需求层面及应用维度，研究专门审查工作的有效路径，提出专门审查范式，旨在规范开展技术性证据专门审查工作，进一步提升专门审查工作的监督纠错作用，为高质效办好每一个案件提供技术支撑。

本书贴近实务，可作为侦查机关、监察机关、检察机关、审判机关、律师等法律职业共同体办案的主要参考，也可为法医学、司法鉴定学、法学等相关专业学习提供一定的借鉴。

本书是从法医司法鉴定角度谈鉴定意见的专门审查实务，所选取的72件典型案例，绝大部分是我从事法医工作以来参与办理的2500多件案件的一部分。书中观点有的是办案之余的科研思考，有的是案件会检会商时的思想碰撞，有的是在工作之余的探讨收获，有的是在授课交流时的感悟提升。成书付梓之际，我要感谢江苏省"333高层次人才培养工程"培养，感谢江苏省检察官协会大力资助，感谢我的领导、老师、同事与家人，正是因为你们的支持和鼓励，才使我的科研经历更加充实、更加自信。同时，本书在写作过程中，也得到全国检察、公安、法院系统以及科研院所等同行的大力支持，在这里也一并对他们的倾囊相助表示感谢。本书成书仓促，研究薄浅，希望大家提出宝贵的意见和建议。

邢　庭

2024年8月29日完稿于南京

目 录/Contents

第一章 鉴定意见专门审查之理论概述

第一节 鉴定与审查

司法实践中，鉴定意见作为法定的八种证据之一，在诉讼中起到了认定事实、定罪量刑、定分止争的关键作用。在我国刑事诉讼法、民事诉讼法、行政诉讼法等相关法律中，鉴定是查明事实的重要方法或手段之一。在司法实践中，需要通过鉴定的内容很多，不仅涉及诉讼中专门性问题的鉴定，除了法医类、物证类、声像资料、环境损害等“四大类”司法鉴定外，还有司法行政机关管理之外的“其他类”鉴定，如工程造价、产品质量、文物评估、会计、审计等鉴定。可以说，“专门性问题”与“鉴定”二者之间存在密切的关联。

一、鉴定与司法鉴定

（一）鉴定

对于“鉴定”一词，人们多从语义上并结合鉴定实践进行分析，例如，按照字面含义，“鉴”为仔细审视、查验或鉴别之意，而“定”则是根据前述审视等活动的结果作出的一种认定或断定，即“鉴别确定、鉴别认定”。巫宇甦教授认为，鉴定就是指运用专门知识对案件中某些专门性问题进行鉴别和判断。[①] 杜志淳教授认为，鉴定即辨别并确定真伪优劣。[②] 鉴定意见是鉴定人员就案件中的专门性问题向侦查机关、检察机关、审判机关、监察机关提供专业的判断意见，是鉴定人在观察、检验、分析等科学技术活动的基础上得出的主观性认识意

---

① 参见巫宇甦主编：《证据学》，群众出版社 1983 年版，第 175 页。

② 参见杜志淳主编：《司法鉴定概论》（第 3 版），法律出版社 2018 年版，第 1 页。

见，又称为专家意见。①

可以看出，鉴定是指为了解决专门性问题而由具有专门知识的人运用专门技术手段，所作出科学判断的过程。

（二）鉴定分类

从是否服务诉讼区分，鉴定可分为诉讼内鉴定、诉讼外鉴定。“诉讼内鉴定”是指在诉讼中开展或进行的鉴定，是在直接产生与法庭审理的诉讼进程中。与“诉讼内鉴定”相比，“诉讼外鉴定”是指在诉讼外开展或进行的鉴定。诉讼外鉴定多发生在诉前，当事人在诉讼过程中也可以并可能自行委托进行鉴定，诉讼外鉴定包括自行鉴定以及行政鉴定和侦查鉴定。②

从诉讼环节上区分，鉴定可分为刑事技术鉴定、检察技术鉴定等。刑事技术鉴定是公安机关因侦查工作需要，指派或聘请具有专门知识的人开展的鉴定。检察技术鉴定是人民检察院因侦查、审查起诉、审判、执行监督等环节，指派或聘请具有专门知识的人开展的鉴定。

从诉讼类别上区分，鉴定可分为刑事鉴定、民事鉴定、行政鉴定、公益诉讼鉴定等。

从专业类别上区分，鉴定可分为法医类鉴定、物证类鉴定、声像资料鉴定、环境损害鉴定等。

从鉴定对象上区分，鉴定可分为司法会计鉴定、知识产权鉴定、建筑工程鉴定、文物鉴定等。

从鉴定程序上区分，鉴定可分为初次鉴定、补充鉴定、重新鉴定、再次鉴定。

（三）司法鉴定

在我国，“司法鉴定”一词最早出现于1955年至1956年苏联专家楚贡诺夫编写的“司法鉴定”讲义。③ 1957年7月，“最高人民法院华东分院法医研究所”更名为“中央司法部法医研究所”的同时，成立了“司法鉴定科学研究所”，

---

① 参见何家弘、刘品新：《证据法学》，法律出版社2022年版，第205页。

② 参见王瀞仪：《论鉴定制度——以诉讼为中心展开》，四川大学2005年硕士学位论文，第29～31页。

③ 参见徐立根：《对我国鉴定制度中几个问题的研究》，载《刑事技术》2005年第4期。

承担法医学和刑事技术的检验鉴定工作,[①]至此,“司法鉴定”一词开始广泛应用于司法实践。

2005 年 2 月 28 日,第十届全国人民代表大会常务委员会第十四次会议通过了《全国人民代表大会常务委员会关于司法鉴定管理问题的决定》,第 1 条规定:“司法鉴定是指在诉讼活动中鉴定人运用科学技术或者专门知识对诉讼涉及的专门性问题进行鉴别和判断并提供鉴定意见的活动。”

2016 年 12 月 2 日,江苏省人民代表大会常务委员会以地方性法规形式,制定《江苏省司法鉴定管理条例》,该条例中所称司法鉴定,是指在诉讼活动中鉴定人运用科学技术或者专门知识对诉讼涉及的专门性问题进行鉴别和判断并提供鉴定意见的活动。

本书主要阐述与诉讼有关的司法鉴定,即在司法语境下的鉴定,主要是指依据相关法律规定,由当事人申请并经有关机关决定,或由有关机关依职权决定,指派或聘请具有专门知识的鉴定人,运用科学技术手段,对涉案的专门性问题作出判断的活动。简单地说,司法鉴定就是侦查、起诉、审判等诉讼活动中依法进行鉴定。[②] 诉讼外鉴定与诉讼内鉴定在实体内容上没有严格区分,本书不作详细阐述。

(四)鉴定机构

鉴定机构,是指鉴定人依法执业的场所。是根据法律和部门规章设立,在登记主管机关依法登记,从事在核准开展鉴定业务范围内开展鉴定活动的法人或其他组织。

按照中央政法委员会《关于进一步完善司法鉴定管理体制遴选国家级司法鉴定机构的意见》(政法〔2008〕2 号)的要求,检察机关、公安机关、国家安全机关所属的鉴定机构和鉴定人实行所属部门直接管理和司法行政机关备案登记相结合的管理制度。司法实践中,检察机关、公安机关、司法行政机关均制定了相应的登记管理办法。例如,《公安机关鉴定机构登记管理办法》(中华人民共和国公安部令第 155 号)、《人民检察院鉴定机构登记管理办法》(高检发办

---

① 参见郭华:《司法鉴定理论研究的五十年历程回顾与评价》,载《中国司法》2008 年第 8 期。

② 参见邹明理主编:《我国现行司法鉴定制度研究》,法律出版社 2001 年版,第 2 页。

字〔2006〕33 号)、《司法鉴定机构登记管理办法》(司法部令第 95 号)。

根据《全国人民代表大会常务委员会关于司法鉴定管理问题的决定》第 7 条的规定,人民法院和司法行政部门不得设立鉴定机构。在 2005 年《全国人民代表大会常务委员会关于司法鉴定管理问题的决定》实施以前,人民法院因审判等诉讼工作需要,可以设立鉴定机构开展法医技术等司法鉴定。司法行政部门也设立了有隶属关系的鉴定机构。为防止人民法院"自审自鉴"现象,以及司法行政机关登记管理工作的中立性和公正性,《全国人民代表大会常务委员会关于司法鉴定管理问题的决定》实施后,人民法院和司法行政机关不得设立鉴定机构,也不可以从事鉴定业务。

(五)鉴定人

鉴定人是具体实施鉴定工作的主体,是诉讼法中"诉讼参与人"。关于鉴定人的概念,在《刑事诉讼法》以及《公安机关鉴定人登记管理办法》(中华人民共和国公安部令第 156 号)、《人民检察院鉴定人登记管理办法》(高检发办字〔2006〕33 号)以及《司法鉴定人登记管理办法》(司法部令第 96 号)中的概念并不统一。总体而言,鉴定人是指依法取得相应的鉴定资格,接受指派或聘请,运用科学技术或专门知识对涉及的专门性问题进行鉴别和判断并出具鉴定意见的专门技术人员。鉴定人依据相关法律,并按照相关鉴定规则、技术规范开展鉴定,并遵循鉴定、回避、出庭作证等法定程序。

鉴定人管理主要包括鉴定资格申请登记、日常培训、能力评价、鉴定监督管理、法律责任等。人民检察院、公安机关、司法行政机关均制定了相应的登记管理办法。例如,《公安机关鉴定人登记管理办法》(中华人民共和国公安部令第 156 号)、《人民检察院鉴定人登记管理办法》(高检发办字〔2006〕33 号)、《司法鉴定人登记管理办法》(司法部令第 96 号)。

(六)关于"鉴定领域"的法律规定

1. "三大类"鉴定

2005 年 2 月 28 日,《全国人民代表大会常务委员会关于司法鉴定管理问题的决定》第 2 条规定:"国家对从事下列司法鉴定业务的鉴定人和鉴定机构实行登记管理制度:(一)法医类鉴定;(二)物证类鉴定;(三)声像资料鉴定;

(四)根据诉讼需要由国务院司法行政部门商最高人民法院、最高人民检察院确定的其他应当对鉴定人和鉴定机构实行登记管理的鉴定事项。法律对前款规定事项的鉴定人和鉴定机构的管理另有规定的,从其规定。"

其中,法医类鉴定,包括法医病理鉴定、法医临床鉴定、法医精神病鉴定、法医物证鉴定和法医毒物鉴定。物证类鉴定,包括文书鉴定、痕迹鉴定和微量鉴定。声像资料鉴定,包括对录音带、录像带、磁盘、光盘、图片等载体上记录的声音、图像信息的真实性、完整性及其所反映的情况过程进行的鉴定和对记录的声音、图像中的语言、人体、物体作出种类或者同一认定。

从以上法律规定可以看出,从 2005 年开始,法律规定了司法鉴定"三大类"领域,即法医类、物证类、声像资料鉴定,并对扩充性的鉴定领域作出兜底性规定,需要由司法部商请最高人民法院、最高人民检察院确定。同时,对"三大类"的子领域也作出细分规定。

2. 环境损害鉴定

2015 年 12 月 21 日,最高人民法院、最高人民检察院、司法部联合下发《关于将环境损害司法鉴定纳入统一登记管理范围的通知》(司发通〔2015〕117 号),为满足环境损害诉讼需要,加强环境发展、环境保护和环境修复工作,推进生态文明建设,根据《全国人民代表大会常务委员会关于司法鉴定管理问题的决定》和最高人民法院、最高人民检察院《关于办理环境污染刑事案件适用法律若干问题的解释》等有关规定,决定将环境损害司法鉴定纳入统一登记管理范围。

2015 年 12 月 21 日司法部、环境保护部联合印发《关于规范环境损害司法鉴定管理工作的通知》(司发通〔2015〕118 号),就环境损害司法鉴定实行统一登记管理和规范管理环境损害司法鉴定工作作出明确规定。

2019 年 5 月 6 日,司法部、生态环境部《关于印发〈环境损害司法鉴定执业分类规定〉的通知》(司发通〔2019〕56 号)规定,环境损害司法鉴定范围包括:(1)污染物性质鉴定;(2)地表水和沉积物环境损害鉴定;(3)空气污染环境损害鉴定;(4)土壤与地下水环境损害鉴定;(5)近岸海洋与海岸带环境损害鉴定;(6)生态系统环境损害鉴定;(7)其他环境损害鉴定。

至此,法定的司法鉴定领域为"四大类",即法医类、物证类、声像资料及环境损害鉴定。

二、审查与专门审查

审查,有“审视、调查”之义。而基于执法、司法机关的审查权而存立的技术性证据审查,是履行审查与判断、质证与认证职能的一部分,是证据审查的一部分,是办案人员对诉讼中涉及的鉴定意见等技术性证据进行审查并作出审查意见的活动。

鉴定意见等技术性证据专门审查,是具有鉴定资格的专业技术人员利用专门知识对诉讼中涉及的鉴定意见等技术性证据进行专门性审查,并出具专门审查意见的活动。核心是对专门性问题提出审查意见的活动。本书主要阐述鉴定意见专门审查。

(一)审查与专门审查[①]

对于鉴定意见等技术性证据的审查,从审查文本、审查理念、审查模式三个维度作以下梳理分析。

1. 规则审视:审查文本的脉络梳理

在刑事诉讼中,从技术性证据审查的文本脉络、发展历程可以看出,1988年最早提出了“文证审查”,2013 年重新提出了“技术性证据审查”,2018 年首次提出了“专门审查”,2019 年《人民检察院刑事诉讼规则》重申“专门审查”。法律规定不仅从制度上揭开了鉴定意见等技术性证据材料的神秘面纱,同时也徐徐展现了开展技术性证据专门审查的应然之基础。

2. 认识考量:技术性证据审查的理念转变

在刑事诉讼中,证据必须经过查证属实,才能作为定案根据。证据审查不外乎从证据能力和证明力两个层面开展实质审查,技术性证据审查是对证据进行查证属实的方法之一,“在协助检察官审查判断证据的客观真实性方面,发挥着重要作用,有效解决了案件实体方面的诸多问题”。[②] 鉴定意见等技术性证据材料的证据能力与证明力的审查,离不开有专门知识的人利用专门知识来

---

① 参见邢庭:《刍议检察机关技术性证据之专门审查——以〈人民检察院刑事诉讼规则〉第 334 条第 2 款内容为切入》,载《检察研究》2021 年第 1 辑。

② 周颂东、赵宪伟:《技术性证据审查与检察官办案责任制的辩证统一》,载《人民检察》2018 年第 22 期。

解决专门性问题。检察机关关于证据审查法律规定变化，不仅是规定本身的内容改变，更是审查理念的转变。

（1）证据审查理念转变

随着刑事诉讼法律的修改，刑事诉讼证据制度也随之发生重要变化，特别是党的十八大以来，随着以审判为中心的刑事诉讼制度改革、司法责任制改革的不断深入，在司法实践中，随着罪刑法定、证据裁判、疑罪从无等诉讼原则的深入贯彻，庭审实质化显得越来越重要，证据审查的主体地位不断彰显。

"从诉讼模式来看，新型审判模式从职权主义向当事人主义的转变，在以侦查为中心的诉讼制度逐渐向以审判为中心的证据裁判制度转变时，用于约束当事人双方取证、质证等证明活动的证据规则的缺失就成为瓶颈问题，从而对证据制度的重建产生了极大的需求。"①以审判为中心，本质上就是以庭审为中心，以庭审为中心本质上就是以证据为核心。因此，检察机关必须贯彻证据裁判的要求，构建以证据为核心的刑事指控体系。"要针对当前审查起诉环节封闭式办案、书面式审查的弊端，建立书面审查与调查复核相结合的亲历性办案模式；对命案等重大案件建立以客观性证据为主导的证据审查模式，实行技术性证据专门审查制度，完善对法医、物证等技术性证据审查机制，发挥技术性证据审查对办案的支持作用。"②

从诉讼要求来看，鉴定意见等技术性证据的专门审查要打破阶段性、孤立性、静态性审查的特点，不仅要溯源证据的发现、提取、固定、送检、鉴定等证据载体与证据事实形成的全过程，同时也要关注其来源的合法性以及与案件的关联性，把专门审查活动贯穿到诉讼全过程，这正是庭审中心主义的实践要求。

（2）专业审查理念的转变

"术业有专攻"，检察官审查判断证据，既要考虑事实认定又要考量法律适用。关于事实问题，检察官囿于在解决专门性问题时因专业技术领域知识储备不足，不得不将这部分审查判断的内容让渡于专业技术人员来协助完成，让专门的人运用专门知识做专门的事。以开展专门审查的形式，促使专门性问题的

---

① 张保生等：《证据科学论纲》，经济科学出版社 2019 年版，第 106 页。

② 孙谦：《新时代检察机关法律监督的理念、原则与职能：写在新修订的人民检察院组织法颁布之际》，载《人民检察》2018 年第 21 期。

审查回归到应有之义。

对比《人民检察院刑事诉讼规则(试行)》(已失效)第368条第2款与《人民检察院刑事诉讼规则》第334条第2款的语义不难发现,关于鉴定意见等技术性证据审查,检察机关不仅拓展了技术性证据的外延,而且从启动主体、审查对象、审查理念、审查必要性等方面大大加强了对技术性证据专门审查的力度。比如,将启动审查的主体由“公诉部门”修改为“人民检察院”,审查对象由“专门技术问题的证据材料”修改为“鉴定意见等技术性证据材料”,“审查”修改为“专门审查”,“可以送交检察技术人员或者其他有专门知识的人”修改为“按照有关规定交检察技术人员或者其他有专门知识的人”。

3. 实践趋向:技术性证据审查的模式推演

从审查文本到理念的转变,付诸实践,将产生制度性变革,即审查模式的推演。

(1)从单一主体审查到复合主体审查

从审查主体的模式看,技术性证据审查经历了单纯由专业人员协助开展,到外部专家提供审查的咨询、协助,到聘请有专门知识的人介入审查这一审查主体模式的转变,形成了从“专业人员审查”到“专业人员+有专门知识的人审查”模式的转变。2012年《刑事诉讼法》第192条第2款首次扩充规定了可以申请法庭通知有专门知识的人出庭,就鉴定人作出的鉴定意见提出意见,立法强化了对技术性证据的审查和质证;第192条第2款无疑会引起对技术性证据审查更为广泛的关注,这为检察机关技术性证据审查工作更为有效地发挥法律监督作用提供了广阔的发展空间。[①] 2018年,最高人民检察院《关于指派、聘请有专门知识的人参与办案若干问题的规定(试行)》开创性地扩充了审查的主体范围,即人民检察院除可以指派检察技术人员参与办案外,还可以聘请其他有专门知识的人辅助参与办案。2018年《刑事诉讼法》延续了2012年《刑事诉讼法》的这一规定。从上述法律规定的实质效果来看,引入有专门知识的人参与办案,是贯彻以审判为中心的诉讼制度改革的重要举措,是庭审实质化的重要内容,其促使技术性证据的证明作用与诉讼地位不断提升。

---

① 文宁、周万红、王娟:《检察机关文证审查工作法律问题探析》,载《中国司法鉴定》2013年第1期。

技术性证据的质量要求势必会传递到专业技术人员手中，由于专业领域的限制，某些时候在同一案件中专门性问题的种类较多，难以实现由同一专业技术人员完成，鉴定意见等技术性证据的专门审查也不再是检察官主导下的检察技术人员的“独角戏”“自留地”。因此，引入有专门知识的人参与办案，参与案件的专门性问题的审查，有助于弥补专业技术能力的缺憾，并有助于解决基层专业技术人员的短缺。在2019年《人民检察院刑事诉讼规则》中，共计有11条13款内容中出现了“有专门知识的人”，而此处“有专门知识的人”明显有别于鉴定人、有鉴定资格的人以及检察技术人员，[①]可以看出，人民检察院在引入有专门知识的人参与办案的制度设计上已作出了重要部署。

（2）从专业审查到专门审查

刑事诉讼中鉴定意见等技术性证据材料的审查大体经历了“文证审查”“技术性证据审查”“专门审查”几个发展阶段。

专业审查区别于专门审查，主要侧重于“专业”，侧重于从专业技术角度谈审查，即专业的事应由专业的人完成，专业审查具有孤立、单一审查的特点，是静态的、书面复核性审查。比如，在故意杀人案件中，文证审查一般直接针对鉴定文书、书面病历资料、检材、样本的复印件进行书面审核，就提供的文证材料进行审查，仅从形式上开展审查，审查内容局限于书面，无法深入原检验鉴定过程的背后，无法深层次开展实质性审查。

而专门审查体现“系统”，侧重从证据审查角度谈专门审查，具有系统、全面审查的特点。对于鉴定意见等专门性问题的审查，需要专门人员介入，利用专门知识开展专门审查。专门审查不仅要关注鉴定意见等技术性证据材料的客观性、科学性审查，还要注重鉴定意见的合法性、关联性审查，不仅要关注专业技术领域的专业审查，同时要注重不同审查主体之间的衔接配合。比如，在故意杀人案件中，专门审查不仅关注死亡原因鉴定意见的客观科学性，可能还要审查死因鉴定意见合法性，包括与现场勘验、DNA鉴定以及相关言辞证据之间的关联性。[②]

---

① 参见《人民检察院刑事诉讼规则》（2019年12月30日最高人民检察院第十三届检察委员会第二十八次会议通过）第196、332、334、335、358、392、395、404、406、420、609条。

② 参见邢庭：《我国刑事诉讼鉴定意见审查研究》，南京师范大学2017年硕士学位论文，第17页。

(3)从单一文证材料审查到综合全案审查

文证审查侧重于在“文证”上,对文证材料的审查,文证材料一般包括鉴定书、检验报告、检查笔录等证据材料,仅具有单一性、专业性、文书复核的特点。

而技术性证据审查、专门审查的审查对象不仅关注文证材料,而且还要求审查文证材料形成的过程审查,即对检验鉴定的形成过程进行回溯性审查,[①]不仅具有专业性、复核性的特点,而且综合全案审查,具有重现性的特征。

(4)从客观性审查到“三性”审查

文证审查的侧重点是审查材料的科学性、可靠性、准确性。最高人民检察院1988年《人民检察院法医工作细则(试行)》第21条规定,要检验记载是否全面、细致,检验方法是否规范、可靠,论点是否明确、清楚,论据是否科学、充分,结论是否客观、正确,以及是否符合鉴定目的和要求等,由此可以看出,是一般性、符合性审查。

而技术性证据专门审查不仅关注客观性审查,也有合法性、关联性审查的内容。如2013年《人民检察院法医工作细则》第25条规定的7款内容中,其中第1款规定了关于鉴定资质的合法性问题,第6款规定了审查勘验检查笔录中涉及法医学的内容与检验鉴定是否一致。[②]

(二)鉴定意见与专门审查意见

1. 鉴定意见

根据2005年2月28日第十届全国人民代表大会常务委员会第十四次会议通过的《全国人民代表大会常务委员会关于司法鉴定管理问题的决定》,司法鉴定是指在诉讼活动中鉴定人运用科学技术或者专门知识对诉讼涉及的专门性问题进行鉴别和判断并提供鉴定意见的活动。鉴定意见一般是指鉴定人接受委托或聘请,运用专门知识和技能,对案件中某些专门性问题进行分析、判断,并作出的专业意见。鉴定意见的基本特征可以归纳为科学性与诉讼性的统

---

① 参见邢庭:《刑事诉讼中法医学鉴定意见审查路径思考》,载《检察技术与信息化》2019年第5辑。

② 参见《人民检察院法医工作细则》(2013年12月3日最高人民检察院第十二届检察委员会第十三次会议通过)第25条。

一,主观性与客观性的统一。①

"鉴定意见"一词最早出现在美国使用,其实质就是专家证言,属于一种证人证言。在我国刑事、民事、行政三大诉讼法中,"鉴定意见"均规定为法定的证据种类之一。2005 年 2 月 28 日,全国人民代表大会常务委员会《关于司法鉴定管理问题的决定》将"鉴定"定义为"在诉讼活动中鉴定人运用科学技术或者专门知识对诉讼涉及的专门性问题进行鉴别和判断并提供鉴定意见的活动",首次将"鉴定结论"这一专用名词改称为"鉴定意见"。这一修改虽然只有两字之差,却充分体现了对鉴定人这一专门活动所提供的意见在立法上基本态度的转变,"鉴定意见"已不再是理所当然应当采纳的证据,赋予法官选择权,这一修改显然恢复了鉴定人所提供意见的本来面目,符合诉讼规律。② 2010 年 6 月,最高人民法院、最高人民检察院、公安部、国家安全部和司法部联合发布的《关于办理死刑案件审查判断证据若干问题的规定》以及 2012 年修改后的《刑事诉讼法》也将"鉴定结论"改称为"鉴定意见"。至此,学理上、法律上已经将鉴定人在鉴定活动中所提供的专门性意见正式统一界定为"鉴定意见"。

陈瑞华教授认为,从"鉴定结论"到"鉴定意见",法律意义重大:首先,表明鉴定人所提供的意见仅是一种证据材料,不再是定案根据的"结论";其次,鉴定人出具的鉴定意见不是唯一的,在诉讼过程中可以对其作出否定性判断。③樊崇义教授认为,从内部结构来看,"鉴定意见"是鉴定人根据自己所掌握的科学原理或科学方法,借助一定设备或仪器,按规定的流程或方式,对有争议的事实或物品进行分析,然后提出的分析判断意见,以帮助事实裁判者裁决纠纷。④

2. 专门审查意见

本书所称专门审查意见,是鉴定意见等技术性证据的专门审查意见。立法者对鉴定意见的态度的转变,也对规范鉴定意见的审查提出了新要求。同所有的证据一样,鉴定意见作为法定的证据种类,必须经查证属实,才能成为认定事实或者定案裁判的根据。鉴定的结果以鉴定意见为主要的形式载体,其在法律

---

① 参见苏青:《鉴定意见概念之比较与界定》,载《法律科学(西北政法大学学报)》2016 年第 1 期。

② 参见樊崇义、吴光升:《鉴定意见的审查与运用规则》,载《中国刑事法杂志》2013 年第 5 期。

③ 参见陈瑞华:《鉴定意见的审查判断问题》,载《中国司法鉴定》2011 年第 5 期。

④ 参见樊崇义、吴光升:《鉴定意见的审查与运用规则》,载《中国刑事法杂志》2013 年第 5 期。

上属于证据，需要经过审查、质证等法律程序后，方可作为据以定案的依据。[①]陈一云教授认为，“审查判断证据，是指司法人员对收集的证据进行分析研究，鉴别其真伪，找出它们与案件事实之间客观联系，确定其证明力，进而就案件事实真相作出结论的活动”。[②] 卞建林教授认为，“审查判断证据，是指国家专门机关、当事人及其辩护人或诉讼代理人对证据材料进行分析、研究、判断，以鉴别其真伪，确定其有无证据能力和证明力以及证明力大小的一种诉讼活动”。[③]笔者认为，鉴定意见是鉴定人根据专门知识作出专业判断并提供的专门性意见，鉴定书或检验报告等是鉴定人专门性意见的书面形式，鉴定人出庭表述的意见可视为鉴定意见的口头形式。鉴定意见既可以运用于诉讼活动中，同时也可以运用于行政执法、仲裁活动中。

鉴定意见等技术性证据专门审查是指，具有相应资格的审查主体接受委托，对诉讼中涉及的鉴定意见等技术性证据材料进行专门审查，并提出专门的审查意见的活动。广义上可以概括为：诉讼当事人、法定代理人、诉讼代理人、律师或辩护人、行政执法人员、侦查人员、检察人员、审判人员、专业技术人员以及其他有专门知识的人等依据一定的标准并按照规范的程序对鉴定意见进行考查、检查、分析、研究、论证、判断，以鉴别其真伪，确定其是否合法、科学、客观，并确定其与待证事实之间有无关联，能否作为认定依据的证据审查判断活动。对技术性证据审查是重要的证据审查判断活动，此处专门审查意见有别于审查逮捕、审查起诉、法庭审理阶段的检察官、法官的审查意见，系有专门知识的人运用专门知识对专门性问题开展专业审查，是辅助检察官、法官开展审查的专项活动。

鉴定意见等技术性证据专门审查属于“技术性证据审查”范畴，但其在审查对象、审查范围、审查内容、审查方式上明显区别于“文证审查”“书证审查”“文书证据审查”等概念，本文对此不再赘述。

鉴定意见与专门审查意见的区别主要在于（见本书第五章第二节表 5－2）：鉴定意见侧重于正向评价判断，审查意见侧重反向审视、监督。鉴定意见侧重

---

① 参见关颖雄：《物证技术司法鉴定概念的反思——以鉴定质量监控为背景》，载《城市学刊》2016 年第 3 期。

② 陈一云主编：《证据学》，中国人民大学出版社 1991 年版，第 226 页。

③ 卞建林：《证据法学》，中国政法大学出版社 2000 年版，第 408 页。

于鉴定前、鉴定中解决专门性问题，审查意见侧重于鉴定后解决专门性问题。鉴定意见侧重于客观性、科学性考量，而审查意见不仅考量客观性、科学性，还兼顾合法性、关联性。

案例1 张某交通肇事案——鉴定与专门审查的应用范围

某日晚，张某酒后驾驶机动车，在城市道路上高速行驶，在某一十字路口与行人王某、赵某因琐事发生纠纷，在争执过程中，张某无故将王某、赵某打伤，后王某突然倒地死亡，张某驾车逃离现场。该案被公安机关刑事立案。经查，张某受伤后在犯罪现场遗留有散在的血迹，张某有精神病史，王某生前患有严重的冠心病。

（一）可能涉及的鉴定项目

（1）死亡原因鉴定，即确定王某的死亡原因。王某的死亡与其所受外伤之间的因果关系；王某所患疾病在死亡进程中的作用与地位，伤病关系分析；致伤方式、致伤工具、死亡时间等。

（2）损伤程度鉴定，即确定赵某所受之伤的伤情。根据最高人民法院、最高人民检察院、公安部、国家安全部、司法部颁布，自2014年1月2日起施行的《人体损伤程度鉴定标准》，判断其伤情是否属于重伤一级、重伤二级、轻伤一级、轻伤二级或轻微伤。

（3）伤残鉴定，即确定赵某所受之伤的伤残等级。根据最高人民法院、最高人民检察院、公安部、国家安全部、司法部颁布，自2017年1月1日起施行的《人体损伤致残程度分级》，确定被害人赵某所受损伤遗留的残疾程度。

（4）人体血液酒精含量鉴定，即确定张某的驾车行为是属于酒后驾车还是醉酒驾车，查验其具体的血液酒精含量。根据《车辆驾驶人员血液、呼气酒精含量阈值与检验》（GB 19522—2024），判断张某的驾车行为属于饮酒后驾车（≥20mg/100ml，<80mg/100ml），还是属于醉酒后驾车（≥80mg/100ml）。

（5）法医精神病鉴定，即确定张某的刑事责任能力。判断张某是否患有精神障碍，患有何种精神障碍，其作案时的辨认控制能力如何。

（6）DNA鉴定。根据现场提取的现场遗留血迹，确定系何人所留，即与犯罪嫌疑人张某及被害人王某、赵某的血样进行DNA进行比对，进一步作同一认定。

(7)车辆速度鉴定。根据《道路交通事故车辆速度鉴定》(GB/T 33195—2016),判断张某驾驶车辆时在某时间段或时点的行驶速度。

(8)声像资料鉴定。根据沿途的路面监控以及现场的监控资料,运用数据碰撞、图像清晰化处理、声音同一认定等技术手段,进一步确定驾车人并还原案件过程。

(9)骨龄鉴定。借助于骨骼在X光影像中的特定图像来确定犯罪嫌疑人张某的骨骼年龄。在了解人的骨龄情况时,通常要拍摄人左手手腕部的X光片,医生通过X光片观察左手掌指骨、腕骨及桡尺骨下端的骨化中心的发育程度,来确定骨龄。

(二)可能涉及的专门审查项目

本案中,除了关于鉴定意见的程序性审查外,可能涉及的实体性专门审查内容有:鉴定方法是否得当,分析论证是否科学,鉴定意见是否明确等。

(1)死亡原因鉴定。关于王某的死因鉴定意见,审查伤病关系分析、因果关系分析等是否客观、科学。

(2)损伤程度鉴定。关于赵某的损伤程度鉴定意见,审查赵某的伤情是否客观,是否达到伤情稳定,鉴定时机是否恰当,有无分清新鲜伤、陈旧伤,伤病关系分析是否得当,外伤与损害后果之间的因果关系是否清晰,标准适用是否准确。

(3)伤残鉴定。关于赵某的伤残程度鉴定意见,审查赵某的残疾是否客观,是否达到伤情稳定,鉴定时机是否恰当,有无分清新鲜伤、陈旧伤,伤病关系分析是否得当,外伤与残疾后果之间的因果关系是否清晰,标准适用是否准确。

(4)人体血液酒精含量鉴定。审查检材的来源是否明确,提取过程是否规范,血样是否有污染,保管是否得当,标准方法适用是否得当,血液酒精鉴定结果与呼气酒精检测结果是否有明显差异,差异的原因能否说明。

(5)法医精神病鉴定。审查张某是否患有精神病,患有何种精神病,作案时的辨认控制能力如何或是否受到削弱,精神障碍诊断标准以及刑事责任能力评定标准是否明确、得当,张某的刑事责任能力属于完全刑事责任能力、限制刑事责任能力还是无刑事责任能力人。

(6)DNA鉴定。审查血样的来源是否合法,标准方法是否得当,鉴定结果是否明确。

(7)车辆速度鉴定。审查车速鉴定适用的标准方法是否得当,意见结果是否客观。

(8)声像资料鉴定。根据沿途的路面监控以及现场的监控资料,运用数据恢复、图像清晰化处理、声音同一认定等技术手段,进一步确定驾车人并还原现场案发过程。审查图像鉴定、语音同一认定等鉴定标准方法是否得当。

(9)骨龄鉴定。审查骨龄鉴定的方法是否得当,测定骨龄的方法有简单计数法、图谱法、评分法和计算机骨龄评分系统等,最常用的是G-P图谱法和TW2(TW3)评分法。协助解释骨龄鉴定的影响因素,进一步解释骨龄鉴定意见的证据价值。最高人民检察院2000年2月21日《关于"骨龄鉴定"能否作为确定刑事责任年龄证据使用的批复》规定:"犯罪嫌疑人不讲真实姓名、住址,年龄不明的,可以委托进行骨龄鉴定或其他科学鉴定,经审查,鉴定结论能够准确确定犯罪嫌疑人实施犯罪行为时的年龄的,可以作为判断犯罪嫌疑人年龄的证据使用。如果鉴定结论不能准确确定犯罪嫌疑人实施犯罪行为时的年龄,而且鉴定结论又表明犯罪嫌疑人年龄在刑法规定的应负刑事责任年龄上下的,应当依法慎重处理。"骨龄鉴定结论是可以作为证据使用的。不过,骨龄鉴定结论作为证据使用,并非"当然采用",而要综合多方面因素考虑。

因此,在具体的刑事个案中,由于不同案件的侦查、起诉、审判工作需要,以及诉讼证据标准要求,会产生不同的鉴定需求以及由此衍生的专门审查工作需求。

第二节　有专门知识的人的意见

在以审判为中心的刑事诉讼制度改革的背景下,强化鉴定人出庭,进一步推进有专门知识的人辅助出庭,是严格贯彻证据裁判原则、庭审实质化的重要体现。与勘验、检查笔录以及鉴定意见不同的是,有专门知识的专家辅助人的意见是着力保障诉讼参与人对鉴定意见的质证权,但在参与诉讼的程序设置、专门意见的证据效力等方面因缺少明确的规制,从而使参与诉讼的方式、效果受到制约,其意见的法律地位与证据效力大打折扣。

本节通过比较分析刑事诉讼法中专门知识的人的“三种参与方式”“三项职责”“三种意见形式”,进一步从证据能力与证明力的角度探索刑事诉讼中专家辅助人作为有专门知识的人参与诉讼的意见效力。

为严格贯彻证据裁判原则,切实增强庭审的对抗性以及诉讼中鉴定意见和相关专门性问题的科学说理、证明效果,法律设置并增加有专门知识的人的相关规定,这是以审判为中心的刑事诉讼制度改革的重要体现。制度设计的初衷也体现了专门性问题的解决必须经过有专门知识的人通过分析得出专门性意见,专门性意见具有明显的专门性特点,且专门性意见必须经过质证、认证的过程。

“有专门知识的人”是一个广义概念,它是具备专门知识的人对于案件中的专门性问题提出的专业意见。在刑事诉讼中,包括“勘验、检查人员”“鉴定人”“专家辅助人”,关于“专家辅助人”制度一直是专家学者与司法实务界讨论关注的话题。

一、有专门知识的人的法律规定

2018 年《刑事诉讼法》中关于“有专门知识的人”的概念共出现三次。作为相关诉讼活动的实施主体,分别是:“侦查”章节中“勘验检查”与“鉴定”主体,以及“一审程序”中的“出庭”主体。具体见以下法条。

《刑事诉讼法》第 128 条规定:“侦查人员对于与犯罪有关的场所、物品、人身、尸体应当进行勘验或者检查。在必要的时候,可以指派或者聘请具有专门知识的人,在侦查人员的主持下进行勘验、检查。”

《刑事诉讼法》第 146 条规定:“为了查明案情,需要解决案件中某些专门性问题的时候,应当指派、聘请有专门知识的人进行鉴定。”

《刑事诉讼法》第 197 条规定:“法庭审理过程中,当事人和辩护人、诉讼代理人有权申请通知新的证人到庭,调取新的物证,申请重新鉴定或者勘验。公诉人、当事人和辩护人、诉讼代理人可以申请法庭通知有专门知识的人出庭,就鉴定人作出的鉴定意见提出意见。法庭对于上述申请,应当作出是否同意的决定。第二款规定的有专门知识的人出庭,适用鉴定人的有关规定。”

二、有专门知识的人三种意见形式

从上述法律条文可以看出,法律将涉及需要借助专门知识解决的专业性、专门性问题交给了具有专门知识的人，并赋予对应的专门职能。《刑事诉讼法》在侦查、审判等诉讼环节中设置了有专门知识的人参与诉讼的三种参与方式，即“三项职责”：勘验检查、检验鉴定、庭审质证。在实践中，履行此三项职责，有“三种意见形式”，即勘验检查笔录、鉴定意见、专家辅助人意见。

三、有专门知识的人三项职责比较

勘验检查、检验鉴定、庭审质证作为有专门知识的人的“三项职责”，它们之间既有联系又有区别。

1.“三项职责”之间的联系

联系：三者都是由具备一定专门知识的人来完成。

(1)参与主体身份的特殊性。“三项职责”均由具有专门知识的人实施，主体一般应具有鉴定人身份，其身份均具有特殊性。勘验检查人员应具有相关资质，并持有现场勘查证方可开展现场勘查工作；鉴定人同样应具有相应的鉴定资质并按照相关鉴定规则开展鉴定活动；专家辅助人虽没有明确的规定，但从《刑事诉讼法》第 192 条之规定来看，其应具备参与诉讼中专门性问题所表达意见的专门知识。

(2)启动方式的被动性。“三项职责”主体均应接受指派和聘请，或者应申请通知参与诉讼，启动方式具有被动性。

(3)介入方式的程序性。“三项职责”主体介入诉讼均须符合一定的法律程序，有明显的程序性特点。

(4)专业要求的差别性。“三项职责”均解决刑事诉讼中的专门性问题，且所涉问题具有高度专业性特点，因此，参与或实施勘验检查、鉴定、庭审的主体应具有相应的资质或者具有相关专业背景。

(5)意见结果的专业性。法官、检察官、律师辩护人主要解决事实认定与法律适用，在案件所涉专门性问题方面，应由具有专门知识的人根据其专门知识来解决。

2.“三项职责”之间的区别

区别：从形式上看，有专门知识的人的意见包括勘验检查笔录、鉴定意见和专家辅助人意见。

从内容上看，勘验检查笔录，是具备勘验资格的人员对与案件有关的场所、物品及其他证据材料进行勘查、检验时所制作的笔录。常见的笔录有：现场勘验笔录、人身检查笔录等。鉴定意见，一般是运用专门知识对相关专门性问题进行鉴别、判断，其具有"取证、举证"之功能。专家辅助人意见是对已经出具的鉴定意见等技术性证据的进行再审视，有审查、判断之意，即有"质证、认证"之功能。

从资质上看，有专门知识的人有时不一定需要具备相应的司法鉴定资质。比如，评估、造价等。司法鉴定意见、专门审查意见则一般都需要鉴定资质。从位阶上看，勘验检查笔录、鉴定意见均属于八类法定证据；而专家辅助人意见，包括专门审查意见、质证意见，并不一定可以单独作为证据使用。

(1)法律规定不同。1979 年、1996 年、2012 年、2018 年《刑事诉讼法》均对勘验、检查和鉴定作出相同的规定；而"有专门知识的人就鉴定人作出的鉴定意见提出意见"是 2012 年《刑事诉讼法》第 192 条、2018 年《刑事诉讼法》的新规定、新扩充、新拓展。

(2)证据分类不同。勘验、检查笔录与鉴定意见属于客观性证据，[①]有专门知识的专家辅助人的意见属于主观性证据。勘验、检查笔录是实物证据，而鉴定意见与专家辅助人意见属于言词证据。

(3)接受委托主体不同。勘验、检查一般是受侦查人员委托或指派；鉴定一般是由案件承办单位委托；而专家辅助人是接受公诉人、当事人和辩护人、诉讼代理人的委托，应法庭通知参加庭审。

(4)是否需要有专门资格。勘验、检查与鉴定应具有相应的勘验、鉴定资质来实施，而专家辅助人意见并不一定需要具有勘验、鉴定资质的人来实施。

(5)意见形式不同。勘验、检查笔录是对案件有关的场所、物品、资料、尸体等进行勘验、检查所制作的书面记录；鉴定意见是指鉴定人运用科学技术或者专门知识对诉讼涉及的专门性问题进行鉴别和判断所提供的意见；专家辅助人意见是指接受委托或应法庭通知出庭，就鉴定人已经作出的鉴定意见提出的审查意见。

(6)意见内容不同。勘验、检查笔录是通过客观记载侦查活动过程并反映某一方面事实、情节的记述类证据，其一般以文书并辅以图片、录像等作为载

① 参见樊崇义、赵培显：《论客观性证据审查模式》，载《中国刑事法杂志》2014 年第 1 期。

体,不带有主观判断的成分。鉴定意见是鉴定人运用科学技术或者专门知识对某一专门性问题进行鉴别和判断的过程,往往有分析论证的过程,有鉴定人的主观性成分。专家辅助人是针对鉴定人出具的鉴定意见发表意见,类似鉴定人的主观判断与论证的活动,其区别于鉴定人的实质是没有全程参与鉴定全过程,只是根据现有鉴定意见以及相关材料作复核性审查判断,属审查意见,有一定的局限性。

(7)意见立场不同。勘验、检查是客观反映某一方面事实、情节的记述类证据,一般不具有主观判断成分。而鉴定意见与专家辅助人意见具有一定的主观性。

(8)是否有出庭义务。勘验、检查与鉴定当然有出庭的义务,但并不一定需要出庭;而专家辅助人只有出庭参与庭审才能发挥其应有的作用。

(9)表达方式、表现形式不一。勘验、检查笔录的形式,是按照笔录的规范格式进行;鉴定所得出的鉴定意见是以鉴定书的形式作出,鉴定机构都有统一的文书格式;有专家辅助人意见尚无统一的文书格式。

(10)是否需要告知。勘验、检查笔录不需要,鉴定意见有法定的告知程序,专家辅助人意见无相关规定。

(11)是否纳入统一的管理。没有统一的规定。

四、专家辅助人意见的证据效力

有专门知识的专家辅助人意见是审查质证意见,具有辅助性特点,且有时具有一定的倾向性。笔者认为,应合理审视有专门知识的专家辅助人的意见,其并不当然具有证据效力。

1. 有专门知识的专家辅助人的意见概述

(1)出具主体:不局限于具有鉴定人资格的人。鉴定意见一般都是由具有鉴定资质的鉴定人实施完成,而有专门知识的人的审查意见不一定全是由具有鉴定资质的鉴定人实施,具有专门知识的人完全可以实施。例如,具有医学专门知识的人对法医学鉴定意见中的某些专科的专门性问题所提出的审查意见。

(2)表达方式:口头、书面方式。

(3)参与过程:不局限于庭审,也可以是庭前会议等阶段。

(4)意见形式:人民检察院技术性证据专门审查意见、人民法院司法鉴定审核意见、社会鉴定机构或者专门咨询服务机构的咨询意见、有专门知识的人出庭发表的口头、书面意见等。

2. 专家辅助人意见的介入环节

在刑事诉讼中,专家辅助人意见的介入环节包括侦查、起诉、审查起诉、公诉、审判、执行、诉讼监督等环节,以及民事诉讼、行政诉讼的各个阶段。

3. 专家辅助人意见的形成过程

依照《人民检察院法医工作细则(试行)》《人民检察院文件检验工作细则(试行)》《人民检察院司法会计工作细则(试行)》,参照最高人民检察院《法医类鉴定专门审查指引》(ZGJ/J 002—2022)等专门审查指引,按照《人民检察院技术性证据专门审查规定》要求,从程序上、实体上予以审查。严格意义上的鉴定意见专门审查其实就是鉴定过程的还原,其与鉴定过程最重要的区别有两点:一是鉴定注重亲历性,没有偏向性,而审查人往往带有立场的倾向性。二是鉴定人接触的最原始的检材、样本或其他鉴定所必须的材料,而审查人所接触的是鉴定意见,有时候有一些材料的复制件,缺少鉴定材料的原始性、鉴定过程的亲历性。

4. 专家辅助人意见的载体

根据有专门知识的专家辅助人的意见表达方式的不同,这些意见的载体不外乎两种:口头意见、书面意见。口头意见包括咨询意见、询问笔录、录音资料等,而书面意见包括鉴定书、检验报告、审查意见书、专家意见、会检意见等。

5. 专家辅助人意见的证明效力

关于证据能力,专家辅助人意见本身是按照法定程序启动并在法庭进行表达的一种具有专门知识的人对专门性问题发表的专业意见,程序启动符合法定。

有学者认为,专家辅助人出庭发表的意见并不当然具有证据属性,其主要功用在于为法官心证形成和排除合理怀疑提供逻辑链接和路径支持。有专门知识的专家辅助人参与诉讼的作用主要是辅助裁判者了解专门的技术问题,对鉴定过程进行见证,来审查判断鉴定意见,因此他们就专门问题所做的说明并不具有诉讼法上的证据效力,并不是独立的证据形式,而只是审查判断某种基于专业知识上的事实的手段。①

6. 鉴定人与专家辅助人的区别

关于鉴定人与专家辅助人的区别,如表1－1所示。

表1－1　鉴定人与专家辅助人的区别

区别内容	鉴定人	专家辅助人
身份规定	有专门管理规定	无明确规定
出现阶段	侦查、起诉、审判、庭审等	庭审举证和质证阶段(法庭调查阶段)
启动主体	当事人申请、办案机关决定;办案机关直接启动	公诉人、当事人和辩护人、诉讼代理人可以申请法庭通知
启动方式	办案委托程序	刑诉、民诉、行政
介入时机	一般在庭审前完成书面意见,也有应出庭接受质证发表口头意见	一般应出庭发表意见
介入方式、手段	对诉讼涉及的专门性问题进行鉴别和判断并提供鉴定意见	有专门知识的人出庭,就鉴定人作出的鉴定意见提出意见
告知程序设置	结果必须告知	未设置
意见告知对象	被害人、犯罪嫌疑人、被告人等	无
结果形式	鉴定意见	有专门知识的人的意见
设置目的、结果意义	解决专门性问题	对鉴定意见及专门性问题发表意见,增加鉴定意见质证效果
是否作为证据	可以作为证据使用	经质证,可以作为认定事实的根据
救济方式	作出说明,出庭质证,补充鉴定、重新鉴定等	补充鉴定、重新鉴定等
收费规定	各省有收费标准	没有统一规定

五、专家辅助人意见的证据效力展望

刑事诉讼与民事诉讼的证明标准不同。证明标准是指法律规定的运用证据证明待证事实所要达到的程度的要求,在刑事案件中的证明标准显然要高于

① 参见王戬:《"专家"参与诉讼问题研究》,载《华东政法大学学报》2012年第5期。

民事案件的证明标准。刑事诉讼中的证明标准采用“排除合理怀疑”的证明标准。而在民事诉讼中,民事诉讼的证明标准一般采用“优势证据证明”标准。

1. 证明力

笔者认为,专家辅助人的审查意见可按照审查主体所发表意见的主体内容划分为符合性意见与建议性意见。

(1)符合性意见一般是对前一鉴定意见的客观性、相关性、合法性的符合性的一致意见。包括对原鉴定进行解释说明或进行验证评价,符合性意见可以与原鉴定意见等技术性证据一起作为证据使用。

(2)建议性意见是审查人通过对鉴定意见以及全案证据进行审查后,提出的与原鉴定意见不一致的或者建议补充补强措施的审查意见。建议性意见通过对原鉴定意见的形成过程、使用标准、方法以及分析论证的科学性等方面进行论证后,得出新的或者建议补充补强的一种审查意见,是对原鉴定意见的批判或建议,此审查意见本身阐明了新观点新意见,其本身不能单独作为证据使用。建议性意见一般可以通过法庭质证后解决,一种情形是质证后直接排除;另一种情形是使庭审中的鉴定意见的证据地位受到威胁,一般对瑕疵或可能有错误的鉴定意见进行补充说明、补充调查、补充鉴定、重新鉴定等程序进行补强与纠正。第三种情形是该建议性意见与其他证据一起作为证据使用。

2. 意见效力

(1)基于刑事诉讼中有专门知识的专家辅助人的意见的辅助性、倾向性、不全面性,笔者认为应合理审视刑事诉讼中有专门知识的专家辅助人的意见,其并不当然具有证据效力。

(2)有专门知识的专家辅助人,通过审查判断鉴定意见并提出意见,其主要功用在于为承办检察官解决履行职责过程中出现的专门性问题提供帮助和参考,为法官心证形成和排除合理怀疑提供逻辑链接和路径支持。另外,专门审查意见一般是与原鉴定意见联合使用,对于不提出新意见的专门审查意见,一般不需要再审查,否则将陷入无限证明的“死胡同”。

3. 拟解决问题的路径思考

要充分赋予有专门知识的人参与诉讼的权利,授予专门知识的人实质参与对鉴定意见或(专门问题)的审查,只有从实体与程序上关注鉴定意见形成的全过程,才能对鉴定意见提出中肯的有实质作用的审查意见,同时也只有这样提出的审查意见才可以作为证据使用。

(1)要充分赋予有专门知识的人参与诉讼的权利。

(2)要有对有专门知识的人的资格审查、人员选任以及开展工作、人身保护、发表意见、获得报酬等权利以及回避、出庭等义务性规定。

(3)要明确有专门知识的人与鉴定人、侦查人员、当事人、辩护人、诉讼代理人、公诉人等之间关系衔接。

(4)要高度重视有专门知识的人的审查意见与鉴定意见之间的关系,防止陷入无限证明的“死胡同”。比如,案件中遗漏对致命伤及致伤工具的具体分析,防止出现“以审代鉴”现象的发生。

(5)要明确有专门知识的人的意见的证据地位,必要时作出说明。

第三节 鉴定意见专门审查的理论基础

一、鉴定意见专门审查的法理基础

(一)法律属性

人类社会的证明活动经历了从神证、人证到物证的演变过程。“打官司就是打证据,就是打鉴定”在普通老百姓心目中的认识越来越普遍。我国三大诉讼法均规定“证据必须查证属实”。鉴定意见审查的法律属性就是鉴定意见必须通过严格审查使其具有证据能力及证明力,才能作为判决的依据,这是全面贯彻证据裁判原则的必然要求。

第一,严格诉讼中的鉴定意见的审查,是推进以审判为中心的诉讼制度改革、全面贯彻证据裁判原则的具体要求。鉴定意见是具有专门知识的人对专门性问题进行鉴别判断,并得出具有主观判断性意见。鉴定意见在案件中常常是定罪量刑、定分止争的关键证据,其作用不容忽视。鉴定意见使用正确与否,会直接影响办案质量,错误使用“鉴定意见”这一言词证据,会引起诉讼不公,严重会导致冤错案件的发生。

第二,鉴定意见审查是保证办案质量、维护公平正义的重要保障。在刑事诉讼中，鉴定意见正确与否，直接关系到罪与非罪、此罪与彼罪、重罪与轻罪等重大事实或情节的认定。鉴定意见一旦发生错误，对案件侦查、起诉、审判将产生重大影响。在民事诉讼、行政诉讼等领域，鉴定意见直接决定着诉讼当事人的诉讼结果，直接关系人民群众对司法的公信力和认可度。

第三，鉴定意见审查是侦查机关、检察机关、审判机关、司法行政机关各司其职的重要体现，是侦查权、检察权、审判权、执行权、行政执法权相互配合、相互制约的制度设置。

公安机关在查办案件过程中，为了解决案件专门性问题，应当指派或聘请具有专门知识的人进行鉴定。对鉴定意见的审查，是立案、侦查、移送审查起诉各环节的重要基础，是防止错拘错捕等刑事冤错案件发生、确保办案质量的重要保障。

检察机关是法律监督机关，通过审查证据对公安机关、人民法院和执行机关的执法司法活动进行监督是检察机关一项重要的职权活动。对鉴定意见等技术性证据进行审查具有单向性和外部监督的特点，这一审查工作特点是由检察机关的宪法地位决定的，也是履行法律监督职能的重要体现。[①]

人民法院承担审判职能，法官对鉴定意见的审查判断，不仅是法官认证的过程，也是诉讼证明过程中最后一个环节，更是法官行使审判权的职能活动。

第四，当事人及其诉讼代理人、律师对鉴定意见的审查，是保障行使知情权、裁判请求权，确保公正审判的重要内容。以民事诉讼为例，原告方通常将鉴定意见作为其主张权利的主要依据，如因果关系鉴定将决定当事人能否就一侵权行为主张赔偿，伤残等级鉴定结果将成为当事人人身损害赔偿的计算依据。对于被告方而言，因其同样不具备专业知识，如若想对原告诉讼请求依据的鉴定意见进行有力反驳，也必将自己或委托专业人员、律师介入进行实质的审查。对于法官而言，由于鉴定意见多涉及普通法官通常不具备的各种专门性问题和专业知识以及相对应的评判标准，其必然要委托专门知识的人或通过法律预先设置的专门程序进行协助调查、审查，以实现公正审判。

---

① 参见文宁、周万红、王娟：《检察机关文证审查工作法律问题探析》，载《中国司法鉴定》2013 年第 1 期。

(二)理念转变

在刑事诉讼中,证据必须经过查证属实,才能作为定案根据。证据审查不外乎从证据能力和证明力两个层面开展实质审查,技术性证据审查是对证据进行查证属实的方法之一,其在协助检察官审查判断证据的客观真实性方面,发挥着重要作用,且有效解决了案件实体方面的诸多问题。[①] 鉴定意见等技术性证据材料的证据能力与证明力的审查,离不开有专门知识的人利用专门知识解决专门性问题。检察机关关于证据审查法律规定变化,不仅是规定本身的内容改变,也是审查理念的转变。

1. 证据审查理念转变

随着刑事诉讼法律的修改,刑事诉讼证据制度也随之发生重要变化,特别是党的十八大以来,以审判为中心的刑事诉讼制度改革、司法责任制改革不断深入,在司法实践中,罪刑法定、证据裁判、疑罪从无等诉讼原则也不断深入贯彻,庭审实质化越来越显得重要,证据审查的主体地位不断彰显。

从诉讼模式来看,新型审判模式从职权主义向当事人主义的转变,在以侦查为中心的诉讼制度逐渐向以审判为中心的证据裁判制度转变时,用于约束当事人双方取证、质证等证明活动的证据规则的缺失就成为瓶颈问题,因此实践中对证据制度的重建产生了极大的需求。[②] 以审判为中心,本质上就是以庭审为中心,以庭审为中心本质上就是以证据为核心。因此,检察机关必须贯彻证据裁判的要求,构建以证据为核心的刑事指控体系。要针对当前审查起诉环节封闭式办案、书面式审查的弊端,建立书面审查与调查复核相结合的亲历性办案模式;对命案等重大案件建立以客观性证据为主导的证据审查模式,实行技术性证据专门审查制度,完善对法医、物证等技术性证据审查机制,发挥技术性证据审查对办案的支持作用。[③]

从诉讼要求来看,鉴定意见等技术性证据的专门审查要打破阶段性、孤立

---

① 参见周颂东、赵宪伟:《技术性证据审查与检察官办案责任制的辩证统一》,载《人民检察》2018 年第 22 期。

② 参见张保生等:《证据科学论纲》,经济科学出版社 2019 年版,第 106 页。

③ 参见孙谦:《新时代检察机关法律监督的理念、原则与职能:写在新修订的人民检察院组织法颁布之际》,载《人民检察》2018 年第 21 期。

性、静态性审查的特点，不仅要溯源证据的发现、提取、固定、送检、鉴定等证据载体与证据事实形成的全过程，同时也要关注其来源的合法性以及与案件的关联性，把专门审查活动贯穿到诉讼全过程，这正是庭审中心主义的实践要求。

2. 专业审查理念转变

“术业有专攻”，检察官审查判断证据，既要考虑事实认定又要考量法律适用。关于事实问题，检察官囿于在解决专门性问题时因专业技术领域知识储备不足，不得不将这部分审查判断的内容让渡于专业技术人员来协助完成，让专门的人运用专门知识做专门的事。以开展专门审查的形式，促使专门性问题的审查回归到应有之义。

对比 2012 年《人民检察院刑事诉讼规则（试行）》第 368 条第 2 款与 2019 年《人民检察院刑事诉讼规则》第 334 条第 2 款的语义不难发现，关于鉴定意见等技术性证据审查，检察机关不仅拓展了技术性证据的外延，而且从启动主体、审查对象、审查理念、审查必要性等方面大大加强了对技术性证据专门审查的力度。比如，将启动审查的主体由“公诉部门”修改为“人民检察院”，审查对象由“专门技术问题的证据材料”修改为“鉴定意见等技术性证据材料”，“审查”修改为“专门审查”，“可以送交检察技术人员或者其他有专门知识的人”修改为“按照有关规定交检察技术人员或者其他有专门知识的人”。

（三）价值依归

鉴定意见审查有助于促进诉讼公正，提高诉讼效率。诉讼公正包括实体公正与程序公正。

就实体公正而言，鉴定意见在查明事实、揭示案件真相方面具有其他证据无可比拟的优势。证据的审查无论从实体上还是程序上的审查都是为了保证据以认定事实、定罪量刑的依据均被查证属实。鉴定意见审查亦是如此，其核心要务就是确保更加贴近事实，尽可能还原事实真相，保证案件的实体公正。

就程序公正而言，鉴定意见及鉴定意见证据规则对于促进诉讼公正具有重要作用。鉴定意见审查作为证据的运用与鉴定意见规则的构建，也有利于促进诉讼程序公正的实现。例如，《刑事诉讼法》《民事诉讼法》是对鉴定意见证据规则如鉴定人出庭、鉴定意见审查规则、专家辅助人制度的建构，也是对诉讼当事人权利在程序上的保障。[①]

诉讼效率主要是指国家专门机关和诉讼参与人在诉讼过程中所投入的人力和物力与其产出之间的比率。现代科学技术手段的介入无疑对提高诉讼效率有很大的帮助。司法鉴定技术的发展和鉴定意见在诉讼中的运用,在案件侦破、审查、裁判等各个阶段都发挥了重要作用,克服了传统的侦查及证明方法的局限性,极大地提高了诉讼效率。例如,DNA 数据库在各国刑事诉讼中的利用,对于案件侦破及公正裁判产生已经发挥了巨大的作用。[②] 严格证据裁判原则、落实庭审实质化是推进以审判为中心诉讼制度改革的重要举措,而鉴定意见审查则是其中重要环节。无论是侦查、审查起诉、公诉环节还是审判环节,通过审查鉴定意见而得出的专门审查意见,不仅为欠缺专门知识的办案人员对鉴定意见的理解、判断和使用提供了帮助,同时也增强了其内心确信,大大提升了办案质量和诉讼效率。

二、鉴定意见专门审查的法律规定

改革开放 40 多年以来,《刑事诉讼法》《人民检察院刑事诉讼规则》分别经历了 3 次大修。《人民检察院刑事诉讼规则》内容的变化历程伴生于《刑事诉讼法》的出台与修订过程,是我国刑事诉讼证据理念变迁、制度革新的必然结果。这一发展进程中,关于鉴定意见有 3 个不容忽视的重要节点,一是司法鉴定发展史上具有里程碑意义的法律文件的出台——2005 年《全国人民代表大会常务委员会关于司法鉴定管理问题的决定》;二是 2010 年《关于办理死刑案件审查判断证据若干问题的规定》以及《关于办理刑事案件排除非法证据若干问题的规定》的出台;三是 2017 年中央全面深化改革领导小组审议通过的《关于健全统一司法鉴定管理体制的实施意见》。在这样的法治背景下,刑事诉讼中鉴定意见审查的相关规定也发生了重要变化。

2019 年 12 月,最高人民检察院第十三届检察委员会第二十八次会议通过了

---

① 参见陈学权:《科技证据论——以刑事诉讼为视角》,中国政法大学出版社 2007 年版,第 136 ~ 137 页。

② 参见苏青:《鉴定意见证据规则研究》,法律出版社 2016 年版,第 47 ~ 48 页。

《人民检察院刑事诉讼规则》,该部司法解释首次提出"专门审查"这一概念①。"专门审查"既重申了鉴定意见等技术性证据的法定重要地位,同时也是对鉴定意见等法定证据的审查定位进行了重新审视。笔者尝试梳理技术性证据审查的文本脉络,并从审查理念、审查模式两个维度探讨专门审查的应有之义。

(一)鉴定意见专门审查的文本梳理

从刑事诉讼立法体系的优化历程来看,技术性证据专门审查制度其在法制健全、完善、发展框架背景下,经历了从提出、发展、完善、跨越的过程。

1. 1988—2011 年,从提出到发展

1988 年 1 月,《人民检察院法医工作细则(试行)》首次使用了文证审查这一概念,该细则规定了对起证据作用的法医鉴定书,司法精神病学鉴定书,医疗事故鉴定意见书,病历以及现场勘验、调查访问等文证材料进行审查,并出具文证审查意见书。②

1997 年 1 月,《人民检察院刑事诉讼规则》规定,审查起诉部门对审查起诉案件中涉及专门技术问题的证据材料需要进行审查的,可以送交检察技术人员或者其他具有专门知识的人员审查。检察技术人员或者其他具有专门知识的人员审查后应当出具审查意见。③

2005 年 9 月,最高人民检察院在《关于贯彻〈全国人民代表大会常务委员会关于司法鉴定管理问题的决定〉有关工作的通知》中强调,各级检察技术部门要加大对批捕、公诉工作中技术性证据的审查力度,积极开展文证审查工作,为检察机关履行法律监督职能提供技术保障。④

2009 年 1 月,最高人民检察院印发的《人民检察院司法会计工作规定(试行)》第三章专章规定了司法会计文证审查,规定了文证审查对象,文证审查内

---

① 《人民检察院刑事诉讼规则》(2019 年 12 月 30 日最高人民检察院第十三届检察委员会第二十八次会议通过)第 334 条第 2 款。

② 《人民检察院法医工作细则(试行)》(高检办发字〔1988〕第 5 号)第 20 条。

③ 《人民检察院刑事诉讼规则》(1997 年 1 月 15 日最高人民检察院第八届检察委员会第六十九次会议通过)第 257 条。

④ 《关于贯彻〈全国人民代表大会常务委员会关于司法鉴定管理问题的决定〉有关工作的通知》(高检发办字〔2005〕11 号)。

容以及程序等。[①]

2.2012—2023年,从完善到跨越

2012年9月,最高人民检察院在《人民检察院技术性证据审查规则(试行)》(征求意见稿)中首次提出了"技术性证据审查"概念。

2012年11月,《人民检察院刑事诉讼规则(试行)》规定:"公诉部门对审查起诉案件中涉及专门技术问题的证据材料需要进行审查的,可以送交检察技术人员或者其他有专门知识的人审查,审查后应当出具审查意见。"[②]

2013年12月,《人民检察院法医工作细则》以专门章节对法医技术性证据审查的概念、审查情形、审查内容以及审查结果形式进行规定;[③]《人民检察院文件检验工作细则》也对文件检验技术性证据审查的概念、审查内容、审查结果形式作出上述规定。[④]

2015年7月,《人民检察院司法会计工作细则(试行)》同样以"技术性证据审查"专门章节的形式,规定了司法会计技术性证据审查的概念、审查对象、审查内容以及审查结果形式等。[⑤]

2016年9月,最高人民检察院印发的《"十三五"时期科技强检规划纲要》中明确提出,"适应司法适应以审判为中心的诉讼制度改革,充分发挥技术性证据审查和司法鉴定的特殊作用。"[⑥]

2017年7月,中央全面深化改革领导小组审议通过的《关于健全统一司法鉴定管理体制的实施意见》,明确要求健全对鉴定意见等技术性证据的科学审查机制。

2018年3月,最高人民检察院《关于指派、聘请有专门知识的人参与办案

---

① 《司法会计工作规定(试行)》(2009年1月18日最高人民检察院检察技术信息中心发布)第18~38条。

② 《人民检察院刑事诉讼规则(试行)》(2012年10月16日最高人民检察院第十一届检察委员会第八十次会议通过)第368条第2款。

③ 《人民检察院法医工作细则》(2013年12月3日最高人民检察院第十二届检察委员会第十三次会议通过)。

④ 《人民检察院文件检验工作细则》(2013年12月3日最高人民检察院第十二届检察委员会第十三次会议通过)。

⑤ 《人民检察院司法会计工作细则(试行)》(2015年7月1日最高人民检察院第十二届检察委员会第三十七次会议审议通过)第27~32条。

⑥ 《"十三五"时期科技强检规划纲要》(高检发技字〔2016〕5号)。

若干问题的规定(试行)》规定:“人民检察院在审查起诉时,发现涉及专门性问题的证据材料有下列情形之一的,可以指派、聘请有专门知识的人进行审查,出具审查意见……”①

2018 年 12 月,最高人民检察院《2018—2022 年检察改革工作规划》中明确提出“建立健全技术性证据专门审查制度,完善对鉴定意见、电子数据、视听资料等技术性证据审查机制,发挥技术性证据审查对办案的支持作用。”②

2019 年 12 月,《人民检察院刑事诉讼规则》首次以司法解释的形式使用“专门审查”这一概念。“人民检察院对鉴定意见等技术性证据材料需要进行专门审查的,按照有关规定交检察技术人员或者其他有专门知识的人进行审查并出具审查意见”。③

2023 年 1 月,最高人民检察院党组 2023 年第 2 次会议,通过《人民检察院技术性证据专门审查工作规定》,进一步规范了技术性证据专门审查。

从上述关于技术性证据审查的文本脉络、发展历程可以看出,1988 年最早提出了“文证审查”,2013 年重新提出了“技术性证据审查”,2018 年首次提出“专门审查”,2019 年《人民检察院刑事诉讼规则》重申“专门审查”。法律规定不仅从制度上揭开了鉴定意见等技术性证据材料的神秘面纱,同时也徐徐展现了开展技术性证据专门审查的应然之基础。

(二)鉴定意见专门审查的文本分析

(1)2005 年全国人大常委会通过的《关于司法鉴定管理问题的决定》,首次将“鉴定结论”改称为“鉴定意见”,规定了司法鉴定法定的业务范围和鉴定机构、鉴定人的准入条件,并且规定了鉴定人出具鉴定意见应当出庭作证的情形。但该部法律仅仅是关于司法鉴定管理相关问题的决定,并未实质上涉及鉴定意见的证据审查问题。

(2)2010 年“两院三部”联合发布的《关于办理死刑案件审查判断证据若

---

① 最高人民检察院《关于指派、聘请有专门知识的人参与办案若干问题的规定(试行)》(2018 年 2 月 11 日最高人民检察院第十二届检察委员会第七十三次会议通过)第 8 条。

② 《2018—2022 年检察改革工作规划》(高检发〔2018〕14 号)。

③ 《人民检察院刑事诉讼规则》(2019 年 12 月 2 日最高人民检察院第十三届检察委员会第二十八次会议通过)第 334 条第 2 款。

干问题的规定》对物证书证、证人证言、被害人陈述、被告人供述和辩解、鉴定意见、勘验、检查笔录、视听资料等证据作了分类审查与认定,其中规定了鉴定意见应当着重审查的9个方面内容,并就鉴定意见不能作为定案根据的9个方面情形作了详细规定,通过鉴定人出庭或补充鉴定、重新鉴定的方式对鉴定意见有疑问的补救情形作了规定,作为首部针对鉴定意见确立排除规则的法律文件,这部司法解释开创了中国证据立法的先例。这部解释虽然对刑事案件鉴定意见审查具有指引作用,但其并不是一部专门的证据审查立法,鉴定意见审查的相关其他规则在本规定中未作规制。

(3)修改后的《刑事诉讼法》《民事诉讼法》《行政诉讼法》三大诉讼法均重申了鉴定意见的法定证据地位,并强调证据必须经过查证属实才能成为定案依据。不仅如此,《刑事诉讼法》《民事诉讼法》均规定了鉴定人及申请有专门知识的人出庭情形,以及规定鉴定人拒不出庭作证的后果。但是此三部法律均未对鉴定意见的口头、书面审查意见的证据能力和证明力作出明确的规定。

(4)最高人民法院通过的《关于适用〈中华人民共和国刑事诉讼法〉的解释》,以司法解释的形式详细规定了对鉴定意见应当着重审查的10项内容以及鉴定意见不得作为定案的根据的9种情形,并规定了鉴定人、检验人拒不出庭作证鉴定意见、检验报告不得作为定案根据的后果,同时该解释还规定检验报告的审查与认定应参照适用相关规定,但该解释规定更多的是程序性审查,对鉴定意见实质性审查规定基本缺失。

(5)《人民检察院刑事诉讼规则》虽对鉴定意见的审查作出强制性规定,同时还规定鉴定意见审查可以通过询问鉴定人、补充鉴定、重新鉴定的方式,但同样,该规则也未对鉴定意见的审查意见的证据效力作出规定。

(6)《人民检察院技术性证据专门审查工作规定》不仅对技术性证据审查范围和内容等作出规定,同时明确了审查主体的职责以及司法责任,强化了技术性证据专门审查意见的作用与地位。

(7)最高人民法院、最高人民检察院以规范性文件的形式对鉴定意见等技术性证据提出技术审查或技术审核、技术咨询。但在效力层级上,上述规范性文件规定的鉴定意见等技术性证据审查的规则尚不及法律规定,其在适用上存在障碍。

综上所述,虽然法律、司法解释、规范性文件等对鉴定意见的审查都有所规定,但到目前为止,鉴定意见审查的制度尚不成熟。分散性、缺乏系统性问题尚待解决，具体的审查主体、内容、程序、审查时机、审查时限、审查意见使用以及审查意见的证据地位等均无具体规定，尚存法律空白。实践中，依然存在鉴定意见审查主体不明确、程序不规范、地位不明显、效力不确定等情形。

三、鉴定意见专门审查的具体规范

（一）工作细则

2013 年 12 月 3 日，《人民检察院文件检验工作细则》《人民检察院法医工作细则》经最高人民检察院第十二届检察委员会第十三次会议审议通过并印发施行。2015 年 7 月 1 日，《人民检察院司法会计工作细则（试行）》经最高人民检察院第十二届检察委员会第三十七次会议审议通过并印发施行。

这三部工作细则从专业技术工作，结合检察工作实际，制定的关于法医、文件检验、司法会计等具体检察技术工作的纲领性文件，是具体的可操作性规定。从"三大诉讼法"到《人民检察院刑事诉讼规则》《人民检察院法医工作细则》《人民检察院文件检验工作细则》《人民检察院司法会计工作细则（试行）》等法律法规、规范性文件，关于技术性证据审查制度设计已经构建。人民检察院有一支专门队伍，负责对检察办案中的专门性问题进行审查、审核，以协助检察官认定事实、适用法律。实践中，相较于"四大检察"业务办案指引，鉴定意见等技术性证据材料的专门审查，亟须出台制度层面、操作层面的相关配套措施。如何让检察官对鉴定意见等技术性证据的审查判断、质证认证主体与有专门知识的专业技术人员更好地融合、协作，以着力解决如何开展、怎么审查的问题，一方面需要相应的具体制度保障，另一方面迫切需要相关专门审查技术标准，同时还需在技术性证据材料的委托受理、流转办理等多个环节设置协作机制，以及在各个专业技术领域制定可操作性的专门审查标准指引。①

（二）专门审查指引

司法实践中，鉴定意见等技术性证据材料的专门审查，亟须出台制度层面、操作层面的相关配套措施。如何让法官、检察官等证据的审查判断、质证认证

---

① 参见邢庭：《刍议检察机关技术性证据之专门审查——以〈人民检察院刑事诉讼规则〉第 334 条第 2 款内容为切入》，载《检察研究》2021 年第 1 期。

主体与有专门知识的专业技术人员更好地融合、协作,以着力解决如何开展、怎么审查的问题,一方面需要相应的具体制度保障,另一方面迫切需要相关专业技术指引,同时还应在技术性证据材料的流转等多个环节设置协作机制,以及在各个专业技术领域制定可操作性的专门审查指引。

2017 年中共中央办公厅、国务院办公厅颁布的《关于健全统一司法鉴定管理体制的实施意见》明确要求,人民法院和人民检察院要加强相关专业技术队伍建设,健全对鉴定意见等技术性证据的科学审查机制,提高对鉴定意见等技术性证据的审查判断能力,全面贯彻证据裁判规则。"四大类"鉴定的司法鉴定标准已逐步完善,司法鉴定标准化体系已经形成。值得关注的是,对鉴定意见等技术性证据专门审查的标准化路径亟待完善,2022 年最高检检察技术与信息化工作要点中明确指出,要研究制定各专业技术性证据审查指引,提升技术性证据专门审查工作质量。[①] 在现有的司法鉴定标准化体系构架下,专门审查相关标准的制定,也是法庭科学/司法鉴定标准化内容的一部分,从鉴定标准化体系到专门审查标准化体系构建已然成为趋势,可以构建符合检察机关法律监督职能特点的专门审查体系,并可以适时按照国家标准、行业标准、团体标准等形式发布。

关于法庭科学标准体系研究,国外学者提出了"标准层级理论",新西兰法庭科学家 Doyle 提出认为法庭科学的标准可以分为四个层级,分别为原则性标准、指南性标准、过程性标准和具体方法标准。[②] 关于我国法庭科学标准体系结构,有学者提出由技术标准分体系和管理标准分体系组成,技术标准体系在法庭科学行业下包括若干个专业,每个专业又划分成若干个门类。[③] 2019 年 10 月 14 日,全国刑事标准化技术委员会发布《法庭科学标准体系结构》(GA/Z 1600—2019),其第一层按照标准类别进行划分,分为基础标准、技术标准和管理标准三大类。第二层则按照专业领域进行划分。第三层则可以根据本专业领域具体的业务类型情况再进行进一步的细分。[④]

---

① 参见最高人民检察院检察信息技术研究中心《2022 年检察技术与信息化工作要点》(高检技〔2022〕3 号)第 9 条,研究制定各专业技术性证据审查指引,提升技术性证据专门审查工作质量。

② 参见张宁等:《中外法庭科学标准化研究现状比较与发展趋势》,载《刑事技术》2021 年第 1 期。

③ 参见沈敏、吴何坚:《试论司法鉴定技术标准体系建设》,载《中国司法鉴定》2007 年第 4 期。

④ 参见《GA/Z 1600—2019 法庭科学标准体系结构》,中国标准出版社 2019 年版,第 1 ~2 页。

2022 年 8 月,最高人民检察院印发关于同意将《法医类鉴定专门审查指引》《法医病理鉴定专门审查指引》《法医临床鉴定专门审查指引》《法医 DNA 鉴定专门审查指引》4 个技术规范纳入司法鉴定技术规范的通知,指导全国检察机关技术人员办理技术性证据专门审查案件,进一步提升技术办案质效。上述 4 部专门审查指引标准的首次发布,也表明技术性证据专门审查标准研究成果落地。关于技术性证据专门审查标准体系框架的构建,可以参照法庭科学标准体系相关研究成果作出考量。

(三)专门审查标准构想

1. 专门审查标准总体框架

技术性证据专门审查标准总体标准体系框架内容包括基础标准、技术标准、管理标准。每个细分领域的基础标准可以细分为:标准体系、术语标准。技术标准可细分为:过程评价专门审查标准、结果判断专门审查标准。管理标准可细分为:专门审查要素管理标准、专门审查质量控制标准、专门审查文书规范标准等(见图 1-1)。

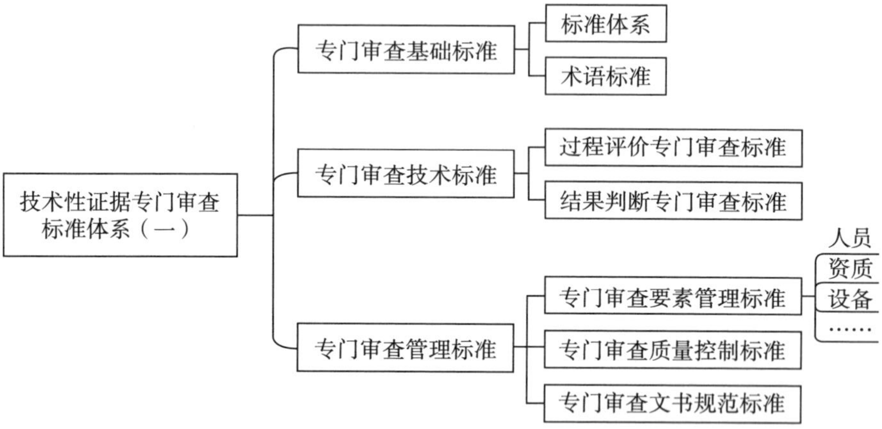

图 1-1 技术性证据专门审查标准体系框架(一)

2. 证据种类及专业领域审查标准——审查对象

笔者具体梳理了各地检察机关已出台的技术性证据审查规定,发现关于专门审查对象的范围大体一致。通过对专门审查对象的归纳,大体可以作以下分类。

(1)按照证据种类来设计

根据证据种类设计,将物证书证、勘验检查笔录、鉴定意见、视听资料、电子数据等技术性证据材料进行细分,分别进行细化专门审查指引。

(2)按照相关专业领域设计

将鉴定意见专门审查指引细分为法医类、物证类、声像资料、环境损害鉴定专门审查标准,再细分各专业领域子领域的专门审查标准(见图1-2)

(3)按照技术门类来设计

勘查检查类:现场勘验检查笔录、人身检查笔录等。

检验鉴定类:鉴定书、检验报告、检验意见书或分析意见书。

技术协助类:有专门知识的人的意见、技术协助意见。

3. 程序审查与实体审查标准——审查内容

通过比较各地检察机关关于技术性证据审查规定中的专门审查内容,可以看出,审查内容主要包括:委托受理、鉴定资质、回避、检材来源,过程程序,标准方法、论证科学性、结论客观性等。技术性证据专门审查的内容包括程序性审查与实体性审查,通过开展形式审查和实质审查,关注技术性证据材料的客观性、合法性与关联性,重点审查客观性、科学性。有效路径是验证性地开展鉴定意见等技术性证据的回溯性审查。根据鉴定的过程设计,将鉴定意见专门审查指引细分为鉴定程序与鉴定实体方面的专门审查标准(见图1-3)。

4. 专门审查意见表述标准

根据专门审查意见结果表述设计,将专门审查意见表述指引细分为验证评价类、解释说明类、分析推断类等方面的专门审查标准(见图1-4)。

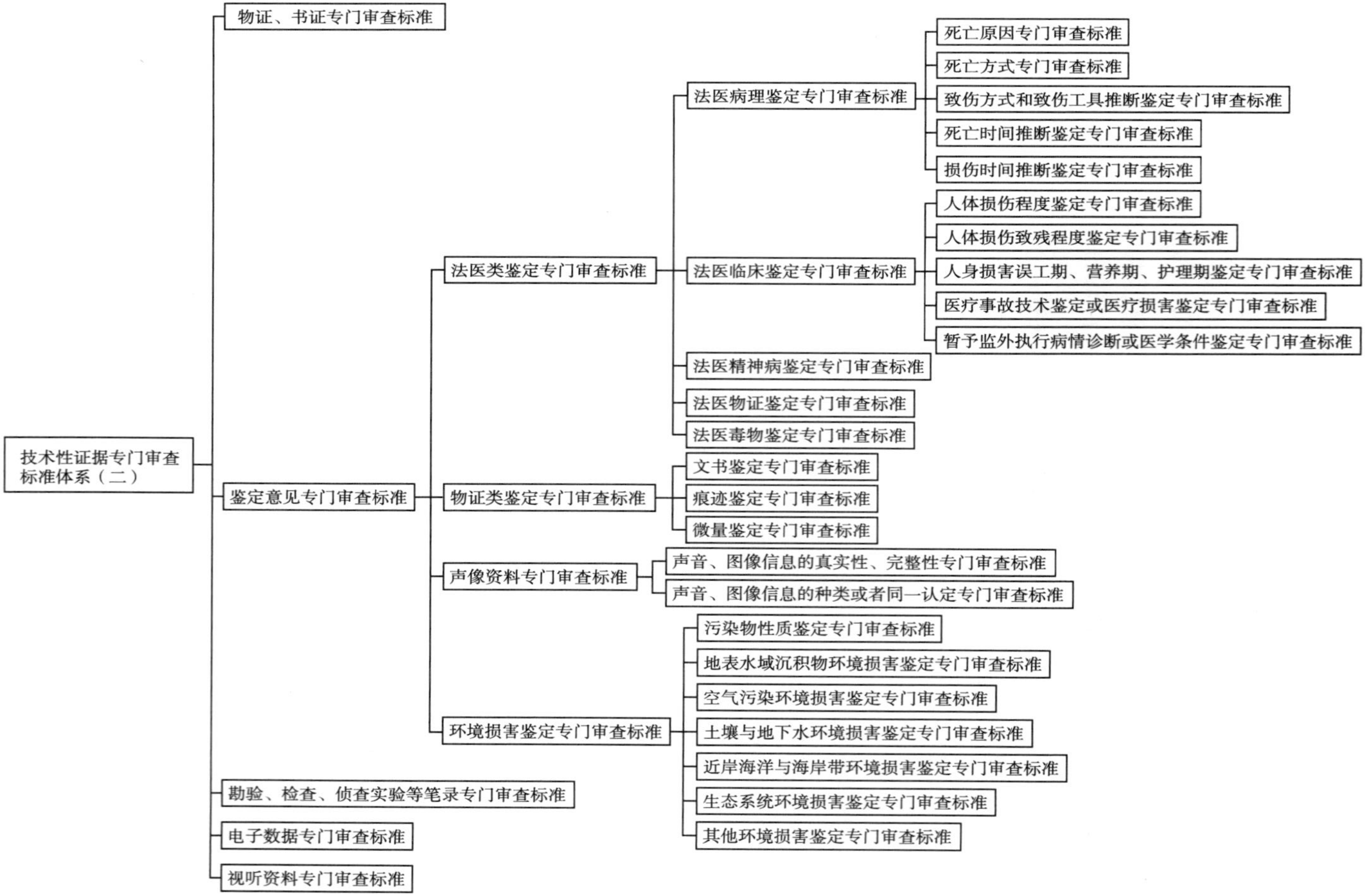

图1–2　技术性证据专门审查标准体系框架（二）

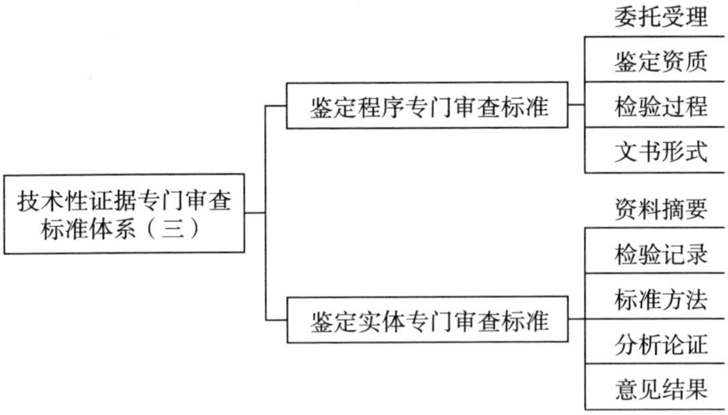

图 1－3 技术性证据专门审查标准体系框架（三）

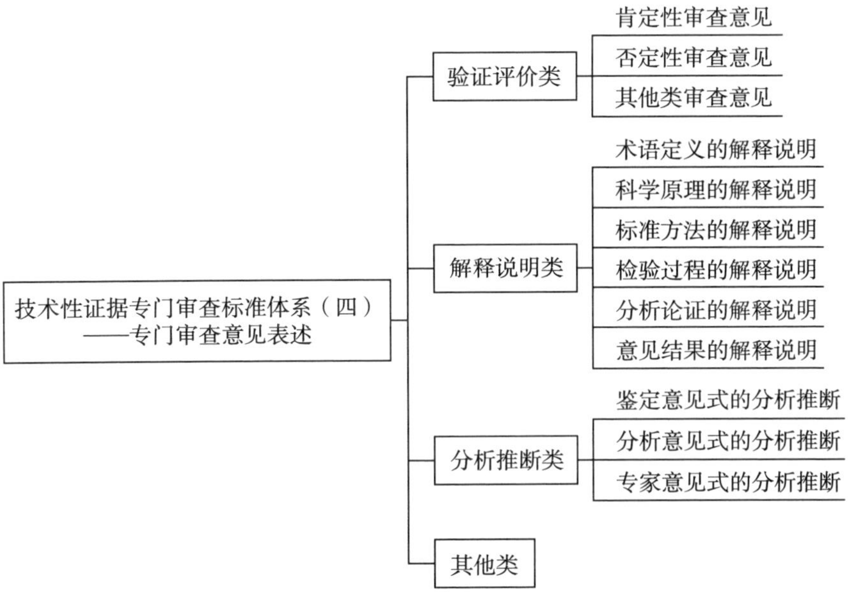

图 1－4 技术性证据专门审查标准体系框架（四）

第四节 鉴定意见专门审查的实践需求

技术性证据专门审查制度，是在以审判为中心的刑事诉讼制度改革背景下，贯彻证据裁判原则的实践要求。鉴定意见等技术性证据专门审查工作，是依附于证据审查而存在的审查职能，从考量鉴定意见等技术性证据本身来看，对与鉴定相关的专门性问题的专门审查工作，在业务办案中，对于诉讼中涉及的技术性证据这一专门性问题，只有通过科学、专业、全面、细致地审查，才能有效防止“带病”的证据进入审判程序。专门审查通过对专门性问题进行审查，承担“守门人”的职责，从而发挥监督纠错、支持支撑效果，为办案提供重要的科技支持。

从检察机关的法律文本规范来看，1999 年《人民检察院刑事诉讼规则》到 2012 年《人民检察院刑事诉讼规则（试行）》，再到 2019 年《人民检察院刑事诉讼规则》，专门审查工作内容从对审查起诉案件中涉及专门技术问题的证据材料进行审查，拓展到人民检察院所有办案领域。从法律规范的文本脉络来看，从 1988 年最早提出“文证审查”到 2012 年首次提出的“技术性证据审查”，再到 2018 年首次提出的技术性证据“专门审查”，刑事诉讼对鉴定意见等技术性证据专门审查提出了更高要求。

一、质量控制需求：鉴定质量、规范鉴定

鉴定人不是科学法官，鉴定意见也不是最后的审判结论，司法人员必须对其证明力加以审查判断①。在司法实践中，法官、检察官囿于知识结构、经验法则、办案习惯等多方面认识因素，当遇到专门性问题时，审查往往只局限于其合法性和关联性，而对鉴定意见客观性、科学性的判断往往借助或依附于专业技术人员；专业技术人员又由于无法接触到全案资料或法律专业知识水平所限，往往只能对鉴定文书的客观性作出专业判断，难以胜任关联性、合法性的审查职责②；加之办案人员与专业技术人员缺少有效沟通，鉴定意见审查难以实现专门审查实质化。

在 2005 年全国人大常委会通过的《关于司法鉴定管理问题的决定》这部法律文件中，“鉴定结论”首次被改称为“鉴定意见”，鉴定意见恢复了其本来面貌。2017 年 7 月，中央全面深化改革领导小组审议通过的《关于健全统一司法

① 参见何家弘、张卫平主编：《简明证据法学》，中国人民大学出版社 2011 年版，第 276 页。
② 参见周颂东、赵宪伟：《技术性证据审查与检察官办案责任制的辩证统一》，载《人民检察》2018 年第 22 期。

鉴定管理体制的实施意见》，要求健全对鉴定意见等技术性证据的科学审查机制。最高人民检察院《关于落实〈2018—2022年检察改革工作规划〉的分工方案》中明确提出建立健全技术性证据专门审查制度，完善对鉴定意见、电子数据、视听资料等技术性证据审查机制，发挥技术性证据审查对办案的支持作用。2019年《人民检察院刑事诉讼规则》以司法解释的形式首次规定对鉴定意见等技术性证据材料开展"专门审查"。司法鉴定制度改革不仅要健全统一司法鉴定管理体制，还需要以鉴定证据制度作为中心的鉴定实施制度、鉴定使用制度的改革，通过司法鉴定的立法来保障司法鉴定制度改革于法有据，进而推进司法鉴定制度改革的实质性深化①。因此，亟须从规范制度层面对鉴定意见等技术性证据审查工作建立统一的科学审查机制。

刑事诉讼中鉴定意见的专门审查，是基于鉴定意见形成以后的证据审查过程，是事后的质量控制方式。审查主体通过程序与实体、形式与实质层面的审查，进一步对鉴定意见的证据能力、证明力进行核实。从裁判效果来看，其进一步强化了鉴定意见在证据群中的作用。另外，通过将鉴定意见专门审查结果反馈给原鉴定人员，某种程度上增加了审查人员与鉴定人员之间的互动，也有益于规范鉴定程序，提高鉴定质量，从而进一步提升鉴定意见的审判价值。

二、技术办案需求：监督纠错、支持支撑

司法实践中，通过鉴定意见审查发现问的问题较多。存在鉴定意见依据不充分、适用标准或方法不当、违反鉴定程序、鉴定意见表述不清等问题。比如，有研究者选取覆盖东部、中部、西部26个省、自治区、直辖市2011年至2014年6月检察技术部门受理审查的技术性证据案件248,866件，其中法医学证据存在问题的案件有12,147件，占法医学证据审查总数的5.32%②。

同时，对于技术性证据审查边界、客体、内容、表述等缺少统一规制。关于审查范围与边界，审查主体之间也存在模糊界限：审查主体往往均依据原鉴定人的鉴定依据作为审查判断条件，有时仅依据一份鉴定文书，很难全面占有鉴

① 参见郭华：《司法鉴定制度改革与司法鉴定立法之推进关系》，载《中国司法鉴定》2018年第5期。

② 参见涂舜：《刑事专家辅助人的制度再造——基于检察机关的研究视角》，载《证据科学》2018年第6期。

定全过程资料，且一般以书面、形式审查为主，整个审查过程具有一定的风险；审查客体是案件卷宗还是鉴定文书等相关技术性证据材料，尚无没有明确规定；在审查意见结果表述方面，也没有统一的规定，各地做法不尽相同。

基于以上现实困境，笔者认为，有必要对刑事诉讼中的鉴定意见专门审查作出指引性规定，对专门审查原则、路径、方法等作出规制，同时，通过系列审查规范填补审查主体在开展鉴定意见专门审查过程中的罅隙。以法医学鉴定意见专门审查为例，对于一份法医学鉴定意见，专门审查主体应该着手从哪几个方面审查，如何开展审查，审查的结果如何表述等，应该有一部详细的路径指引。

三、司法办案需求：防冤纠错、法律监督

鉴定意见的客观科学性的一个重要方面在于其可重现、可重复形成。鉴定意见作为证明案件中的重要证据，必须查证属实，其法律属性天然地需要通过严格审查后，才能作为判决的依据。因此，鉴定意见专门审查应围绕证据的证据能力与证明力，作出全面、客观的审查。

1. 全面审查

孤立地审查鉴定意见往往会使办案陷入窠臼，全面审查是贯彻证据裁判原则的必然要求。关于鉴定意见的全面审查，第一，案件中所有的鉴定意见均应审查。第二，案件中同一专门性问题的多份鉴定意见要重点审查。第三，鉴定意见之间、鉴定意见与其他证据之间的相关性审查也必不可少。比如，现场提取的物证上检出被告人 DNA，专门审查意见只能作出被告人曾接触过该物证或在该物证上遗留有被告人 DNA 物质的解释，至于该物证是否与该案关联，需结合其他证据进一步证实。第四，审查主体不仅要关注入罪的相关鉴定意见证据，也要关注出罪的鉴定意见证据，即不仅要重视指控犯罪的法医学证据的审查，更应对全案其他看似“没有关联”的客观性证据进行审查，以防止冤错案件的发生。比如，在 2003 年浙江张氏案中，办案人员忽视了死者指甲缝里提取物中混合 DNA 的第三人男性成分，错误地将张氏叔侄判刑，直至 2011 年比中真凶勾某峰①；在最高人民检察院指导案例于某生申诉案（高检发研字〔2016〕7

① 参见陈兴良：《张氏叔侄案的反思与点评》，载《中国法律评论》2014 年第 2 期。

号)中,韩某的阴道擦拭物及三角内裤上的精子经 DNA 鉴定不是于某生的 DNA 鉴定报告以及侦查人员从现场提取的没有比对结果的他人指纹的手印检验报告等证据,没有得到合理排除,最终使于某生蒙冤。其实,这些看似与案件"没有关联"的鉴定意见,往往是防范冤错案件发生的重要证据。

2. 客观审查

(1)鉴真思维

我们说,鉴真与鉴定是对实物证据的证明力加以鉴别的两种独立方法①。鉴真主要是针对实物证据,主要侧重从"保管链"的角度考虑三个方面问题:一是审查物证、书证的真实来源;二是审查物证、书证的收集提取过程;三是审查物证、书证在收集、保管、鉴定等各个环节是否受到破坏或者改变②。《关于办理死刑案件审查判断证据若干问题的规定》以及最高人民法院通过的《关于适用〈中华人民共和国刑事诉讼法〉的解释》均规定了鉴定意见不能作为定案的根据,其中"鉴定对象与送检材料、样本不一致的"以及"送检材料、样本来源不明或者确实被污染且不具备鉴定条件的"的排除情形都是鉴真思维在法律规定中的体现。

法医学鉴定意见专门审查,与实物证据的鉴真活动密切相关。例如,一把在现场提取的菜刀,它既是物证,同时也可能会作为法医学或其他专业领域鉴定的检材。菜刀上血迹的 DNA 鉴定、刀柄上的指纹鉴定、刃口缺损的整体分离鉴定以及微量物证的同一认定等鉴定意见,都与该实物证据的鉴真相关。因为当物证的来源问题没有搞清楚或者物证被污染时的鉴定结果势必影响案件定性。正因如此,作为鉴定的前提条件,对实物证据的鉴真足以构成鉴定意见具有证明力的基础。因此,在开展法医学鉴定意见专门审查过程中,不可或缺的就是要鉴具备真思维。

(2)循证思维

循证医学强调任何医疗决策应该立足于最佳科学研究证据之上,同时关注个人的临床经验。循证法医学主要是运用循证医学的原理与方法,通过遵循最佳的研究证据,结合法医鉴定人的经验以及案例具体情况,寻求可靠有效、经济

① 参见陈瑞华:《实物证据的鉴真问题》,载《法学研究》2011 年第 5 期。

② 参见陈瑞华:《实物证据的鉴真问题》,载《法学研究》2011 年第 5 期。

实用的最佳方法解决司法实践中有关法医学专门问题,并作出科学、客观、准确的法医学鉴定意见[①]。从循证医学、循证法医学到法循证学,循证思维贯穿临床医疗以及法学应用实践全过程。法治活动,无论是立法、监察、执法、司法和守法,还是法治环节中的每一次或重大或微小的法治决定与选择,尤其是重大的法治决策活动,实际上都是一次与循证医学非常类似的循证决策,或者说都是有效证据基础上的法治决策[②]。

比如,在司法鉴定标准的选用上,《司法鉴定程序通则》第 23 条关于国家标准、技术规范和技术方法选择的位阶规定,其实就是循证思维在司法鉴定中的体现。

笔者认为,法医学鉴定意见的专门审查应从提出问题、检索证据、评价证据、作出决策以及评价效果等各方面体现遵循循证思维的过程。比如,在对罕见死亡原因、中毒致死剂量判定以及伤病关系处理等疑难法医学鉴定意见专门审查中,需要运用案例指导、文献检索循证实践方法。

(3)回溯审查

在鉴定活动质量控制环节,鉴定机构应确保每项鉴定活动的技术记录能确保在尽可能接近原条件的情况下复现相关鉴定活动[③],该项规定其实就是实施可追溯的体现。我们说,鉴定检验过程的可重现性与可溯源性是衡量鉴定意见可采性的重要标志,同时,鉴定检验过程的可追溯也是确保在当事人或委托方对鉴定意见有异议时,能够依据检验的结果再现鉴定过程和重现鉴定意见。[④]开展鉴定意见专门审查,其关键环节就是对原鉴定意见形成过程的追溯,回溯审查是鉴定意见实质审查的应有之义。

具体到法医学鉴定意见的专门审查来说,回溯审查需要做到对检材的“保管链”的回溯审查;对鉴定检验过程的书证资料的回溯审查;对分析论证过程

---

① 参见舒细记、刘振中等:《循证法医学实践对鉴定人的素质要求》,载《中国司法鉴定》2005 年第 2 期。

② 参见刘光华:《法循证学:法学与循证科学的交叉方法和领域》,载《图书与情报》2018 年第 3 期。

③ 参见《司法鉴定/法庭科学机构能力认可准则》(CNAS - CL08:2018),中国合格评定国家认可委员会 2018 年 3 月 1 日发布。

④ 参见朱广友、范利华等:《〈法医临床检验规范〉研制的基本构想》,载《中国司法鉴定》2014 年第 1 期。

的回溯审查。必要时,可以申请鉴定人出庭,进一步扩充对鉴定意见的回溯审查。

第五节　鉴定意见专门审查主体

关于审查主体,在刑事诉讼活动中,凡是使用证据的人,需要经过审查判断。刑事诉讼鉴定意见的审查主体包括刑事诉讼活动中使用证据的各类主体,如侦查人员、检察人员、审判人员、被害人、自诉人、犯罪嫌疑人、被告人、附带民事诉讼的原告人和被告人、法定代理人、诉讼代理人、辩护人、鉴定人或者经委托或聘请的具有专门知识的专家辅助人等。当事人及其诉讼代理人对获得的证据要进行审查;侦查人员对于自己收集或者他人提供的证据要进行审查;律师对自己收集或他人提供的证据要进行审查;批捕或起诉的检察人员对于侦查人员提供的证据要进行审查;审判人员对于诉讼双方提供的证据也要进行审查。但是,侦查人员、检察人员、律师对证据进行审查的结果不具有最终认证的性质和效力,最终认证是法官行使审判权的一种职能活动。[①]

关于审查主体,最高人民检察院的司法解释没有作出严格限制,也没有作出具体关于鉴定人资质的要求,检察机关检察技术人员可以实施,其他有专门知识的人也可以受聘请开展此项专门审查工作。本书所称的专门审查主体,是指具有相应资格的鉴定人或者其他具有专门知识的人。

一、鉴定人

2005 年 2 月 28 日第十届全国人民代表大会常务委员会第十四次会议通过的《全国人民代表大会常务委员会关于司法鉴定管理问题的决定》规定,司法鉴定是指在诉讼活动中鉴定人运用科学技术或者专门知识对诉讼涉及的专门性问题进行鉴别和判断并提供鉴定意见的活动。其中对于可以从事司法鉴定业务的人员也进行了规定。

---

① 参见何家弘主编:《刑事诉讼中科学证据的审查规则与采信标准》,中国人民公安大学出版社 2014 年版,第 4 页。

《全国人民代表大会常务委员会关于司法鉴定管理问题的决定》第 4 条规定，具备下列条件之一的人员，可以申请登记从事司法鉴定业务：

（1）具有与所申请从事的司法鉴定业务相关的高级专业技术职称；

（2）具有与所申请从事的司法鉴定业务相关的专业执业资格或者高等院校相关专业本科以上学历，从事相关工作 5 年以上；

（3）具有与所申请从事的司法鉴定业务相关工作 10 年以上经历，具有较强的专业技能。

因故意犯罪或者职务过失犯罪受过刑事处罚的，受过开除公职处分的，以及被撤销鉴定人登记的人员，不得从事司法鉴定业务。

《全国人民代表大会常务委员会关于司法鉴定管理问题的决定》第 6 条规定，申请从事司法鉴定业务的个人、法人或者其他组织，由省级人民政府司法行政部门审核，对符合条件的予以登记，编入鉴定人和鉴定机构名册并公告。

省级人民政府司法行政部门应当根据鉴定人或者鉴定机构的增加和撤销登记情况，定期更新所编制的鉴定人和鉴定机构名册并公告。

可以看出，鉴定人是需要具备一定的专门知识，运用专门知识解决案件中的专门性问题，并提供鉴定意见的人员，从事相关鉴定业务还需要满足一定的准入条件。

自 2005 年《全国人民代表大会常务委员会关于司法鉴定管理问题的决定》出台以后，人民检察院、公安部、司法部相继制定关于鉴定人、鉴定机构的管理规定。《人民检察院鉴定规则（试行）》经 2006 年 11 月 1 日最高人民检察院第十届检察委员会第六十二次会议通过并印发，于 2007 年 1 月 1 日起实施。《司法鉴定程序通则》2007 年 7 月 18 日经司法部部务会议审议通过，自 2007 年 10 月 1 日起施行。《公安机关鉴定规则》2008 年 5 月 4 日经公安部部长办公会议通过，自 2008 年 6 月 1 日起施行。同时，也相继出台了关于鉴定人、鉴定机构的相关管理办法。

2005 年以后，全国共有 16 个省（自治区、直辖市）相继出台或修正了各地司法鉴定管理条例，以地方性法规的形式出台。具体如表 1－2 所示。

表 1-2　全国 16 个地方司法鉴定管理条例

名称	通过时间	实施时间
《浙江省司法鉴定管理条例》	2009 年 6 月 3 日经浙江省第十一届人民代表大会常务委员会第十一次会议通过	2009 年 10 月 1 日
《陕西省司法鉴定管理条例》	2010 年 9 月 29 日经陕西省第十一届人民代表大会常务委员会第十八次会议通过	2011 年 1 月 1 日
《河北省司法鉴定管理条例》	2015 年 7 月 24 日经河北省第十二届人民代表大会常务委员会第十六次会议修正	2003 年 7 月 24 日
《云南省司法鉴定管理条例》	2016 年 9 月 29 日经云南省第十二届人民代表大会常务委员会第二十九次会议通过	2017 年 1 月 1 日
《广西壮族自治区司法鉴定管理条例》	2016 年 9 月 29 日经广西壮族自治区第十二届人民代表大会常务委员会第二十五次会议通过	2016 年 12 月 1 日
《湖北省司法鉴定管理条例》	2016 年 12 月 1 日经湖北省第十二届人民代表大会常务委员会第二十五次会议修正	2016 年 12 月 1 日
《江苏省司法鉴定管理条例》	2016 年 12 月 2 日经江苏省第十二届人民代表大会常务委员会第二十七次会议通过	2017 年 5 月 1 日
《安徽省司法鉴定管理条例》	2017 年 11 月 17 日经安徽省第十二届人民代表大会常务委员会第四十一次会议通过	2018 年 2 月 1 日
《西藏自治区司法鉴定管理条例》	2018 年 7 月 27 日经西藏自治区第十一届人民代表大会常务委员会第五次会议通过	2018 年 10 月 1 日
《天津市司法鉴定管理条例》	2019 年 9 月 27 日经天津市第十七届人民代表大会常务委员会第十三次会议通过	2019 年 11 月 1 日
《上海市司法鉴定管理条例》	2019 年 12 月 19 日经上海市第十五届人民代表大会常务委员会第十六次会议通过	2020 年 5 月 1 日
《黑龙江省司法鉴定管理条例》	2020 年 6 月 18 日经黑龙江省第十三届人民代表大会常务委员会第十九次会议通过	2021 年 1 月 1 日
《四川省司法鉴定管理条例》	2020 年 7 月 31 日经四川省第十三届人民代表大会常务委员会第二十次会议修订通过	2020 年 10 月 1 日
《北京市司法鉴定管理条例》	2020 年 9 月 25 日经北京市第十五届人民代表大会常务委员会第二十四次会议通过	2021 年 1 月 1 日
《广东省司法鉴定管理条例》	2022 年 3 月 29 日经广东省第十三届人民代表大会常务委员会第四十一次会议通过	2022 年 7 月 1 日
《福建省司法鉴定管理条例》	2022 年 3 月 30 日经福建省第十三届人民代表大会常务委员会第三十二次会议通过	2022 年 7 月 1 日

二、审查人

在英美法系国家的陪审团审判中，法官裁定证据的采纳问题，但诉讼当事人可以对法官的裁定提出上诉。陪审团判断证据的采信问题，但诉讼当事人一般不能把陪审团的证据判断作为上诉的理由。在美国的陪审团审判中，法庭认证是典型的两步认证模式，即法官的职责是对证据能力的认定，而证明效力的认定是陪审团的职能，法官被称为是审查证据的“看门人”。

检察机关是法律监督机关，技术性证据专门审查是对证据进行查证属实的方法之一，其在协助检察官审查判断证据的客观真实性方面发挥着重要作用，可有效解决案件实体方面的诸多问题。[①] 在实践中，承办检察官可能囿于技术性证据所涉及专业领域专门知识的欠缺，对文证材料只能作形式审查，不能作出实质性审查，因而往往不能满足办案需要。因此，他们需要向具有专门知识的人寻求协助，并不得不让渡于专业技术人员履行部分审查权，以协助自己解决这方面专业问题。

技术性证据专门审查工作是依附于检察机关证据审查权而存在的审查职能，从考量鉴定意见等技术性证据本身来看，专门审查工作是法律监督职能在检察技术办案领域的具体化，是全国检察机关检察技术工作的一项重要内容。多年来，检察技术人员承担了检察办案中大量专门性问题的专门审查工作，发挥着检察技术对业务办案的辅助职能，具有监督纠错、支持支撑的法律监督效果，为检察办案提供了科技支持。

《人民检察院技术性证据专门审查工作规定》（高检发办字〔2023〕22 号）已经 2023 年 1 月 11 日最高人民检察院党组 2023 年第 2 次会议通过。检察技术人员可以受委托开展技术性证据专门审查。办案部门、检察官根据办案需求，也可以按照最高人民检察院《关于指派、聘请有专门知识的人参与办案若干问题的规定》（试行），邀请其他有专门知识的人对技术性证据进行审查。《人民检察院刑事诉讼规则》第 334 条规定：“人民检察院对鉴定意见有疑问

① 参见周颂东、赵宪伟：《技术性证据审查与检察官办案责任制的辩证统一》，载《人民检察》2018 年第 22 期。

的，可以询问鉴定人或者有专门知识的人并制作笔录附卷，也可以指派有鉴定资格的检察技术人员或者聘请其他有鉴定资格的人进行补充鉴定或者重新鉴定。人民检察院对鉴定意见等技术性证据材料需要进行专门审查的，按照有关规定交检察技术人员或者其他有专门知识的人进行审查并出具审查意见。”

2018 年 2 月 11 日，最高人民检察院第十二届检察委员会第七十三次会议通过最高人民检察院《关于指派、聘请有专门知识的人参与办案若干问题的规定(试行)》，此规定中所称“有专门知识的人”，是指运用专门知识参与人民检察院的办案活动，协助解决专门性问题或者提出意见的人，但不包括以鉴定人身份参与办案的人。“专门知识”，是指特定领域内的人员理解和掌握的、具有专业技术性的认识和经验等。同时该规定指出，人民检察院可以指派、聘请有鉴定资格的人员，或者经本院审查具备专业能力的其他人员，作为有专门知识的人参与办案。

因此，作为检察机关的专门审查工作的主体，最高人民检察院没有作出关于检察机关内部检察技术人员具备鉴定人资格的限制，属于一种开放式规定。这也契合了目前检察机关“四大检察、十大业务”的工作性质，因为在很多检察机关需要解决的专门性问题领域，检察机关内部没有这方面的鉴定资质，其他公安机关或司法机关管理的鉴定机构可能也没有相关资质，那么开展专门审查工作必然需要依托其他社会资源力量的专家来实施，因此，专门审查工作主体没有必要有关于鉴定资质的限定条件。例如，在公益诉讼的 13 个法定领域中，涉及环境污染、国有土地资源保护、野生动植物保护等领域相关鉴定意见等技术性证据材料，需要依托相关主管部门的专家来评估、鉴别，开展专门审查工作。

但是，在法医、文件检验、司法会计等专门审查工作中，最高人民检察院相关专业的专门审查工作在具体工作细则规定中采取的是严格审慎态度，要求必须是具备相应专业资格的人员，因为上述鉴定意见主要涉及刑事案件中的专门性问题。比如，2013 年 12 月 3 日经最高人民检察院第十二届检察委员会第十三次会议审议通过的《人民检察院法医工作细则》中规定技术性证据审查的主体是指具备法医鉴定资格的人员，其受检察机关办案部门委托或者指派，就案件中涉及的法医学证据材料进行审查、判断，并提出审查意见。

同时，在 2013 年 12 月 3 日经最高人民检察院第十二届检察委员会第十三次会议审议通过的《人民检察院文件检验工作细则》中规定具备文件检验鉴定资格的人员，受检察机关办案部门委托或者指派，就案件中涉及的文件检验技术性证据材料进行审查、判断，并提出审查意见。2015 年 7 月 1 日最高人民检察院第十二届检察委员会第三十七次会议审议通过的《人民检察院司法会计工作细则(试行)》中，也规定具备司法会计鉴定资格的人员，对案件中涉及的相关鉴定文书、报告以及财务会计资料等证据材料进行审查，并提出审查意见。

从前文可以看出，审查证据是适用证据的各种主体所进行的诉讼活动，即审查人审查证据的过程。而专门审查工作的主体是由具备有专门知识的人，人民检察院开展专门审查工作可以由检察人员或者其他有专门知识的人来完成。

三、有专门知识的人

有专门知识的人，是刑事诉讼法中规定解决专门性问题的专业人员，在 2018 年《刑事诉讼法》中有三处规定，分别是："侦查人员对于与犯罪有关的场所、物品、人身、尸体应当进行勘验或者检查。在必要的时候，可以指派或者聘请具有专门知识的人，在侦查人员的主持下进行勘验、检查。""为了查明案情，需要解决案件中某些专门性问题的时候，应当指派、聘请有专门知识的人进行鉴定。""法庭审理过程中，当事人和辩护人、诉讼代理人有权申请通知新的证人到庭，调取新的物证，申请重新鉴定或者勘验。公诉人、当事人和辩护人、诉讼代理人可以申请法庭通知有专门知识的人出庭，就鉴定人作出的鉴定意见提出意见。法庭对于上述申请，应当作出是否同意的决定。第二款规定的有专门知识的人出庭，适用鉴定人的有关规定。"

2023 年《民事诉讼法》第 82 条规定："当事人可以申请人民法院通知有专门知识的人出庭，就鉴定人作出的鉴定意见或者专业问题提出意见。"

从上述法律规定可以看出，刑事诉讼法在侦查、审判等诉讼环节中均设置了专门知识的人参与诉讼的"三种参与方式"，简言之为"三项职责"，即有专门知识的人参与"勘验、检查""鉴定""出庭"三大环节。将涉及需要借助专门知识解决的专业性、专门性问题的解决由法律设置交给了具有专门知识的人，并赋予即勘验检查、鉴定和审查职能，同时也规定了"三种意见形式"，即勘验、检查笔录、鉴定意见以及有专门知识的专家辅助人意见。

法律设置与增加有专门知识的人的相关规定，是以审判为中心的刑事诉讼制度改革的重要体现，其初衷也体现了专门性问题的解决必须经过有专门知识的人通过分析得出专业性的意见，意见具有明显的专门性特点，为严格贯彻证据裁判原则，切实增强庭审的对抗性以及诉讼中鉴定意见和相关专门性问题的科学说理、证明效果提供了依据。

比如，在江西省上饶市人民检察院诉张某某等三人故意损毁三清山巨蟒峰民事公益诉讼案[①]中，2018 年 5 月，上饶市人民检察院委托江西财经大学三名专家成立专家组对三清山巨蟒峰的受损价值进行评估，并形成《评估报告》。专家组采用国际通用的条件价值法对三清山巨蟒峰受损后果进行价值评估［条件价值法是原环境保护部下发的《环境损害鉴定评估推荐方法》（第Ⅱ版）确定的方法之一，是在假想市场情况下，直接调查和询问人们对某一环境效益改善或资源保护的措施的支付意愿，或者对环境或资源质量损失的接受赔偿意愿，以人们的支付意愿或受偿意愿来估计环境效益改善或环境质量损失的经济价值。该评估方法的科学性在世界范围内得到认可］，分析得出该事件对三清山巨蟒峰生态服务价值造成损失的最低阈值为 0.119 亿—2.37 亿元。

在该案中，因独特的环境资源、自然景观缺乏真实的交易市场，其环境资源和生态服务的价值难以用常规的市场方法评估，损害赔偿数额无法通过司法鉴定予以确定。在此情况下，检察机关可以委托专家，采用原环境保护部《环境损害鉴定评估推荐方法》（第Ⅱ版）和《生态环境损害鉴定评估技术指南总纲》中推荐使用的条件价值法进行评估，该方法被认为特别适用于独特景观、文物古迹等生态服务价值评估。评估后的结果可以专家意见书的方式进行举证，作为法院审理案件的参考依据。

（一）刑事诉讼法中有专门知识的人的“三项职责”之间的联系

（1）启动方式的被动性。“三类人员”均应接受指派和聘请，或者应申请通知参与诉讼，启动方式具有被动性。

（2）介入方式的程序性。“三类人员”介入诉讼均须符合一定的法律程序，有明显的程序性特点。

（3）主体身份的特殊性。“三项职责”均由具有专门知识的人实施，主体一

---

① 最高人民检察院指导性案例：检例第 114 号，江西省上饶市人民检察院诉张某某等三人故意损毁三清山巨蟒峰民事公益诉讼案。

般应具有鉴定人身份,其身份均具有特殊性。勘验检查人员应具有相关资质,并持有现场勘查证方可开展现场勘查工作,鉴定人同样应具有相应的鉴定资质并按照相关鉴定规则开展鉴定活动;有专门知识的人虽没有明确的规定,但从2018年《刑事诉讼法》第197条之规定来看,应具备参与诉讼中专门性问题所表达意见的专门知识。

(4)专业要求的差别性。"三项职责"均解决刑事诉讼中的专门性问题,且所涉问题具有高度专业性特点,因此,实施勘验检查、鉴定以及审查的主体应具有相应的资质或者具有相关专业背景。

(5)意见结果的专业性。法官、检察官、律师辩护人主要解决事实认定与法律适用,在案件所涉专门性问题方面,应由具有专门知识的人根据其专门知识来解决。

(二)刑事诉讼法中有专门知识的人的"三项职责"之间的区别

(1)法律规定的不同。1979年、1996年、2012年《刑事诉讼法》均对勘验、检查和鉴定作出相同的规定;而有专门知识的人就鉴定人作出的鉴定意见提出意见是2012年《刑事诉讼法》第192条、2018年《刑事诉讼法》第197条的新规定、新扩充、新拓展。

(2)从证据的分类不同。勘验、检查笔录与鉴定意见属于客观性证据,[①]有专门知识的专家辅助人的意见属于主观性证据。勘验、检查笔录是实物证据,而鉴定意见与有专门知识的专家辅助人的意见属于言词证据。

(3)接受委托的主体不同。勘验、检查一般是受侦查人员委托或指派;鉴定一般是由案件承办单位委托;而有专门知识的人是接受公诉人、当事人和辩护人、诉讼代理人的委托,应法庭通知参加庭审。

(4)是否需要有专门资格。勘验、检查与鉴定应具有相应的勘验、鉴定资质来实施,而有专门知识的专家辅助人的意见并不一定需要具有勘验、鉴定资质的人来实施。

(5)意见的内容不同。勘验、检查笔录是对案件有关的场所、物品、资料、尸体等进行勘验、检查所制作的书面记录;鉴定意见是指鉴定人运用科学技术

① 参见樊崇义、赵培显:《论客观性证据审查模式》,载《中国刑事法杂志》2014年第1期。

或者专门知识对诉讼涉及的专门性问题进行鉴别和判断所提供的意见；有专门知识的人的意见是指接受委托应法庭通知出庭，就鉴定人已经作出的鉴定意见提出审查意见。

(6)意见的内容不同。勘验、检查笔录是通过客观记载侦查活动过程并反映某一方面事实、情节的记述类证据，一般以文书并辅以图片、录像等作为载体，不带有主观判断的成分。鉴定意见是鉴定人运用科学技术或者专门知识对某一专门性问题进行鉴别和判断的过程，往往有分析论证的过程，有鉴定人的主观性成分。有专门知识的人的意见是针对鉴定人出具的鉴定意见发表意见，类似鉴定人的主观判断与论证的活动，其区别于鉴定人的实质是没有全程参与鉴定全过程，只是根据现有鉴定意见以及相关材料作复核性审查判断，属审查意见，存在一定的局限性。

(7)意见立场不同。勘验、检查是客观反映某一方面事实、情节的记述类证据，无立场倾向性。鉴定是中立地解决案件中的专门性问题，无立场倾向性。根据 2018 年《刑事诉讼法》第 197 条之规定，有专门知识的人出庭通常是支持聘请一方的观点进而对另一方所提出的鉴定意见质证，如刑事诉讼中辩方提出的专家；也可以是对本方已经出具的鉴定意见作进一步的解释、说明，如控方提出申请的专家。

(8)是否有出庭的义务。勘验、检查与鉴定当然有出庭的义务，但并不一定需要出庭；而有专门知识的人除在诉讼中辅助办案提出书面专门意见外，还可以应通知出庭参与庭审发表意见，有效发挥庭审质证作用。

(9)表达方式、表现形式不一。勘验、检查笔录的形式是按照笔录的规范格式进行；鉴定所得出的鉴定意见是以鉴定书的形式，鉴定机构都有统一的文书格式；有专门知识的人的意见形式尚无统一的文书格式。

(10)是否需要告知。勘验、检查笔录不需要，鉴定意见有法定的告知程序，有专门知识的人的意见无相关规定。

(11)有无纳入统一的管理。三者没有统一的规定。

四、鉴定人、审查人之间与有专门知识的人的联系与区别

联系：三者都是有具备一定专门知识的人来完成。

(1)有专门知识的人的意见，“有专门知识的人”出现在刑诉法文本中共有

4 处,其中“侦查”章节中“勘验、检查”“鉴定”相关法条,以及“第一审程序”中的关于“出庭”的法条中。有专人意见是一个广义概念,包括勘验检查出具的笔录、鉴定出具的书面意见、出庭发表的口头意见。它是具备专门知识的人对于案件中的专门性问题提出的专业意见。

(2)关于鉴定意见,有鉴定资格的鉴定人运用科学技术或者专门知识对诉讼中涉及的专门性问题进行鉴别和判断,并提出专业意见。这也是最常见的类型。

(3)关于审查意见,有别于检察官的审查意见,主要依据目前《人民检察院刑事诉讼规则》第 334 条第 2 款规定,这是技术性证据专门审查的法源,也是我们目前检察技术工作的一项重要内容。它是指具备相应鉴定资格的专业技术人员或者聘请其他有专门知识的人,对诉讼中鉴定意见等技术性证据材料,通过专门审查,并提出的专业意见。

区别:

从形式上看,有专人意见包括鉴定意见和审查意见。

从内容上看,鉴定意见,一般是首次运用专门知识对相关专门性问题进行鉴别、判断,具有“取证、举证”之功能。

审查意见是对已经出具的鉴定意见等技术性证据的进行再审视,有审查、判断之意,即有“质证、认证”之功能。

从资质上看,有专门知识的人有时不一定需要具备相应的司法鉴定资质。比如,评估、造价等。司法鉴定意见、专门审查意见一般都需要鉴定资质。

从位阶上看,鉴定意见是八类法定证据之一,审查意见并不一定可单独作为证据使用。

第六节 鉴定意见专门审查的客体

《人民检察院组织法》第 46 条规定,“人民检察院根据工作需要,可以设检察技术人员,负责与检察工作有关的事项”,从组织法层面规定了检察技术人员的法律地位。加强对技术性证据的审查判断,是检察机关的重要职责。最高人民检察院《关于指派、聘请有专门知识的人参与办案若干问题的规定(试行)》第8条规定,"人民检察院在审查起诉时,发现涉及专门性问题的证据材料有对定罪量刑有重大影响等情形时,可以指派、聘请有专门知识的人进行审查,出具审查意见。"《人民检察院刑事诉讼规则》第334条第2款规定,"人民检察院对鉴定意见等技术性证据材料需要进行专门审查的,按照有关规定交检察技术人员或者其他有专门知识的人进行审查并出具审查意见"。

2023年1月,最高人民检察院党组2023年第2次会议通过了《人民检察院技术性证据专门审查工作规定》,该规定对全国检察机关开展技术性证据专门审查工作作出统一规定。在此之前,全国检察机关没有一部统一的专门审查规定,各地检察机关结合地域特点,探索性地制定了各地工作办法,在实践办案中起到了很好的办案效果。以下列举了2023年以前全国20个省级院技术性证据专门审查工作办法(具体内容略)。

1.《北京市检察机关技术性证据审查工作办法(试行)》

2.《重庆市检察机关技术性证据审查工作办法(试行)》

3.《云南省检察机关技术性证据审查工作办法(试行)》

4.《湖北省人民检察院关于刑事案件技术性证据审查工作的实施办法(试行)》

5.《青海省人民检察院技术性证据审查工作暂行办法》

6.《江西省检察机关关于在公诉工作中加强技术性证据审查的意见(试行)》

7.《上海市人民检察院加强网上法医文证审查工作协同的办法(试行)》

8.《海南省检察机关监外执行技术性证据审查工作规定》

9.《安徽省检察机关关于在案技术性证据审查工作规定》

10.《江苏省人民检察院公诉部门、检察技术部门关于死刑案件技术性证据审查的规定(试行)》

11.《江苏省人民检察院检察技术人员参与办案工作办法(试行)》

12.《浙江省检察机关公诉案件技术性证据审查工作规定(试行)》

13.《广西壮族自治区人民检察院关于完善命案技术性证据审查制度的若干规定》

14.《甘肃省人民检察院关于对刑事案件有关技术性证据材料进行文证审查的规定》

15.《福建省人民检察院关于加强公诉案件文证审查的意见》

16.《河南省关于在侦查监督工作中加强技术性证据审查工作的若干意见(试行)》

17.《江西省检察机关关于在侦查监督、公诉工作中加强技术性证据文证审查的意见(试行)》

18.《辽宁省人民检察院死刑二审案件技术性证据文证审查暂行办法》

19.《河北省关于在办理刑事案件中进一步加强文证审查工作的通知》

20.《湖南省检察机关文证审查规则》(试行稿)

21.《天津市关于规范证据鉴定和文证审查纳入办案程序的意见》

关于上述专门审查客体,各地制定的专门审查工作规定大体一致。鉴定意见专门审查的客体,一般包括"专门审查范围""专门审查情形""专门审查对象""专门审查内容"等。

一、鉴定专业类领域

根据2005年2月28日第十届全国人民代表大会常务委员会第十四次会议通过的《全国人民代表大会常务委员会关于司法鉴定管理问题的决定》规定,司法鉴定分为"法医类鉴定、物证类鉴定、声像资料鉴定"三大类,2016年1月8日,最高人民法院、最高人民检察院、司法部印发《关于将环境损害司法鉴定纳入统一登记管理范围的通知》(司发通〔2015〕117号),决定将"环境损害司法鉴定"纳入统一登记管理范围。至此,司法鉴定领域扩充为目前法医类、物证类、声像资料、环境损害"四大类"鉴定。

《全国人民代表大会常务委员会关于司法鉴定管理问题的决定》第17条规定,"本决定下列用语的含义是:(一)法医类鉴定,包括法医病理鉴定、法医临床鉴定、法医精神病鉴定、法医物证鉴定和法医毒物鉴定。(二)物证类鉴定,包括文书鉴定、痕迹鉴定和微量鉴定。(三)声像资料鉴定,包括对录音带、录像带、磁盘、光盘、图片等载体上记录的声音、图像信息的真实性、完整性及其所反映的情况过程进行的鉴定和对记录的声音、图像中的语言、人体、物体作出种类或者同一认定。"

但是,关于"四大类"鉴定的管理,公安机关、检察机关、司法行政机关略有不同。例如,公安机关将心理测试与警犬鉴别列入刑事技术鉴定管理,检察机关将“司法会计、心理测试”列入鉴定管理(见表1－3)。

表1－3　鉴定管理规定关于鉴定门类的规定

法律规定	鉴定门类
《公安机关鉴定机构登记管理办法》公安部令第155号(自2020年5月1日起施行)	第十二条　公安机关的鉴定机构可以申报登记开展下列鉴定项目: (一)法医类鉴定,包括法医临床、法医病理、法医人类学和法医精神病鉴定; (二)DNA鉴定; (三)痕迹鉴定; (四)理化鉴定,包括毒物、毒品和微量物质的鉴定; (五)文件证件鉴定; (六)声像资料鉴定; (七)电子数据鉴定; (八)环境损害鉴定; (九)交通事故鉴定; (十)心理测试; (十一)警犬鉴别。 根据科学技术发展和公安工作需要,鉴定机构可以申请开展其他鉴定项目。
《人民检察院鉴定机构登记管理办法》(高检发办字〔2006〕33号)	第十一条　鉴定机构可以申请登记下列鉴定业务: (一)法医类鉴定; (二)物证类鉴定; (三)声像资料鉴定; (四)司法会计鉴定; (五)心理测试。 根据检察业务工作需要,最高人民检察院可以增加其他需要登记管理的鉴定业务。
司法部关于印发《法医类司法鉴定执业分类规定》的通知(司规〔2020〕3号)	第二条　法医类司法鉴定是指在诉讼活动中法医学各专业鉴定人运用科学技术或者专门知识,对诉讼涉及的专门性问题进行鉴别和判断并提供鉴定意见的活动。 第三条　法医类司法鉴定依据所解决的专门性问题分为法医病理鉴定、法医临床鉴定、法医精神病鉴定、法医物证鉴定、法医毒物鉴定等。
司法部关于印发《物证类司法鉴定执业分类规定》《声像资料司法鉴定执业分类规定》的通知(司规〔2020〕5号)	《物证类司法鉴定执业分类规定》 第二条　物证类司法鉴定是在诉讼活动中鉴定人运用物理学、化学、文件检验学、痕迹检验学、理化检验技术等原理、方法和专门知识,对文书物证、痕迹物证、微量物证等涉及的专门性问题进行鉴别和判断并提供鉴定意见的活动。 第三条　物证类司法鉴定解决的专门性问题包括:文书物证的书写人、制作工具、制作材料、制作方法,及其内容、性质、状态、形成过程、制作时间等鉴定;痕迹物证的勘验提取,造痕体和承痕体的性质、状况及其形成痕迹的同一性、形成原因、形成过程、相互关系等鉴定;微量物证的物理性质、化学性质和成分组成等鉴定。

续表

法律规定	鉴定门类
	《声像资料司法鉴定执业分类规定》 第二条　声像资料司法鉴定是指在诉讼活动中鉴定人运用物理学、语言学、信息科学与技术、同一认定理论等原理、方法和专门知识,对录音、图像、电子数据等涉及的专门性问题进行鉴别和判断并提供鉴定意见的活动。 第三条　声像资料司法鉴定包括录音鉴定、图像鉴定、电子数据鉴定。解决的专门性问题包括:录音和图像(录像/视频、照片/图片)的真实性、同一性、相似性、所反映的内容等鉴定;电子数据的存在性、真实性、功能性、相似性等鉴定。
《江苏省司法鉴定管理条例》(自2017年5月1日起施行)	第三条　从事法医类、物证类、声像资料以及由国务院司法行政部门商最高人民法院、最高人民检察院确定的其他司法鉴定业务的鉴定人和鉴定机构实行登记管理制度。

2019年5月6日,司法部、生态环境部《关于印发〈环境损害司法鉴定执业分类规定〉的通知》(司发通〔2019〕56号)第3条规定:"环境损害司法鉴定解决的专门性问题包括:确定污染物的性质;确定生态环境遭受损害的性质、范围和程度;评定因果关系;评定污染治理与运行成本以及防止损害扩大、修复生态环境的措施或方案等。"在专业细分领域,《环境损害司法鉴定执业分类规定》细化了环境损害司法鉴定中污染物性质鉴定、地表水与沉积物环境损害鉴定、空气污染环境损害鉴定、土壤与地下水环境损害鉴定、近岸海洋与海岸带环境损害鉴定、生态系统环境损害鉴定、其他环境损害鉴定等七大类鉴定事项,对于更加清晰准确地界定环境损害司法鉴定机构和鉴定人执业类别和范围,方便环境损害司法鉴定委托,切实提高环境损害司法鉴定管理工作的针对性、规范性和科学性具有重要意义。

2020年5月9日,司法部第20次部长办公会议审议通过《法医类司法鉴定执业分类规定》(司规〔2020〕3号)。该分类规定将法医类司法鉴定依据所解决的专门性问题分为法医病理鉴定、法医临床鉴定、法医精神病鉴定、法医物证鉴定、法医毒物鉴定等。

(一)法医病理

法医病理鉴定,是指鉴定人运用法医病理学的科学技术或者专门知识,对与法律问题有关的人身伤、残、病、死及死后变化等专门性问题进行鉴别和判断并提供鉴定意见的活动。

法医病理鉴定包括死亡原因鉴定，死亡方式判断，死亡时间推断，损伤时间推断，致伤物推断，成伤机制分析，医疗损害鉴定以及与死亡原因相关的其他法医病理鉴定等。

（二）法医临床

法医临床鉴定，是指鉴定人运用法医临床学的科学技术或者专门知识，对诉讼涉及的与法律有关的人体损伤、残疾、生理功能、病理生理状况及其他相关的医学问题进行鉴别和判断并提供鉴定意见的活动。

法医临床鉴定包括人体损伤程度鉴定，人体残疾等级鉴定，赔偿相关鉴定，人体功能评定，性侵犯与性别鉴定，诈伤、诈病、造作伤鉴定，医疗损害鉴定，骨龄鉴定及与损伤相关的其他法医临床鉴定等。

（三）法医精神病

法医精神病鉴定，是指运用法医精神病学的科学技术或者专门知识，对涉及法律问题的被鉴定人的精神状态、行为/法律能力、精神损伤及精神伤残等专门性问题进行鉴别和判断并提供鉴定意见的活动。

法医精神病鉴定包括精神状态鉴定、刑事类行为能力鉴定、民事类行为能力鉴定、其他类行为能力鉴定、精神损伤类鉴定、医疗损害鉴定、危险性评估、精神障碍医学鉴定以及与心理、精神相关的其他法医精神病鉴定等。

（四）法医物证

法医物证鉴定，是指鉴定人运用法医物证学的科学技术或者专门知识，对各类生物检材进行鉴别和判断并提供鉴定意见的活动。

法医物证鉴定包括个体识别，三联体亲子关系鉴定，二联体亲子关系鉴定，亲缘关系鉴定，生物检材种属和组织来源鉴定，生物检材来源生物地理溯源，生物检材来源个体表型推断，生物检材来源个体年龄推断以及与非人源生物检材相关的其他法医物证鉴定等。

（五）法医毒物

法医毒物鉴定，是指鉴定人运用法医毒物学的科学技术或者专门知识，对体内外药毒物、毒品及代谢物进行定性、定量分析，并提供鉴定意见的活动。

法医毒物鉴定包括气体毒物鉴定，挥发性毒物鉴定，合成药毒物鉴定，天然药毒物鉴定，毒品鉴定，易制毒化学品鉴定，杀虫剂鉴定，除草剂鉴定，杀鼠剂鉴定，金属毒物类鉴定，水溶性无机毒物类鉴定以及与毒物相关的其他法医毒物鉴定等。

二、专门审查领域

专门审查领域，是指专门审查工作所开展的具体项目、领域。即专业技术人员接受指派或聘请，负责解决办案人员委托的包括但不限于对法医类、物证类、声像资料类、环境损害类、司法会计等技术性证据材料进行审查。由于专门审查的对象繁杂众多，除了涉及传统意义上的法医类、物证类、声像资料、环境损害、司法会计等专业领域，还应包括安全质量、工程造价、资产评估、价格鉴定、文物鉴定等专业领域。这些领域包括“四大类”司法鉴定以及其他鉴定领域。

总的来说，关于涉及需要利用专门知识解决的专门性问题的技术性证据，均为专门审查所涉及的领域，其包括司法鉴定、环境保护、建筑工程、房产评估、价格认定、文物保护等行业领域，具有专业性、行业性、技术性等特点。上述行业领域除司法鉴定领域有明确的管理规定外，其他领域一般都有各自领域的管理规范以及行业标准等。开展专门审查工作时，一方面，注重专门知识的理论研究及实践应用，有时可能需要借助“外脑”，亦即聘请其他有专门知识的人开展审查。另一方面，需要熟悉了解最新有效的行业规范和标准等。

三、专门审查情形

专门审查情形，是指因检察办案工作需要，委托开展专门审查工作的具体情形。即办案人员在办案中，对涉及不能通过自己专业能力解决的专门性问题，委托专业技术人员开展审查的情形。

在具体案件中，审查主体是具体办案人员，审查的“第一责任人”是办案人员，具体是否需要开展专门审查，应该由案件承办人启动相关专门审查程序。当鉴定意见等技术性证据出现“相互矛盾”“影响采纳采信证据”等重要情形时，办案人员应当委托开展专门审查，此处的专门审查主体是检察技术人员或者其他有专门知识的人。

四、专门审查对象

专门审查对象，是指专业技术人员接受办案委托，对案件中的鉴定意见、视听资料、电子数据、勘验笔录和专家意见、评估报告等技术性证据材料。即审查对象为：鉴定意见、视听资料、电子数据、勘验笔录和专家意见、评估报告等技术性证据材料。

其中鉴定意见，包括鉴定书，即鉴定意见的书面表现形式，以及鉴定过程文书、审批文书。具体可以分类如下。

（一）鉴定书分类

鉴定意见本身，作为八类证据之一广义的概念，在办案中经常会遇到不同形式外观的鉴定意见，包括鉴定书、检验报告、分析意见书与审查意见等，因此有必要对鉴定文书进行比较，以进一步厘清鉴定意见、审查意见等有专门知识的人的意见区别，进而明确它们的证明价值（见表1－4至表1－6）。

表1－4　鉴定文书、鉴定书、鉴定意见比较

比较内容	鉴定书	鉴定文书	鉴定意见
类型	文书种类	鉴定层面	证据层面
内容	与鉴定意见一致（广义）	侧重形式	侧重结果

表1－5　鉴定意见、审查意见形式之鉴别

鉴定书	检验报告	审查意见
鉴定书 检验意见书 分析意见书 检验报告 文证审查意见书	物证检验报告 DNA 检验报告 毒物化验报告	文证审查意见书 技术性证据审查意见 书证审查意见书

表1－6　公安机关、检察机关、司法行政机关管理的鉴定文书比较

比较内容	依据	鉴定意见形式
公安机关	《公安机关鉴定规则》（公通字〔2017〕6号）	鉴定书 检验报告

续表

比较内容	依据	鉴定意见形式
检察机关	《人民检察院鉴定规则(试行)》(高检发办字〔2006〕33 号)	鉴定书 检验报告 检验意见书
司法行政机关	《司法部关于印发司法鉴定文书格式的通知》(司发通〔2016〕112 号)	司法鉴定意见书 司法鉴定意见补正书 司法鉴定复核意见

(二)鉴定程序性文书

鉴定委托、受理、登记、流转、保管、送检、分包、签发等程序性文书,包括鉴定中常见的程序性文书有鉴定委托书、受理登记表、检材流转登记表、分包告知书、签发稿等。

(三)鉴定实体性文书

1. 依据材料

这其中还可能包括医疗病历资料、健康档案、体检记录、检测报告、查勘报告等,总而言之,这些证据材料的审查需要借助于专门知识,需要进行专业判断。

2. 过程材料

包括鉴定检验过程中生成的检验记录、比对表、统计表、图谱、图像等实体性资料。例如,法医学人体损伤检验记录、尸体检验记录、病理显微病理图像、毒物检验图谱、DNA 图谱等。

3. 结果材料

鉴定书及其附件材料,即鉴定意见书以及所附的图片、图标的附件文书。

依上可以看出,专门审查的客体为涉及专门性问题的证据材料,即鉴定意见等技术性证据材料。而专门审查的对象为有针对性地开展专门审查的具体文书,即鉴定意见、勘验检查笔录、视听资料、电子数据、专家意见、评估报告等。

专门审查客体与专门审查对象,二者存在一定区别,前者需要进行全面审查,包括证据的合法性、客观性、关联性属性,侧重法律层面;后者侧重对证据材料的科学性、准确性进行审查,侧重专业技术层面。

五、专门审查文书

审查主体按照委托要求开展技术性证据专门审查，当条件齐备，专门审查工作结束后，一般应出具技术性证据专门审查意见书。意见书应当充分说明审查意见形成的依据和理由，分析论证严谨、文义表述准确、审查内容完整，且文书格式符合规范。审查人应当在专门审查文书上署名，并可加盖技术性证据审查专用章。

目前检察机关适用的专门审查文书格式样本，主要包括序言、正文、附件、签名等要素。其中序言部分包括：送审单位、送审日期、送审材料、送审要求、审查开始日期。正文部分包括：案情摘要、资料摘要、分析说明、审查意见。附件及形式要件包括：附件、文书名称、页眉页脚、文书编号、签名盖章。

第七节 鉴定意见专门审查的内容

鉴定意见专门审查内容，是指专业技术人员接受办案委托，对案件中的技术性证据材料的技术标准、技术方法符合性，检材、样本完整性、可靠性，形成过程规范性、合理性，分析论证充分性、严谨性，结果客观性、可用性，形式要件完备性等进行审查。

一、鉴定意见专门审查的内容概述

鉴定意见专门审查，主要是从程序与实体两个维度，对鉴定意见的客观性、科学性、合法性、关联性等进行审查，通过对相关证据材料进行回溯性的审查，并通过一定的环境条件，模拟还原鉴定意见的形成过程。不仅关注委托受理、鉴定资质、意见形式等程序审查，还要关注标准方法、形成过程、检材来源等实体审查。

通过比较全国检察机关关于技术性证据审查规定中的专门审查内容，可以看出，鉴定意见专门审查内容一般是针对鉴定意见等技术性证据形成过程，包括程序性审查与实体性审查，通过开展形式审查和实质审查，关注技术性证据材料的客观性、科学性、合法性与关联性，重点审查客观性、科学性。是对形成过程的相关内容的形式与实质内容的回溯，包括但不限于委托受理、鉴定资质、回避、检材来源,过程程序,标准方法、分析论证、检验结果、形式要件等。专门审查的有效路径是验证性地对鉴定意见等技术性证据的开展回溯性审查。

二、程序审查与实体审查

从专门审查的具体过程来看,可以将其分为程序性审查与实体性审查。

程序性审查与实体性审查,主要侧重对鉴定意见的形成过程的回溯审查所涉及的鉴定程序与实体。程序性审查包括鉴定资质、委托受理、文书形式、过程程序等,而实体性审查包括检验记录、标准方法、分析论证、意见结果等。如对一份法医病理鉴定书的资质、委托受理、鉴定时限等进行审查,属于程序审查;而对标准方法、检验过程、分析论证等进行实质审查属于实体审查。

三、形式审查与实质审查

从专门审查的具体内容来看,可以分为形式审查与实质审查。关于形式审查与实质审查,主要侧重对鉴定意见本身的实质内容的介入程度而言。一般而言,形式审查仅就鉴定书本身所作的要素审查,而实质审查包括但不限于鉴定书、检验记录、病历资料、影像学资料等进行的具体审查。如仅依据单一的鉴定文书,无法获取病历资料等鉴定过程资料,不能完整、全面、实质性地开展专门审查。

四、鉴定意见证据的"三性两力"

鉴定意见属于法定的八类证据之一,其需要具备"合法性、客观性、关联性",才能具备证据能力和证明力。

(一)合法性

关于鉴定意见的合法性。鉴定意见合法性主要涉及委托鉴定、启动程序是否符合法律规定,检验鉴定过程是否合乎技术规范,意见签发程序是否合法,文书形式及制作是否合法等。例如,重新鉴定、补充鉴定不符合法定的启动事由,检验过程适用非最新有效的国家标准,意见制发有倒签现象,文书形式非最新的版本,签名盖章不符合规范。

案例2　赵某伤情鉴定案——鉴定意见错误加盖机构用章

2022年4月1日，赵某被他人打伤，某鉴定机构出具一份法医学损伤程度鉴定意见，鉴定结果为轻伤二级，该鉴定书落款处加盖该鉴定机构法人专用章。

专门审查：该机构法人专用章不能作为鉴定专用章，应该使用"×××司法鉴定中心鉴定专用章"。

案例3　李某死因鉴定案——适用已作废的行业标准

2023年1月3日，李某在厂区宿舍内被发现死亡。某鉴定机构出具一份法医学死亡原因鉴定意见，该检验过程中使用《法医学尸体解剖》(GA/T 147—1996)、《法医病理学检材的提取固定包装及送检方法》(GA/T 148—1996)、《法医学尸表检验》(GA/T 149—1996)、《机械性窒息尸体检验》(GA/T 150—1996)、《新生儿尸体检验》(GA/T 151—1996)、《中毒尸体检验规范》(GA/T 167—1997)、《机械性损伤尸体检验》(GA/T 168—1997)、《猝死尸体的检验》(GA/T 170—1997)等行业标准。

专门审查：上述检验过程使用的行业标准自2019年12月1日已被《法医学 尸体检验技术总则》(GA/T 147—2019)、《法医学 病理检材的提取、固定、取材及保存规范》(GA/T 148—2019)、《法医学 机械性窒息尸体检验规范》(GA/T 150—2019)、《法医学 新生儿尸体检验规范》(GA/T 151—2019)、《法医学 中毒尸体检验规范》(GA/T 167—2019)、《法医学 机械性损伤尸体检验规范》(GA/T 168—2019)、《法医学 猝死尸体检验规范》(GA/T 170—2019)等行业标准替代。另外，2020年5月29日，公安部发布《关于废止77项公共安全行业标准的公告》，决定公告发布之日起废止《电子防盗锁》(GA 374—2001)等77项公共安全行业标准，其中包含上述鉴定中适用的8项标准。

因此，该2023年法医病理鉴定仍适用上述已废止的行业标准，属于适用标准不准确的情形。

(二)客观性

客观性更加侧重于科学性的角度。司法鉴定本身就是一门科学，它是自然科学的具体应用科学，是一门专业性很强的科学实证活动。

鉴定意见本身属于言词证据，其客观性本身是附随于检材、样本本身，来源于检材样本本身。鉴定意见生成的过程，是依据委托方提供的检材、样本，通过相应的检验过程，利用科学设备的读取、显现、观察、加工等流程，通过科学的实验、方法等得出相应的图谱、图像、数据等客观结果，加之鉴定人员的分析判断，得出相应的专门意见，即属于有专门知识的人的意见。

（三）关联性

作为证据使用的鉴定意见本身必须与案（事）件本身相关联，意见本身必须与送检检材、样本相关联，鉴定意见与勘验检查笔录、证人证言相关联。另外，此鉴定意见与其他鉴定意见的关联性也是专门审查的重点。

（四）证据能力与证明力

证据能力是鉴定意见作为证据的门槛，是鉴定意见合法性的具体表现。证明力是指鉴定意见自身作为证据的证明能力大小，对此需要经过审查判断、庭审质证等程序。

第八节　鉴定意见专门审查标准化的思考

随着以审判为中心的诉讼制度的改革的不断推进，鉴定意见在诉讼中的证据地位与作用愈显重要，准确适用鉴定标准是形成鉴定意见的一个重要环节，但当前司法鉴定领域仍存在鉴定标准滞后、内容不统一等亟待解决的难题，这为司法鉴定的行业规范、质量控制带来了新的挑战。同样，鉴定意见专门审查标准制度尚在构建中，若不能妥善解决这一难题，势必会影响鉴定意见的证据能力与证明力。

一、标准化

2017 年 11 月 4 日，第十二届全国人大常委会第三十次会议修订通过《标准化法》，并于 2018 年 1 月 1 日起施行。

1. 标准概述

根据《标准化工作指南 第1部分:标准化和相关活动的通用术语》(GB/T 20000.1—2014),标准是指“通过标准化活动,按照规定的程序经协商一致制定,为各种活动或其结果提供规则、指南或特性,供共同使用和重复使用的文件”。国际标准化组织ISO和国际电工委员会IEC对于标准的定义是“标准宜以科学、技术和经验的综合成果为基础,以促进最佳的共同效益为目的”。通过以上定义,我们可以将标准简单地理解成一种文件。然而标准不是一般的文件,它是一种规范性文件,所谓规范性文件是指为各种活动或其结果提供规则、导则或规定特性的文件,是标准、法律、法规、规章等文件的统称。标准是“按照规定的程序经协商一致制定”的,这就确保了:一方面在标准形成过程中具有代表性的技术专家会参与其中,最新技术水平会被充分考虑,相对成熟的技术中可量化或可描述的成果会被筛选出来并确定为标准的技术条款;另一方面经过利益相关方协商一致通过的标准,会被各方高度认可,发布的标准可以公开获得,并且在必要的时候,还会通过修正或修订保持与最新技术水平同步。因此,可以说标准是“公认的技术规则”①。现行法律体制下,国家标准化管理委员会是国务院授权的履行标准化工作的主管机构。我国目前的技术标准可分为国家标准、行业标准、地方标准、团体标准、企业标准5级。对需要在全国范围内统一的技术要求,应当制定国家标准,国家标准分为强制性标准、推荐性标准,行业标准、地方标准是推荐性标准、保障人体健康,人身、财产安全的标准和法律、行政法规规定强制执行的标准为强制性标准。

标准是一种规范性文件,这种规范性文件必须在符合各种条件之后才能成为标准。标准内容的特殊性决定了其形式的独特性,形式上的独特性使得我们从一个标准的文本上就可以一目了然地辨认出它是标准,而不是其他的文件。

2. 标准的实质

标准必须具有“共同使用和重复使用”的特点;制定标准的目的是获得最佳秩序,以便促进共同的利益;制定标准的原则是协商一致;制定标准需要有一定的规范化的程序,并且最终要由公认机构批准发布;标准产生的基础是科学、技术和经验的综合成果。综上所述,具备共同使用和重复使用特点的,其目的

---

① 白殿一、刘慎斋等:《标准化文件的起草》,中国标准出版社2020年版,第4页。

是在一定范围内获得最佳秩序的，经过协商一致制定，并经过规范化的程序，由公认的标准机构批准的技术类的规范性文件，被称为“标准”。

3. 标准化的对象

技术法规的立法对象和标准化对象的关系非常密切，二者是互补关系。在司法鉴定领域，中国合格评定国家认可委员会关于鉴定标准方法的要求，在《司法鉴定/法庭科学机构能力认可准则》（CNAS－CL08：2018）第7.2条中有具体规定。

7.2　方法的选择、验证和确认

7.2.1　方法的选择和验证

7.2.1.1　鉴定机构应使用适合的方法和程序进行所有的鉴定活动，适当时，还应包括测量不确定度的评定，以及使用统计学技术进行数据分析。

注：本准则所用“方法”可视为是ISO/IEC指南99定义的“测量程序”的同义词。

7.2.1.2　所有的方法、程序和支持文件应保持现行有效并易于人员取阅，例如与鉴定活动相关的指导书、标准、手册和参考数据（见8.3）。

7.2.1.3　鉴定机构应确保使用最新有效版本的方法，除非不合适或不可能做到。必要时，应补充方法使用的细节以确保其应用的一致性。

注：当国际、区域或国家的标准以及其他公认的规范已包含了充分和简明的信息以指导鉴定活动的实施，并且鉴定机构人员是可以依据这些标准的书面内容进行操作的，则不需进行补充或改写为内部程序。当方法中存在可选择步骤时，可能有必要制定补充性文件或细则。

7.2.1.4　当客户未指定所使用的方法时，鉴定机构应选择适合的方法，所选用的方法应告知客户。可以推荐使用国际、区域或国家发布的标准，或由知名技术组织、相关科技书籍或期刊中公布的方法，或设备制造商规定的方法。也可使用鉴定机构制定或修改的方法。

7.2.1.5　鉴定机构在引入方法之前，应验证能够正确运用该方法，以确保实现所需的方法性能要求。并保留方法验证的记录。当方法发生变更或修订时，应重新进行适当程度的验证。

7.2.1.6　当需要方法开发时，鉴定机构应予以策划，配置足够的资源并指定有能力的人员进行。在方法开发过程中，应进行定期的评审，以确认客户的需求能持续得到满足。方法开发计划的任何变更应得到批准和授权。

7.2.1.7　所有鉴定活动所依据的方法需发生偏离时,应事先将该偏离形成文件,并经技术判断、批准授权和被客户接受。

7.2.2　方法确认

7.2.2.1　鉴定机构应对非标准方法、实验室制定的方法、超出预定范围使用的标准方法、或改动过的标准方法进行确认。确认应尽可能全面,以满足预期用途或应用领域的需要。

注1:确认可包括对抽样/取样、检材/样本的处置和运输程序的确认。

注2:可用以下一种或多种技术进行方法确认:

a)使用参考标准或标准物质进行校准或评估偏倚和精密度;

b)对影响结果的因素做系统性评审;

c)通过改变控制参数检验方法的稳健性,如恒温箱温度、加样体积等;

d)与其他已确认的方法进行结果比对;

e)实验室间比对;

f)根据对方法原理的理解、抽样/取样或鉴定方法的实践经验,对测量不确定度的结果进行评定。

7.2.2.2　对已确认的方法进行改动时,应确定这些修改的影响性。当发现这些修改已影响到原有的确认时,应实施新方法的确认。

7.2.2.3　当按预期用途评估被确认方法的性能特性时,应确保与客户需求相关,并符合规定要求。

注:方法性能特性可包括但不限于:测量范围、准确度、结果的测量不确定度、检出限、定量限、方法的选择性、线性、重复性或复现性、抵御外部影响的稳健度或抵御来自样品或测试物基体干扰的交互灵敏度,以及偏倚。

7.2.2.4　鉴定机构应保留方法确认的记录,应包括:

a)所使用的确认程序;

b)规定的要求;

c)确定的方法性能特性;

d)获得的结果;

e)方法有效性声明,应详述与预期用途的适宜性。

二、司法鉴定标准化

近年来，国家着力推动国家标准化战略，法庭科学标准体系建设受到社会广泛关注。与此同时，大量因标准缺失、标准不科学及不完善而带来的司法实践问题现状，法庭科学标准体系建设的重要性、紧迫性不言而喻。

（一）概述

根据《标准化法》，标准包括国家标准、行业标准、地方标准、团体标准、企业标准。国家标准分为强制性标准、推荐性标准，行业标准、地方标准是推荐性标准。

目前法庭科学/司法鉴定领域标准体系日趋完善，在法庭科学/司法鉴定领域，主要有国家标准、行业标准、技术规范等，截至2021年11月，在司法鉴定/法庭科学领域，由全国刑事技术标准化委员会发布实施的刑事技术标准有683项，其中国家标准有41项，行业标准有489项。司法部颁布的司法鉴定技术规范共计138项，废止25项，现行行业标准20项，司法鉴定技术规范93项。① 这些规范分别由全国刑事技术标准化技术委员会、司法鉴定科学研究院、国家认证认可监督管理委员会提出并由相应主管部门归口，最高人民法院、最高人民检察院、公安部、司法部、国家安全部联合发布。法庭科学标准体系分基础标准、技术标准与管理标准。司法鉴定行业标准体系分司法鉴定行业基础标准、专业标准与管理标准。从类型上看，有方法标准、规范标准、规程标准、指南标准、服务标准等②。上述标准在法庭科学/司法鉴定领域形成了标准群，指导规范了司法鉴定办案实践。

（二）分类

司法鉴定标准是从事司法鉴定活动所必须遵循的一类规范性文件的总称。《司法鉴定程序通则》第23条规定："司法鉴定人进行鉴定，应当依下列顺序遵守和采用该专业领域的技术标准、技术规范和技术方法：（一）国家标准；

---

① 引自中国政法大学王旭教授在苏州大学第二届"东吴"法医学高峰论坛上关于《多重视角下法庭科学标准建设的新思考》的特约报告。

② 参见《SF/T 0062—2020 司法鉴定技术规范编写规则》，中华人民共和国司法部2020年5月29日发布。

(二)行业标准和技术规范;(三)该专业领域多数专家认可的技术方法。”

笔者根据在司法实践中的标准门类、形式、内容,尝试将司法鉴定中常用的标准按照以下几种分类方法进行归类:

(1)根据司法鉴定门类来区分:法医类鉴定标准(包括法医病理学类、法医临床学类、毒品毒物类、法医物证类、法医精神病学类、法医人类学类等);物证类鉴定类标准(包括文件检验类、痕迹检验类、微量物证类等);声像资料类鉴定标准(录音资料类、图像资料类、照相技术类、录像技术类、电子物证类等);环境损害类鉴定标准。

(2)根据司法鉴定标准的内容区分:鉴定术语类标准;检验规范类标准;技术方法类标准;鉴定过程类标准;结果判断类标准;质量管理类标准。

(3)根据司法鉴定标准的形式区分:规范性文件类;国家标准类;行业标准、技术规范类;专家认可的技术方法类。

(三)常见的司法鉴定技术规范

(1)规范性文件:我国现行的法律法规体系中,尚无“技术法规”一说,很多法律、法规和各部门、地方发布的规章以及我国的强制性国家标准、行业标准和地方标准等强制性要求是与国际通行的技术法规最相类似的。例如,《人体损伤程度鉴定标准》《人体损伤致残程度分级》《保外就医严重疾病范围》等。

(2)国家标准:国家标准是我国最权威的标准,又可以分为强制性标准(GB)和推荐性标准(GB/T),如《劳动能力鉴定　职工工伤与职业病致残等级》(GB/T 16180—2014)、《法医学 尸体检验职业防护指南》(GB/T 43634—2024)、《医疗机构水污染物排放标准》(GB 18466—2005)等。

(3)行业标准:在司法鉴定领域,行业标准制定项目由行业标准归口的国务院有关行政主管部门统一管理。目前,我国由全国刑事技术标准化委员会、司法鉴定科学研究院、司法部信息中心以及国家认证认可监督管理委员会等制定行业标准,其中有公共安全行业标准(GA),司法行业标准(SF),认证认可行业标准(RB)、劳动和劳动安全行业标准(LD)、环境保护行业标准(HJ)、建筑工业行业标准(JG)、船舶行业标准(CB)等 75 个行业标准代号。其中 GB/T、GA/T、SF/T、RB/T 分别为推荐标准。例如,《道路交通事故尸体检验》(GA/T 268—2019)、《法医学 尸体检验技术总则》(GA/T 147—2019)、《人身损害与疾病因果关系判定指南》(SF/T 0095—2021)。

(4)专业领域专家认可的技术方法或技术规范:如公安部鉴定中心的技术方法(IFSC)、司法部司法鉴定管理局(公共法律服务管理局)发布的技术规范(SF/Z),上述司法鉴定技术方法、技术规范不属于行业标准,属于作业指导书范畴。

(5)司法鉴定质量管理体系标准:中国国家认证认可监督管理委员会和中国合格评定国家认可委员会颁布的认证认可标准。例如,《法庭科学机构认可指南》(ILAC - G19)、《检测和校准实验室能力的通用要求》(ISO/IEC 17025:2017)、《检测和校准实验室能力认可准则》(CNAS - CL01:2018)和《司法鉴定/法庭科学机构能力认可准则》(CNAS - CL08:2018)等。

三、鉴定标准冲突以及专门审查工作的必要性

司法实践中,目前尚存在标准陈旧缺乏、标准间条文互斥,标准形式缺乏统一、制标周期长,标准选用缺乏规制等情形。对于同一专门性问题适用不同的鉴定标准,势必会影响鉴定结果。

专业技术标准与技术规范是鉴定人员开展工作所必需遵循的技术要求,具备统一规范的鉴定标准是确保鉴定质量、保证诉讼公正、维护公平正义的重要基础。① 不同地区、不同鉴定机构选择适用不同标准,在一定程度上造成了鉴定秩序的混乱。②

如笔者曾通过“中国裁判文书网”统计 25 例单眼球摘除(缺失)医疗损害伤残鉴定结果,存在分别适用《劳动能力鉴定职工工伤与职业病致残等级》(GB/T 16180—2006 或 GB/T 16180—2014)、《人体损伤残疾程度鉴定标准(试行)》(最高人民法院发布,2005 年 1 月 1 日施行)以及《人体损伤致残程度分级》(2017 年 1 月 1 日实施)等标准的情形,其伤残结果分属五级、六级、七级、八级等 4 个等级。③

由于标准适用的混乱,出现“同伤不同残”“同案不同判”的情形,不仅有损

---

① 参见邢庭:《我国刑事诉讼鉴定意见审查研究》,南京师范大学 2017 年硕士学位论文,第 26 页。

② 参见邢庭:《新的诉讼制度改革背景下司法鉴定标准规范化研究初探》,中国法学会全国第二十届法医临床学学术研讨会 2017 年年会论文。

③ 邢庭、顾晓生:《单眼球摘除(缺失)医疗损害伤残鉴定 25 例分析》,载《中国法医学杂志》2020 年第 3 期。

鉴定权威，影响司法公正，同时也不利于医疗纠纷矛盾的有效化解。同时，医疗损害责任纠纷处理结果的不确定性，也会使法律丧失了其在医疗卫生领域应有的教育和预防功能，这与法律的目标相违背。[①]

张新宝教授指出，[②]法律制度的设计目标应当是提供统一、明确、合理的标准，尽可能减少鉴定结果的不合理差异。

同样，在人体损伤程度鉴定中，也存在因适用不同检验鉴定规范，出现不同鉴定结果的情形。关于法医临床检验的标准规范，全国刑事技术标准化委员会、司法鉴定科学研究院、司法部信息中心以及国家认证认可监督管理委员会分别出台了《法医临床学检验规范》(GA/T 1970—2021)、《法医临床检验规范》(SF/T 0111—2021)、《法医临床检验规范》(RB/T 192—2015)，上述3个行业标准，从位阶来看，均属于行业标准，但是在对法医检验的具体规范条款上存在差异情形。比如，关于面部瘢痕检验的规定，《法医临床学检验规范》(GA/T 1970—2021)在"5.2.4.2 关于面部损伤的测量"规定，面部中心区及中心区以外的损伤要分别测量计算。瘢痕宽度在0.2cm以上(含0.2cm)，长度明显大于宽度的瘢痕记为条状瘢痕；而其他两个行业标准未对宽度作出规定。因此在实践中，容易产生"同一损伤不同伤情"。另外，在对具体某些特定概念的区分上，上述规范的规定不尽相同，如对鼻颌缝分离是否属于骨折的规定，《法医临床影像学检验实施规范》(SF/T 0112—2021)"5.3.4.2 鼻缝分离"规定，外伤导致的鼻缝(包括鼻颌缝、鼻骨间缝和鼻额缝等)分离，可视同为鼻骨线性骨折。而《法医临床学检验规范》(GA/T 1970—2021)、《法医临床检验规范》(RB/T 192—2015)两个标准未作出类似规定。

案例4　柴某损伤程度鉴定案——适用不同标准所致结果差异

2022年2月16日21时许，柴某被他人打伤。2月17日病历资料记载："外伤后鼻部疼痛流血2小时。"头顶及额部见多处皮肤擦伤伴血肿形成，面部多处皮肤挫伤，鼻部青紫肿胀，伴触痛，双鼻腔黏膜充血。CT：右侧鼻骨骨折。经消肿等治疗，于2月23日出院，出院诊断：鼻骨骨折，全身多处软组织挫伤。

---

① 参见刘鑫、马千惠：《医疗损害鉴定面临的挑战与对策》，载《中国法医学杂志》2018年第1期。

② 参见张新宝：《人身损害鉴定制度的重构》，载《中国法学》2011年第4期。

3月3日，某鉴定机构按照《法医临床检验规范》（SF/T 0111—2021）、《法医临床影像学检验实施规范》（SF/T 0112—2021）进行检验，阅2月17日CT片：右侧鼻骨骨折，右侧鼻颌缝显著分离、错位，周围软组织肿胀。阅3月3日鼻部CT+三维成像片：右侧鼻骨骨折，右侧鼻颌缝显著分离、错位。鉴定人依据《法医临床影像学检验实施规范》（SF/T 0112—2021）中第5.3.4.2条之规定，认为鼻颌缝分离视同为鼻骨线性骨折，依据根据最高人民法院、最高人民检察院、公安部、国家安全部、司法部发布，于2014年1月1日实施的《人体损伤程度鉴定标准》第5.2.4o）条之规定，被鉴定人柴某鼻部损伤程度为轻伤二级。

专门审查：（1）根据2014年1月1日实施的《人体损伤程度鉴定标准》第5.2.4o）条之规定，鼻骨粉碎性骨折；双侧鼻骨骨折；鼻骨骨折合并上颌骨额突骨折；鼻骨骨折合并鼻中隔骨折；双侧上颌骨额突骨折。

（2）根据外科学关于骨折定义，即骨的完整性和连续性中断。①

（3）鼻颌缝、鼻骨间缝和鼻额缝，在解剖学上属于鼻骨与上颌骨、鼻骨间、鼻骨与额骨之间的连接。严格来说，上述缝隙的分离在人体解剖学意义上不属于骨折，临床医学中也未将骨缝分离视为骨折。

（4）《法医临床影像学检验实施规范》（SF/T 0112—2021）将其规定为骨折，而《法医临床学检验规范》（GA/T 1970—2021）、《法医临床检验规范》（RB/T 192—2015）均未规定上述骨缝分离是骨折。

在该案例中，因适用不同检验规范出现轻伤与轻微伤的不同结果。因此，在司法实践中，因上述检验规范的规定与现行其他技术规范、临床诊断不一致，会因适用不同检验规范，对同一问题产生不同的理解，进而出现同一损伤不同伤情的结果，而该结果往往是罪与非罪的界限，影响定罪量刑。

四、专门审查标准化

从“三大诉讼法”到《人民检察院刑事诉讼规则》《人民检察院法医工作细则》《人民检察院文件检验工作细则》《人民检察院司法会计工作细则（试行）》等法律法规、规范性文件，关于技术性证据审查制度涉及已经构建。检察机关有一支专门队伍，负责对检察办案中的专门性问题进行审查、审核，以协助检察

---

① 参见陈孝平等主编：《外科学》（第9版），人民卫生出版社2018年版，第611页。

官认定事实、适用法律。实践中，相较于“四大检察”业务办案指引，鉴定意见等技术性证据材料的专门审查，亟须出台制度层面、操作层面的相关配套措施，以让检察官对鉴定意见等技术性证据的审查判断、质证认证主体与有专门知识的专业技术人员更好地融合、协作，从而着力解决如何开展、怎么审查的问题。对此，一方面需要相应的具体制度保障，另一方面迫切需要相关专门审查技术标准，在技术性证据材料的委托受理、流转办理等多个环节设置协作机制，并在各个专业技术领域制定可操作性的专门审查标准指引。[①]

检察机关作为法律监督机关，承担着对检察办案环节技术性证据审查职责。但是，关于鉴定意见等技术性证据的审查标准、应用标准尚属空白。鉴定意见专门审查亟须一套体系化、标准化的审查模式。“为何审查?”“审查什么?”“如何审查?”等技术性证据专门审查技术标准尚属空白。因此，技术性证据专门审查亟须在具体技术性、可操作性、专业性审查标准上下功夫，建立一整套适合以审判为中心诉讼制度改革核心内容的专门审查标准体系，以进一步规范检察机关专门审查工作。

另外，在司法实践中，由于存在“标准制定滞后、标准更新慢”“标准交叉、标准重复”“同一事项多个标准，同一标准多个解释”等现状，同时也出现了“程序、实施类标准多，审查、运用类标准少”等问题，一定程度上使司法实践陷入困惑。因此，在法庭科学/司法鉴定领域，如何准确适用标准，也是技术性证据专门审查工作的一项重要内容。我们不仅要关注鉴定的实施、生成标准，同时也应关注鉴定意见等技术性证据的审查、运用标准的制定，进而为诉讼提供更加客观科学的意见证据。因此，亟须制定鉴定意见等技术性证据专门审查指引类标准。

五、技术性证据专门审查标准体系框架构建思考

2017 年，中共中央办公厅、国务院办公厅颁布的《关于健全统一司法鉴定管理体制的实施意见》明确要求，人民法院和人民检察院要加强相关专业技术队伍建设，健全对鉴定意见等技术性证据的科学审查机制，提高对鉴定意见等

---

① 参见邢庭：《刍议检察机关技术性证据之专门审查——以〈人民检察院刑事诉讼规则〉第 334 条第 2 款内容为切入》，载《检察研究》2021 年第 1 辑。

技术性证据的审查判断能力，全面贯彻证据裁判规则。"四大类"鉴定的司法鉴定标准已逐步完善，司法鉴定标准化体系已经形成。值得关注的是，对鉴定意见等技术性证据专门审查的标准化路径亟待完善，最高人民检察院在检察技术与信息化 2022 年工作要点中明确指出，要研究制定各专业技术性证据审查指引，提升技术性证据专门审查工作质量。[①] 在现有的司法鉴定标准化体系构架下，专门审查相关标准的制定，也是法庭科学/司法鉴定标准化内容的一部分，从鉴定标准化体系到专门审查标准化体系构建已然成为趋势，对此可以构建符合检察机关法律监督职能特点的专门审查体系，并适时按照国家标准、行业标准、团体标准等形式发布。

关于法庭科学标准体系研究，国外学者提出了"标准层级理论"，新西兰法庭科学家 Doyle 提出认为法庭科学的标准可以分为四个层级，分别为原则性标准、指南性标准、过程性标准和具体方法标准。[②] 关于我国法庭科学标准体系结构，有学者提出由技术标准分体系和管理标准分体系组成，技术标准体系在法庭科学行业下包括若干个专业，每个专业又划分成若干个门类。[③] 2019 年 10 月 14 日，公安部发布《法庭科学标准体系结构》(GA/Z 1600—2019)，其第一层按照标准类别进行划分，分为基础标准、技术标准和管理标准三大类。第二层则按照专业领域进行划分。第三层则可以根据法庭科学领域具体的业务类型情况再进行进一步的细分。[④]

2022 年 8 月，最高人民检察院印发关于同意将《法医类鉴定专门审查指引》《法医病理鉴定专门审查指引》《法医临床鉴定专门审查指引》《法医 DNA 鉴定专门审查指引》4 个技术规范纳入司法鉴定技术规范的通知，指导全国检察机关技术人员办理技术性证据专门审查案件，以进一步提升技术办案质效。上述 4 部专门审查指引标准首次发布，也是技术性证据专门审查标准研究的部分成果落地。

关于技术性证据专门审查标准体系框架的构建，可以参照法庭科学标准体

---

① 最高人民检察院检察信息技术研究中心《2022 年检察技术与信息化工作要点》(高检技〔2022〕3 号)第 9 条规定："研究制定各专业技术性证据审查指引，提升技术性证据专门审查工作质量。"

② 参见张宁等：《中外法庭科学标准化研究现状比较与发展趋势》，载《刑事技术》2021 年第 1 期。

③ 参见沈敏、吴何坚：《试论司法鉴定技术标准体系建设》，载《中国司法鉴定》2007 年第 4 期。

④ 参见《GA/Z 1600—2019 法庭科学标准体系框架》，中国标准出版社 2019 年版，第 1 ~ 2 页。

系相关研究成果，做以下考量。

（一）专门审查标准总体框架

按照技术性证据专门审查标准总体标准体系框架考虑基础标准、技术标准、管理标准。每个细分领域的基础标准可以细分为：标准体系、术语标准。技术标准可细分为：过程评价专门审查标准、结果判断专门审查标准。管理标准可细分为：专门审查要素管理标准、专门审查质量控制标准、专门审查文书规范标准等（见图1－5）。

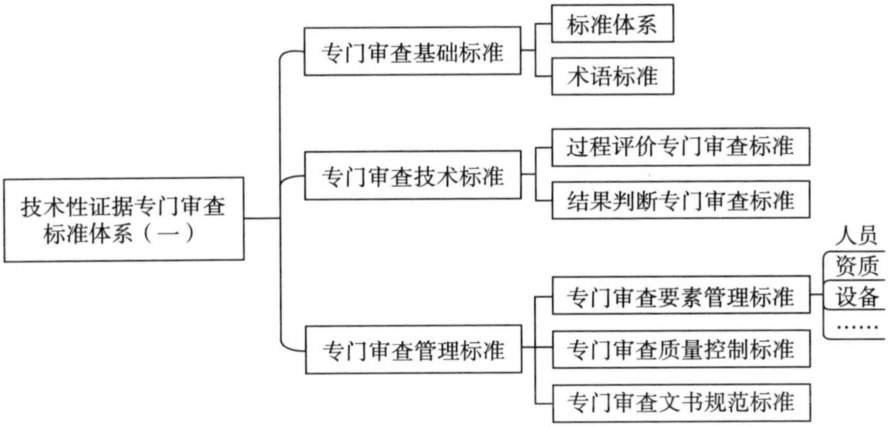

图1－5　技术性证据专门审查标准体系框架（一）

（二）证据种类及专业领域审查标准——审查对象

笔者具体梳理了各地检察机关已出台的技术性证据审查规定，发现其中关于专门审查对象的范围大体一致。通过对专门审查对象的归纳，大体可以作以下分类。

1. 按照证据种类来设计

根据证据种类设计，将物证书证、勘验检查笔录、鉴定意见、视听资料、电子数据等技术性证据材料进行细分，分别进行细化专门审查指引。

2. 按照相关专业领域设计，将鉴定意见专门审查指引细分为法医类、物证类、声像资料、环境损害鉴定专门审查标准，再细分各专业领域子领域的专门审查标准（见图1－6）。

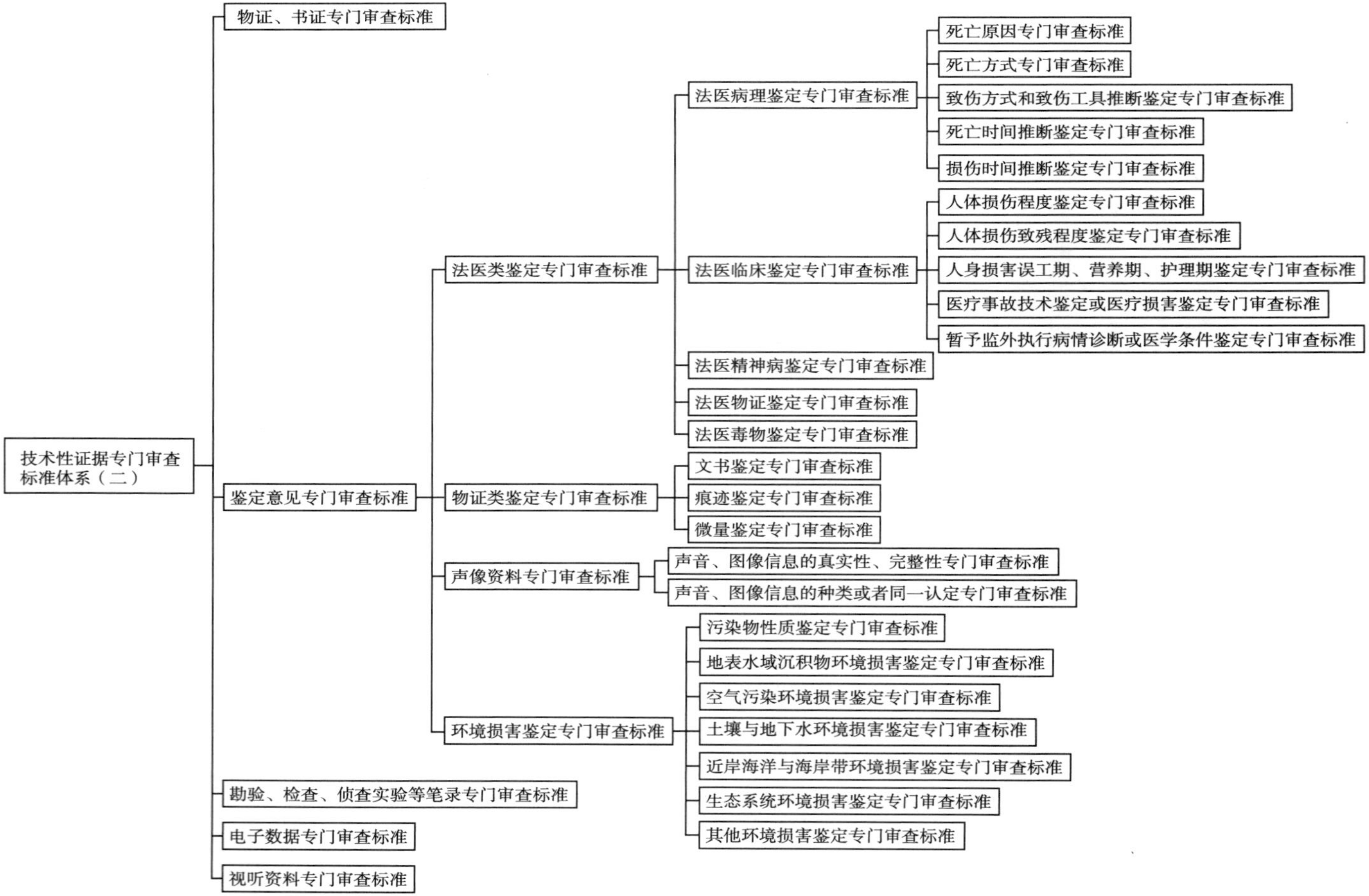

图1–6　技术性证据专门审查标准体系框架（二）

3. 按照技术门类来设计

勘查检查类:现场勘验检查笔录、人身检查笔录等。

检验鉴定类:鉴定书、检验报告、检验意见书或分析意见书。

技术协助类:有专门知识的人的意见、技术协助意见。

(三)鉴定程序与实体审查标准——审查内容

技术性证据专门审查,就是通过对相关证据材料进行回溯性的审查,并借助一定的环境条件,模拟还原技术性证据形成过程的一种专门技术手段。因此,专门审查活动,必须建立在全面、系统、客观、科学的基础上,尝试运用鉴真思维、循证思维、回溯思维来审视、判断,切实增强审查的亲历性过程,以期达到验证式、鉴定化的实质审查效果。另外,可以多维度开展实质审查。不仅关注委托受理、鉴定资质、意见形式等程序审查,还要关注标准方法、形成过程、检材来源等实体审查;不仅要对技术性证据的结果进行专门审查,还要对该结果形成的具体过程进行回溯性审查;不仅要对技术性证据材料、案卷材料进行书面审查,必要时还需要结合专家辅助或者必要的调查方式进行审查;不仅要关注技术性证据专门审查本身,同时还要注重与其他证据以及案件事实综合比较分析,审查鉴定意见与其他证据之间的关系,从而证明与案件待证事实有无关联。

通过比较各地检察机关关于技术性证据审查规定中的专门审查内容,可以看出,审查内容主要包括:委托受理、鉴定资质、回避、检材来源,过程程序,标准方法、论证科学性、结论客观性等。技术性证据专门审查的内容包括程序性审查与实体性审查,通过开展形式审查和实质审查,关注技术性证据材料的客观性、合法性与关联性,重点审查客观性、科学性。专门审查的有效路径,是验证性地开展鉴定意见等技术性证据的回溯性审查。根据鉴定的过程设计,将鉴定意见专门审查指引细分为鉴定程序与鉴定实体方面的专门审查标准(见图1-7)。

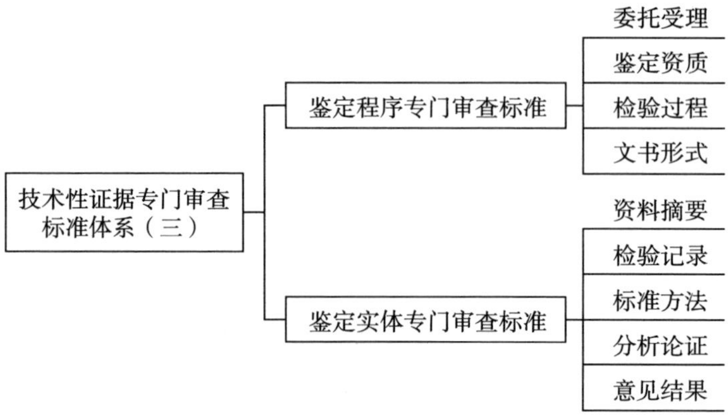

图1－7　技术性证据专门审查标准体系框架(三)

(四)专门审查意见表述标准

根据专门审查意见结果表述设计,将专门审查意见表述指引细分为验证评价类、解释说明类、分析推断类等方面的专门审查标准(见图1－8)。

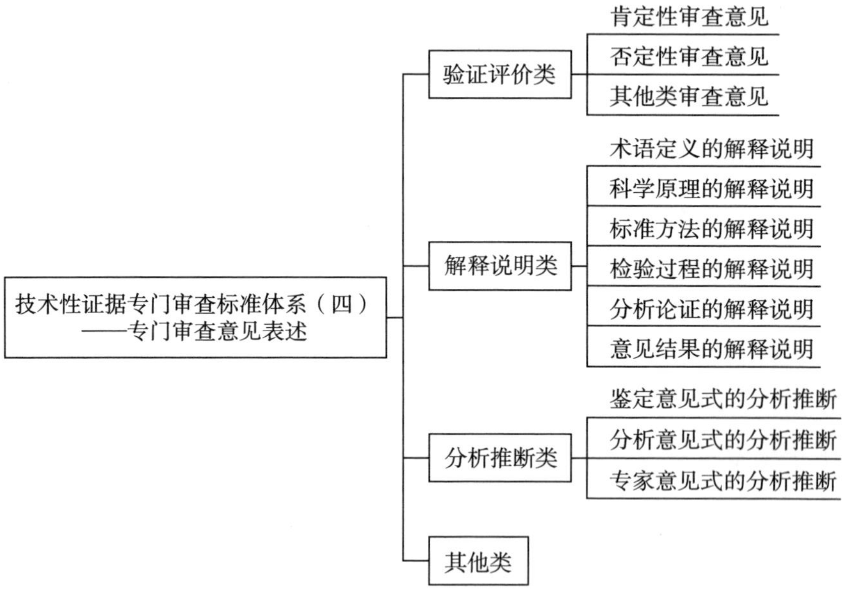

图1－8　技术性证据专门审查标准体系框架(四)

第九节 鉴定意见专门审查意见的法律属性

技术性证据专门审查意见的法律定位在实践中一直较为模糊。“专门审查”不同于一般审查,它是运用科学原理、专业方法、专业工具,并依据相关行业标准或规范开展的审查活动。[①] 它有别于“专业审查”,侧重从证据审查角度谈审查,具有系统审查、全面审查的特点。从广义上说,技术性证据专门审查意见属于“有专门知识的人的意见”。

一、鉴定意见专门审查意见的形式以及分类

(一)形式

随着检察机关专门审查工作从文证审查到技术性证据专门审查过渡,审查意见的表现形式也从文证审查意见书对应地变更到技术性证据审查意见书。根据委托要求,专门审查工作完成后,针对审查对象作出专门审查意见,并规范制作《技术性证据审查意见书》。

《技术性证据审查意见书》是向办案人员提供技术性证据专门审查的意见的载体。从具体文书的要素形式来看,其中包括送审日期、送审人、送审材料、送审要求、审查开始日期、案情摘要、资料摘要、分析说明、审查意见、附件等要素。其中资料摘要记录用于分析说明的重要资料。审查的材料要充分,分析说明要客观、科学,有理有据,审查意见要明确,表述要准确,如此才能够帮助办案人员对证据进行审查判断。

(二)分类

根据专门审查意见表述的具体内容,专门审查意见形式包括(参见第六章)以下3种。

(1)解释说明类审查意见:针对原鉴定中专门性问题进行解读剖析,包括

① 参见赵宪伟:《技术性证据审查之“专门性”》,载《检察日报》2021年5月8日,第3版。

但不限于对术语定义、科学原理、标准方法、检验过程、分析论证、意见结果等提出解释说明性意见。

(2)验证评价类审查意见:①肯定性审查意见。依据送审材料所作出的正向评价。②否定性审查意见。依据送审材料所作出的反向评价。③其他审查意见。依据送审材料所作出的其他评价。

(3)分析推断类审查意见:针对原鉴定中未予评价的某一专门性问题扩充性地提出意见。

二、鉴定意见专门审查意见的实践样态

从三大诉讼法、人民检察院关于诉讼规则以及技术性证据专门审查相关工作规定本身来看,关于技术性证据专门审查意见的具体证据效力尚未作出明确规定。究其原因,一是专门审查意见本身不是八类法定证据的具体形式。二是专门审查意见是依审查职能而存在,是检察机关履行法律监督职能一种形式,其本身可能缺少相关实质性的鉴定检验过程。

但是,专门审查意见广义上亦属于有专门知识的人的意见,其具备天然的专门性、专业性属性。

在刑事法律领域,相较于修订前2012年最高人民法院《关于适用〈中华人民共和国刑事诉讼法〉的解释》(法释〔2012〕21号)第87条第1款之规定:“对案件中的专门性问题需要鉴定,但没有法定司法鉴定机构,或者法律、司法解释规定可以进行检验的,可以指派、聘请有专门知识的人进行检验,检验报告可以作为定罪量刑的参考。”2021年最高人民法院《关于适用〈中华人民共和国刑事诉讼法〉的解释》(法释〔2021〕1号)第100条第1款的规定:“因无鉴定机构,或者根据法律、司法解释的规定,指派、聘请有专门知识的人就案件的专门性问题出具的报告,可以作为证据使用。”将“就案件的专门性问题出具的报告”从“可以作为定罪量刑的参考”修改为“可以作为证据使用”,这无疑是一次质的飞跃,解决了专门审查意见不能作为证据使用的问题。

在民事法律领域,2022年最高人民法院《关于适用〈中华人民共和国民事诉讼法〉的解释》(法释〔2022〕11号)第122条第2款规定:“具有专门知识的人在法庭上就专业问题提出的意见,视为当事人的陈述。”依该司法解释规定,具有专门知识的人的意见在一定程度上可以作为认定事实的根据。

2023 年 1 月 11 日,《人民检察院技术性证据专门审查工作规定》中对技术性证据专门审查意见作出类似规定,专门审查意见可以作为办案部门、检察官判断运用证据或作出相关决定的依据。

从以上法律和司法解释来看,司法实务界对于“有专门知识的人的意见或报告”的法律属性持开放态度。

三、鉴定意见专门审查意见的法律定位

由于没有上位法律法规等规定,各地关于专门审查意见的效力,对是否可以独立作为证据被采纳、采信的规定上,仅作出了模糊界定,比如,北京市检察院规定“检察官根据技术性证据审查意见应当自行确定是否采信鉴定意见、提出补充鉴定或重新鉴定。”浙江省检察院规定“公诉部门可根据技术性证据审查意见,结合具体案情,对送审的技术性证据做出采信、不采信、重新鉴定、补充技术性证据等相应的处理决定。”河南省检察院规定“充分考虑检察技术部门的审查意见和建议”,安徽省检察院规定“技术性证据审查意见可以作为是否采信被审查的技术性证据材料的根据和理由。”

关于技术性证据专门审查意见的法律定位,实践中一直较为模糊。“专门审查”不同于一般审查,它是运用科学原理、专业方法、专业工具,并依据相关行业标准或规范开展的审查活动。[①] 它有别于“专业审查”,侧重从证据审查角度谈审查,具有系统审查、全面审查的特点。从广义上说,技术性证据专门审查意见属于“有专门知识的人的意见”。有学者提出,专门审查由于专业技术人员缺乏鉴定人对检材、样本的亲历性,且启动程序、实施过程、结果告知等均不同于鉴定,“三大诉讼法”关于证据种类的列举,技术性证据专门审查意见均不在其列,故专门审查意见不能等同于鉴定意见的证据效力。也有学者提出,有专门知识的人的意见,或为实质证据,或为辅助证据,均能作为证据使用,具有证据属性。采纳、采信有专门知识的人的意见,必须经过法庭调查、庭审质证,以及相应的审查判断等操作。[②] 因此,关于专门审查意见作为有专门知识的人

---

① 参见赵宪伟:《技术性证据审查之“专门性”》,载《检察日报》2021 年 5 月 8 日,第 3 版。

② 参见宋东:《有专门知识的人之意见能作为证据吗? ——基于刑事诉讼的思考》,载《证据科学》2021 年第 4 期。

之意见是否具有证据属性，学界尚无定论，存在“辅助说”“参考说”“证据说”的辩争，有时会造成办案人员错误地采纳、采信技术性证据，进而影响案件的实质办理。

在办案实践中，以鉴定意见专门审查为例，存在“解释说明”“验证评价”“鉴定推断”效果的三类专门审查意见（参见第六章内容）。从实质内容来看，“解释说明”与“验证评价”更侧重对鉴定意见的审查判断，而后一种“鉴定推断”是带有鉴定性质，是对原鉴定意见的补充、扩充，类似于补充鉴定、专家论证意见，此形式容易引起争议，可能会出现“以审代鉴”的情形，且具有鉴定性质的专门审查意见无告知程序，可能会剥夺当事人的异议权。因此，最高人民检察院在规范专门审查意见时，暂未予扩充“鉴定推断类”意见形式。[①]

笔者认为，一方面要防止“以审代鉴”的情形发生；另一方面要强化专门审查意见的标准化路径。从法律规定以及生效裁判案例来看，若确实无法鉴定，那么作为有专门知识的人依据原始的技术性证据材料提出意见，因其本身具有专业性、客观性、科学性特点，故尽管专门审查意见本身不是法定的证据形式，但从审查意见内容上看，专门审查意见带有专业判断，其中具有亲历性、实质性、验证性审查的技术性证据专门审查意见，依据 2021 年最高人民法院《关于适用〈中华人民共和国刑事诉讼法〉的解释》（法释〔2021〕1 号）第 100 条的规定，可拟制为“报告”作为证据使用。例如，在吴某某故意伤害案中，[②]检察机关法医接受委托，针对被害人致伤方式作出专门审查，提出的不同于原鉴定意见的专门审查意见，经庭审质证，最终被二审法院采纳采信。

---

① 参见最高人民检察院《法医类鉴定专门审查指引》（ZGJ/J 002—2022）。

② 安徽省高级人民法院（2019）皖刑终 109 号刑事判决书：“技术性证据审查意见以原鉴定意见为基础，系运用专门技术进行的独立法医学文证审查，在被害人尸体已经火化无法重新鉴定的情况下，具有鉴定意见性质；该审查意见由具有相关资质的机构及人员出具，符合专业技术规范，本院予以采信。”

第二章 鉴定意见专门审查原则与路径

司法鉴定是一种依据法律规定，遵循行业标准、技术规范，依法独立开展的科学实证活动。司法鉴定一般需要遵循依法鉴定、尊重科学、独立鉴定、鉴定公开、遵守规范标准等原则。①

同样，鉴定意见的专门审查应当遵循客观性、科学性、合法性原则，证据能力、证明力原则，鉴真、循证、回溯原则。

第一节 鉴定意见专门审查原则

鉴定意见作为法定证据之一，其应该具备证据的合法性、客观性、关联性属性。从证据审查的角度，专门审查也应着手从证据的三种属性开展审查，坚持“三性、两力、三审查”原则，即基于客观性、关联性、合法性三种属性，从证据能力、证明力两个层面开展鉴真、循证、回溯性审查。

一、“客观性、关联性、合法性”原则

鉴定意见审查是刑事诉讼证据审查的重要方面，其审查内容无论是按照证据的“客观性、关联性、合法性”原则、证据能力与证明力标准还是按照实质审查与形式审查并举的形式开展，实质都是围绕鉴定意见的固有属性展开。笔者尝试从鉴定意见的合法性、客观性、关联性三个方面展开路径审查模式。

---

① 参见杜志淳主编：《司法鉴定概论》（第3版），法律出版社2018年版，第59～62页。

1. 合法性

所谓鉴定意见的合法性，是指鉴定意见必须依照法律规定程序获得，具备法定形式要件。证据必须具备法定的形式要件，证据的取得必须符合法定的要件。鉴定意见的产生过程是科学与法律的有机结合的过程，司法鉴定是法律、法规、技术规范标准等规制下的科学实证活动，鉴定活动的产生、实施以及完成都必须依法进行，如违反法律鉴定意见就不能成为证据。

2. 客观性

所谓鉴定意见的客观性审查即真实性审查，是指鉴定意见必须依据随案发生、发展的各种客观存在的材料，利用专业知识和技术准确地进行分析判断。鉴定意见不是主观推测或凭空想象出来的，而必须由鉴定人采用科学的方法，通过规范的鉴定流程对委托人提供的鉴定材料进行鉴定，根据鉴定所涉及的科学知识领域的最新发展水平，依照客观、科学、有效的标准作出。鉴定意见真实性审查须坚持法律标准与科学标准的统一。

3. 关联性

证据关联性又称相关性，卞建林教授认为，相关性是指可以作为证据的事实与诉讼中应当予以证明的案件事实，必须存在某种（客观）联系，即能够反映一定的案件事实。[①] 其实，相关性的实质内涵是指证据与案件事实之间的现实（真实）联系。因此，鉴定意见必须与案件事实有证明关系，如果人为地将不相关联的事实联系在一起形成鉴定意见，客观存在的证据关系便会使鉴定意见成为导致错误判断的原因。

二、“证据能力、证明力”原则

何家弘教授认为，证据的审查与证据的认定两个概念既有联系又有区别：证据审查的结局不等于就是认定证据；证据的最终认定离不开对证据进行审查。审查证据是前提与基础，认定证据是目的和归宿。他还指出，司法人员审查认定证据不可回避的两个基本问题就是被审查的证据是否具备证据能力和证明效力，前者是进入诉讼的“大门”，可称为证据的采纳，后者是定案的根据，

① 参见卞建林主编：《证据法学》，中国政法大学出版社 2005 年版，第 74 页。

可称为证据的采信，[①]这一过程其实就是证据的审查判断过程。鉴定意见本身属于言词证据，其本身虽因其科学性较之于其他证据而可能更具可靠性，但并不意味着其固然具有证据能力与证明力。鉴定意见作为一种法定证据，必须经查证属实，才能成为认定事实或者定案裁判的根据，鉴定意见审查实质就是运用专业的科学知识以及证据学方法对鉴定意见进行分析判断的过程。可以说，证据审查是鉴定意见审查的内在属性。

1. 证据能力

证据能力是鉴定意见作为证据所应当具备的"门槛"条件。证据的采纳，即准许该证据进入诉讼的"大门"。鉴定意见同其他证据一样，应当首先具备合法性、关联性。

比如，在合法性审查方面，主要从以下几个方面开展：

(1)鉴定程序是否符合法律、有关规定；

(2)鉴定人是否存在应当回避的情形；

(3)鉴定机构与和鉴定人是否具有法定资质，鉴定事项是否超出该鉴定机构业务范围、技术条件，鉴定意见是否超出署名鉴定人的执业范围；

(4)鉴定意见的形式要件是否完备，是否注明提起鉴定的事由、鉴定委托人、鉴定机构、鉴定要求、鉴定过程、鉴定方法、鉴定日期等相关内容，是否由鉴定机构加盖司法鉴定专用章并由鉴定人签名、盖章；

(5)鉴定意见是否依法及时告知相关人员，当事人对鉴定意见有无异议；

(6)检材的来源、取得、保管、送检是否符合法律、有关规定，与相关提取笔录、扣押物品清单等记载的内容是否相符，检材是否充足、可靠。

关联性审查着重从以下几个方面开展：

(1)鉴定内容与委托事项是否相符；

(2)鉴定意见与案件待证事实有无关联；

(3)鉴定意见与勘验、检查笔录及相关照片等其他证据是否矛盾。

---

① 参见何家弘主编：《刑事诉讼中科学证据的审查规则与采信标准》，中国人民公安大学出版社2014年版，第3～5页。

案例5 李某死因鉴定、周某某伤残程度鉴定案——委托主体是否适格

某刑事案件中,李某个人委托对刑事案件中李某死因鉴定以及组织病理学检验意见进行文证审查,某机构出具文证审查意见;在某民事案件中,周某某个人委托某司法鉴定所开展伤残程度鉴定,该机构出具伤残鉴定意见。

专门审查:

(1)在李某的文证审查意见以及周某某的伤残鉴定意见中,均属于个人委托的情形,在刑事案件中,鉴定的申请权与启动权是分离的,当事人有申请鉴定的权利,也有申请选择机构的权利,但是决定权与启动权归属于办案部门。究其原因,主要是为确保委托材料的真实性、合法性、完整性。从刑事案件办案程序上看,不符合委托受理程序。

(2)在民事案件中,当事一方委托的鉴定,事后被另一方当事人的认可或追认,该鉴定意见可以作为庭审的依据。究其原因,主要是民事诉讼更关注于当事双方的意思自治。根据最高人民法院《关于民事诉讼证据的若干规定》(法释〔2019〕19号)第41条明确规定:"对于一方当事人就专门性问题自行委托有关机构或者人员出具的意见,另一方当事人有证据或者理由足以反驳并申请鉴定的,人民法院应予准许。"从法律规定来看,民事法律不禁止当事人单方委托鉴定,周某某的个人委托鉴定意见结果若被另一方当事人接受,则可以作为民事裁判依据。

2. 证明力

证据的采信,关键是判断证据的真实性和充分性。证明力指代鉴定意见的可信度。鉴定意见的证明力,应当考量结果的可靠性、科学性。

比如,在真实性、充分性审查方面主要从以下几个方面着手:

(1)样本的来源是否可靠、是否具有比对条件、样本的收集、保存、运送和保管是否科学、恰当;

(2)鉴定的过程和方法是否符合相关专业的规范要求;检验原理是法定的还是本行业普遍认可的,检验方法步骤是否符合操作规范和程序,仪器设备是否经过国家有关部门的计量认证,试剂是否有效、检测数据是否达到应有的标准;

(3)鉴定所依据的标准及条款是否适当,标准是否经过查新;

(4)分析论证中论证依据材料是否全面、客观,鉴定理论依据、事实依据是否充分、适当,鉴定意见中分析论证是否科学、可靠、符合逻辑,是否考虑相关影响因素;

(5)鉴定意见是否明确,推理是否符合客观规律和逻辑关系,因果关系论证是否清楚、明确。

案例6　杜某损伤程度鉴定案——"拳击手"致伤方式鉴定

杜某因外伤后出现第一掌骨基底部骨折,骨折对应处无表皮剥脱、挫裂创表现,结合影像学改变,能否推断符合系攻击伤?

专门审查:第一掌骨基底部骨折有两种常见类型:Bennett 骨折和 Rolando 骨折,其成伤机制主要是第一掌骨在纵轴方向遭受暴力作用传导至第一掌骨基底部所致。在排除他人扭掰的情形后,由于间接外力作用的成伤机制,不能一概认定为行为人攻击他人形成的损伤。当他人直接打击时,用拳防卫以及他人直接打击时,拳击致力的传导到达掌骨基底部,同样都会出现此类型骨折。此两种类型骨折均属于他伤,均应评定损伤程度。因此,当在外伤史不明确的前提下,建议两种处理方式:一种是"经过查证,……确系遭他人外力所致,则构成轻伤二级";另一种是"……不宜据此评定损伤程度"。[①]

案例7　阮某死因鉴定案——致伤方式分析的科学性

某日,阮某被他人用刀刺伤死亡。阮某体表的创口主要集中于右腹部、右背部,且右腹部创口呈左高右低,右背部创口呈左低右高,能否推断犯罪嫌疑人系左手持刀。

专门审查:在命案现场重建中,致伤方式的判断需要借助于很多附随条件,在无法明确加害人与受害人的体位以及体位变化的前提下,不宜作出左手持刀致伤的推断。

---

① 参见司法部公共法律服务管理局、司法鉴定科学研究院主编:《2020 司法鉴定能力验证鉴定文书评析》(上下册),科学出版社 2021 年版,第 653 ~657 页。

三、“鉴真、循证、回溯”原则

1. 鉴真

鉴真与鉴定作为实物证据证明力的两种鉴别方法。[①] 鉴真主要是针对实物证据而言，主要侧重从物证、书证的真实来源、收集提取过程以及在收集、保管、鉴定等各个环节是否受到破坏或者改变等三个方面考虑“保管链”的审查。[②]《关于办理死刑案件审查判断证据若干问题的规定》以及最高人民法院《关于适用〈中华人民共和国刑事诉讼法〉的解释》均规定了检材、样本受破坏、污染以及来源不明等，鉴定意见不能作为定案根据的排除情形，这都是鉴真思维在法律规定中的体现。[③]

法医学鉴定意见专门审查，与实物证据的鉴真活动密切相关。

例如：在现场提取的一把菜刀，它既是物证，同时也可作为法医学或其他专业领域鉴定的检材。菜刀上沾染的血迹 DNA 鉴定、刀柄上的指纹鉴定、刃口缺损的整体分离鉴定以及微量物证的同一认定等鉴定意见，都与该实物证据的鉴真相关联。当物证来源问题没有搞清楚或者被污染时，会影响鉴定结果，进而影响整个案件办理结果。因此，作为鉴定的基础，实物证据鉴真足以影响鉴定意见证明力，鉴真思维是开展鉴定意见专门审查不可或缺的前提条件。

案例 8 何某某危险驾驶案[④]——送检血样不具有同一性

在何某某犯危险驾驶罪一案中，法院认为，公诉机关未能出示在抽血现场及时封装血样并编写区别于其他血样的相关证据，故不能证实向物证鉴定所送检的“何某某”的血样就是当天所抽取的被告人的血样。因此，对物证鉴定所出具的检验结果不予采信。被告人何某某的辩护人出示的被告人何某某住院病历与本案指控的事实无关联性，合议庭不予确认其在本案中的证明效力。最终判决被告人无罪。

---

① 参见陈瑞华：《实物证据的鉴真问题》，载《法学研究》2011 年第 5 期。

② 参见陈瑞华：《实物证据的鉴真问题》，载《法学研究》2011 年第 5 期。

③ 参见《关于办理死刑案件审查判断证据若干问题的规定》第 24 条第 5 款、第 6 款；最高人民法院《关于适用〈中华人民共和国刑事诉讼法〉的解释》第 98 条第 3 款、第 4 款。

④ 参见四川省阆中市人民法院刑事判决书，(2017)川 1381 刑初 150 号。

专门审查：鉴定机构所检测的血样不能证实为现场提取的血样，即检材的来源不合法。

2. 循证

循证医学强调，对于任何医疗决策，不仅要基于最佳科学研究证据，同时还要关注个人的临床经验。循证法医学是指基于在循证医学发展基础，运用其原理与方法，遵循最佳的研究证据，通过法医鉴定人的个人经验以及不同案例的具体情形，用最佳方法解决专门性问题。[①] 从循证医学、循证法医学到法循证学，循证思维贯穿临床医疗以及法学应用实践。无论立法、监察、执法、司法和守法，还是法治环节中的法治选择、决定以及决策活动，都是一次与循证医学非常类似的循证决策，或是有效证据基础上的法治决策[②]。比如，在司法鉴定标准选用上，《司法鉴定程序通则》中关于技术标准、技术规范和技术方法选择位阶的规定，[③]其实就是循证思维在司法鉴定中运用的体现。

笔者认为，法医学鉴定意见的专门审查应从提出问题、检索证据、评价证据、作出决策以及评价效果等各方面体现遵循循证思维的过程。比如，在对罕见死亡原因、中毒致死剂量判定以及伤病关系处理等疑难法医学鉴定意见专门审查中，需要综合运用实证研究、案例指导、文献检索等循证实践方法。

3. 回溯

鉴定活动的质量控制环节，就是根据每项鉴定活动的技术记录，能确保在尽可能还原鉴定环境条件的前提下，复现相关鉴定活动，[④]此项要求其实是鉴定可重现、可追溯的重要体现。这种可追溯也是在当事人或委托方对鉴定意见有异议时，能够再现鉴定过程和重现鉴定意见的重要保障[⑤]。开展鉴定意见专门审查，其关键环节就是对原鉴定意见形成过程的追溯，回溯审查是鉴定意见

---

① 参见舒细记、刘振中等：《循证法医学实践对鉴定人的素质要求》，载《中国司法鉴定》2005 年第 2 期。

② 参见刘光华：《法循证学：法学与循证科学的交叉方法和领域》，载《图书与情报》2018 年第 3 期。

③ 参见《司法鉴定程序通则》（中华人民共和国司法部令第 132 号）第 23 条。

④ 中国合格评定国家认可委员会 2018 年 3 月 1 日发布的《司法鉴定/法庭科学机构能力认可准则》（CNAS – CL08：2018）。

⑤ 参见朱广友、范利华等：《〈法医临床检验规范〉研制的基本构想》，载《中国司法鉴定》2014 年第 1 期。

实质审查的应有之义。鉴定检验过程的可重现性与可溯源性是衡量鉴定意见是否可被采纳、采信的重要标志。

具体到法医学鉴定意见专门审查来说，回溯审查需要做到对检材“保管链”的回溯审查；对鉴定检验过程书证资料的回溯审查；对分析论证过程的回溯审查。必要时，可由原鉴定人出庭接受质证，进一步扩充对鉴定意见的回溯审查。

案例9　南京某校园女学生林某被害案——DNA鉴定保管链的溯源

1992年3月24日，南京某校园女学生林某在校园内被害，2020年2月23日，犯罪嫌疑人麻某钢被抓获，其供述了强奸并杀害林某的犯罪事实。在该案中，被害人林某阴道拭子检材的提取、流转、保存、检验情况是案件中一个关键环节。

专门审查：该案件发生后，法医在进行尸体检验时用纱布提取了死者阴道拭子，且有物证送检登记记录，经常规物证检验，确认阴道拭子上有精斑，且血型为B型。

该案在侦查过程中，上述检材经多次检验并作明确标识，并将提取的DNA试管进行标识后冷冻保存。公安机关通过对原保存的检材进行常染色体及Y染色体分型检验，每次检验均由专人负责，且历次常染色体检验数据均前后一致，未出现污染现象，数据质量得到了有效验证，实验室保留相关检验、流转记录。因此，上述阴道拭子检材的保管链能够得到清晰溯源。

第二节　鉴定意见专门审查路径

鉴定意见的审查是科学证据证明案件的重要基石。在刑事司法实践中，鉴定意见的审查贯穿司法证明的全过程，以审查与认定鉴定意见来证明案件事实是提高案件质量的重要保障。实践中鉴定意见的审查存在侧重形式、盲目采信等弊端，难以避免因鉴定意见审查判断问题而出现冤错案件的情形。

刑事诉讼中法医学鉴定意见的审查，重点是对鉴定意见形成过程的回溯，与案件中其他证据关联相比，其从程序与实体两个层面，通过书面形式、出庭质证、专家辅助、必要调查等多维度开展实质审查，从而可达到法庭科学证据审查的实质效果。笔者尝试从“程序与实质、过程与结果、书面与复核、专业与关联”四个方面阐述刑事诉讼中的法医学鉴定意见审查路径。

一、程序审查与实质审查相结合

（一）程序性审查

1. 程序性审查

鉴定程序的具体内容包括委托、受理、办理、签发、办结等。简言之，即启动程序与办理程序。在司法鉴定领域，为保证鉴定合法性、客观性，鉴定启动应当遵守严格的外部委托受理程序，以及严格的内部签发办结程序，这样才能有效保证鉴定质量，这也是鉴定意见质量控制的重要方面。

在鉴定实务中，更多应该遵从法律法规、部门规章、规范性文件等层面的规定文件对司法鉴定程序的规定，目前鉴定管理的角度有法律规定关于鉴定管理总则的法律规定，如全国人大常务委员会《关于司法鉴定管理问题的决定》（2015 年修正），最高人民法院、最高人民检察院、司法部《关于将环境损害司法鉴定纳入统一登记管理范围的通知》（司法通〔2015〕117 号）。

鉴定业务准入登记管理方面的规定也有很多，如最高人民检察院印发的《人民检察院鉴定机构登记管理办法》《人民检察院鉴定人登记管理办法》，公安部发布的《公安机关鉴定机构登记管理办法》（2019 年公安部令第 155 号）、《公安机关鉴定人登记管理办法》（2019 年公安部令第 156 号），司法部发布的《司法鉴定机构登记管理办法》（司法部令第 95 号）、《司法鉴定人登记管理办法》（司法部令第 96 号）。

鉴定执业活动管理方面的规定包括最高人民检察院印发的《人民检察院鉴定规则（试行）》，公安部发布的《公安机关鉴定规则》（公通字〔2017〕6 号），司法部发布的《司法鉴定程序通则》（司法部令第 132 号）。在执业细分领域，司法部还出台了相关执业分类规定，如《法医类司法鉴定执业分类规定》（司规〔2020〕3 号）。

在司法鉴定认证认可方面，国家认可委在法庭科学领域，制定了《司法鉴

定 法庭科学机构能力认可准则》(CNAS - CL08:2018),包括相关专业领域的认可准则应用说明,如《司法鉴定法庭科学机构能力认可准则在法医学鉴定领域的应用说明》(CNAS - CL08 - A004:2018)。当然,认可体系包括关于实验室质量体系管理、质量控制等都有具体的准则、规则的相关规定。开展司法鉴定认证认可的实验室应当遵守相关规定。

程序性审查,主要是对鉴定意见的程序的合法性进行专门审查,包括对上述启动、办理等程序的审查。具体而言,在委托受理环节,审查包括对检材样本的提取、保存、运输、送检等保管链的审查,对委托主体、委托人数量、委托时间、委托时机的审查,对是否违反受理条件、是否属于受理范围的审查,对办理程序中是否遵守回避、双人鉴定的规定的审查,是否有合乎规定的签发手续的审查,办结是否超时限的审查等。在具体开展审查过程中,依据委托审查要求,按照相关程序规则规定,开展专门审查。(具体内容见第三章—第六章内容)

2. 程序性审查路径

(1)鉴定资质

对法医学鉴定机构和鉴定人法定资质的审查不仅要关注鉴定机构、鉴定人资格证书的有效期、有无备案登记、有无通过认证或认可等形式审查,更要对鉴定机构、鉴定人的业务能力范围等实质审查予以重视。比如,是否存在超范围鉴定的情形。

(2)回避程序

回避的目的就是保证案件获得独立、客观、公正地鉴定。与回避有关的审查,除审查是否存在鉴定人本人或者其近亲属与案件有利害关系的情形外,还要着重审查在重新鉴定中,原鉴定人是否回避①,除此之外,司法鉴定人曾经参加过同一鉴定事项鉴定的,或者曾经作为专家提供过咨询意见的,或者曾被聘请为有专门知识的人参与过同一鉴定事项法庭质证的,也应当回避。② 比如,在法医学重新鉴定中,上级公安机关、检察机关鉴定机构的鉴定人曾经作出过咨询意见或会检意见的,应当回避。另外,具有医师和鉴定人双重身份的法医学鉴定人,应当主动回避经治病人的法医临床学或法医精神病学鉴定。又如,

---

① 参见 2017 年 5 月 1 日起施行的《江苏省司法鉴定管理条例》第 26 条。

② 参见 2016 年 5 月 1 日起施行的《司法鉴定程序通则》第 20 条。

在依托医院法人主体开设的司法鉴定所，被鉴定人的经诊医生不能作为鉴定人。

(3)委托受理程序

鉴定的委托受理程序，应当按照人民检察院、公安部、司法部有关鉴定的程序规则审查。[①]

目前刑事诉讼鉴定启动模式中鉴定的申请权和决定权是分离的，审查时应当注意防止民事诉讼程序中个人委托的鉴定意见进入刑事诉讼程序。

(4)形式要件

①文书格式

目前公安机关、检察机关、司法行政机关管理的社会鉴定机构的鉴定文书均有规范性文书格式。鉴定文书一般有鉴定书、检验报告、审查意见等形式。

审查时一要注意检验报告也可能就是鉴定，比如，物证检验报告、DNA 检验报告、毒物化验报告，它本身就是鉴定意见；二要防止将鉴定意见的审查意见误认为鉴定意见，如法医学技术性证据审查意见书、法医学书证审查意见书。

②签名盖章

关于鉴定人签名、盖章问题，法律文本中均有相关规定，[②]一份法医学鉴定意见至少有 2 名以上鉴定人的签名，鉴定意见书应当加盖(司法)鉴定专用章、物证鉴定专用章，审查时发现鉴定文书有加盖单位公章、机构法人章、鉴定委员会专用章或鉴定小组专用章等的情形，均不是规范的鉴定意见形式。

③鉴定要求

关于鉴定要求，审查时要注意委托事项与鉴定内容的一致性，是否存在漏项，并注意不规范的、假设性的鉴定委托要求的情形。

---

① 参见 2017 年 2 月 16 日起施行的《公安机关鉴定规则》(公通字〔2017〕6 号)；2007 年 1 月 1 日起施行的《人民检察院鉴定规则(试行)》(高检发办字〔2006〕33 号)；2016 年 5 月 1 日起施行的《司法鉴定程序通则》(司法部令第 132 号)。

② 《全国人民代表大会常务委员会关于司法鉴定管理问题的决定》第 10 条规定，鉴定人应当独立进行鉴定，对鉴定意见负责并在鉴定书上签名或盖章。《刑事诉讼法》第 147 条第 1 款规定，鉴定人进行鉴定后，应当写出鉴定意见，并且签名。《公安机关鉴定规则》第 45 条第 4 款规定，鉴定后，鉴定机构应当出具鉴定文书，并由鉴定人及授权签字人在鉴定文书上签名，同时附上鉴定机构和鉴定人的资质证明或者其他证明文件。《人民检察院鉴定规则(试行)》第 21 条第 2 款规定，鉴定文书应当由鉴定人签名，有专业技术职称的，应当注明，并加盖鉴定专用章。《司法鉴定程序通则》第 37 条规定，司法鉴定意见书应当由司法鉴定人签名。

④鉴定日期

法医学鉴定完成时限一般为30个工作日，特殊情况可以延长。注意审查委托、受理、开始鉴定以及出具鉴定意见的时间间隔，补充检材、补充材料的时间不计入鉴定时限，并注意是否存在时间倒签的情形。

(5)鉴定意见的告知

关于告知问题，主要审查鉴定意见告知的对象、时间、形式是否符合法律规定，告知的内容是否全面，以及是否告知对鉴定的异议权，是否告知其可以通过申请补充鉴定与重新鉴定的权利，以确保被告知对象的权利得到实质救济。

(二)实质性审查

1. 实质性审查

相较程序性审查而言，实质性审查主要侧重于从科学规范和科学原理的角度来审查法医学鉴定意见的科学性、客观性(真实性)，从而对得出鉴定意见的基本原理、标准方法、分析论证、逻辑推理等进行科学、客观的评价。

我国刑事诉讼立法与司法实践长期以来对鉴定意见形式审查的重视程度要远远高于对鉴定意见的实质审查。鉴定意见的审查囿于审查主体的专门知识，往往只能作形式上的审查。主要表现为：(1)关注鉴定的聘请、委托程序的审查较多，而审查鉴定、检验本身的程序、步骤以及操作规程的较少；(2)关注鉴定机构资质、鉴定人资格的审查较多，而审查鉴定人的鉴定能力、水平以及鉴定人意见表达、论证是否客观、科学的较少；(3)关注鉴定书的格式、签名、盖章的审查较多，而鉴定意见所运用的原理、方法等内容实质审查的较少。(4)对鉴定中的检材、样本的来源、是否充分齐备、是否被变造的审查流于形式。

2022年12月22日，最高人民检察院、公安部联合印发《关于依法妥善办理轻伤害案件的指导意见》，要求对鉴定意见进行实质性审查，即要审查检材与其他证据是否印证，检验鉴定资质、检验规范、既往伤病以及医疗因素考量、多份不同意见等，并在分析论证及鉴定意见的明确性等方面提出具体要求。

2. 实质性审查路径

(1)鉴定过程

该环节是审查法医学鉴定过程是否可以回溯，鉴定是否遵从各专业领域的流程规范,有无做必要的进一步检查。比如,在法医病理学死因鉴定中,有无进行详细的解剖检验,有无开展必要的特殊检验,有无进行阴性对照等。分析论证过程以及检验结果的获得是否详尽、科学、客观。

(2)标准方法

《司法鉴定程序通则》第 23 条规定了司法鉴定标准方法选用的先后顺序以及标准的位阶。审查时应当注意审查鉴定中所适用的标准方法有无明示,标准方法属于国家标准、行业标准还是实验室自制标准,以及如何选择标准,标准是否经过查新、确认等。比如,在法医学损伤时间、死亡时间鉴定中,目前尚无统一的国家标准,鉴定审查时应慎重。再如,人体损伤程度鉴定以及劳动能力鉴定/职工工伤与职业病致残等级鉴定标准有不同的版本,在版本施行后适用不同版本,可能会出现鉴定意见的差异。

(3)检材是否充足、可靠

法医学检验往往受到物证检材的客观条件限制,存在理论上得不出检验结果或者存在其他结果的情形。审查时要注意鉴定意见的科学性,检不出结果不代表与案件没有关联。比如,在现场提取的确认使用过的致伤工具,有时会检不出有价值的结果,这些往往受检材以及仪器设备的客观条件的所限。再如,法医 DNA 检验中,检材所处环境、温度、保存条件、时间、本身材质、使用情况、是否有清洗浸泡过程、是否被污染等,均影响着检验结果。

(4)鉴定结果是否明确

对法医学鉴定意见的结果审查,关键要审查鉴定意见是否解决了委托要求中的相关事项,能否被使用鉴定意见的办案人员理解,有无理解歧义。

案例 10　闫某死因鉴定案——鉴定结果是否歧义

某日,闫某因琐事与他人发生纠纷,在此过程中,闫某死亡。该案死因鉴定意见为,“闫某系外伤、打斗所致的原发性脑干损伤合并外伤、纠纷、情绪激动等诱发冠状动脉粥样硬化性心脏病急性发作而死亡”。

专门审查:该鉴定意见可有以下两种理解方式,且理解不同造成歧义,将直接影响办案。

理解一(见图 2-1):原发性脑干损伤与冠心病急性发作共同导致死亡,即伤病共同作用致闫某死亡。

理解二(见图2－2):冠心病急性发作死亡,外伤只是作为诱发疾病发作的因素之一。

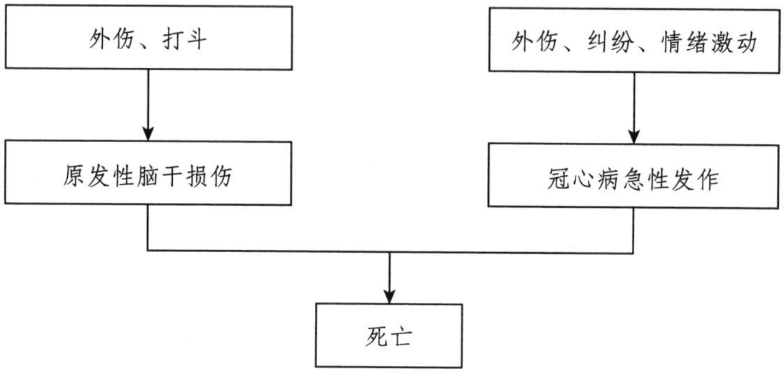

图2－1　理解一

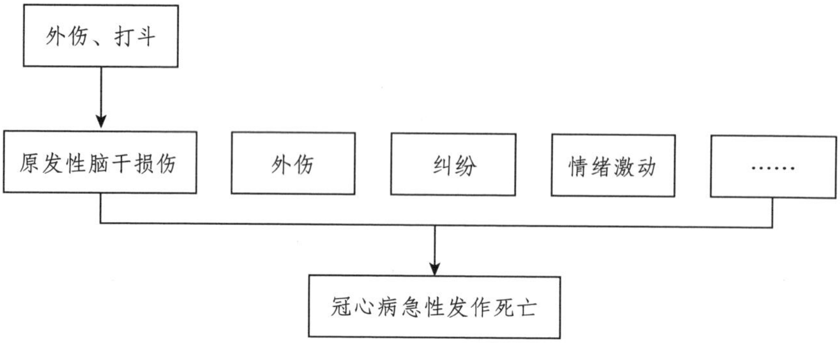

图2－2　理解二

(5)关于测量误差和鉴定误差

在通过测量或仪器设备检测得出数据的检验鉴定中,往往存在测量误差的情形,审查时应注意处于临界范围的检验鉴定数值。比如,在酒精含量检验报告中的80mg/100ml;在人体损伤程度鉴定中面部单个创口或瘢痕长度值为4.5cm。在鉴定中,往往会因标准的选用、取样的方法等不同产生鉴定误差。又如,在法医学死亡时间、损伤时间推断鉴定中,受选用的推断方法、个体差异等因素的影响,鉴定误差的大小往往也不同,因此审查时要综合分析评判。

(6)不同鉴定意见的表述

当同一份鉴定中不同鉴定人的意见不一致时,可以分别作出表述,这种情形一般很少出现。但实践中,经常会出现同一法医学专门性问题有多份鉴定意见情形。笔者曾经碰到关于同一案件作8次法医学鉴定,同一伤情委托事项作4次损伤程度鉴定的案例。鉴定的意见结果关系到案件的定罪量刑,审查时应慎重处理。

二、过程审查与结果审查相结合

念某投毒案历经8次庭审,最终宣告念某无罪。该案中,氟乙酸盐鼠药是该案证据链上的关键一环,该案是法医毒物学鉴定意见实质审查的典型案例。检方专家辅助人、辩方专家辅助人加上若干名鉴定人三方经过激烈争论,最终,福建高级人民法院认定,两被害人系中毒死亡,但原判认定关于氟乙酸盐鼠药中毒的依据不足:第一,检材与标样质谱图一样。第二,两份不同检材的质谱图一样。第三,没有空白对照。关于投毒方式的依据不确定:第一,铝壶、高压锅、铁锅现场勘验检查笔录记载的提取送检时间与检验鉴定委托书记载时间相矛盾。第二,侦查机关送检的铝壶及里面的3500毫升水,在现场勘验检查笔录中没有记载。第三,未按照专业规范要求进行“空白”对照检验。[①]

我们说,法医学鉴定意见的审查其实就是对原司法鉴定意见的形成过程的回溯,审查一份法医学鉴定意见重点是回溯该鉴定的办理全过程,把结论审查与过程审查有机结合起来,聚合专门审查与必要调查的方式,以达到实质审查的效果。

1. 回溯鉴定的书证资料

在法医病理学、法医临床学鉴定意见审查中,需要调取全部病历资料、原始检验照片、相关辅助检查的原始X光片、CT、MRI片等,必要时,询问被害人的接诊医生,查阅原始检验记录、询问咨询原鉴定人鉴定过程、分析论证的依据,包括申请通知鉴定人出庭等。必要时,调查走访现场目击证人,调取视频资料等。比如,在作损伤程度鉴定时,有时需要询问被鉴定人就诊时的病情、手术方式以及手术具体过程等。

① 参见福建省高级人民法院刑事附带民事判决书,(2012)闽刑终字第10号。

2. 回溯鉴定检材的“保管链”

（1）检材的来源、取得的合法性、真实性

在法医病理学尸体检验中，血样、拭子、人体组织等生物检材的提取、采集，要注明数量，来源，提取人、提取时间等信息，有无提取笔录、清单等，必要时要有照相、录像。比如，笔者曾经办理的一起命案，在被害女性死者的头发里发现了一枚残缺的指甲，该指甲作为重要的物证，经 DNA 鉴定、整体分离鉴定，并作为证据使用。关于该份证据，要着重审查其来源、收集提取过程、鉴定过程、同一认定过程与案件的关联性。

（2）检材的保管、送检是否符合相关法律、标准的规定

着重审查检材的保管、送检是否按照相关规范执行，比如，检材盛放容器或包装物是否符合规定，送检的检材有无分开包装，是否会交叉污染，是否会将检材混淆，检材的保存方式和保存环境如何，送检时间是否超过规定时限。

（3）检材是否被污染、腐败

在法医病理学检验中，尸体检验一般要尽早（48 小时内）开展，防止尸体腐败影响病理组织学检验结果。在法医理化检验中，检测腐败尸体的血样的酒精含量时，要注意尸体腐败对酒精含量测定的影响。在法医 DNA 检验中，要注意血痕、血液、阴道拭子、接触性检材等在提取、包装、送检等过程中，是否有污染、腐败的可能。

3. 回溯鉴定意见的分析论证

法医学鉴定意见分析论证过程是鉴定文书最重要的说理部分，是支持鉴定意见结果的重要论证过程，是实质审查的重要环节。分析论证是否客观科学、说理充分、合乎逻辑，是鉴定意见是否可靠、可信的重要保证。审查人员应具备法医学的专业理论知识和法医学实践办案经验，从专业科学的角度审慎审查鉴定意见的分析论证过程。

4. 回溯过程审查的扩充形式

鉴定书是鉴定意见的书面形式，鉴定人出庭是鉴定意见表达的口头形式，申请通知鉴定人出庭是过程审查的扩充。鉴定人出席庭审，接受控辩双方的质证，可使鉴定意见的审查更加直观、更加具体，让鉴定意见以“看得见的方式”实现其证明价值，助力庭审实质化。实践中，司法鉴定人出庭率一直不理想，2016 年度，经司法行政机关登记管理的司法鉴定人接到出庭通知的数量占涉

诉司法鉴定业务总量的1.54%,[①]而2017年度为1.20%。[②] 在对法医学鉴定意见的审查过程中,通过鉴定人出庭作证或者申请有专门知识的人出庭对鉴定意见提出意见,可以多维度提升实质审查鉴定意见的效果。

三、书面审查与复核审查相结合

书面审查是刑事诉讼鉴定意见最直观、最常用的方法,书面审查的材料包括但不限于全案卷宗材料,还包括鉴定意见形成全过程的书面材料。这方面内容在本书中已有论述,在此不再赘述。

当审查过程中需要解决的医学相关的专门性问题,超出了案件承办人或法医的能力范围、专业领域时,我们可以通过专家辅助审查的方式解决。根据最高人民检察院《关于指派、聘请有专门知识的人参与办案若干问题的规定(试行)》相关规定,案件承办人可以询问相关领域专家或有专门知识的人对鉴定意见的相关问题作出咨询,或者委托具有专门知识的人作出审查意见,也可以向鉴定人之外的其他有专门知识的人咨询专门知识。比如,借助于医院相关临床科室的专家,解决法医学鉴定中相关专门性问题。

四、专业审查与关联审查相结合

法医学鉴定意见不仅需要自身客观、科学、合法,还必须能够与案件事实和其他证据相互印证,形成证据锁链。孤立的鉴定意见不能作为定案依据,法医学鉴定意见的审查也不能简单孤立地进行,而要与其他证据以及案件事实综合比较分析,审查证据间的相互印证作用,从而与其他证据一起形成证据链来证明案件事实。

法医学鉴定意见的专业审查侧重于法医学鉴定意见本身的证据能力与证明力,而关联审查则侧重从关联性角度审查鉴定意见与其他证据之间的关系,以证明与案件待证事实有无关联。

一方面,法医学鉴定意见审查有助于审查判断其他证据,比如,在他杀伪装自杀案件中,法医学鉴定意见有助于对遗书等物证、书证或视听资料的真伪的

---

① 参见党凌云、邓振玉:《2016年度全国司法鉴定情况统计分析》,载《中国司法鉴定》2017年第3期。

② 参见党凌云、张效礼:《2017年度全国司法鉴定情况统计分析》,载《中国司法鉴定》2018年第3期。

鉴别。另一方面,通过审查有助于促使鉴定意见与其他证据形成印证关系,比如,DNA 鉴定意见对确定物证的归属、使用等有重要印证作用。同时,其他证据也是审查判断法医学鉴定意见是否客观、科学的重要依据。另外,当死亡时间推断与证人证言及其他证据证实的案件事实出现矛盾时,尤其要注意审慎审查。

另外,要注重审查案件中看似“无关联”法医学鉴定意见。法医学鉴定意见的审查,不仅要关注指控犯罪的法医学证据,也应该对案中其他“看似无关联”的客观性证据作出审查,防止冤错案件的发生。比如,在 2003 年浙江张氏案中,由于当时忽视了死者指甲缝里的男性 DNA,错误地将张氏叔侄判刑,直到 2011 年比中真正的犯罪嫌疑人勾某;在 1996 年安徽于某生案中,法庭未采纳韩某内裤残留物中检出的精子不属于于某生的证据,使于某生蒙冤。这些“看似无关联”法医学鉴定意见,往往是防范冤错案件发生的重要证据。

总之,在以审判为中心的诉讼制度改革的背景下,刑事诉讼中法医学鉴定意见审查的重点内容应落在证据属性之上,要高度重视审查的亲历性,聚合专门审查和必要调查的方式,重点回溯鉴定意见的形成全过程。

第三章
鉴定意见专门审查的程序审查

第一节　委托受理的专门审查

一、鉴定的委托与受理

(一)委托受理程序的文本规定

1. 检察机关相关规定

《人民检察院鉴定规则(试行)》(高检发办字〔2006〕33号)经2006年11月1日最高人民检察院第十届检察委员会第六十二次会议通过,于2007年1月1日起实施。(详见附录二)

从第9条规定可以看出,受理范围仅限于人民检察院、人民法院和公安机关以及其他侦查机关的委托,对于行政机关的委托,该规则是持否定态度。

第10条规定了逐级与同级受理制度,即检察机关的内部委托实行逐级受理制度,外部委托鉴定实行同级受理制度。例如,某县级检察院需要委托省级检察院做鉴定,那么应先由市级检察院受理,市级检察院不能办理时,再由省级检察院受理,防止越级受理。而县级公安机关委托省级检察院做鉴定,需要公安机关内部流程,由省级公安机关委托,省级检察院方可受理。

第11条规定了检察技术职能部门应当协助业务部门办理对外委托。与第10条进行衔接规定。

第12条首先规定了委托形式需要以书面委托为依据,目前检察机关在全国使用的全国检察机关统一业务系统1.5/2.0,可以实现线上委托,但应当由书面形式的文书。同时对委托材料应当客观反映案件的基本情况、检材、委托要求等。同时还应当制作委托受理登记表。

委托受理登记表及委托受理合同，是委托方与鉴定方签署的关于委托受理中双方确认的委托受理信息，交付接受的材料清单情况、鉴定检验所使用的标准方法、鉴定周期，检材的处置等，是事后检材发还、文书反馈、鉴定溯源的重要依据。

第 13 条规定了不受理的情形，包括违反法律规定、办案程序以及不具备鉴定条件的委托。

2. 公安机关相关规定

2017 年 2 月 16 日，公安部发布《公安部关于发布〈公安机关鉴定规则〉和鉴定文书式样的通知》（公通字〔2017〕6 号）。（详见附录二）

关于鉴定的委托受理程序，公安机关分两个章节分别对委托、受理程序分别加以规定。

（1）委托程序

《公安机关鉴定规则》第 16 条规定了应当委托的情形。

《公安机关鉴定规则》第 17 条规定公安机关内部委托程序，原则上由本级公安机关开展；超出能力范围的，应当逐级委托作出规定；重大、疑难复杂的鉴定，可以委托有能力的机构。

《公安机关鉴定规则》第 18 条规定外部委托程序鉴定应严格管理，并制定对外委托管理规定和名册。

《公安机关鉴定规则》第 19 条规定了委托鉴定应当提交的材料，包括委托手续、证明文件、检材样本以及其他材料，并特别规定了应当由两名办案人员送检。

《公安机关鉴定规则》第 20 条对检材作出规定，即原则上需要提供原物、原件，提供复印件应当作出必要说明，并保证检材样本的标识、包装的规范，以保证检材来源的可靠性、合法性，确保检材、样本可溯源。

《公安机关鉴定规则》第 21 条规定了委托方应该对提供的案情、检材样本的真实性、合法性负责。对于特殊情况的检材、样本需要作出说明。同时也规定了特殊检材、样本送检的安全防护规定，以排除危险，保护鉴定机构和鉴定人。

《公安机关鉴定规则》第 22 条对鉴定独立性、公正性方面作出规定。

《公安机关鉴定规则》第 23 条对委托方委托作出提示性规定，即未取得合法鉴定资格，超范围鉴定等情形的，不得委托开展鉴定。

(2)受理程序

《公安机关鉴定规则》第 24 条规定了可以受理鉴定范围，包括公安机关内部委托的鉴定，也包括人民法院、人民检察院、国家安全机关、司法行政机关、军队保卫部门委托的鉴定，以及监察、海关、工商、税务、审计、卫生计生等其他行政执法机关委托的鉴定。金融机构保卫部门委托的鉴定以及其他党委、政府职能部门委托的鉴定也可以受理。

《公安机关鉴定规则》第 25 条规定了鉴定机构的执业范围，即在核准登记的范围内受理鉴定。

《公安机关鉴定规则》第 26 条规定了鉴定机构可以内设专门部门或者专人负责受理工作。公安机关一般设立案件受理室，或由鉴定中心专人负责统一受案。

《公安机关鉴定规则》第 27 条规定了受理鉴定的办理程序，包括查验手续，听取介绍，查验、核对检材样本，确认检材样本是否充分，核准鉴定要求，对鉴定事项进行确认并签署确认书等。

《公安机关鉴定规则》第 28 条规定了鉴定事项确认书应当包括的内容。这些确认的信息是委托受理程序合法，检材样本流转可溯源，双方关于委托要求及标准方法确认的重要证明文件。例如，开展人体损伤程度鉴定时，根据案件办理需要，委托方要求按照 1990 年《人体重伤鉴定标准》、《人体轻伤鉴定标准(试行)》和《人体轻微伤的鉴定》(GA/T 0146—1996)进行。再如，在医疗损害伤残鉴定中，笔者利用"中国裁判文书网"公开数据(截至 2018 年 11 月 28 日 10 时)，用文献检索方法，检索出医疗损害伤残鉴定分别适用 5 种标准:《医疗事故分级标准(试行)》(卫生部令第 32 号)、《道路交通事故受伤人员伤残评定》(GB 18667—2002)、《劳动能力鉴定职工工伤与职业病致残等级》(GB/T 16180—2006 或 GB/T 16180—2014)、《人体损伤残疾程度鉴定标准(试行)》(最高人民法院发布，2005 年 1 月 1 日施行)以及《人体损伤致残程度分级》(2017 年 1 月 1 日实施)；各地在适用具体标准时，在委托受理环节就应该就如何适用标准达成一致意见，因为同一医疗损害伤残后果若适用不同鉴定标准，往往会出现差异很大的鉴定结果。①

《公安机关鉴定规则》第29条规定了有可能对检材、样本造成损坏或无法留存的情形，对此需作出说明并征得委托方同意。例如，法医毒物检验，会造成委托方提供的血液、尿液等检材耗损，有时候送检检材较少量时，一次检验可能就消耗完所有检材，这样会造成无法进行二次复核鉴定或者重新鉴定、补充鉴定，因此，有必要提前由鉴定机构向委托方作出说明，以防止发生不必要的纠纷。在2007年黑龙江代某案中，②由于鉴定机构307医院毒检室与委托方嫩江县公安局未能对胃及内容物的检材在检验后的保存问题作出合理的确认，导致无法对胃及内容物进行重新鉴定。

《公安机关鉴定规则》第30条规定了鉴定机构不予受理的情形，包括超范围鉴定、违反委托程序的情形，不具备鉴定条件的情形等，对此不予受理，并出具《不予受理鉴定告知书》。

3. 司法行政机关相关规定

2015年12月24日，《司法鉴定程序通则》（司法部令第132号）经司法部部务会议修订通过，自2016年5月1日起施行。（详见附录二）

《司法鉴定程序通则》第11条规定了司法鉴定机构统一受理办案机关的司法鉴定委托。

《司法鉴定程序通则》第12条规定了委托材料需具备真实性、完整性、充分性特性，并要求委托方对材料的真实性、合法性以及当事人提出的异议负责。鉴定机构应当核实鉴定材料，并对鉴定材料进行规范界定。

《司法鉴定程序通则》第13条规定了鉴定事项受理时限。

《司法鉴定程序通则》第14条规定了受理的条件，包括事项、鉴定材料的审查、鉴定业务范围、鉴定材料是否完整、充分等适鉴性评估。

《司法鉴定程序通则》第15条规定了不予受理的情形，包括超范围、超业务能力、鉴定材料不合适、鉴定用途不合适、鉴定要求不合规、重复委托等情形。

《司法鉴定程序通则》第16条规定了委托受理的合同评审程序以及签署

---

① 参见邢庭、顾晓生：《单眼球摘除（缺失）医疗损害伤残鉴定25例分析》，载《中国法医学杂志》2020年第3期。

② 参见代某案，载百度网2023年10月5日，https://baike.baidu.com/item/%E4%BB%A3%E4%B9%89/15738185?fr=ge_ala。

事项确认书、鉴定风险、鉴定时限、鉴定费用等事项。

《司法鉴定程序通则》第17条规定了不予受理后的说明义务，包括退还鉴定材料。

4. 关于委托受理相关规定的比较

《人民检察院鉴定规则（试行）》《公安机关鉴定规则》《司法鉴定程序通则》三部鉴定规则关于"委托和受理"的规定比较见表3－1。

表3－1　关于"委托和受理"的规定比较

比较内容	《人民检察院鉴定规则（试行）》	《公安机关鉴定规则》	《司法鉴定程序通则》
逐级委托	第十条　人民检察院内部委托的鉴定实行逐级受理制度，对其他机关委托的鉴定实行同级受理制度。 第十一条　人民检察院各业务部门向上级人民检察院或者对外委托鉴定时，应当通过本院或者上级人民检察院检察技术部门统一协助办理	第十七条　本级公安机关鉴定机构有鉴定能力的，应当委托该机构；超出本级公安机关鉴定机构鉴定项目或者鉴定能力范围的，应当向上级公安机关鉴定机构逐级委托；特别重大案（事）件的鉴定或者疑难鉴定，可以向有鉴定能力的公安机关鉴定机构委托。 第十八条　因技术能力等原因，需要委托公安机关以外的鉴定机构进行鉴定的，应当严格管理。各省级公安机关应当制定对外委托鉴定管理办法以及对外委托鉴定机构和鉴定人名册	第十一条　司法鉴定机构应当统一受理办案机关的司法鉴定委托
委托情形		第十六条　公安机关办案部门对与案（事）件有关需要检验鉴定的人身、尸体、生物检材、痕迹、文件、视听资料、电子数据及其它相关物品、物质等，应当及时委托鉴定。 第二十三条　具有下列情形之一的，公安机关办案部门不得委托该鉴定机构进行鉴定： （一）未取得合法鉴定资格证书的； （二）超出鉴定项目或者鉴定能力范围的； （三）法律、法规规定的其他情形	

续表

比较内容	《人民检察院鉴定规则（试行）》	《公安机关鉴定规则》	《司法鉴定程序通则》
鉴定材料		第十九条　委托鉴定单位应当向鉴定机构提交： （一）鉴定委托书； （二）证明送检人身份的有效证件； （三）委托鉴定的检材； （四）鉴定所需的比对样本； （五）鉴定所需的其他材料。 委托鉴定单位应当指派熟悉案（事）件情况的两名办案人员送检。 第二十条　委托鉴定单位提供的检材，应当是原物、原件。 无法提供原物、原件的，应当提供符合本专业鉴定要求的复印件、复制件。所提供的复印件、复制件应当有复印、复制无误的文字说明，并加盖委托鉴定单位公章。送检的检材、样本应当使用规范包装，标识清楚。 第二十一条　委托鉴定单位及其送检人向鉴定机构介绍的情况、提供的检材和样本应当客观真实，来源清楚可靠。委托鉴定单位应当保证鉴定材料的真实性、合法性。 对受到污染、可能受到污染或者已经使用过的原始检材、样本，应当作出文字说明。 对具有爆炸性、毒害性、放射性、传染性等危险的检材、样本，应当作出文字说明和明显标识，并在排除危险后送检；因鉴定工作需要不能排除危险的，应当采取相应防护措施。不能排除危险或者无法有效防护，可能危及鉴定人员和机构安全的，不得送检	第十二条　委托人委托鉴定的，应当向司法鉴定机构提供真实、完整、充分的鉴定材料，并对鉴定材料的真实性、合法性负责。司法鉴定机构应当核对并记录鉴定材料的名称、种类、数量、性状、保存状况、收到时间等。 诉讼当事人对鉴定材料有异议的，应当向委托人提出。 本通则所称鉴定材料包括生物检材和非生物检材、比对样本材料以及其他与鉴定事项有关的鉴定资料

续表

比较内容	《人民检察院鉴定规则(试行)》	《公安机关鉴定规则》	《司法鉴定程序通则》
独立性、公正性		第二十二条　委托鉴定单位及其送检人不得暗示或者强迫鉴定机构及其鉴定人作出某种鉴定意见	
受理对象	第九条　鉴定机构可以受理人民检察院、人民法院和公安机关以及其他侦查机关委托的鉴定	第二十四条　鉴定机构可以受理下列委托鉴定: (一)公安系统内部委托的鉴定; (二)人民法院、人民检察院、国家安全机关、司法行政机关、军队保卫部门,以及监察、海关、工商、税务、审计、卫生计生等其他行政执法机关委托的鉴定; (三)金融机构保卫部门委托的鉴定; (四)其他党委、政府职能部门委托的鉴定	
受理时限			第十三条　司法鉴定机构应当自收到委托之日起七个工作日内作出是否受理的决定。对于复杂、疑难或者特殊鉴定事项的委托,司法鉴定机构可以与委托人协商决定受理的时间
受理条件	第十二条　委托鉴定应当以书面委托为依据,客观反映案件基本情况、送检材料和鉴定要求等内容。鉴定机构受理鉴定时,应当制作委托受理登记表。 第十三条　鉴定机构对不符合法律规定、办案程序和不具备鉴定条件的委托,应当拒绝受理	第二十五条　鉴定机构应当在公安机关登记管理部门核准的鉴定项目范围内受理鉴定事项。 第二十六条　鉴定机构可以内设专门部门或者专门人员负责受理委托鉴定工作	第十四条　司法鉴定机构应当对委托鉴定事项、鉴定材料等进行审查。对属于本机构司法鉴定业务范围,鉴定用途合法,提供的鉴定材料能够满足鉴定需要的,应当受理。 对于鉴定材料不完整、不充分,不能满足鉴定需要的,司法鉴

续表

比较内容	《人民检察院鉴定规则（试行）》	《公安机关鉴定规则》	《司法鉴定程序通则》
受理条件			定机构可以要求委托人补充；经补充后能够满足鉴定需要的，应当受理
受理程序		第二十七条　鉴定机构受理鉴定时，按照下列程序办理： （一）查验委托主体和委托文件是否符合要求； （二）听取与鉴定有关的案（事）件情况介绍； （三）查验可能具有爆炸性、毒害性、放射性、传染性等危险的检材或者样本，对确有危险的，应当采取措施排除或者控制危险； （四）核对检材和样本的名称、数量和状态，了解检材和样本的来源、采集和包装方法等； （五）确认是否需要补送检材和样本； （六）核准鉴定的具体要求； （七）鉴定机构受理人与委托鉴定单位送检人共同填写鉴定事项确认书，一式两份，鉴定机构和委托鉴定单位各持一份	
不予受理		第三十条　具有下列情形之一的，鉴定机构不予受理： （一）超出本规则规定的受理范围的； （二）违反鉴定委托程序的； （三）委托其他鉴定机构正在进行相同内容鉴定的； （四）超出本鉴定机构鉴定项目范围或者鉴定能力的； （五）检材、样本不具备鉴定条件的或危险性未排除的； （六）法律、法规规定的其他情形。	第十五条　具有下列情形之一的鉴定委托，司法鉴定机构不得受理： （一）委托鉴定事项超出本机构司法鉴定业务范围的； （二）发现鉴定材料不真实、不完整、不充分或者取得方式不合法的； （三）鉴定用途不合法或者违背社会公德的；

续表

比较内容	《人民检察院鉴定规则（试行）》	《公安机关鉴定规则》	《司法鉴定程序通则》
不予受理		鉴定机构对委托鉴定不受理的，应当经鉴定机构负责人批准，并向委托鉴定单位出具《不予受理鉴定告知书》	（四）鉴定要求不符合司法鉴定执业规则或者相关鉴定技术规范的； （五）鉴定要求超出本机构技术条件或者鉴定能力的； （六）委托人就同一鉴定事项同时委托其他司法鉴定机构进行鉴定的； （七）其他不符合法律、法规、规章规定的情形
合同评审		第二十八条　鉴定事项确认书应当包括下列内容： （一）鉴定事项确认书编号； （二）鉴定机构全称和受理人姓名； （三）委托鉴定单位全称和委托书编号； （四）送检人姓名、职务、证件名称及号码和联系电话； （五）鉴定有关案（事）件名称、案件编号； （六）案（事）件情况摘要； （七）收到的检材和样本的名称、数量、性状、包装，检材的提取部位和提取方法等情况； （八）鉴定要求； （九）鉴定方法和技术规范； （十）鉴定机构与委托鉴定单位对鉴定时间以及送检检材和样本等使用、保管、取回事项进行约定，并由送检人和受理人分别签字。 第二十九条　鉴定机构对检验鉴定可能造成检材、样本损坏或	第十六条　司法鉴定机构决定受理鉴定委托的，应当与委托人签订司法鉴定委托书。司法鉴定委托书应当载明委托人名称、司法鉴定机构名称、委托鉴定事项、是否属于重新鉴定、鉴定用途、与鉴定有关的基本案情、鉴定材料的提供和退还、鉴定风险，以及双方商定的鉴定时限、鉴定费用及收取方式、双方权利义务等其他需要载明的事项

续表

比较内容	《人民检察院鉴定规则（试行）》	《公安机关鉴定规则》	《司法鉴定程序通则》
合同评审		者无法留存的,应当事先征得委托鉴定单位同意,并在鉴定事项确认书中注明	
不予受理			第十七条　司法鉴定机构决定不予受理鉴定委托的,应当向委托人说明理由,退还鉴定材料

（二）委托受理程序的专门审查

委托受理环节的审查包括对检材样本的提取、保存、运输、送检等保管链的审查,对委托主体、委托人数量、委托时间、委托时机的审查,对是否违反受理条件、是否属于受理范围的审查,以及对办理程序中是否遵守回避、双人鉴定规定的审查,是否有合乎规定的签发手续的审查,办结是否超时限的审查等。在具体开展审查过程中,依据委托审查要求,按照相关程序规则规定,开展专门审查。

1. 委托主体是否适格

要审查是不是鉴定规则所规定的委托主体,首先确定委托主体是单位还是部门:一般外部委托需要以单位名义委托,内部委托可以是部门委托。其次确定委托主体人数是否符合规定,如《公安机关鉴定规则》规定需要双人送检。最后确定委托主体是单位还是个人,如公安机关、检察机关内设的鉴定机构都不能接受个人委托开展鉴定。

2. 委托手续是否齐备

(1)委托方是否有委托书。

(2)委托书是否载有必要的案情信息、检材描述以及委托要求等事项。

(3)委托书是否需要签章。

(4)委托手续是否由委托方和受托方确认。

(5)委托事项是否属于不适宜鉴定的情形。

(6)委托是否遵守相关内外部逐级委托或受理规定。

3. 委托要求是否具体

审查委托要求是否具体、明确,委托要求是否超出本鉴定机构、鉴定人的鉴定范围和能力范围。例如,鉴定机构没有法医组织病理学鉴定资质,就不能开展组织病理学诊断,法医学死因鉴定中的组织病理学检验则需要分包,否则属于超范围鉴定。

4. 检材样本是否合法

审查鉴定所使用的检材、样本的来源是否合法,有无污染、腐败等情形,提取、保存、运输、送检是否符合相关标准规范,检材、样本是否充足,是否有补充材料或复查、复检的情形。

5. 案情时间是否矛盾

审查委托鉴定的案情相关要素是否清晰,案情中所载明的时间节点与受伤时间、鉴定时间是否相关,是否存在矛盾,是否排除必要合理怀疑。

6. 其他要求

委托方需要对检材、样本的来源,以及合法性、真实性、充分性负责,审查检材、样本的流转链是否可以溯源,检材、样本的处理是否符合规定要求。

二、鉴定的申请与启动

(一)鉴定程序的申请与启动

在三大诉讼法中,鉴定的启动有两种方式:依职权启动和依申请启动。当事人合法拥有鉴定的申请权,包括申请鉴定的权利,申请鉴定人的权利,获知鉴定结果的权利,对鉴定异议的权利,以及申请补充鉴定、重新鉴定的权利。三大诉讼法及鉴定规则对上述权利均有规制。目前刑事诉讼鉴定启动模式中鉴定的申请权和决定权是分离的,启动主体一般是公安机关、人民检察院、人民法院、监察机关、国家安全机关、军队保卫部门等。在民事诉讼鉴定中,有个人委托或律师委托开展鉴定的情形。

(二)鉴定程序申请与启动的审查

(1)鉴定程序的启动是否合理,是否属于需要鉴定的情形。

（2）补充鉴定、重新鉴定启动是否符合启动条件。

（3）存在多份鉴定意见的，审查有无启动补充鉴定、重新鉴定的必要。

（4）启动鉴定程序的主体是否适格。例如，重新鉴定机构是否曾经参与初次鉴定，接受重新鉴定委托的鉴定机构的资质条件是否不低于原鉴定机构。

（5）鉴定程序启动时，是否关注到民事诉讼鉴定与刑事诉讼鉴定结果对同一专门性问题的评价差异。

三、鉴定意见的告知

（一）鉴定意见的告知

鉴定意见应当告知相关当事人。比如，《刑事诉讼法》第148条规定："侦查机关应当将用作证据的鉴定意见告知犯罪嫌疑人、被害人。如果犯罪嫌疑人、被害人提出申请，可以补充鉴定或者重新鉴定。"

但具体细化的操作在实践中犹存争议。鉴定意见的告知，没有明确具体告知鉴定书中的鉴定结果意见，还是告知整份鉴定意见书。在侦查阶段，鉴定意见作为证据之一，为防止侦查秘密的泄露，不适宜全文告知。但从另外一个角度考虑，仅告知鉴定结果意见，当事人无法从实质意义上提出异议，某种程度上削弱了其异议权的行使。

（二）鉴定意见告知的审查

刑事案件的鉴定意见告知一般采用《鉴定意见通知书》《鉴定意见告知书》法律文书送达的形式。《刑事诉讼法》第148条规定："侦查机关应当将用作证据的鉴定意见告知犯罪嫌疑人、被害人。如果犯罪嫌疑人、被害人提出申请，可以补充鉴定或者重新鉴定。"《人民检察院刑事诉讼规则》第221条第1款规定："用作证据的鉴定意见，人民检察院办案部门应当告知犯罪嫌疑人、被害人；被害人死亡或者没有诉讼行为能力的，应当告知其法定代理人、近亲属或诉讼代理人。"

民事案件的鉴定意见一般采用鉴定文书副本告知方式。最高人民法院《关于民事诉讼证据的若干规定》第37条第1款规定："人民法院收到鉴定书后，应当及时将副本送交当事人。"关于鉴定意见告知方式，关键看其是否能够正常保证当事人合理的异议权和救济权。因此,主要侧重于对鉴定意见告知的时间、内容、告知方式进行专门审查,重点审查鉴定意见告知的时机是否正当,是否在鉴定完成后合理的时间内告知当事人;告知的内容是否全面,附件是否齐全。另外,为防止在侦查办案环节出现泄露侦查秘密的风险,不宜告知鉴定文书所有信息。

案例 11 伍某损伤程度鉴定案——鉴定的启动

2017 年 6 月 23 日上午,伍某与夏某因琐事发生纠纷,在此过程中,夏某受伤。2017 年 7 月 6 日,侦查机关启动损伤程度鉴定,某人民医院司法鉴定所出具鉴定意见:被鉴定人夏某右侧第 10 肋骨及左侧第 4 肋骨骨折,计 2 根肋骨骨折,构成轻伤二级。

将鉴定意见告知被害人夏某后,2018 年 5 月 18 日,某律师事务所委托另一司法鉴定所出具审查意见:依据委托方提供的现用材料,被审查人夏某 2017 年 6 月 23 日受伤后影像学资料所示左侧第 4 肋骨骨皮质扭曲不符合新鲜性骨折。2018 年 6 月 4 日,该律师事务所又委托第三家司法鉴定所出具审查意见:根据现有资料并结合专家会诊意见,被审查人夏某左侧第 4 肋骨自 2017 年 6 月 23 日受伤之日起至 11 月 11 日在 CT 片上(包括本次补充鉴定委托方提供的某医院 2017 年 6 月 28 日胸部 CT)均表现为骨皮质扭曲,未见明确骨折线,且未见骨痂生长等变化,故不考虑为新鲜骨折。

专门审查:根据《刑事诉讼法》的相关规定,刑事案件鉴定的启动权、决定权在办案机关,而当事人仅有申请权。之所以这样规定,主要基于防止鉴定启动权的滥用,从而泛化鉴定的启动。本案中,第一次鉴定是关于伍某损伤程度的鉴定,第二、三次委托是鉴定机构对第一次鉴定意见的审查意见。虽然后两次审查意见不属于鉴定意见,不足以作为证据使用,但是上述两份意见对肋骨骨折这一专门性问题分析、审查,足以达到对鉴定意见提出质证意见的效果,应当引起专业技术人员、办案人员的重视。

案例12 屈某故意伤害案死因鉴定——鉴定原则

2018年2月20日晚，屈某在与袁某发生纠纷厮打，在此过程中，袁某受伤，经送医院抢救无效死亡。

侦查机关委托对袁某的死亡原因及损伤程度进行鉴定。

某鉴定机构出具鉴定意见：袁某的死亡原因符合因外伤、纠纷、情绪激动等诱发冠心病急性发作，急性心力衰竭而猝死。袁某鼻骨粉碎性骨折等，其损伤程度属轻伤二级。

专门审查：从鉴定意见形式审查角度来看，本例鉴定既解决了鉴定委托要求的死亡原因鉴定，同时，鉴定人还对外伤所致鼻骨粉碎性骨折的损伤程度出具了鉴定意见，以上鉴定意见结果既有法医病理鉴定结果又有法医临床鉴定结果，属于超委托要求鉴定的情形。

另外，从实质审查的角度来看，鉴定意见表述中已认定袁某所受外伤与其死亡具有因果关联，并将外伤作为死亡的诱因之一，并作出死因鉴定意见。根据《人体损伤程度鉴定标准》"附则"第6.1条之规定，伤后因其他原因死亡的个体，其生前损伤比照本标准相关条款综合鉴定。外伤与死亡后果间有因果关系，不宜再作损伤程度鉴定，故对同一被害人既作损伤程度鉴定，又作死因鉴定，明显违反了鉴定原则。

案例13 张某死因鉴定案——假设性委托要求

在某刑事案件中，张某因遭他人持钝性物体打击头部致颅脑损伤死亡。现根据办案需要，委托人提出"若抢救及时，被害人张某是否一定死亡"的疑问。

专门审查：法医是否可以受理此类鉴定委托要求，关键在于"鉴定事实"与"法律事实""裁判事实""客观事实"之间的关系，鉴定是鉴定人用专门知识解决的关于诉讼中的专门性问题的活动，其前提是基于被鉴定对象，其实质是鉴定人结合客观检验做出的主观判断性意见。基于假设性的条件进行推断，首先存在鉴定的前提缺乏客观性、科学性的问题，所以，推理的结果存在不确定性、臆断性。因为被害人的死亡受很多因素影响，如原发损伤严重程度、个体差异、医疗水平等因素，因此不一定就可以凭借假设性的判断，推断当前医疗水平前提下的救治效果。

根据2005年2月28日通过的《全国人民代表大会常务委员会关于司法鉴定管理问题的决定》，法医类鉴定包括法医病理鉴定、法医临床鉴定、法医精神病鉴定、法医物证鉴定和法医毒物鉴定。其中法医病理鉴定的领域包括死亡原因、死亡时间、损伤时间、致伤方式、致伤物推断等鉴定。关于“若抢救及时”等推测性的条件，不符合鉴定受理的基本条件，因此不属于鉴定的范围。

但是，若委托方提出“医方的诊疗行为是否有过错，其过错行为与被害人的死亡后果之间是否存在因果关系，被害人的死亡是否存在医疗介入因素”等委托要求的情形，则属于法医类鉴定的范畴。

第二节 鉴定资质的专门审查

司法鉴定资质，是指司法鉴定机构在开展相关委托鉴定事项时，该机构与具体实施鉴定的人员必须具备的相应鉴定能力与鉴定许可。司法鉴定资质包括鉴定机构资质和鉴定人资质。

鉴定机构资质，是登记管理主管机关按照一定的登记管理程序对申请的鉴定机构进行审核，并核发许可该机构开展相关鉴定业务。

鉴定人资质，是登记管理主管机关按照一定的登记管理程序对申请鉴定资格的人员进行审核，并核发许可该人员开展相关鉴定业务。

一、鉴定资质的文本规定

1. 法律规定

(1)2005年2月28日，第十届全国人民代表大会常务委员会第十四次会议通过《全国人民代表大会常务委员会关于司法鉴定管理问题的决定》，从法律层面对法医类、物证类、声像资料鉴定等实行登记管理，对从事司法鉴定的准入条件、监督处罚、名册管理等进行规范。其中涉及鉴定资质的条文，详见附录一《全国人民代表大会常务委员会关于司法鉴定管理问题的决定》中第2、3、4、5、7、8、16、17条规定。

(2)2016年1月8日，最高人民法院、最高人民检察院、司法部根据《全国人民代表大会常务委员会关于司法鉴定管理问题的决定》和《最高人民法院、最高人民检察院关于办理环境污染刑事案件适用法律若干问题的解释》等有关规定，制定出台《关于将环境损害司法鉴定纳入统一登记管理范围的通知》（司发通〔2015〕117号），决定将环境损害司法鉴定纳入统一登记管理范围。

2. 检察机关规定

《人民检察院鉴定机构登记管理办法》《人民检察院鉴定人登记管理办法》（高检发办字〔2006〕33号）经2006年11月1日最高人民检察院第十届检察委员会第六十二次会议通过，于2007年1月1日起实施。

《人民检察院鉴定机构登记管理办法》第11条规定："鉴定机构可以申请登记下列鉴定业务：（一）法医类鉴定；（二）物证类鉴定；（三）声像资料鉴定；（四）司法会计鉴定；（五）心理测试。根据检察业务工作需要，最高人民检察院可以增加其他需要登记管理的鉴定业务。"

《人民检察院鉴定人登记管理办法》第7条规定："鉴定人经登记管理部门核准登记，取得《人民检察院鉴定人资格证书》，方可进行鉴定工作。"

2013年12月3日，《人民检察院法医工作细则》（高检发技字〔2013〕5号）经最高人民检察院第十二届检察委员会第十三次会议审议通过。《人民检察院法医工作细则》第23条规定："本细则所称的技术性证据审查，是指具备法医鉴定资格的人员，受检察机关办案部门委托或者指派，就案件中涉及的法医学证据材料进行审查、判断，并提出审查意见的专门活动。"

3. 公安机关规定

2019年11月22日，公安部发布《公安机关鉴定机构登记管理办法》（公安部令第155号）、《公安机关鉴定人登记管理办法》（公安部令第156号），自2020年5月1日起施行。

《公安机关鉴定机构登记管理办法》

第十二条　公安机关的鉴定机构可以申报登记开展下列鉴定项目：

（一）法医类鉴定，包括法医临床、法医病理、法医人类学和法医精神病鉴定；

（二）DNA鉴定；

（三）痕迹鉴定；

（四）理化鉴定，包括毒物、毒品和微量物质的鉴定；

（五）文件证件鉴定；

(六)声像资料鉴定;

(七)电子数据鉴定;

(八)环境损害鉴定;

(九)交通事故鉴定;

(十)心理测试;

(十一)警犬鉴别。

根据科学技术发展和公安工作需要,鉴定机构可以申请开展其他鉴定项目。

《公安机关鉴定人登记管理办法》

第八条 鉴定人经登记管理部门核准登记,取得《鉴定人资格证书》,方可从事鉴定工作。《鉴定人资格证书》由所在鉴定机构统一管理。

《鉴定人资格证书》由公安部统一监制。

第三十条 铁路、交通港航、民航、森林公安机关和海关缉私部门的鉴定人登记管理工作,依照本办法规定向所在地公安机关登记管理部门申请登记。

4. 司法行政机关

(1)2005 年 9 月 29 日,《司法鉴定机构登记管理办法》(司法部令第 95 号)以及《司法鉴定人登记管理办法》(司法部令第 96 号)已经国务院批准,于 2005 年 9 月 30 日公布施行。

《司法鉴定机构登记管理办法》

第三十一条 司法机关和公民、组织可以委托列入司法鉴定人和司法鉴定机构名册的司法鉴定机构及司法鉴定人进行鉴定。

在诉讼活动中,对《全国人民代表大会常务委员会关于司法鉴定管理问题的决定》第二条所规定的鉴定事项发生争议,需要鉴定的,司法机关和公民、组织应当委托列入司法鉴定人和司法鉴定机构名册的司法鉴定机构及司法鉴定人进行鉴定。

《司法鉴定人登记管理办法》

第二条 司法鉴定人从事《全国人民代表大会常务委员会关于司法鉴定管理问题的决定》第二条规定的司法鉴定业务,适用本办法。

第三条 本办法所称的司法鉴定人是指运用科学技术或者专门知识对诉讼涉及的专门性问题进行鉴别和判断并提出鉴定意见的人员。

司法鉴定人应当具备本办法规定的条件，经省级司法行政机关审核登记，取得《司法鉴定人执业证》，按照登记的司法鉴定执业类别，从事司法鉴定业务。

司法鉴定人应当在一个司法鉴定机构中执业。

第四条 司法鉴定管理实行行政管理与行业管理相结合的管理制度。

司法行政机关对司法鉴定人及其执业活动进行指导、管理和监督、检查，司法鉴定行业协会依法进行自律管理。

第五条 全国实行统一的司法鉴定机构及司法鉴定人审核登记、名册编制和名册公告制度。

(2)2020 年 5 月 9 日，司法部第 20 次部长办公会议审议通过《法医类司法鉴定执业分类规定》(司规〔2020〕3 号)(见表 3－2)。

《法医类司法鉴定执业分类规定》

第二条 法医类司法鉴定是指在诉讼活动中法医学各专业鉴定人运用科学技术或者专门知识，对诉讼涉及的专门性问题进行鉴别和判断并提供鉴定意见的活动。

第三条 法医类司法鉴定依据所解决的专门性问题分为法医病理鉴定、法医临床鉴定、法医精神病鉴定、法医物证鉴定、法医毒物鉴定等。

表 3－2 法医类司法鉴定执业分类目录

序号	领域	分领域及项目
01	法医病理鉴定	0101 死亡原因鉴定 010101 尸体解剖，死亡原因鉴定 010102 尸表检验，死亡原因分析 010103 器官/切片检验，死亡原因分析
		0102 器官组织法医病理学检验与诊断
		0103 死亡方式判断
		0104 死亡时间推断
		0105 损伤时间推断
		0106 致伤物推断
		0107 成伤机制分析

续表

序号	领域	分领域及项目
01	法医病理鉴定	0108 医疗损害鉴定
		0109 与死亡原因相关的其他法医病理鉴定
02	法医临床鉴定	0201 人体损伤程度鉴定
		0202 人体残疾等级鉴定
		0203 赔偿相关鉴定
		0204 人体功能评定 020401 视觉功能 020402 听觉功能 020403 男性性功能与生育功能 020404 嗅觉功能 020405 前庭平衡功能
		0205 性侵犯与性别鉴定
		0206 诈伤、诈病、造作伤鉴定
		0207 医疗损害鉴定
		0208 骨龄鉴定
		0209 与人体损伤相关的其他法医临床鉴定
03	法医精神病鉴定	0301 精神状态鉴定
		0302 刑事类行为能力鉴定
		0303 民事类行为能力鉴定
		0304 其他类行为能力鉴定
		0305 精神损伤类鉴定
		0306 医疗损害鉴定
		0307 危险性评估
		0308 精神障碍医学鉴定
		0309 与心理、精神相关的其他法医精神病鉴定或测试
04	法医物证鉴定	0401 个体识别
		0402 三联体亲子关系鉴定
		0403 二联体亲子关系鉴定
		0404 亲缘关系鉴定

续表

序号	领域	分领域及项目
04	法医物证鉴定	0405 生物检材种属和组织来源鉴定
		0406 生物检材来源生物地理溯源
		0407 生物检材来源个体表型推断
		0408 生物检材来源个体年龄推断
		0409 与非人源生物检材相关的其他法医物证鉴定
05	法医毒物鉴定	0501 气体毒物鉴定
		0502 挥发性毒物鉴定
		0503 合成药毒物鉴定
		0504 天然药毒物鉴定
		0505 毒品鉴定
		0506 易制毒化学品鉴定
		0507 杀虫剂鉴定
		0508 除草剂鉴定
		0509 杀鼠剂鉴定
		0510 金属毒物鉴定
		0511 水溶性无机毒物鉴定
		0512 与毒物相关的其他法医毒物鉴定

5. 关于“鉴定资质”的规定比较(见表 3－3)

表 3－3 关于“鉴定资质”的规定比较

法律规定	鉴定业务项目
《全国人民代表大会常务委员会关于司法鉴定管理问题的决定》	(一)法医类鉴定; (二)物证类鉴定; (三)声像资料鉴定; (四)根据诉讼需要由国务院司法行政部门商最高人民法院、最高人民检察院确定的其他应当对鉴定人和鉴定机构实行登记管理的鉴定事项。 法律对前款规定事项的鉴定人和鉴定机构的管理另有规定的,从其规定

续表

法律规定	鉴定业务项目
《关于将环境损害司法鉴定纳入统一登记管理范围的通知》	环境损害司法鉴定
《人民检察院鉴定机构登记管理办法》	(一)法医类鉴定; (二)物证类鉴定; (三)声像资料鉴定; (四)司法会计鉴定; (五)心理测试。 根据检察业务工作需要,最高人民检察院可以增加其他需要登记管理的鉴定业务
《公安机关鉴定机构登记管理办法》	(一)法医类鉴定,包括法医临床、法医病理、法医人类学和法医精神病鉴定; (二)DNA 鉴定; (三)痕迹鉴定; (四)理化鉴定,包括毒物、毒品和微量物质的鉴定; (五)文件证件鉴定; (六)声像资料鉴定; (七)电子数据鉴定; (八)环境损害鉴定; (九)交通事故鉴定; (十)心理测试; (十一)警犬鉴别。 根据科学技术发展和公安工作需要,鉴定机构可以申请开展其他鉴定项目
《司法鉴定机构登记管理办法》	《全国人民代表大会常务委员会关于司法鉴定管理问题的决定》第2条所规定的鉴定事项

(1)鉴定业务项目

检察机关、公安机关、司法机关均严格执行《全国人民代表大会常务委员会关于司法鉴定管理问题的决定》以及《关于将环境损害司法鉴定纳入统一登记管理范围的通知》(司发通〔2015〕117 号)规定精神,制定了鉴定机构登记管理办法以及鉴定人登记管理办法,具体规定了鉴定业务项目。(详见表 3 - 3)

(2)执业分类

检察机关、公安机关、司法机关均严格执行《全国人民代表大会常务委员会关于司法鉴定管理问题的决定》以及《关于将环境损害司法鉴定纳入统一登记管理范围的通知》(司发通〔2015〕117 号)规定的精神,按照法医类、物证类、声像资料鉴定以及环境损害鉴定等“四大类”鉴定进行登记管理。

(3)执业领域

检察机关、公安机关、司法机关分别对“四大类”执业领域分类进行登记管理,但具体执行略有不同,检察机关除管理“法医类鉴定、物证类鉴定、声像资料鉴定”外,也将“司法会计鉴定、心理测试”纳入统一管理。

公安机关在“法医类鉴定、物证类鉴定、声像资料鉴定、环境损害鉴定”之外,将“电子数据鉴定、交通事故鉴定”单列,将“心理测试、警犬鉴别”纳入统一管理。

司法机关对“四大类”司法鉴定做进一步领域分类,在具体领域中再细分为分领域项目。比如,将“法医类鉴定”细分为法医病理鉴定、法医临床鉴定、法医精神病鉴定、法医物证鉴定、法医毒物鉴定,再规定法医病理等领域的分领域及项目。

二、特殊鉴定资质

1. 野生动物种属鉴定

2020 年 12 月 18 日,最高人民法院、最高人民检察院、公安部、司法部联合制定《关于依法惩治非法野生动物交易犯罪的指导意见》,对野生动物及其制品价值、野生动物及其制品种属类别的相关认定作出规定。

“对涉案野生动物及其制品价值,可以根据国务院野生动物保护主管部门制定的价值评估标准和方法核算。对野生动物制品,根据实际情况予以核算,但核算总额不能超过该种野生动物的整体价值。具有特殊利用价值或者导致动物死亡的主要部分,核算方法不明确的,其价值标准最高可以按照该种动物整体价值标准的 80% 予以折算,其他部分价值标准最高可以按整体价值标准的 20% 予以折算,但是按照上述方法核算的价值明显不当的,应当根据实际情况妥当予以核算。核算价值低于实际交易价格的,以实际交易价格认定。

“根据前款规定难以确定涉案野生动物及其制品价值的,依据下列机构出具的报告,结合其他证据作出认定:(一)价格认证机构出具的报告;(二)国务院野生动物保护主管部门、国家濒危物种进出口管理机构、海关总署等指定的机构出具的报告;(三)地、市级以上人民政府野生动物保护主管部门、国家濒危物种进出口管理机构的派出机构、直属海关等出具的报告。

"七、对野生动物及其制品种属类别，非法捕捞、狩猎的工具、方法，以及对野生动物资源的损害程度、食用涉案野生动物对人体健康的危害程度等专门性问题，可以由野生动物保护主管部门、侦查机关或者有专门知识的人依据现场勘验、检查笔录等出具认定意见。难以确定的，依据司法鉴定机构出具的鉴定意见，或者本意见第六条第二款所列机构出具的报告，结合其他证据作出认定。"

可以看出，对于野生动物及其制品的种属类别等专门性问题，可以由野生动物保护主管部门、侦查机关或者有专门知识的人出具认定意见；难以确定的，依据司法鉴定机构出具的鉴定意见，或者由国务院野生动物保护主管部门、国家濒危物种进出口管理机构、海关总署等指定的机构出具的报告，结合其他证据作出认定。前项认定意见属于有专门知识的人的意见，后者报告属于广义上的有具有相应资质出具的检验报告。

2. 毒品原植物鉴定

2016 年 5 月 24 日，最高人民法院、最高人民检察院、公安部发布的《办理毒品犯罪案件毒品提取、扣押、称量、取样和送检程序若干问题的规定》（公禁毒〔2016〕511 号）第 34 条对毒品原植物及其种子、幼苗的鉴定作出规定："对毒品原植物及其种子、幼苗，应当委托具备相应资质的鉴定机构进行鉴定。当地没有具备相应资质的鉴定机构的，可以委托侦办案件的公安机关所在地的县级以上农牧、林业行政主管部门，或者设立农林相关专业的普通高等学校、科研院所出具检验报告。"

可以看出，毒品原植物及其种子、幼苗，可以由具备相应资质的鉴定机构进行鉴定，也可以委托侦办案件的公安机关所在地的县级以上农牧、林业行政主管部门，或者设立农林相关专业的普通高等学校、科研院所出具检验报告。但是，各地禁毒协会不属于鉴定机构或者行政主管部门，也不属于高等院校、科研院所，其出具的毒品原植物鉴定报告书不属于鉴定意见，亦不属于检验报告。

例如，关于罂粟幼苗植株的鉴定，委托某森林公安院校作出毒品原植物（罂粟植株）的鉴定意见符合法律规定。但是，委托某市食品药品检验检测研究院检验、检测出具是否属于毒品原植物的报告，由于不属于经司法行政机关登记的鉴定机构，且其检测能力范围是食品、药品中的罂粟成分，属于无司法鉴定资质或鉴定主体不适格的情形。

3. 爆炸物、爆炸装置种属鉴定

2001 年 5 月 15 日，最高人民法院发布《关于审理非法制造、买卖、运输枪支、弹药、爆炸物等刑事案件具体应用法律若干问题的解释》，该司法解释是最早对爆炸物的认定和分类。实践中可以参考 2014 年修订后的《民用爆炸物品安全管理条例》和国家军用标准（GJB）的规定，将爆炸物按照存在的状态，作出相应的区分。1993 年，最高人民法院制定的《关于执行〈中华人民共和国铁路法〉中刑事罚则若干问题的解释》（已失效）中曾经使用了“爆炸装置”这一概念，但未作出具体说明。从实际掌握的情况看，爆炸装置应当是指以炸药、火药或者烟火药等为主要作用物，通过起爆系统起爆而发生爆炸或者爆燃的物品，简单地说，就是雷管与炸药、火药等的组合体。实际上，枪支的子弹、炸弹等也是一种爆炸装置。换句话说，爆炸装置的外延也包括制式规格的弹药或者其他制武装置。

因此，爆炸装置的认定必须经过鉴定，而该装置的威力、杀伤力检验则需结合具体案情考虑。

4. 文物鉴定

关于文物鉴定，2018 年 6 月 20 日，最高人民法院、最高人民检察院、国家文物局、公安部、海关总署共同制定了《涉案文物鉴定评估管理办法》（文物博发〔2018〕4 号），其中规定：

“第六条　国家文物局负责遴选指定涉案文物鉴定评估机构，制定涉案文物鉴定评估管理制度和标准规范，对全国涉案文物鉴定评估工作进行宏观指导。

“第七条　省级文物行政部门负责推荐本行政区域内涉案文物鉴定评估机构，对涉案文物鉴定评估工作进行监督管理。省级文物行政部门应当保障本行政区域内涉案文物鉴定评估机构开展涉案文物鉴定评估工作所需的业务经费。”

文物鉴定不属于法律规定的“四大类”司法鉴定范畴。对案件涉及的文物等级、类别、价值等专门性问题，如是否属于古文化遗址、古墓葬、古建筑、石窟寺、石刻、壁画、近代现代重要史迹和代表性建筑等不可移动文物，是否具有历史、艺术、科学价值，是否属于各级文物保护单位，是否属于珍贵文物，以及有关行为对文物造成的损毁程度和对文物价值造成的影响等，案发前文物行政部门已作认定的，可以直接对有关案件事实作出认定；案发前未作认定的，可以结合国务院文物行政部门指定的机构出具的《涉案文物鉴定评估报告》作出认定，必要时，办案机关可以依法提请文物行政部门对有关问题作出说明；《涉案文物鉴定评估报告》应当依照《涉案文物鉴定评估管理办法》（文物博发〔2018〕4号）规定的程序和格式文本出具说明。

截至目前，国家文物局发布了3批次65家文物鉴定评估机构。分别是：2016年1月4日，国家文物局发布《关于指定北京市文物进出境鉴定所等13家机构开展涉案文物鉴定评估工作的通知》（文物博函〔2015〕3936号）；2016年9月30日，国家文物局发布《关于指定第二批涉案文物鉴定评估机构的通知》（文物博函〔2016〕1661号）；2022年7月27日，国家文物局发布《关于指定第三批涉案文物鉴定评估机构的通知》（文物博函〔2022〕653号）。

5. 价格鉴定

（略）。

三、鉴定资质的专门审查内容

鉴定资质包括司法鉴定资质与非司法鉴定资质。司法鉴定资质的专门审查内容主要包括：鉴定机构、鉴定人是否具备相关鉴定资质；单位鉴定资质与鉴定人鉴定资质是否统一；资质是否符合所属主管部门的规范要求；检验鉴定是否由2名以上鉴定人实施并签名；鉴定事项是否超出鉴定机构的资质范围和鉴定人的执业范围；是否遵循鉴定回避的相关规定。

1. 鉴定机构与鉴定人资质的专门审查

具备鉴定机构与鉴定人资质是开展鉴定的前提，目前我国的司法鉴定还未完全实行严格意义上的统一管理，而是由公安机关、检察机关、司法行政机关各自条线统一管理并登记备案。按照主管部门制发的鉴定机构或鉴定人管理办法，申请人可以按照规定，申请鉴定人、鉴定机构资质，并在核发的鉴定人、鉴定机构资格证书鉴定业务领域范围内执业。比如，委托开展人体损伤程度鉴定，受理鉴定的司法鉴定机构以及具体承担鉴定工作的鉴定人均应该具有法医临床鉴定资格。

2. 执业领域及分领域项目的专门审查

司法鉴定执业领域和分领域项目需要结合执业资格证核准的项目来进行

判断,鉴定机构与鉴定人应该在资格证书载明的领域内开展鉴定业务,但有时会因为鉴定资格证书不能完全显示具体的细分领域项目,此时需要调取相关的证明文件。比如,公安机关的鉴定人资格证书中的鉴定业务栏目中只标明“法医类”鉴定资格,而某鉴定人是否具备法医病理、法医临床、法医毒物、法医物证等细分领域项目的鉴定资格,需要具体结合鉴定机构证书中核准的鉴定业务项目来审查,必要时参照该机构申请的资质认定或实验室认可证书中领域分类项目。

3. 超范围鉴定的专门审查

在同一份鉴定中,出具鉴定意见的主体是否适格,是专门审查的重要内容。鉴定机构或鉴定人中有任一不具备鉴定所必需的鉴定资质时,即属于超范围鉴定情形。

2005 年 2 月 28 日《全国人民代表大会常务委员会关于司法鉴定管理问题的决定》第 9 条第 2 款规定:“鉴定人和鉴定机构应当在鉴定人和鉴定机构名册注明的业务范围内从事司法鉴定业务。”显然,这一款明确规定了鉴定人或鉴定机构不能超出其登记核准的鉴定资质范围开展业务,否则,属于超范围开展鉴定业务。

另外,根据最高人民法院《关于适用〈中华人民共和国刑事诉讼法〉的解释》(法释〔2021〕1 号)第 98 条的规定,鉴定意见具有下列情形之一的,不得作为定案的根据:“(一)鉴定机构不具备法定资质,或者鉴定事项超出该鉴定机构业务范围、技术条件的;(二)鉴定人不具备法定资质,不具有相关专业技术或者职称,或者违反回避规定的……”

最高人民法院的司法解释也明确了超范围鉴定的意见法律效力,即不具备资质或超出登记鉴定业务范围的鉴定意见不得作为定案的根据。

比如,委托开展人体损伤程度鉴定,受理的司法鉴定机构具有法医临床鉴定人资格,但具体鉴定工作承办人不具备法医临床鉴定资格的,即属于超范围鉴定范畴。

又如,委托开展死亡原因鉴定,受理的司法鉴定机构载明资格证书上的业务范围为“法医病理(病理组织学诊断除外)”,若该鉴定中需要开展组织病理学诊断工作,但该机构独立完成了该项鉴定工作,即属于超出登记鉴定业务范围开展司法鉴定的情形。

再如,委托开展人体伤残程度鉴定,受理的某司法鉴定机构载明的业务范围为“法医临床司法鉴定(视觉功能鉴定、听觉功能鉴定、性功能鉴定、活体年龄鉴定除外)”,若该机构出具了“活体年龄鉴定”的鉴定意见,则属于超范围鉴定范畴。

4. 关于县(区)级公安机关与地市级公安机关法医鉴定资质差异

《公安机关鉴定机构登记管理办法》(公安部令第 83 号)(已失效),第 12 条规定,地市级以上公安机关的鉴定机构可以申报登记开展下列检验鉴定项目:“(一)法医类检验鉴定,包括法医临床、法医物证(可以单独申报开展 DNA 检测)、法医病理、法医人类学和法医毒理等检验鉴定;(二)痕迹检验鉴定,包括手印、足迹、工具、枪弹痕迹、车辆痕迹和号码、玻璃制品、纺织品、锁具和钥匙、牲畜蹄迹、整体分离痕迹和其他特殊痕迹物证的检验鉴定;(三)理化检验鉴定,包括毒物、毒品、药品、炸药、爆炸残留物、塑料、橡胶、油漆、纤维、助燃剂和其他微量物质的检验鉴定;(四)文件检验鉴定,包括笔迹、印章、伪造货币、证件、票据、污损文件、印刷文件和打印文件等检验鉴定;(五)声像资料检验鉴定,包括场所、物证和人相等照片、录像检验,以及语音分析与识别、视听资料等检验鉴定;(六)电子证据检验鉴定,包括对计算机存储设备和其他电子设备中存储的电子数据的检验鉴定;(七)心理测试,利用仪器设备对人个体进行心理分析;(八)警犬鉴别,利用警用工作犬对人个体气味进行辨识。根据科学技术发展和公安工作需要,鉴定机构可以申请开展其他鉴定项目。”第 13 条规定,县级公安机关的鉴定机构可以申报登记开展下列检验鉴定项目:“(一)法医类检验鉴定,包括法医临床、法医物证等检验鉴定;(二)痕迹检验鉴定,包括手印、足迹、工具、车辆痕迹和号码、锁具和钥匙等的检验鉴定;(三)文件检验鉴定,包括印章、证件、票据等检验鉴定;(四)声像资料检验鉴定,包括场所、物证和人相照片、录像检验等检验鉴定;(五)心理测试,利用仪器设备对人个体进行心理分析;(六)警犬鉴别,利用警用工作犬对人个体气味进行辨识。”

《公安机关鉴定机构登记管理办法》(公安部令第 155 号)第 12 条规定:“公安机关的鉴定机构可以申报登记开展下列鉴定项目:(一)法医类鉴定,包括法医临床、法医病理、法医人类学和法医精神病鉴定;(二)DNA 鉴定;(三)痕迹鉴定;(四)理化鉴定,包括毒物、毒品和微量物质的鉴定;(五)文件证件鉴定;(六)声像资料鉴定;(七)电子数据鉴定;(八)环境损害鉴定;(九)交通事故鉴定;(十)心理测试;(十一)警犬鉴别。根据科学技术发展和公安工作需要,鉴定机构可以申请开展其他鉴定项目。”

依据以上公安机关鉴定相关程序规定,2005 年《公安机关鉴定机构登记管理办法》对市级、县级公安机关的鉴定机构开展的检验鉴定项目进行了区别规定。

这一现象在 2019 年《公安机关鉴定机构登记管理办法》出台后有所改观,新的鉴定机构登记管理办法将原登记管理办法第 12 条、第 13 条修改合并为一条,并未对省级、地市级、县区级公安机关鉴定机构的申请执业范围分别作出区分规定。因此,公安机关鉴定机构无论属于哪一级鉴定机构,只要符合鉴定机构申报条件,均可以开展法医病理或其他门类的鉴定,不再设置地级市与县级公安机关申报门类的限制。

5. 鉴定回避的专门审查

司法实践关于司法鉴定人在鉴定活动中的回避制度,主要是适用我国三大诉讼法中关于证人、鉴定人依法回避的规定以及《全国人民代表大会常务委员会关于司法鉴定管理问题的决定》的鉴定规则中的回避规定。

(1)《全国人民代表大会常务委员会关于司法鉴定管理问题的决定》第 8 条第 2 款规定:“鉴定人应当在一个鉴定机构中从事司法鉴定业务。”第 9 条第 4 款规定:“鉴定人应当依照诉讼法律规定实行回避。”这是司法鉴定专门法律关于回避的规定。

(2)《人民检察院鉴定规则(试行)》(高检发办字〔2006〕33 号)第 8 条规定:“鉴定人有下列情形之一的,应当自行回避,委托单位也有权要求鉴定人回避:(一)是本案的当事人或者是当事人的近亲属的;(二)本人或者其近亲属和本案有利害关系的;(三)担任过本案的证人或者诉讼代理人的;(四)重新鉴定时,是本案原鉴定人的;(五)其他可能影响鉴定客观、公正的情形。鉴定人自行提出回避的,应当说明理由,由所在鉴定机构负责人决定是否回避。委托单位要求鉴定人回避的,应当提出书面申请,由检察长决定是否回避。”

(3)《公安机关鉴定规则》(公通字〔2017〕6 号)第三章专章规定了回避制度。“第十条　具有下列情形之一的,鉴定人应当自行提出回避申请;没有自行提出回避申请的,有关公安机关负责人应当责令其回避;当事人及其法定代理人也有权要求其回避:(一)是本案当事人或者当事人的近亲属的;(二)本人或者其近亲属与本案有利害关系的；（三）担任过本案证人、辩护人、诉讼代理人的；（四）担任过本案侦查人员的；（五）是重新鉴定事项的原鉴定人的；（六）担任过本案专家证人，提供过咨询意见的；（七）其他可能影响公正鉴定的情形。

“第十一条　鉴定人自行提出回避申请的，应当说明回避的理由；口头提出申请的，公安机关应当记录在案。当事人及其法定代理人要求鉴定人回避的，应当提出申请，并说明理由；口头提出申请的，公安机关应当记录在案。

“第十二条　鉴定人的回避，由县级以上公安机关负责人决定。

“第十三条　当事人及其法定代理人对鉴定人提出回避申请的，公安机关应当在收到回避申请后二日以内作出决定并通知申请人；情况复杂的，经县级以上公安机关负责人批准，可以在收到回避申请后五日以内作出决定。

“第十四条　当事人或者其法定代理人对驳回申请回避的决定不服的，可以在收到驳回申请回避决定书后五日以内向作出决定的公安机关申请复议。公安机关应当在收到复议申请后五日以内作出复议决定并书面通知申请人。

“第十五条　在作出回避决定前，申请或者被申请回避的鉴定人不得停止与申请回避鉴定事项有关的检验鉴定工作。在作出回避决定后，申请或者被申请回避的鉴定人不得再参与申请回避鉴定事项相关的检验鉴定工作。”

（4）《司法鉴定程序通则》（司法部令第 132 号）第 7 条规定：“司法鉴定人在执业活动中应当依照有关诉讼法律和本通则规定实行回避。”第 20 条规定：“司法鉴定人本人或者其近亲属与诉讼当事人、鉴定事项涉及的案件有利害关系，可能影响其独立、客观、公正进行鉴定的，应当回避。司法鉴定人曾经参加过同一鉴定事项鉴定的，或者曾经作为专家提供过咨询意见的，或者曾被聘请为有专门知识的人参与过同一鉴定事项法庭质证的，应当回避。”第 21 条规定：“司法鉴定人自行提出回避的，由其所属的司法鉴定机构决定；委托人要求司法鉴定人回避的，应当向该司法鉴定人所属的司法鉴定机构提出，由司法鉴定机构决定。委托人对司法鉴定机构作出的司法鉴定人是否回避的决定有异议的，可以撤销鉴定委托。”

回避制度亦为我国司法鉴定制度中的一项基本制度，其既是司法鉴定人的义务，又是诉讼当事人及其法定代理人要求鉴定人回避的权利。通过司法鉴定的回避制度，强化鉴定活动的中立性，确保案件审理的公正性，保障当事人诉讼权利的平等,有利于提高司法鉴定在社会上的权威性。①

从以上可以看出,关于鉴定人的回避,主要是遵从诉讼法律的相关规定,并防止存在利害关系或者鉴定程序的重复参与的情形。

案例 14　袁某死因鉴定案——“除外”鉴定资质

在袁某故意杀人案被害人死亡原因鉴定中,因鉴定需要,公安机关委托某社会鉴定机构开展法医病理组织学鉴定,该机构由两名司法鉴定人根据委托要求出具司法鉴定意见书。

专门审查:某地司法厅核准许可的某司法鉴定机构的业务范围包括法医病理鉴定(组织学检验除外)、法医临床鉴定(听觉和性功能鉴定除外)、法医毒物鉴定(常见毒、药物定性、定量分析)、痕迹鉴定(道路交通事故痕迹鉴定)。该机构某鉴定人的执业资格证上显示的执业类别为法医病理鉴定(组织学检验除外)。

由此可知,该鉴定机构和鉴定人均不具备组织病理学鉴定资质,其中该案一名鉴定人的执业类别为法医病理鉴定(组织学检验除外),另一名鉴定人的执业类别为法医临床鉴定、法医病理鉴定(组织学检验除外),因此,该鉴定人不能从事法医病理组织学检验鉴定工作,该鉴定属于超范围鉴定的情形。

案例 15　沈某死因鉴定案——鉴定人回避

2015 年 8 月 12 日,沈某被发现在一水渠中死亡。

2015 年 8 月 30 日,某地公安机关对沈某做解剖检验结束后,委托上级公安机关作病理组织学分包鉴定。

2015 年 9 月 11 日,上级公安机关出具组织病理学检验报告,法医检验人为冯某某、张某某。同日,某地公安机关法医学尸体鉴定书检验意见:沈某系溺水死亡。

2016 年 1 月 15 日,被害人家属提出异议,申请对沈某的死因重新鉴定,上级公安机关作出重新鉴定意见,鉴定人仍为冯某某、张某某。

---

① 参见许爱东:《试论我国司法鉴定回避制度的完善》,载《中国司法鉴定》2011 年第 1 期。

专门审查:2016年1月15日鉴定书中“上级公安机关”指派的法医检验人冯某某、张某某是否应当回避?

根据《公安机关办理刑事案件程序规定》第242条的规定,重新鉴定应当另行指派或者聘请鉴定人。

根据司法部《司法鉴定程序通则》(2007)第31条第2款的规定,参加过同一鉴定事项的初次鉴定的,重新鉴定时,原鉴定人应回避。

对于沈某的死因重新鉴定应当遵守回避的规定。在本案中,法医冯某某、张某某在2015年9月11日“病理检验”中只是作为组织病理学检验人员角色,承担的任务是检验某地公安机关在对沈某解剖检验过程中提取的组织学脏器,并出具病理组织学检验报告,供某地公安机关作出死因鉴定意见使用,冯某某、张某某并未实质性参与整个死因鉴定的办理。因此,在2016年1月15日“重新鉴定”中,冯某某、张某某实质参与了整个死亡原因重新鉴定的全过程,与9月11日的病理组织学检验过程不同,并未违反重新鉴定的相关规定。

案例16　刘某损伤程度鉴定案——同一鉴定内容分包

2017年5月26日6时许,刘某受外伤后住院。

2017年5月27日,某派出所委托某鉴定机构对刘某的损伤程度进行鉴定,2017年9月5日,该鉴定机构委托另一法医学司法鉴定所对2017年5月26日外伤致刘某鼻骨、上颌骨骨折情况进行鉴定,2017年11月7日,该法医学司法鉴定所出具鉴定意见:被鉴定人刘某右侧鼻骨骨折、右侧上颌骨额突及梨状缘骨折诊断明确,符合新鲜骨折及骨折愈合过程特征性病理生理学改变及影像学变化;与2017年5月26日外伤是否存在因果关系,请办案单位调查被鉴定人受伤当时具体情况后确定。

2017年11月21日,某鉴定机构根据该鉴定所的意见出具鉴定意见:刘某右侧鼻骨骨折并右侧上颌骨额突及梨状缘骨折构成轻伤二级;右眼上下睑皮下出血构成轻微伤。

专门审查:某鉴定机构的鉴定内容分包的合理性?

法医学人体损伤程度鉴定内容包括新鲜损伤与陈旧损伤鉴别、损伤与后果之间的因果关系,损伤程度等级。因此,某鉴定机构委托某司法鉴定所对刘某的骨折作新鲜陈旧的鉴定是人体所损伤程度鉴定的内容，与其再作分包不如全案委托，另外，一份鉴定中的实质内容一般不允许分包，但可以采取专家咨询的形式，但不宜以鉴定的形式替代专家咨询。实践中，人体损伤程度存在听力、视力检查的分包，分包结果其实是专家咨询意见，而不是分包鉴定。

骨折的新鲜与否是鉴定人检验内容之一，在鉴定人能力欠缺时，完全可以通过专家咨询的形式解决，即通过临床影像学专家协助来完成。

案例 17　翟某涉嫌非法种植毒品原植物案——毒品原植物的种属鉴定

2019 年 3 月 27 日，某县公安局办理翟某涉嫌非法种植毒品原植物案时，委托国家林业局森林公安司法鉴定中心对 102 株幼苗进行种属鉴定。该鉴定中心出具物证鉴定书，鉴定意见为送检的 1 份植物检材为罂粟科罂粟属植物罂粟。两名鉴定人资格证书上记载的鉴定专业为：法医类检验鉴定。鉴定机构鉴定业务范围为法医类检验鉴定。

专门审查：具有法医类检验鉴定资质的法医鉴定人能否开展毒品原植物植株种属鉴定？

经审查，法医类检验鉴定业务范围中鉴定项目包括法医植物学相关内容，而且，根据公安部颁发的鉴定机构鉴定业务范围中包含植株的种属鉴定项目。因此，上述国家林业局森林公安司法鉴定中心鉴定人具有上述毒品原植物植株鉴定的执业能力，即可对送检的植物检材作出种属鉴定，且其出具鉴定意见的鉴定人均具有毒品原植物鉴定资质，该鉴定意见资质合法。

案例 18　齐某非法种植罂粟案——毒品原植物种属鉴定

2016 年 11 月 28 日，攀枝花市公安局仁和区分局的民警将齐某种植于其地里的疑似罂粟的植株查获，查获的植株全部为青苗，10 厘米至 20 厘米高，经现场清点共计 2147 株。民警当场抽取其中部分植株，送往中国科学院昆明植物研究所标本馆鉴定。经该标本馆鉴定，齐某所种植植物均为罂粟科罂粟属植物罂粟。

第一种意见认为，中国科学院昆明植物研究所标本馆出具的《植物鉴定证明》不属于《刑事诉讼法》第 48 条规定的八种证据表现形式当中的任何一种，也不是最高人民法院《关于适用〈中华人民共和国刑事诉讼法〉的解释》第87条规定的检验报告，因此该证据形式不合法，不具有可采性。

第二种意见认为，中国科学院昆明植物研究所标本馆出具的《植物鉴定证明》应当按照“检验报告”的审查与认定标准审查。

笔者认为：根据2012年最高人民法院《关于适用〈中华人民共和国刑事诉讼法〉的解释》第87条的规定，“对案件中的专门性问题需要鉴定，但没有法定司法鉴定机构，或者法律、司法解释规定可以进行检验的，可以指派、聘请有专门知识的人进行检验，检验报告可以作为定罪量刑的参考”。当地没有具备相应资质的鉴定机构的，可以委托侦办案件的公安机关所在地的县级以上农牧、林业行政主管部门，或者设立农林相关专业的普通高等学校、科研院所出具检验报告。本案在攀枝花市范围内没有具备资质的机构，在此种条件下侦查机关聘请中国科学院昆明植物研究所标本馆进行检验，符合刑诉法和司法解释的规定。该《植物鉴定证明》可以作为检验报告，合议庭对案件的定罪量刑过程中可以参考此份报告。[①]

案例19　某因果关系、过错参与度鉴定——超鉴定业务范围鉴定[②]

2017年7月，吉林某司法鉴定中心受永吉县人民法院委托，对×××“因果关系、过错参与度”进行鉴定后出具了法医临床鉴定意见书，该意见书以监控录像显示内容作为鉴定依据，这显然超出了法医临床业务范围。2017年10月，受×××委托，吉林某司法鉴定中心对×××“民事行为能力”进行鉴定后出具法医临床鉴定意见书。“民事行为能力”鉴定属于“法医精神病”业务范围，该鉴定活动超出了法医临床业务范围。经查，吉林某司法鉴定中心业务范围为法医病理、法医临床、法医物证、法医毒物、痕迹、微量、文书司法鉴定，其鉴定人刘某某、李某某登记的执业类别为法医临床、法医病理、法医物证。在上述两件鉴定中，吉林某司法鉴定中心进行的鉴定超出了登记业务范围，鉴定人刘某某、李某某存在超出登记的执业类别进行鉴定的情形，违反了《全国人民代表大会常务委员会关于司法鉴定管理问题的决定》《司法鉴定程序通则》《司法

① 陈远奎、李仕强：《人民法院报》（第6版），2018年8月。

② 参见司法部发布《关于开展司法鉴定行业警示教育活动的通知》（司办通〔2019〕78号）。

鉴定机构登记管理办法》《司法鉴定人登记管理办法》的相关规定。2018 年 5 月 20 日，吉林省司法厅作出决定，给予吉林某司法鉴定中心警告的行政处罚；给予鉴定人刘某某停止执业 6 个月、李某某停止执业 3 个月的行政处罚。

专门审查：吉林某司法鉴定中心超鉴定业务范围违规作出鉴定情形有二：一是超出鉴定业务范围的鉴定依据，违规作出法医临床鉴定意见；二是不具备法医精神病鉴定资格，超出范围作出民事行为能力鉴定。

第三节　检验过程的专门审查

检验过程是司法鉴定的核心部分，是鉴定意见结果的基础，回溯性地开展专门审查，必须对检验过程进行实质性审查。依据最高人民法院《关于适用〈中华人民共和国刑事诉讼法〉的解释》第 97 条规定："对鉴定意见应当着重审查以下内容：（一）鉴定机构和鉴定人是否具有法定资质；（二）鉴定人是否存在应当回避的情形；（三）检材的来源、取得、保管、送检是否符合法律、有关规定，与相关提取笔录、扣押清单等记载的内容是否相符，检材是否可靠；（四）鉴定意见的形式要件是否完备，是否注明提起鉴定的事由、鉴定委托人、鉴定机构、鉴定要求、鉴定过程、鉴定方法、鉴定日期等相关内容，是否由鉴定机构盖章并由鉴定人签名；（五）鉴定程序是否符合法律、有关规定；（六）鉴定的过程和方法是否符合相关专业的规范要求；（七）鉴定意见是否明确；（八）鉴定意见与案件事实有无关联；（九）鉴定意见与勘验、检查笔录及相关照片等其他证据是否矛盾；存在矛盾的，能否得到合理解释；（十）鉴定意见是否依法及时告知相关人员，当事人对鉴定意见有无异议。"

最高人民法院《关于适用〈中华人民共和国刑事诉讼法〉的解释》第 98 条规定："鉴定意见具有下列情形之一的，不得作为定案的根据：（一）鉴定机构不具备法定资质，或者鉴定事项超出该鉴定机构业务范围、技术条件的；（二）鉴定人不具备法定资质，不具有相关专业技术或者职称，或者违反回避规定的；（三）送检材料、样本来源不明，或者因污染不具备鉴定条件的；（四）鉴定对象与送检材料、样本不一致的；（五）鉴定程序违反规定的；（六）鉴定过程和方法不符合相关专业的规范要求的；（七）鉴定文书缺少签名、盖章的；（八）鉴定意见与案件事实没有关联的;(九)违反有关规定的其他情形。”

从上述司法解释来看,关于鉴定意见的检验过程,应当重点围绕以下几个方面开展专门审查:

(1)鉴定依据的基础性材料来源是否合法,是否充足。

(2)鉴定会检、鉴定咨询是否形成书面会检、咨询意见,会检、咨询意见与鉴定意见是否矛盾。

(3)鉴定材料的摘录是否规范,是否包含鉴定所需必要的信息。

(4)常规检验过程是否全面、客观、规范,有无全面记录阳性所见及必要的阴性信息。

(5)必要时,是否按照规范作相关特殊检验。

(6)有无多次检验,若有,是否在检验过程中反映。

(7)提取的相关检材、样本是否充足、可靠。

(8)相关检材或样本的提取、固定、保存、送检等流转是否可以溯源。

(9)鉴定术语使用是否规范。

(10)检验过程有无照相以及必要的录像固定。

(11)有无分包,若有,分包方是否具备相应资质。

(12)鉴定时机、时限是否符合相关规定。

一、鉴定材料的溯源审查

1. 检材、样本

委托方提出委托要求,并将需要鉴定的材料送交鉴定机构,由鉴定机构根据委托要求作出鉴定结果。在法医学鉴定过程中,鉴定所依据的基础性材料一般称为检材或样本,常见的检材或样本有:人体(损伤情况)、尸体、组织脏器、骨骼、血液、精斑、唾液斑、尿样、毛发、脱落细胞、擦拭物、拭子等。

例如,在法医学死亡原因鉴定中,尸体是关键的检验对象;在 DNA 鉴定中,提取送检的可疑血迹、口腔拭子、阴道拭子、擦拭物等,均为关键的检验对象。那么,可疑血迹等检材的来源至关重要,其在何时由何人从何处提取,提取方式如何等,均会影响最终鉴定结果的合法性、客观性判断。

在法医病理学尸体检验中,血样、拭子、人体组织等生物检材的提取、采集,要注明数量、来源、提取人、提取时间等信息,并标注有无提取笔录、清单等,必要时要有照相、录像。比如,在一例杀人案中,在被害女性死者的头发里发现了一枚残缺的指甲,那么该枚指甲作为重要的物证,要着重审查该指甲的来源、收集提取过程、同一认定的鉴定过程与案件的关联性。

2. 检材、样本的专门审查

(1)来源的合法性

在开展检验过程的专门审查中,首先要审查鉴定依据的基础性材料来源是否合法,相关检材或样本的提取、固定、保存、送检等流转是否可以溯源。

在法医病理、法医临床鉴定意见审查中,需要调取全部病历资料、原始检验照片、相关辅助检查的原始 X 光片、CT、MRI 片等,必要时,询问接诊医生,查阅原始检验记录、询问咨询原鉴定人鉴定过程、分析论证的依据,包括申请通知鉴定人出庭。必要时,调查走访现场目击证人,调取视频资料等。比如,询问被鉴定人就诊当时的病情,手术方式以及手术具体过程等。

(2)保管、送检是否符合相关法律、标准的规定

关于检材的保管、送检,着重审查是否按照相关的规范执行,比如,检材盛放容器或包装物是否符合规定;送检的检材有无分开包装,是否会交叉污染,是否会将检材混淆;检材的保存方式和保存环境如何;送检时间是否超过规定时限等。

(3)检材、样本是否被污染、腐败

在法医病理学检验中,尸体检验一般要尽早(48 小时内)开展,防止因尸体腐败而影响病理组织学检验结果。在法医理化检验过程中对腐败尸体的血样的酒精含量测定时,应注意尸体腐败对酒精含量测定的影响。在法医 DNA 检验中,要注意血痕、血液、阴道拭子、接触性检材等提取、包装、送检等过程中是否有污染、腐败的可能。

案例 20 念某投毒案——鉴定材料的溯源

2006 年 7 月 27 日夜,福建省平潭县澳前村 17 号两户居民家中多人出现中毒症状,其中两人经抢救无效死亡。警方经过侦查,很快确定是人为投入氟乙酸盐鼠药所致,并认为其邻居念某有重大作案嫌疑,遂将其逮捕,提起公诉。后该案历时 8 年 10 次开庭审判,4 次被判处死刑立即执行。2010 年 10 月最高人

民法院以“事实不清、证据不足”发出不核准死刑的裁定书，并撤销原判发回福建省高级人民法院重审。2011年5月5日，福建省高级人民法院也撤销了福州市中级人民法院对念某的死刑判决，该案件发回福州中级人民法院重新审判。2011年9月7日，该案在福州中院再次开庭审理，再次对念某判处死刑，剥夺政治权利终身。2014年8月22日，福建高级人民法院作出终审判决：上诉人念某无罪。①

在本案中，俞甲、俞丙、俞乙等人相继出现中毒症状。次日凌晨，俞乙、俞丙经抢救无效死亡，经鉴定系氟乙酸盐鼠药中毒。氟乙酸盐鼠药就成了证据锁链上的关键一环。经过辩方的专家辅助人、控方的专家辅助人加上若干名鉴定人。庭审中三方专家的激烈争论，辩护方击垮了控诉方的鉴定意见。2014年8月22日，福建高级人民法院认定致死原因为氟乙酸盐鼠药中毒的依据不足；认定的投毒方式依据不确实，并作出终审判决：(1)撤销福州市中级人民法院(2011)榕刑初字第104号刑事附带民事判决。(2)上诉人念某无罪。(3)上诉人念某不承担民事赔偿责任。二被害人系中毒死亡。

关于氟乙酸盐鼠药中毒的依据，主要存在以下3个方面问题：

第一，检材与标样质谱图一样。

标注为被害人俞丙尿液和标注为标样的两份质谱图相同，有悖常理。

第二，两份不同检材的质谱图一样。

分别标注为被害人俞乙心血、呕吐物的二份质谱图也相同，同样有悖常理。

第三，没有空白对照。

鉴定机构在对俞丙的尿液、心血和俞乙的尿液、心血和呕吐物检材的检验过程中，均未按照专业规范要求进行“空白”对照检验，以防止假阳性检验结果，因此难以排除检材被污染的可能。

关于投毒方式的依据，主要存在以下4个方面问题：

第一，铝壶、高压锅。

铝壶、高压锅的提取送检问题。现场勘验检查笔录记载的提取送检时间为“7月28日”，与检验鉴定委托书记载的“8月9日”相矛盾。

---

① 参见百度百科网，https://baike.baidu.com/item/念某投毒案/1488296?fr=aladdin，最后访问日期：2024年5月10日。

第二，铁锅。

铁锅的提取送检问题。现场勘验检查笔录记载的提取送检时间为“7月28日”，与检验鉴定委托书记载的“8月1日”相矛盾，检验时间又载明是“7月31日”，送检与检验的时间前后倒置。

第三，水。

鉴定受理登记表记载，侦查机关送检铝壶及里面的3500毫升水，但现场勘验检查笔录未记载提取铝壶时壶中有水。

第四，空白对照。

鉴定机构在对铝壶水、高压锅和铁锅表面残留物检材的检验过程中，未按照专业规范要求进行“空白”对照检验，以防止假阳性检验结果，因此难以排除该3份检材被污染的可能。①

本案中，从毒物鉴定意见审查来看，概括起来就4个方面专门性问题的瑕疵：鉴定委托送检程序；检材的“保管链”；毒物检验的规范流程；鉴定原始数据保存。这些问题都是从鉴定溯源性的角度受到质疑，且均为程序性审查问题。

二、鉴定材料的充分性审查

1. 检材、样本充分性要求

提取的检材、样本是否充足，是保证鉴定结果可靠的重要前提。一方面，鉴定检验需要消耗一定量的检材、样本，包括某些检验还需要阴性对照、空白对照等检验过程。另一方面，为保证鉴定复检时检材样本满足检验要求，仍需要留取一定量检材。鉴定过程及留样待测过程都会对原始检材的充足性提出要求。另外，在法医学鉴定检验过程中，不同鉴定领域对检材、样本的充分性有不同的具体要求。比如，在法医病理鉴定中，对脏器组织取材部位及数量的要求；在法医临床鉴定中对不同时期影像学检查结果的要求；在法医毒物检验中，不同检测项目对提取生物检材种类和数量的要求。

2. 充分性的专门审查

（1）提取的检材或样本种类、部位、数量、大小等是否可以满足鉴定需要。

（2）检材或样本满足检验鉴定要求，但没有得出有效结果的影响因素是否

---

① 参见福建省高级人民法院刑事附带民事判决书，(2012)闽刑终字第10号。

可以进行合理解释。

在法医学检验中，往往受到物证检材的客观条件所限，存在得不出检验结果或者存在其他结果的情形。开展专门审查时，要注意鉴定意见的科学性，检验不出结果不代表与案件没有关联。比如，在现场提取的确认使用过的致伤工具，有时会检不出有价值的结果，这些往往受检材以及仪器设备的客观条件的所限。再如，法医 DNA 检验中，检材所处环境、温度、保存条件、时间、本身材质、使用情况、是否有清洗、浸泡过程、是否被污染等，均影响着检验结果。①

三、鉴定材料的合法性审查

2021 年，最高人民法院《关于适用〈中华人民共和国刑事诉讼法〉的解释》第 97 条规定，对鉴定意见的审查内容包括“检材的来源、取得、保管、送检是否符合法律、有关规定，与相关提取笔录、扣押清单等记载的内容是否相符，检材是否可靠。”第 98 条规定，鉴定意见中“送检材料、样本来源不明，或者因污染不具备鉴定条件的”“鉴定对象与送检材料、样本不一致的”，不得作为定案的根据。

1. 来源的合法性

(1)材料来源是否符合法律规定。2018 年《刑事诉讼法》第 132 条规定，为了确定被害人、犯罪嫌疑人的某些特征、伤害情况或者生理状态，可以对人身进行检查，可以提取指纹信息，采集血液、尿液等生物样本。相较于 1996 年《刑事诉讼法》，法律对于指纹以及血液、尿液等生物检材的提取的合法性进行了规制。

(2)鉴定材料是原物还是转移物，是原件还是复印件。鉴定材料若是复印件，可能存在复印不全面、内容不清晰、材料不真实的情形，因此，在鉴定审查中，尤其要注意鉴定材料载体形式，防止因鉴定材料失真引起鉴定结果失信。例如，DNA 鉴定中，沾有血迹的棉签是现场原物，还是提取的棉签拭子。法医临床鉴定中所引用的病案资料是否为原件，若不是原件，有无核对信息的确认

---

① 参见邢庭：《刑事诉讼中法医学鉴定意见审查路径思考》，载《检察技术与信息化》2019 年第 5 辑。

程序。

(3)鉴定材料来源是否有必要的核对过程信息。鉴定材料具体送检过程以及鉴定材料的数量、质量、状态等都是在鉴定前需要核实、描述的,包括在鉴定检验过程中,也需要对鉴定材料进行取样、实验等,这些均需要有记录反映整个过程。审查一份鉴定意见,需要对检材的调取过程、取样过程、检验过程进行核实。

(4)鉴定材料的摘录是否规范,是否包含鉴定所需的信息。审查鉴定检验过程中,如何摘录鉴定材料的内容,有无遗漏必要的内容信息,有无遗漏重要的阳性结果或阴性对照结果,有无存在选择性摘录的情形;摘录的内容与送检材料是否一致。

2. 提取的合法性

(1)提取主体是否具备专门资质。

比如,现场血样提取需要专门勘验资质,在醉酒危险驾驶类案件中需注意提取血样的医务人员是否在办案人员的见证下提取;开展现场勘验时需注意是否持有勘查主体的证明文件。

(2)提取方式是否根据标准规范进行,是否符合规范要求,有无防止污染。目前在法医学鉴定领域,关于法医鉴定检材的提取、固定、保存规范如表3－4所示。

表3－4　常见的检材或样本提取、固定、保存规范

序号	标准号	标准名称
1	GA/T 148—2019	《法医学 病理检材的提取、固定、取材及保存规范》
2	GA/T 1162—2014	《法医生物检材的提取、保存、送检规范》
3	GA/T 1556—2019	《道路交通执法人体血液采集技术规范》

四、检验过程的规范性

1. 鉴定术语是否规范

鉴定是否使用了规范用语。一般情况下,在法医学鉴定中,专业的医学、法医学专业术语,需要使用最新人民卫生教育出版社教材中的鉴定专业名词,如法医学鉴定中常用的医学术语需要与医学领域保持一致,同时也要注意专业术语的限定条件，医学上关于骨折的分类与法医临床学鉴定中略有区别。

目前，法医学教材、行业标准和鉴定书上存在不规范名词使用问题，法医学不规范名词现象包括法医学标准名词使用不规范、引用法律术语使用不当、法医学数量词搭配和名词表述不明确、解剖学名词不规范、推荐名词使用不当、混用不规范名词、口头简称代替规范术语、不规范的习惯用法等。[①] 例如，粘膜应为黏膜，疤痕应为瘢痕，纵膈应为纵隔，肺瘀血应为肺淤血，心脏填塞应为心脏压塞，中风应为脑卒中，挤压综合症应为挤压综合征，5 ×6cm 应为 5cm ×6cm，风心应为风湿性心脏病等。

2. 适用标准是否准确

该处是审查鉴定意见所适用的标准是否恰当，标准是不是查新，是否现行有效。例如，同一标准是否存在多个发布主体，医疗损害鉴定伤残鉴定所适用的伤残标准是否与法律规定相符。再如，在交通事故尸体检验中，《道路交通事故尸体检验》（GA/T 268—2019）已经替代《道路交通事故尸体检验》（GA 268—2009），若某鉴定机构适用 GA/T 268—2009 标准，具体要视实质性检验鉴定内容，若使用了虚拟解剖推断死亡原因，则应当适用 GA/T 268—2019 标准。

3. 测量误差和鉴定误差

（1）测量误差

在通过测量或仪器设备检测得出数据的检验鉴定中，往往存在测量误差的情形，审查时应注意处于临界范围的检验数值。比如，在人体损伤程度鉴定中出现面部单个创口或瘢痕长度值为 4.5cm，在酒精含量检验报告中出现血液酒精含量为 80mg/100ml 时，应该注意使用多种方法综合计算、复核验证，防止单一测量、检测方法所致的误差。

（2）鉴定误差

在鉴定中，往往会因标准的选用、取样的方法等不同产生鉴定误差，比如，在法医学死亡时间、损伤时间推断鉴定中，受选用的推断方法、个体差异等因素的影响，鉴定误差的大小往往也不同，对此审查时要综合分析评判，并作出科学合理解释。

---

① 参见黄瑞亭：《法医学不规范名词使用问题与对策》，载《中国法医学杂志》2017 年第 3 期。

案例21 命案中死亡时间推断鉴定——死亡时间推断的误差

实践中，一般通过早期尸体现象推断死亡时间较准，而通过晚期尸体现象推断死亡时间相对误差较大。在常见的命案发生时间法医学推断方法中，关于结果误差的统计与报道也很多，如姚小亮等关于胃内容排空延缓的观点中，[①]5例推断末次进餐时间与实际时间的误差分别为3h、4h、5h、5h、4h。吴玉锋等认为，[②]通过晚期尸体现象推断死亡时间，有37例是自然环境作用下的无特异性的晚期尸体变化，遵循一般晚期尸体变化规律推断死亡时间基本正确，但仍有12例出现较大偏差。

五、检验过程的固定

1. 文字记载

主要记载常规检验过程是否全面、客观、规范，是否能全面反映整个检验鉴定过程，有无全面记录阳性所见及必要的阴性信息，有无多次检验，若有，是否在检验过程中反映。

2. 图表固定

核查检验过程有无生成相应表格、图谱、图像等加以佐证，必要时，有无录音录像固定。例如，毒物鉴定中，是否有必要的毒物鉴定的图谱加以佐证；DNA鉴定中，是否有相应的图谱、表格进行比对；人体损伤程度鉴定中，是否有必要的关于损伤的检验照片、影像学资料附图记录；死因鉴定中，是否有必要的尸体检验照片、病理组织学检验照片等附图记录。

3. 有无必要鉴定过程备份

需要重现鉴定过程的另一路径，包括审查鉴定意见形成过程的副本鉴定意见、审批签发稿、鉴定存档卷宗、LIMS（实验室信息管理系统）档案等。例如，鉴定意见书一般正式签发后，有正本和副本若干份，上述正、副本内容是否一致、签章是否一致，鉴定意见纸质文本与签发稿、LIMS系统中的文书是否一致，必要时核对与该案鉴定存档卷宗的一致性。

---

① 参见姚小亮、丁轩坤：《胃内容物排空延缓5例分析》，载《法医学杂志》2006年第4期。

② 参见吴玉锋等：《晚期尸体现象推断死亡时间49例分析》，载《法医学杂志》2012年第6期。

六、分包与会检

1. 合格分包方

分包，是鉴定机构将部分需要鉴定的内容分包给其他有能力完成鉴定、检测的机构。在鉴定书、检验报告或证书中需要标注分包情况，具体分包的检验检测项目应当事先取得委托人的书面同意。

在鉴定中，关于分包，先审查有无分包；若有，分包方是否具备相应资质，分包是否事先征得委托方的同意，分包内容是否为鉴定的实体内容。

例如，在一例人体损伤程度鉴定中，鉴定机构可以将听力检查分包给相应的合格分包方——某三甲医院耳鼻喉科进行检验，鉴定可以引用其检验结果，作出伤情等级鉴定。

又如，一份法医病理学鉴定意见，鉴定机构只做了尸表检验，解剖检验、毒物检验、病理组织学检验均委托其他鉴定机构完成，那么该机构不能出具法医学死亡原因鉴定意见。

2. 鉴定会检

需要审查鉴定会检的启动是否符合外部专家咨询的相关规定，是否遵守相关回避规定，鉴定会检是否形成书面会检、咨询意见，会检、咨询意见与鉴定意见是否矛盾。例如，同一鉴定人对已经作出的鉴定意见，该鉴定人不宜再次出具会检意见。

七、特殊检验类型

(1)特殊检验：在法医学鉴定中，除常规检验外，有时需要借助一些特殊检验设备、特殊检验技术等，方能解决某些专门性问题。例如，在法医学死因鉴定中，大部分案件通过尸表检验、解剖检验、毒物检验等即可得出鉴定意见，但是，有时涉及伤病关系、医疗介入因素、不常见的毒药物中毒等情形，则需要借助组织学、免疫学、药理学、生物化学等检验；有时还需要借助于不同的检验方法，如法医病理组织学检验中，关于脂肪栓塞的特殊染色检验等。

(2)对照检验：在法医学鉴定中，对于出现异常的阳性改变，需要进行必要的阴性对照。在法医病理学死因鉴定中，须比对有无进行详细的解剖检验，有无开展必要的特殊检验，有无进行阴性对照等。[①] 必要时，还应确定是否按照规范作相关特殊检验。例如，皮肤电流斑损伤改变，需要有正常皮肤作对照；在法医毒物检验中，有无进行必要的空白对照检验。

八、鉴定时机与鉴定时限

关于鉴定时机与鉴定时限，主要审查其是否符合相关法律法规、标准规范规定；是否存在因违反鉴定时机与鉴定时限规定而出现实质性影响鉴定结果的情形。还要结合具体案例，确定对于鉴定时机与鉴定时限有无特殊规定。

1. 鉴定时机

鉴定时机即为开展鉴定的时点。比如，在法医临床鉴定中，需待伤情稳定后方可作伤情鉴定。根据《人体损伤程度鉴定标准》的规定，以原发性损伤为主要鉴定依据的，伤后即可进行鉴定；以损伤所致的并发症为主要鉴定依据的，在伤情稳定后进行鉴定；以容貌损害或者组织器官功能障碍为主要鉴定依据的，在损伤 90 日后进行鉴定；在特殊情况下可以根据原发性损伤及其并发症出具鉴定意见，但需对有可能出现的后遗症加以说明，必要时应进行复检并予以补充鉴定。疑难、复杂的损伤，在临床治疗终结或者伤情稳定后进行鉴定。

在办理醉酒危险驾驶类案件中，《关于公安机关办理醉酒驾驶机动车犯罪案件的指导意见》（公交管〔2011〕190 号）第 5 条对规范血液酒精含量检过程中血样提取送检作出规定：提取血样应立即送检，因特殊原因不能立即送检的，应当按照规范低温保存，经上级公安机关交通管理部门负责人批准，可以在 3 日内送检。2023 年 12 月，最高人民法院、最高人民检察院、公安部、司法部联合印发的《关于办理醉酒危险驾驶刑事案件的意见》（高检发办字〔2023〕187 号）第 8 条规定：“……提取的血液样本应当及时送往鉴定机构进行血液酒精含量鉴定。因特殊原因不能及时送检的，应当按照有关规范和技术标准保管检材并在五个工作日内送检。”对检材检验要求有着更加具体的规定，防止鉴定时机影响鉴定结果。

---

① 参见邢庭：《刑事诉讼中法医学鉴定意见审查路径思考》，载《检察技术与信息化》2019 年第 5 辑。

案例 22　张某损伤程度鉴定案——伤情未达鉴定时机

2019 年 6 月 25 日，张某因与陈某某发生争执，后陈某某用菜刀将张某砍伤。经 X 线检查：张某右手第五掌骨头骨折，小指近节指骨基底部骨折，明显移位。通过行克氏针内固定术等治疗，张某病情好转后出院，出院诊断：右手掌及小指皮肤撕裂伤伴血管神经肌腱肌肉关节囊韧带断裂，右手第五掌骨头及小指近节指骨开放性骨折。2009 年 7 月 3 日，某鉴定机构对张某作出伤情鉴定，对照《人体损伤程度鉴定标准》第 5. 10. 4c）条的规定，张某右手第五掌骨头不全骨折合并右小指近节指骨基底部骨折构成轻伤二级。

专门审查：（1）关于鉴定时机

本例鉴定中伤者张某的受伤时间为 2019 年 6 月 25 日，检验时间为 2019 年 7 月 2 日，未达伤情稳定的鉴定时机，故其右手小指功能尚无法评定。

（2）关于右小指近节指骨与第五掌骨不全骨折的评价

《人体损伤程度鉴定标准》未规定指骨合并掌骨不全骨折的情形，故右小指近节指骨合并第五掌骨不全骨折不宜评定为轻伤二级。

（3）关于鉴定的处理

对于本例鉴定，建议待张某右手功能稳定后，补充或重新鉴定。

2. 鉴定时限

从受理鉴定到完成鉴定，法定的完成时限。相较于鉴定时机，鉴定时限是一个时间段概念。

根据《司法鉴定程序通则》第 28 条的规定，司法鉴定机构应当自司法鉴定委托书生效之日起 30 个工作日内完成鉴定。鉴定事项涉及复杂、疑难、特殊技术问题或者鉴定过程需要较长时间的，经本机构负责人批准，完成鉴定的时限可以延长，延长时限一般不得超过 30 个工作日。鉴定时限延长的，应当及时告知委托人。司法鉴定机构与委托人对鉴定时限另有约定的，从其约定。在鉴定过程中补充或者重新提取鉴定材料所需的时间，不计入鉴定时限。

根据《公安机关鉴定规则》（公通字〔2017〕6 号）第 33 条的规定，鉴定机构应当在受理鉴定委托之日起 15 个工作日内作出鉴定意见，出具鉴定文书。法律法规、技术规程另有规定，或者侦查破案、诉讼活动有特别需要，或者鉴定内容复杂、疑难及检材数量较大的，鉴定机构可以与委托鉴定单位另行约定鉴定时限。需要补充检材、样本的,鉴定时限从检材、样本补充齐全之日起计算。

最高人民检察院发布的《人民检察院鉴定规则(试行)》第15条规定,具备鉴定条件的,一般应当在受理后15个工作日以内完成鉴定;特殊情况不能完成的,经检察长批准,可以适当延长,并告知委托单位。

从上述鉴定规则规定可以看出,一般情况下,检察机关与公安机关需在15个工作日内完成,社会鉴定机构可在30个工作日内完成。必要时,需要延长时限的,需作相应的审批,并告知委托方。补充材料自补充齐备之日起计算,分包检验自分包结果出具之日起计算。

关于鉴定时限,有特殊规定的从其规定,如《关于公安机关办理醉酒驾驶机动车犯罪案件的指导意见》(公交管〔2011〕190号)第6条对提高检验鉴定效率作出规定:"……要切实提高血液酒精检验鉴定效率,对送检的血样,检验鉴定机构应当在3日内出具检验报告。当事人对检验结果有异议的,应当告知其在接到检验报告后3日内提出重新检验申请。"

案例23 李某故意伤害案——双人检验①

2015年3月31日晚,在某区李某家中,李某认为施某某考试作弊、未完成课外阅读作业且说谎,先后使用抓痒耙、跳绳对施某某进行抽打,造成施某某体表分布范围较广泛的挫伤。经某鉴定机构鉴定,施某某躯干、四肢等部位挫伤面积为体表面积的10%,其所受损伤已构成轻伤一级。

问题:辩护人认为该鉴定并非张某、贾某两名法医鉴定人独立完成。对被害人施某某的伤情检验、测量记录均由法医张某一人完成,法医贾某仅依据鉴定书记录签字,这是否合乎检验规范?

专门审查:根据司法部《司法鉴定程序通则》第19条的规定,对同一鉴定事项,司法鉴定机构应当指定或者选择2名司法鉴定人进行鉴定。本案中,鉴定程序系由多个环节构成,伤情检查、拍照固定等仅为鉴定中的部分环节。

(1)关于检验过程。法医张某在拍照人员、办案人员等其他参与人的见证下,对施某某的身体进行检查并以科学方法拍摄取得伤情照片,法医贾某虽未

---

① 参见江苏省南京市中级人民法院刑事判决书,(2015)宁少刑终字第19号。

与法医张某同时参与伤情检查,但之后由法医贾某对附有比例尺的伤情照片进行检验,其对法医张某的检查结果亦已审核确认,符合常规。

(2)关于测量过程。施某某体表挫伤面积的计算是由两名法医通过现场测量、照片查看,并通过计算机辅助技术共同完成的。

(3)关于鉴定过程。该鉴定是由两名法医共同完成,二人经共同研究作出鉴定意见,直接或间接地反映了两名法医的检验、测量、分析论证过程。因此,上述检验过程符合相关规定中关于"共同进行鉴定"的要求,该鉴定意见的鉴定程序合法有效。

第四节　文书形式的专门审查

一、司法鉴定文书形式

司法鉴定文书是鉴定意见的书面形式,是反映鉴定过程和鉴定结果的书面载体。因此其应当具有统一的文书格式,且具备必要的鉴定要素内容。

广义上的司法鉴定文书包括鉴定书、检验报告、检验意见书、司法鉴定意见书、司法鉴定委托书、司法鉴定委托受理登记表、不予受理鉴定告知书、中止鉴定告知书、终止鉴定告知书、延长鉴定时限告知书、司法鉴定复核意见、司法鉴定意见补正书、司法鉴定告知书等。

本书着重讨论在法医学鉴定中,检察机关、公安机关、司法行政机关管理的鉴定机构出具的鉴定意见文书,包括鉴定书、检验报告、检验意见书等。

2006年11月30日,最高人民检察院关于印发《〈人民检察院鉴定机构登记管理办法〉〈人民检察院鉴定人登记管理办法〉和〈人民检察院鉴定规则(试行)〉的通知》(高检发办字〔2006〕33号)。《人民检察院鉴定机构登记管理办法》《人民检察院鉴定人登记管理办法》《人民检察院鉴定规则(试行)》经2006年11月1日最高人民检察院第十届检察委员会第六十二次会议通过,于2007年1月1日起实施。

2016年11月21日,司法部制发《司法部关于印发司法鉴定文书格式的通知》(司发通〔2016〕112号),为贯彻执行《全国人民代表大会常务委员会关于司法鉴定管理问题的决定》和修订后的《司法鉴定程序通则》(司法部令第132号),制定了司法鉴定委托书、司法鉴定意见书、延长鉴定时限告知书、终止鉴定告知书、司法鉴定复核意见、司法鉴定意见补正书、司法鉴定告知书等7种文书格式,自2017年3月1日起执行。

2017年2月16日,为进一步规范公安机关鉴定工作,适应司法改革对公安机关鉴定工作的新要求,公安部发布《关于发布〈公安机关鉴定规则〉和鉴定文书式样的通知》(公通字〔2017〕6号),其中鉴定文书式样规定了鉴定书、检验报告、不予受理鉴定告知书、中止鉴定告知书等4种文书格式。

(一)检察机关鉴定文书

1. 相关规定

(1)《人民检察院鉴定规则(试行)》经2006年11月1日最高人民检察院第十届检察委员会第六十二次会议通过,于2007年1月1日起实施,其中第五章专章对鉴定文书加以规定,详见附录二《人民检察院鉴定规则(试行)》第五章内容。

(2)2020年1月15日,最高人民检察院印发了《人民检察院刑事诉讼法律文书格式样本(2020版)》。2020年5月26日,为进一步规范司法行为,全面满足办案需要,最高人民检察院对检察工作中需要的其他文书也进行了系统补充、修订和完善,如印发的《人民检察院工作文书格式样本(2020年版)》(高检发办字〔2020〕36号),该样本第十部分就规定了检察技术工作文书。

2. 文书式样

从《人民检察院鉴定规则(试行)》《人民检察院工作文书格式样本(2020年版)》可以看出,检察机关鉴定文书包括鉴定书、检验报告两种(见图3-1、图3-2)。

×××人民检察院检验鉴定文书

×检技鉴字〔20××〕×号

×××鉴定书

一、委托单位:（一级标题为 3 号黑体，正文为 3 号仿宋）
二、送 检 人:
三、送检材料:
在一级标题下用“1.”；若两级编号不够，可用“（一）”、“1. ”、“(1)”
四、委托要求:
五、受理日期:
六、开始鉴定日期:
七、简要案情
正文为 3 号仿宋
八、资料摘要（可选）
正文为 3 号仿宋
九、检验及分析论证
正文为 3 号仿宋
根据需要可将“分析论证”另列一项
十、鉴定意见
正文为 3 号仿宋

单位：×××人民检察院检察技术处（司法鉴定中心）　电话：×××　第　页共　页
地址：×××　邮编：×××　（小五号宋体居左）

附件：1.
2.

多页须盖骑缝章
此页如无正文，应标注“此页无正文”

鉴　定　人：（技术职称，可选）：×××(签名)
（技术职称，可选）：×××(签名)
授权签字人：（技术职称，可选）：×××(签名)
（鉴定专用章）
20　年 月 日

特别提示：检验鉴定结果仅对所送检材和样本有效；如对本鉴定文书所作出的数据和鉴定意见持有异议，可在收到鉴定文书之日起 15 天内向本中心提出；未经本中心的书面批准不得部分复印鉴定书（全部复制除外）。

单位：×××人民检察院检察技术处（司法鉴定中心）　电话：×××　第　页共　页
地址：×××　邮编：×××　（小五号宋体居左）

图 3－1　检察机关鉴定书式样

×××人民检察院检验鉴定文书

×检技鉴字〔20××〕×号

×××检验报告

一、委托单位:（一级标题为 3 号黑体，正文为 3 号仿宋）
二、送 检 人:
三、送检材料:
在一级标题下用“1.”；若两级编号不够，可用“（一）”、“1. ”、“(1)”
四、委托要求:
五、受理日期:
六、开始鉴定日期:
七、简要案情
正文仿宋 3 号
八、资料摘要（可选）
正文仿宋 3 号
九、检　　验
正文仿宋 3 号
十、检验结果
正文仿宋 3 号

单位：×××人民检察院检察技术处（司法鉴定中心）　电话：×××　第　页共　页
地址：×××　邮编：×××　（小五号宋体居左）

附件：1.
2.

多页须盖骑缝章
此页如无正文，应标注“此页无正文”

鉴　定　人：（技术职称，可选）：×××(签名)
（技术职称，可选）：×××(签名)
授权签字人：（技术职称，可选）：×××(签名)
（鉴定专用章）
20　年 月 日

特别提示：检验鉴定结果仅对所送检材和样本有效；如对本鉴定文书所作出的数据和鉴定意见持有异议，可在收到鉴定文书之日起 15 天内向本中心提出；未经本中心的书面批准不得部分复印鉴定书（全部复制除外）。

单位：×××人民检察院检察技术处（司法鉴定中心）　电话：×××　第　页共　页
地址：×××　邮编：×××　（小五号宋体居左）

图 3－2　检察机关检验报告式样

(二)公安机关鉴定文书

1. 相关规定

2017 年 2 月 16 日,公安部制定下发了《公安机关鉴定规则》(公通字〔2017〕6 号),其中第八章专章规定了鉴定文书,具体详见附录二《公安机关鉴定规则》第八章内容。

2. 文书式样

从《公安机关鉴定规则》可以看出,公安机关的鉴定文书包括鉴定书、检验报告两种(见图 3-3、图 3-4)。

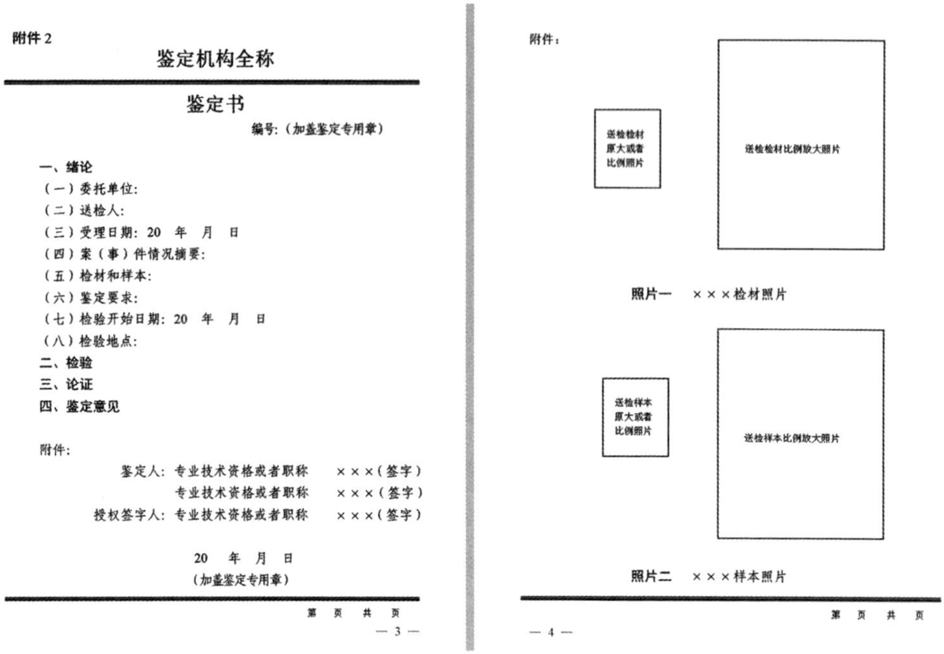

附件 2

鉴定机构全称

鉴定书

编号:(加盖鉴定专用章)

一、绪论

(一)委托单位:

(二)送检人:

(三)受理日期:20 年 月 日

(四)案(事)件情况摘要:

(五)检材和样本:

(六)鉴定要求:

(七)检验开始日期:20 年 月 日

(八)检验地点:

二、检验

三、论证

四、鉴定意见

附件:

鉴定人:专业技术资格或者职称 ×××(签字)

专业技术资格或者职称 ×××(签字)

授权签字人:专业技术资格或者职称 ×××(签字)

20 年 月 日

(加盖鉴定专用章)

第 页 共 页

— 3 —

附件:

送检检材原大或者比例照片

送检检材比例放大照片

照片一 ×××检材照片

送检样本原大或者比例照片

送检样本比例放大照片

照片二 ×××样本照片

第 页 共 页

— 4 —

图 3-3 公安机关鉴定书式样

附件 3

鉴定机构全称

检验报告

编号：（加盖鉴定专用章）

一、绪论

（一）委托单位：

（二）送检人：

（三）受理日期：20　年　月　日

（四）案（事）件情况摘要：

（五）检材和样本：

（六）鉴定要求：

（七）检验开始日期：20　年　月　日

（八）检验地点：

二、检验

三、检验结果

附件：

鉴定人：专业技术资格或者职称　×××（签名）

专业技术资格或者职称　×××（签名）

授权签字人：专业技术资格或者职称　×××（签名）

20　年　月　日

（加盖鉴定专用章）

第　页　共　页

— 6 —

图 3－4　公安机关检验报告式样

（三）司法行政机关鉴定文书

1. 相关规定

2016 年 11 月 21 日，司法部制发《司法部关于印发司法鉴定文书格式的通知》（司发通〔2016〕112 号），规定了司法鉴定委托书、司法鉴定意见书、延长鉴定时限告知书、终止鉴定告知书、司法鉴定复核意见、司法鉴定意见补正书、司法鉴定告知书等 7 种文书格式，自 2017 年 3 月 1 日起执行。

2. 文书式样

从《司法部关于印发司法鉴定文书格式的通知》可以看出，司法行政机关鉴定文书仅包括司法鉴定意见书一种（见图 3－5），其他补正书及复核意见应不属于狭义的鉴定文书形式（见图 3－6、图 3－7）。

×××司法鉴定中心（所）

司法鉴定意见书

编号：______（司法鉴定专用章）

一、 基本情况

二、 基本案情

三、 资料摘要

四、 鉴定过程

五、 分析说明

六、 鉴定意见

七、 附件

司法鉴定人签名（打印文本和亲笔签名）
及《司鉴定人执业证》证号（司法鉴定专用章）
×年×月×日

共 页第 页

图 3-5 司法鉴定意见书式样

文书6

×××司法鉴定中心（所）

司法鉴定意见补正书

（编号）__________

×××（委托人）：

根据贵单位委托，我中心（所）已完成__________鉴定并出具了司法鉴定意见书（编号：__________）。我中心（所）现发现该司法鉴定意见书存在以下不影响鉴定意见原意的瑕疵性问题，现予以补正：

1.（需补正的具体位置、补正理由及补正结果）

2.（需补正的具体位置、补正理由及补正结果）

3.（需补正的具体位置、补正理由及补正结果）

……

附件：（如补正后的图像、谱图、表格等）

司法鉴定人签名（打印文本和亲笔签名）
及《司鉴定人执业证》证号
×××司法鉴定中心（所）（司法鉴定专用章）
×年×月×日

图 3-6 司法鉴定意见补正书式样

文书5

××××司法鉴定中心（所）

司法鉴定复核意见

（编号）__________

一、 基本情况：

（一）司法鉴定案件编号：

（二）司法鉴定人：

（三）司法鉴定意见：

二、 复核意见：

（一）关于鉴定程序：

（二）关于鉴定意见：

复核人签名：

日期：×年×月×日

图 3-7 司法鉴定复核意见书式样

(四)其他鉴定文书

1. 会检鉴定文书

关于会检鉴定,《人民检察院刑事诉讼规则》《人民检察院鉴定规则(试行)》《公安机关鉴定规则》《司法鉴定程序通则》中都作出相应规定(见表3－5)。

表3－5　关于会检鉴定的比较

法律法规、司法解释	会检鉴定
《人民检察院刑事诉讼规则》(高检发释字〔2019〕4号)	第二百一十八条　人民检察院为了查明案情,解决案件中某些专门性的问题,可以进行鉴定。 鉴定由人民检察院有鉴定资格的人员进行。必要时,也可以聘请其他有鉴定资格的人员进行,但是应当征得鉴定人所在单位同意。 第三百三十二条　人民检察院认为需要对案件中某些专门性问题进行鉴定而监察机关或者公安机关没有鉴定的,应当要求监察机关或者公安机关进行鉴定。必要时,也可以由人民检察院进行鉴定,或者由人民检察院聘请有鉴定资格的人进行鉴定。 人民检察院自行进行鉴定的,可以商请监察机关或者公安机关派员参加,必要时可以聘请有鉴定资格或者有专门知识的人参加。
《人民检察院鉴定规则(试行)》(高检发办字〔2006〕33号)	第十九条　遇有重大、疑难、复杂的专门性问题时,经检察长批准,鉴定机构可以组织会检鉴定。 会检鉴定人可以由本鉴定机构的鉴定人与聘请的其他鉴定机构的鉴定人共同组成;也可以全部由聘请的其他鉴定机构的鉴定人组成。 会检鉴定人应当不少于三名,采取鉴定人分别独立检验,集体讨论的方式进行。 会检鉴定应当出具鉴定意见。鉴定人意见有分歧的,应当在鉴定意见中写明分歧的内容和理由,并分别签名或者盖章。
《公安机关鉴定规则》(公通字〔2017〕6号)	第三十一条　鉴定工作实行鉴定人负责制度。鉴定人应当独立进行鉴定。 鉴定的实施,应当由两名以上具有本专业鉴定资格的鉴定人负责。 第三十二条　必要时,鉴定机构可以聘请本机构以外的具有专门知识的人员参与,为鉴定提供专家意见。

续表

法律法规、司法解释	会检鉴定
《司法鉴定程序通则》（司法部令第132号）	第三十三条　鉴定过程中，涉及复杂、疑难、特殊技术问题的，可以向本机构以外的相关专业领域的专家进行咨询，但最终的鉴定意见应当由本机构的司法鉴定人出具。 专家提供咨询意见应当签名，并存入鉴定档案。 第三十四条　对于涉及重大案件或者特别复杂、疑难、特殊技术问题或者多个鉴定类别的鉴定事项，办案机关可以委托司法鉴定行业协会组织协调多个司法鉴定机构进行鉴定。

从表3－5可以看出，依据相关规定可以组织开展会检鉴定。

会检鉴定不同于专家咨询意见及会商论证意见，其是由不同机构的鉴定人员共同开展鉴定的形式，而专家咨询意见是具有专门知识的人作为专家就鉴定中某些专门性问题提供咨询意见，供鉴定人作出鉴定意见时的参考。会商论证意见，是不同鉴定机构的鉴定人员或相关领域专家就同一专门性问题进行会商论证，得出会商论证意见并以期达成一致共识的一种专家论证方式。会检鉴定是鉴定的形式之一，专家咨询与会商论证不是具体的鉴定活动。

因此，会检鉴定文书要求等同于检察机关、公安机关和司法行政机关发布的鉴定文书相关要求。

2. 分领域专业鉴定文书

目前，在司法鉴定某些分领域，已经制定了关于鉴定文书的相关国家标准、行业标准，在出具鉴定文书时，应当优先适用上述标准规范，如《法庭科学DNA鉴定文书内容及格式》（GB/T 41021—2021）等。

3. 实验室认可鉴定文书

鉴定机构按照CNAS、CMA相关申请程序规定进行申请，相应的申请认可、认证实验室按照认可、认证规则进行质量体系符合性评审后，获得CNAS认可、CMA资质认定。

实验室在获准CNAS认可、CMA认证后，应当按照认可、认证规范，规范出具文书，并可加盖CNAS、CMA专用章。其中相应的鉴定文书需在实验室管理的相应的质量手册、程序文件中作出相应的规范，并有相应的版本号，鉴定文书格式的变更，应遵循实验室内文件控制程序，进行修改发布。

4. 域外鉴定文书

对于涉外案件中的域外鉴定文书，一方面需要结合案件本身开展专门审查，审查鉴定结果的科学性、客观性；另一方面需要对鉴定意见结果的合法性、相关性进行专门审查。根据各国或地区的法庭科学鉴定实践，结合相关规则以及实验室认可认证规范综合开展专门审查。

境外证据不能直接采用，需进行转化、补强并经法庭质证后作为定案证据。专门审查可以协助开展以下工作：一是对鉴定文书进行解读。二是对鉴定文书中的专门性问题进行分析、论证，协助作出有效审查。三是补强相关证据，协助提出勘查、侦查实验、走访调查等补救措施。

二、司法鉴定文书形式比较

1. 不同鉴定机构文书比较

检察机关、公安机关、司法行政机关管理的鉴定机构，分别依照《人民检察院鉴定规则（试行）》《司法部关于印发司法鉴定文书格式的通知》《公安机关鉴定规则》对鉴定文书形式作出规定。具体规定及形式见表3－6。

表3－6 关于鉴定文书的比较

鉴定机构	规定及文号	鉴定文书形式
公安机关	《公安机关鉴定规则》（公通字〔2017〕6号）	鉴定书 检验报告
人民检察院	《人民检察院鉴定规则（试行）》（高检发办字〔2006〕33号）	鉴定书 检验报告 检验意见书
社会鉴定机构	《司法部关于印发司法鉴定文书格式的通知》（司发通〔2016〕112号）	司法鉴定意见书 司法鉴定意见补正书 司法鉴定复核意见

2. 鉴定文书形式比较

关于鉴定文书的具体形式：检察机关与公安机关的鉴定机构有鉴定书、检验报告两种文书形式，而司法行政机关管理的鉴定机构文书仅有司法鉴定意见书一种。

鉴定书是依据委托方提出的委托要求和鉴定材料，进行检验、鉴别后出具的带有鉴定人主观判断意见的文书。例如,法医学死亡原因鉴定书,法医学人体损伤程度鉴定书。

检验报告,是依据委托方提出的委托要求和鉴定材料进行检验后,客观反映检验过程和检验结果的文书。例如,理化检验报告,DNA 检验报告。

相同点:均为解决专门性问题的鉴定意见。

不同点:鉴定书带有鉴定人专业判断意见,有分析论证、主观判断的过程,形成的意见有一定的主观性;检验报告一般没有鉴定人的主观判断过程,均为直接观察、仪器分析等结果的直接反映。

三、司法鉴定文书形式审查

1. 鉴定文书格式

关于文书格式,不仅要区分鉴定文书的种类,审查文书格式样本的版本,还要区分公安机关、检察机关、司法行政机关管理的鉴定机构的文书样式,区分各个文书版本的使用年限。例如,对于某鉴定机构出具的鉴定文书形式要件审查,应当依据当年通用文书版本进行对照审查。

2. 鉴定文书要素

在鉴定文书中,因鉴定要求和鉴定内容不同,鉴定文书的格式与要素不同,对此需结合审查对象具体内容进行实质性判别,尤其注意必要文书要素的审查,其中包括是否有必要的鉴定声明、文书编号、序言、委托受理时间、委托单位及委托人、简要案情、检验对象、检验过程、分析论证、鉴定意见、检验结果、签名盖章、页眉页脚、附图记录等信息;以及鉴定书、检验报告中必要的信息是否有遗漏,是否有错误、矛盾。例如,在法医学死因鉴定意见专门审查中,论证死亡原因必要的阳性解剖照片和病理组织学检验照片应以附图记录的形式作为鉴定文书附件。再如,在不同的规范文件中,对签章有着不同规定(见表 3 - 7),目前鉴定人都应当采取签名的方法进行落款。

表3－7　关于签章规定的比较

法律法规、司法解释	签名、盖章的规定
《全国人民代表大会常务委员会关于司法鉴定管理问题的决定》（主席令第25号）	十、司法鉴定实行鉴定人负责制度。鉴定人应当独立进行鉴定，对鉴定意见负责并在鉴定书上签名或者盖章。多人参加的鉴定，对鉴定意见有不同意见的，应当注明。
《人民检察院鉴定规则（试行）》（高检发办字〔2006〕33号）	第二十一条　鉴定文书应当语言规范，内容完整，描述准确，论证严谨，结论科学。 鉴定文书应当由鉴定人签名，有专业技术职称的，应当注明，并加盖鉴定专用章。
《公安机关鉴定规则》（公通字〔2017〕6号）	第四十五条　鉴定文书分为《鉴定书》和《检验报告》两种格式。 客观反映鉴定的由来、鉴定过程，经过检验、论证得出鉴定意见的，出具《鉴定书》。 客观反映鉴定的由来、鉴定过程，经过检验直接得出检验结果的，出具《检验报告》。 鉴定后，鉴定机构应当出具鉴定文书，并由鉴定人及授权签字人在鉴定文书上签名，同时附上鉴定机构和鉴定人的资质证明或者其他证明文件。
《司法鉴定程序通则》（司法部令第132号）	第三十七条　司法鉴定意见书应当由司法鉴定人签名。多人参加的鉴定，对鉴定意见有不同意见的，应当注明。 第三十八条　司法鉴定意见书应当加盖司法鉴定机构的司法鉴定专用章。

从表3－7可以看出，在上位法《全国人民代表大会常务委员会关于司法鉴定管理问题的决定》之下，检察机关、公安机关、司法行政机关管理的鉴定应当由鉴定人在鉴定文书上签名。

3. 鉴定文书标识

应审查鉴定文书是否有唯一性标识，整本文书是否有缺页、漏页现象，多页鉴定文书是否加盖骑缝章；加盖认可、认证标识是否符合相关认可、认证规定要求。

4. 专业分领域文书特殊规定

在审查某些鉴定分领域的鉴定文书时，应当关注是否符合相关文书的国家标准、行业标准规范。

5. 实验室认可相关规定

对于已通过实验室认可的鉴定机构出具的文书，《司法鉴定法庭科学机构能力认可准则》(CNAS－CL08:2018)“7.8　鉴定文书”中对鉴定文书的通用要求、特定要求、符合性声明、意见和解释、文书修改等作出具体规定。

7.8　鉴定文书

7.8.1　总则

7.8.1.1　鉴定机构通常应以鉴定文书的形式出具鉴定结果,鉴定文书发出前应经过审核和批准。

7.8.1.2　鉴定机构应准确、清晰、明确和客观地报告每一项或一系列鉴定工作的结果,并符合鉴定方法中规定的要求,且应包括客户要求的、说明鉴定结果所必需的以及所用方法要求的全部信息。

鉴定文书的审核记录应能表明鉴定活动中每个关键的发现、支持鉴定意见的结果/数据、分析判断和说明、鉴定意见的审核过程等。审核意见可以通过多种方式体现,如逐项或总体的意见,以及针对性的说明等,其审核内容应包括但不限于:

a)使用方法的适宜性;

b)鉴定活动过程的符合性;

c)记录、数据、结果、解释和说明、鉴定意见的准确性和完整性。

鉴定机构应将所有发出的鉴定文书作为技术记录予以保存。

注1:鉴定机构对鉴定文书的称谓可能不同。

注2:只要满足本准则的要求,鉴定文书可用硬拷贝或电子数据传输的方式发布。

7.8.1.3　在为内部客户提供鉴定服务或与客户有书面协议的情况下,可用简化的方式报告结果。对于7.8.2至7.8.7中所列却未向客户报告的信息,当客户需要时应能从鉴定机构方便地获得。

7.8.2　鉴定文书的通用要求

7.8.2.1　除非鉴定机构有充分的理由,为最大限度减少误解或误用的可能性,否则每份鉴定文书应至少包括下列信息:

a)标题(如“鉴定意见书”、“校准证书”或“抽样报告”);

b)鉴定机构的名称和地址;

c)开展鉴定活动的地点,包括在客户的设施、鉴定机构固定设施外的地点,或在相关临时或移动的设施内;

d)唯一性标识,确保构成鉴定文书内容的每一个部分都能被识别,以及表明鉴定文书结束的清晰标识;

e)客户的名称和联络信息;

f)所用方法的标识;

g)检材/样本的描述及其标识,以及检材/样本的状态(必要时);

h)检材/样本的接收日期,以及对鉴定结果的有效性和应用至关重要的抽样/取样的日期;

i)鉴定活动的开展日期;

j)鉴定文书的发布日期;

k)当与鉴定结果的有效性和应用相关时,鉴定机构或其他机构所用的抽样计划和抽样方法;

l)鉴定结果仅与送检的检材/样本有关的声明;

m)鉴定结果,适当时,应带有测量单位;

n)对鉴定方法的补充、偏离或删减;

o)鉴定人和授权签字人(鉴定文书批准人)的识别;

注1:应符合行政管理部门的规定。

p)当数据、结果来自外部提供者时;应清晰标明。

注2:鉴定机构应作出未经本机构批准,不得复制鉴定报告(全文复制除外)的声明。

7.8.2.2　鉴定机构应对鉴定文书中的所有信息负责,由客户提供的信息除外,客户提供的数据/结果应予明确标明。此外,当客户提供的信息可能影响鉴定结果的有效性时,鉴定文书中应有免责声明。当鉴定机构不负责抽样/取样阶段的工作(如检材/样本由客户提供)时,应在鉴定文书中作出结果仅适用于送检检材/样本的声明。

7.8.3　鉴定文书的特定要求

7.8.3.1　当需对鉴定结果作出解释时,除7.8.2所列信息之外,鉴定文书还应包含以下解释鉴定结果和意见所必需的信息:

a)特定鉴定工作条件的信息,如环境条件;

b)相关时,符合要求或规范的声明(见7.8.6);

c)适用时,在下列情况下,应带有被测量相同单位的测量不确定度或被测

量的相对测量不确定度(如百分比):

——测量不确定度与检测结果的有效性或应用有关时;

——客户有要求时;

——测量不确定度影响到与规范限量的符合性时。

d)适当时,意见和解释(见7.8.7);

e)特定方法、法定管理机构、客户要求的其他信息。

7.8.3.2　当鉴定机构负责抽样活动时,如需解释检测结果的,鉴定文书应符合7.8.5条款的要求。

7.8.4　校准证书的特定要求

7.8.4.1　除7.8.2要求外,校准证书应包含以下信息:

a)与被测量相同单位的测量不确定度或被测量的相对形式(如百分比);

注:根据ISO/IEC指南99,测量结果通常表示为一个被测量值,包括测量单位和测量不确定度。

b)校准活动中对测量结果有影响的条件(如环境条件);

c)测量如何计量溯源的声明(见附录A);

d)如可获得,调整或修正前后的结果;

e)相关时,符合要求或规范的声明(见7.8.6);

f)适当时,意见和解释(见7.8.7)。

7.8.4.2　当鉴定机构负责抽样活动时,当需要解释检测结果的,校准证书应满足7.8.5条款的要求。

7.8.4.3　校准证书或校准标签不应包含对校准周期的建议,除非已与客户达成协议。

7.8.5　报告抽样——特殊要求

当鉴定机构负责抽样活动时,除7.8.2中的要求外,鉴定文书中应包括以下解释结果所必需的信息:

a)抽样日期;

b)抽取的检材/样本的唯一性标识(适当时,包括制造商的名称、标示的型号或类型,以及序列号);

c)抽样位置,包括图示、草图或照片;

d)抽样计划和抽样方法;

e)抽样过程中影响检测结果解释的环境条件详细信息；

f)评定后续检测的测量不确定度所需的信息。

7.8.6　鉴定文书的符合性声明

7.8.6.1　当对鉴定结果需作出与规范或标准符合性声明时，鉴定机构应对所采用的判定规则进行文件化，并应考虑到采用的该判定规则及其使用时的风险程度（如错误接受、错误拒绝以及统计假设）。

注：如果客户、法规或规范性文件规定了判定规则，无需进一步考虑风险程度。

7.8.6.2　鉴定机构在鉴定文书符合性声明时，应清晰标识：

a)符合性声明适用于的有关结果；

b)满足或不满足依据的相关标准、规范及其相关的条款；

c)所使用的判定规则（除非规范或标准中已包含）。

注：进一步信息见 ISO/IEC 指南 98－4。

7.8.7　鉴定文书的意见和解释

7.8.7.1　当鉴定文书包含意见和解释时，鉴定机构应对意见和解释的依据文件化，并应确保仅由授权人员进行意见和解释。

注：应注意区分意见和解释与 GB/T 27020（ISO/IEC17020，IDT）中的检验声明、7.8.6 中符合性声明的差异。

7.8.7.2　鉴定文书的意见和解释应依据检材/样本的鉴定结果进行阐明，并清晰地予以标注。当鉴定活动存在局限性、客户提供的信息不足或缺失，并导致鉴定意见的局限性、解释和说明的合理性降低时，应在鉴定文书的意见和解释中予以阐明。

注：鉴定文书中包含的解释和说明可以包括（但不限于）下列内容：

——对结果符合（或不符合）要求的声明的意见；

——委托要求的履行；

——如何使用结果的建议；

——用于改进的指导。

7.8.7.3　当以对话方式直接与客户沟通意见和解释时，应保留对话记录。

7.8.8　鉴定文书的修改

7.8.8.1　当更改、修订或重新发布已发布的鉴定文书时，应在鉴定文书中清晰标明修改的信息，适当时说明修改的原因。

7.8.8.2　仅以追加文件或数据传输的形式修改已发布的鉴定文书时，应包含以下声明：

“对序列号为……（或其他标识）鉴定文书的修改”，或其他等效的文字。

修改后的鉴定文书在发布前，应按7.8.1.1要求由授权签字人重新进行审核。

修改应满足本准则的所有要求。

7.8.8.3　当有必要发布全新的鉴定文书时，应注以唯一性标识，并注明所替代的原鉴定文书。

案例24　念某投毒案——鉴定时间倒置

案情参见案例20。

专门审查：铁锅的提取送检存在问题。现场勘验检查笔录记载的提取送检时间为“7月28日”，与检验鉴定委托书记载的提取时间“8月1日”相矛盾，检验时间又载明是“7月31日”，送检与检验的时间存在前后倒置的情形，显然不符合鉴定的正常程序。

案例25　刘某死因鉴定案——违反委托受理程序及鉴定原则

2015年12月6日7时许，刘某被他人用刀捅伤腹部，后经医院抢救无效于2015年12月21日死亡。

鉴定书记载：

1. 损伤程度鉴定

受理时间：2016年1月29日。

检验时间：2015年12月16日。

鉴定意见：刘某的损伤属人体重伤二级。

出具鉴定书时间：2016年1月29日。

2. 死亡原因鉴定

受理时间：2015年12月23日。

检验时间：2015年12月23日。

鉴定意见：刘某符合因胃、十二指肠穿通创修补术后发生胃黏膜多发性溃疡,致上消化道大量出血,最终因失血性休克而死亡。

出具鉴定书时间:2016 年 1 月 21 日。

专门审查:从上述两份鉴定可以看出以下问题。

问题一:损伤程度的受理时间为 2016 年 1 月 29 日,而检验鉴定时间为 2015 年 12 月 16 日,检验在前而受理在后,明显违反鉴定程序。

问题二:根据《人体损伤程度鉴定标准》"6. 附则"6.1 规定,伤后因其他原因死亡的个体,其生前损伤比照本标准相关条款综合鉴定。本例两份鉴定中,既对刘某作出死因鉴定,又作出损伤程度鉴定,而且在本例鉴定中刀刺伤与刘某的死亡具有因果关联,故对同一被害人既作损伤程度鉴定,又作死因鉴定,明显违反了鉴定原则。

案例 26　孙某伤情鉴定案——鉴定文书落款盖章替代签名

孙某轻伤二级损伤程度鉴定案例,署名鉴定人为夏某某、王某某,未见两人的签名,仅有两人的盖章。

专门审查:《刑事诉讼法》第 147 条规定:"鉴定人进行鉴定后,应当写出鉴定意见,并且签名。鉴定人故意作虚假鉴定的,应当承担法律责任。"

《民事诉讼法》第 80 条规定:"鉴定人有权了解进行鉴定所需要的案件材料,必要时可以询问当事人、证人。鉴定人应当提出书面鉴定意见,在鉴定书上签名或者盖章。"

《全国人民代表大会常务委员会关于司法鉴定管理问题的决定》第 10 条规定:"司法鉴定实行鉴定人负责制度。鉴定人应当独立进行鉴定,对鉴定意见负责并在鉴定书上签名或者盖章。多人参加的鉴定,对鉴定意见有不同意见的,应当注明。"

《人民检察院鉴定规则(试行)》第 21 条规定:"鉴定文书应当语言规范,内容完整,描述准确,论证严谨,结论科学。鉴定文书应当由鉴定人签名,有专业技术职称的,应当注明,并加盖鉴定专用章。"

《公安机关鉴定规则》第 45 条第 4 款规定:"鉴定后,鉴定机构应当出具鉴定文书,并由鉴定人及授权签字人在鉴定文书上签名,同时附上鉴定机构和鉴定人的资质证明或者其他证明文件。"

《司法鉴定程序通则》第37条规定:“司法鉴定意见书应当由司法鉴定人签名。多人参加的鉴定,对鉴定意见有不同意见的,应当注明。”

以上可以看出,对于鉴定意见是否应该签名,法律规定有所不同,刑事案件中鉴定意见应当签名,民事案件鉴定意见可以签名或者盖章。但在具体的鉴定规则中,无一例外,均需要鉴定人签名。

案例27 阮某死因鉴定案——鉴定文书印章用行政章替代鉴定专用章

阮某法医学死因鉴定书中,文书落款处有鉴定人签名以及落款时间,加盖了某机构的行政章,但未加盖司法鉴定专用章。

专门审查:鉴定意见书应当加盖司法鉴定机构的司法鉴定专用章,而不能是该鉴定机构的法人机构名称的行政专用章,更不能是合同专用章、认证认可专用章等其他非鉴定专用章。

案例28 郑某故意杀人案——同一鉴定内容出现两份不同鉴定文书

在一例两名未知名女性死因鉴定案中,在诉讼卷宗中的鉴定书为第一份文书(以下简称“文书一”):“……结论:(一)分析二死者符合他人加害致死、死亡时间距检验时间二周左右。(二)推断二死者均为女性,1号死者身高168cm左右,年龄35岁左右;2号死者身高161cm左右,年龄25岁左右。署名日期:1998年7月10日。”

附于原鉴定卷宗中第二份鉴定书为原始文书(以下简称“文书二”):“……结论:(一)二死者符合他人加害致死、死亡时间距检验时间二周左右。(二)二死者均为女性,1号死者年龄35岁左右;2号死者年龄25岁左右。署名日期:1998年7月10日。”

专门审查:审查人仔细核对上述两份鉴定文书,发现如下瑕疵问题。

(1)旧文书新作,时间倒签现象

根据《公安机关鉴定规则》以及《司法鉴定程序通则》的规定,鉴定意见一般应该在鉴定材料齐备后30个工作日内完成。结果调查核实,本案中“文书二”实际完成时间为1998年;“文书一”署名日期为1998年,而实际完成时间为2016年,“文书一”系事后续补充完成,显然超过了鉴定时限。

(2)鉴定书内容修改

根据《公安机关鉴定规则》以及《司法鉴定程序通则》的规定,对于鉴定意见书的修改应遵循严格的补正程序,而"文书一"的修改、添加均未执行上述规定,存在瑕疵。

对于上述情况,审查人通过询问当时的检验人员,调取了原始记录,仔细查阅了理化检验登记簿,确认了上述修改过程以及修改原因,进一步补强了鉴定意见证据效力。

从该案例可以看出,审查人对同一鉴定意见出现两份不同文书时,务必找出不同点以及原因所在,核实修改原鉴定意见的依据,并对两份不同鉴定意见的去向以及告知情况加以核实,以便确保鉴定意见内容的客观性、稳定性,防止出现不同诉讼参与人掌握的证据不同一,以致在庭审中出现荒唐的结果。

第五节　认证认可的专门审查

在法庭科学司法鉴定领域,开展计量认证与实验室认可是保障实验室能力和鉴定质量的重要手段,鉴定机构应当根据自身的需求与实际状况选择合适的认证认可方式,并按照标准化、规范化的质量体系运行,确保实验室持续符合认证认可要求。坚持走认证认可之路,是我国现行法律法规所提出的要求。

一、关于认证、认可的文本规定

1.《全国人民代表大会常务委员会关于司法鉴定管理问题的决定》

2005年2月28日,第十届全国人民代表大会常务委员会第十四次会议通过的《全国人民代表大会常务委员会关于司法鉴定管理问题的决定》第5条规定:"法人或者其他组织申请从事司法鉴定业务的,应当具备下列条件:(一)有明确的业务范围;(二)有在业务范围内进行司法鉴定所必需的仪器、设备;(三)有在业务范围内进行司法鉴定所必需的依法通过计量认证或者实验室认可的检测实验室;(四)每项司法鉴定业务有三名以上鉴定人。"

其中第3款规定,"有在业务范围内进行司法鉴定所必需的依法通过计量认证或者实验室认可的检测实验室",这是法庭科学司法鉴定领域开展实验室认可或计量认证的法律渊源。

2.《司法鉴定机构管理办法》与《公安机关鉴定机构登记管理办法》

司法部2005年9月29日颁布的《司法鉴定机构管理办法》(司法部令第95号)与公安部2019年11月22日颁布的《公安机关鉴定机构登记管理办法》(公安部令第155号)两个办法均规定,法人或者其他组织申请从事司法鉴定业务,应当具备下列条件:有在业务范围内进行鉴定必需的依法通过计量认证或者实验室认可的检测实验室。

3.《计量法》

2018年10月26日,第十三届全国人民代表大会常务委员会第六次会议第五次修正《计量法》(主席令第16号),其中第9条规定:"县级以上人民政府计量行政部门对社会公用计量标准器具,部门和企业、事业单位使用的最高计量标准器具,以及用于贸易结算、安全防护、医疗卫生、环境监测方面的列入强制检定目录的工作计量器具,实行强制检定。未按照规定申请检定或者检定不合格的,不得使用。实行强制检定的工作计量器具的目录和管理办法,由国务院制定。对前款规定以外的其他计量标准器具和工作计量器具,使用单位应当自行定期检定或者送其他计量检定机构检定。"

4.《认证认可条例》

2003年9月3日,《认证认可条例》(国务院令第764号,2023年修订版)第16条规定:"国家根据经济和社会发展的需要,推行产品、服务、管理体系认证。"

5.《检验检测机构资质认定管理办法》

2015年4月9日,国家质量监督检验检疫总局公布《检验检测机构资质认定管理办法》(根据2021年4月2日《国家市场监督管理总局关于废止和修改部分规章的决定》修改)第2条规定:"本办法所称检验检测机构,是指依法成立,依据相关标准或者技术规范,利用仪器设备、环境设施等技术条件和专业技能,对产品或者法律法规规定的特定对象进行检验检测的专业技术组织。本办法所称资质认定,是指市场监督管理部门依照法律、行政法规规定,对向社会出具具有证明作用的数据、结果的检验检测机构的基本条件和技术能力是否符合法定要求实施的评价许可。"

第3条规定:"在中华人民共和国境内对检验检测机构实施资质认定,应当遵守本办法。法律、行政法规对检验检测机构资质认定另有规定的,依照其规定。"

二、实验室认可

1. 概念

实验室认可是指实验室认可机构对实验室有能力进行规定类型的检测和(或)校准所给予的一种正式承认。

2. 对象

任何愿意获得中国国家认可的从事校准和/或检测工作的实验室都可以申请认可。在司法鉴定领域,可对从事司法鉴定/法庭科学机构的能力进行认可。

3. 实施原则

实验室可自愿申请认可,由认可机构组织专家进行评审,满足要求的实验室将获得国家认可。

要通过实验室认可应具备以下条件:

(1)具有明确的法律地位,具备承担法律责任的能力;

(2)符合 CNAS 颁布的认可准则;

(3)遵守 CNAS 认可规范文件的有关规定,履行相关义务;

(4)符合有关法律法规的规定。

4. 认可依据

中国合格评定国家认可委员会(CNAS)开展实验室认可活动主要依据以下基本准则:

CNAS - CL01:2018《检测和校准实验室能力认可准则》(内容等同采用 ISO/IEC 17025:2017);

CNAS - CL02:2023《医学实验室能力认可准则》(内容等同采用 ISO 15189:2022);

CNAS - CL03:2024《能力验证计划提供者认可准则》(内容等同采用 ISO/IEC 17043:2023);

CNAS - CL04:2017《标准物质/标准样品生产者能力认可准则》(内容等同采用 ISO 17034:2016)。

在以上基本认可准则的基础上,中国合格评定国家认可委员会还针对某些技术领域的特定情况制定了一系列应用指南和应用说明。例如,在司法鉴定/法庭科学领域,有下列常见的准则和应用说明。

CNAS－AL13:20240731《司法鉴定/法庭科学机构认可领域分类》;

CNAS－CL08:2018《司法鉴定/法庭科学机构能力认可准则》;

CNAS－RL02:2023《能力验证规则》;

CNAS－CL08－A002:2018《司法鉴定法庭科学机构能力认可准则在法医物证 DNA 鉴定领域的应用说明》;

CNAS－CL08－A004:2018《司法鉴定法庭科学机构能力认可准则在法医学鉴定领域的应用说明》;

CNAS－CL08－A007:2018《司法鉴定法庭科学机构能力认可准则在法医毒物分析和毒品鉴定领域的应用说明》。

5. 认可流程(见图 3－8)

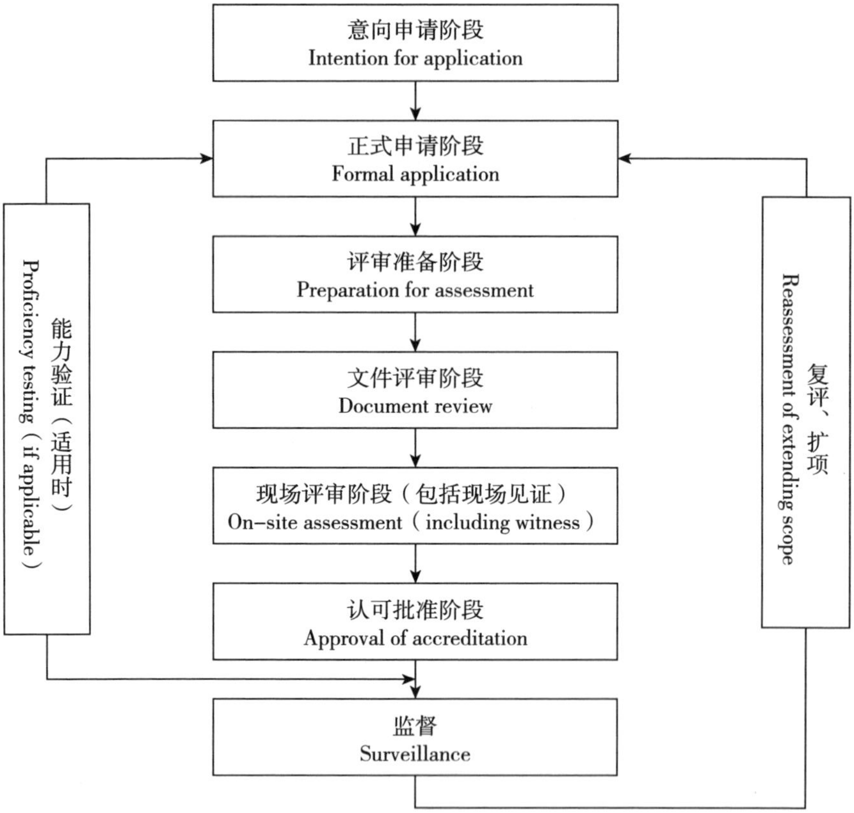

图 3－8 实验室认可流程

注:摘自中国合格评定委员会网站。

6. 认可意义

(1)表明具备了按相应认可准则开展检测和校准服务的技术能力;

(2)增强市场竞争能力,赢得政府部门、社会各界的信任;

(3)获得签署互认协议方国家和地区认可机构的承认;

(4)有机会参与国际合格评定机构认可双边、多边合作交流;

(5)可在认可的范围内使用 CNAS 国家实验室认可标志和 ILAC 国际互认联合标志;

(6)列入获准认可机构名录,提高知名度。

三、资质认定与计量认证

1. 资质认定

根据《检验检测机构资质认定管理办法》(国家市场监督管理总局令第 38 号)规定,检验检测机构是指依法成立,依据相关标准或者技术规范利用仪器设备、环境设施等技术条件和专业技能,对产品或者法律法规规定的特定对象进行检验检测的专业技术组织。

本办法所称资质认定,是指市场监督管理部门依照法律、行政法规规定,对向社会出具具有证明作用的数据、结果的检验检测机构的基本条件和技术能力是否符合法定要求实施的评价许可。

2. 计量认证

计量认证,是指政府计量行政主管部门对向社会提供公正数据的技术机构的计量检定和测试的能力、可靠性和公正性所进行的考核和证明。

2007 年 1 月 1 日,国家质量监督检验检疫总局公布的《实验室资质认定评审准则》第 1.1 条规定:"为贯彻实施《实验室和检查机构资质认定管理办法》,确保科学、规范地实施实验室资质认定(计量认证/审查认可)评审,为实验室资质行政许可提供可靠依据,根据《中华人民共和国计量法》《中华人民共和国标准化法》《中华人民共和国产品质量法》《中华人民共和国认证认可条例》等有关法律、法规的规定,制定本准则。"可以看出,资质认定的形式包括计量认证和审查认可。

第 1.2 条规定:"在中华人民共和国境内,对从事向社会出具具有证明作用的数据和结果的实验室资质认定(计量认证、授权、验收)的评审应当遵守本准则。”

第1.3条规定：“本准则所称的实验室资质认定评审，是指国家认证认可监督管理委员会和各省、自治区、直辖市人民政府质量技术监督部门对实验室的基本条件和能力是否符合法律、行政法规规定以及相关技术规范或者标准实施的评价和承认活动。”

四、资质认定与实验室认可之间的区别与联系

在司法鉴定领域，开展法医类、物证类、声像资料、环境损害“四大类”司法鉴定，按照《全国人民代表大会常务委员会关于司法鉴定管理问题的决定》和部门规章、规范性文件要求，可以通过资质认定或实验室认可。实践中，开展资质认定与实验室认可，相同点与不同点如下。①

1. 相同点

(1)目的相同：均为提高机构管理水平，满足一定标准，并使所有的工作环节都处于受控状态，以确保鉴定意见的正确性、可比性和完整性，确保司法鉴定质量。

(2)主管部门相同：均为国家认可监督管理委员会。

2. 不同点

(1)实施主体不同

司法鉴定资质认可由国家认监委和省级质量管理监督部门进行组织评审；实验室认可部门由中国合格评定国家认可委员会统一评审。

(2)评审的标准不同

司法鉴定资质认定标准：司法鉴定法律法规，国家认可委其他规定、标准等；

实验室认可：编制了《司法鉴定/法庭科学机构能力认可准则》(CNAS－CL08:2018)等规范，司法鉴定法律法规，国家认可委其他规定、标准。

(3)评审的结果

通过鉴定资质：满足法律法规；

---

① 参见杨琴：《浅谈司法鉴定机构、实验室能力认可》，载《世界最新医学信息文摘》2018年第83期。

通过实验室认可:满足相关法律法规,还可以国际认可。

(4)评审周期不同

司法鉴定认定评审周期:6 年;

实验室认可评审周期:2 年。

(5)是否具有强制性

实验室认可:自愿行为;

资质认定:强制性。

五、资质认定与实验室认可之间的区别与联系

2008 年 7 月,司法部和国家认证认可监督管理委员会联合发布《司法部、国家认证认可监督管理委员会关于开展司法鉴定机构认证认可试点工作的通知》(司发通〔2008〕116 号)和其附件《司法鉴定机构认证认可评审要求》,决定在北京、江苏、浙江、山东、重庆、四川 6 个省(市)开展为期 2 年的司法鉴定机构认证认可试点工作,其中第 4 条第 2 款中明确规定"推动开展司法鉴定机构认证认可工作要与登记管理工作相结合",并于同年 9 月召开认证认可试点工作动员大会,拉开了通过认证认可实现司法鉴定质量控制的序幕。2009 年 4 月,两部门又联合印发了《司法鉴定机构资质认定评审准则(试行)》(已失效),形成司法鉴定领域特有的评审制度并进行宣贯推进。2012 年 4 月,在总结试点经验的基础上,司法部、国家认证认可监督管理委员会再次联合下发《司法部、国家认证认可监督管理委员会关于全面推进司法鉴定机构认证认可工作的通知》(司发通〔2012〕114 号)(已失效),要求各地按照"统筹规划、分类指导、不断完善、注重实效"的原则,全面推进司法鉴定机构依法通过资质认定或认可,持续提高司法鉴定的科学性、权威性和可靠性,推动司法鉴定行业可持续发展。2012 年 9 月,两部门联合印发了《司法鉴定机构资质认定评审准则》。2015 年国家质量监督检验检疫总局颁布《检验检测机构资质认定管理办法》以及《检验检测机构资质认定司法鉴定机构评审补充要求》,在统一标准的前提下体现司法鉴定活动的特殊要求。在司法部、公安部和检察院的大力推动下,在国家认证认可监督管理委员会的积极作为下,至 2018 年年底,累计获认可机构 546 家(证书有效的 372 家),取得国家级资质认定证书的司法鉴定机构 152 家,省级资质认定证书的 770 余家。至 2020 年 4 月,累计通过 CNAS 认可的司

法鉴定机构 624 家(证书有效的 444 家),其中司法系统 274 家(证书有效的 259 家),公安系统 294 家(证书有效的 147 家),检察院系统 57 家(证书有效的 38 家)。

1. 公安机关开展认证认可现状

2021 年 7 月,公安部、市场监管总局发布《关于规范和推进公安机关鉴定机构资质认定工作的通知》(公刑侦〔2021〕4329 号)。为贯彻党中央、国务院《关于健全统一司法鉴定管理体制的实施意见》要求,严格规范公安机关鉴定工作,依据《全国人民代表大会常务委员会关于司法鉴定管理问题的决定》、《公安机关鉴定机构登记管理办法》(公安部令第 155 号)、《公安机关鉴定人登记管理办法》(公安部令第 156 号)和《市场监管总局关于进一步推进检验检测机构资质认定改革工作的意见》(国市监检测〔2019〕206 号)等有关法规、制度规定,公安机关鉴定机构需要通过检验检测机构资质认定的鉴定项目调整为:DNA 鉴定、理化鉴定、声像资料鉴定、电子数据鉴定和环境损害鉴定。公安机关开展的其他鉴定项目无须取得资质认定。①

(1)开展"五个领域"鉴定项目的公安机关鉴定机构,其开展相应鉴定项目的检测实验室应当通过资质认定。

(2)鉴定机构申请资质认定的鉴定项目应当在 2 年内参加过能力验证活动并取得"满意(合格)"结果;取得资质认定后,应当按照公安部有关要求,参加能力验证活动并取得"满意(合格)"结果。

(3)对于无实质变化的标准(鉴定方法)变更,鉴定机构应当自行验证并自我声明符合资质认定相关要求,向市场监管部门报备后方可使用。如果相关标准(鉴定方法)发生实质性变更,或者需要使用超出资质认定能力范围的标准(鉴定方法)时,鉴定机构应当向市场监管部门提交资质认定扩项申请,在获得批准前不得在出具的检验检测报告上加盖资质认定标志。

(4)无须现场确认的机构法定代表人、最高管理者、技术负责人、授权签字人等人员变更,鉴定机构可以自我声明符合资质认定相关要求,并向市场监管部门报备。

(5)"五个领域"之外的其他鉴定项目,自发布通知之日起,市场监管部门

① 参见公安部:《"五个领域"鉴定应当通过资质认定》,载《中国法医学杂志》2021 年第 4 期。

不再受理相关申请。

(6)“五个领域”之外其他鉴定项目,公安机关鉴定机构可以出具鉴定文书,但检验检测报告上不得加盖资质认定标志。

2. 检察机关开展认证认可现状

2005 年 2 月 28 日全国人大常委会制定通过了《全国人民代表大会常务委员会关于司法鉴定管理问题的决定》,规定从事检验鉴定必须获得计量认证或实验室认可。该决定把 CMA 认证和 CNAS 认可作为选择项加以规定,CMA 认证和 CNAS 认可可以选其中之一也可以两者都选,两者并无高低之分。检察机关加快司法鉴定实验室建设步伐,积极开展实验室国家认可工作,对于推动司法鉴定工作规范化、建设标准化、管理科学化、队伍专业化,提升鉴定水平,增强司法鉴定的权威性和公信力,提高检察机关的法律监督能力有着十分重要意义。

自 2003 年开始,CNAS 一直致力于对我国鉴定机构认可评价体系的研究和建立工作。检察机关自 2008 年启动开展实验室认可工作以来,认可规则经历了《检测和校准实验室能力认可准则》(CNAS - CL01:2006 等同于 ISO/IEC 17025:2005)、《司法鉴定法庭科学机构能力认可准则》(CNAS - CL08:2013)、《司法鉴定法庭科学机构能力认可准则》(CNAS - CL08:2018)三次准则改版修改的过程。全国检察机关通过江苏等 10 家鉴定机构开展认可试点单位,陆续有 50 多家鉴定机构通过实验室认可,截至目前,获准认可机构仍处于证书有效期的有 30 家。

公安机关、司法行政机关管理的鉴定机构也经历了开展实验室认可,“实验室认可 + 认证”(CMA)的发展过程。

检察机关是法律监督机关,目前检察技术工作重心主要是对案件所涉专门性问题的鉴定意见进行审查。检察机关实验室认证认可工作受到主观认识、人员配置、专业能力、跨区域整合、鉴定案件数量等因素影响,实验室认证认可工作推进受到一定影响。因此,为使检察机关司法鉴定、审查工作在科学、规范的轨道上运行,有必要按照专业领域对认证、认可的可行性、必要性进行研究,不断推进检察技术工作高质量发展,更有必要提出一套符合检察技术工作特点的实验室认证、认可模式,进而为高质量服务“四大检察”提供借鉴。

3. 司法行政机关开展认证认可现状

2019 年 12 月 31 日,司法部、国家市场监督管理总局联合下发《关于加快推进司法鉴定资质认定工作的指导意见》(司规〔2019〕4号),要求自2018年8月司法部、国家市场监管总局《关于规范和推进司法鉴定认证认可工作的通知》(司发通〔2018〕89号)发布以来,各地认真落实该通知要求,不断加强司法鉴定机构认证认可工作,取得明显成效。但实践中还存在对该通知认识不一致、工作衔接不顺畅等问题。为进一步规范工作程序,完善工作机制,并就加快推进司法鉴定资质认定工作提出以下意见。

(1)从事法医物证、法医毒物、微量物证、环境损害司法鉴定业务的司法鉴定机构,已经司法行政机关审核登记的,其相应的检测实验室申请资质认定时,由设立该司法鉴定机构的法人或者其他组织向司法行政机关提出申请,经审核符合相关要求的,由司法行政机关推荐,向市场监督管理部门申请资质认定。根据工作实际,截至2019年12月31日前未通过相应的资质认定或实验室认可的,可延长至2020年10月30日。2020年10月30日后仍未通过资质认定或实验室认可的,司法行政机关应当依法撤销其相应的司法鉴定业务类别。

申请从事涉及法医物证、法医毒物、微量物证、环境损害司法鉴定业务的法人或者其他组织,未经司法行政机关登记的,应首先向市场监管部门申请对相应的检测实验室进行资质认定,待其通过资质认定后,再向司法行政机关申请登记。

(2)从事法医物证、法医毒物、微量物证、环境损害之外其他司法鉴定业务的检测实验室,可以其设立的法人或者其他组织的名义申请资质认定。已取得《司法鉴定许可证》的司法鉴定机构的检测实验室,由司法行政机关推荐,向市场监督管理部门申请资质认定。未经司法行政机关登记的法人或者其他组织拟开展法医物证、法医毒物、微量物证、环境损害之外其他业务所需的检测实验室需要申请资质认定的,向市场监督管理部门申请资质认定。

(3)按照《检验检测机构资质认定管理办法》(质检总局令第163号),以及《国家认监委关于实施〈检验检测机构资质认定管理办法〉的若干意见》(国认实〔2015〕49号)规定,由国家市场监管总局和各省级市场监管部门分别受理资质认定。申请省级资质认定的,应当满足《检验检测机构资质认定管理办法》(质检总局令第163号)规定的条件。为贯彻落实中办、国办《关于健全统一司法鉴定管理体制的实施意见》,推动高资质、高水平司法鉴定机构和重点实验室建设,具备以下条件的,可由省级司法行政机关推荐,报司法部审核后,向国家市场监管总局申请国家级资质认定：

①符合《检验检测机构资质认定管理办法》(质检总局令第163号)规定的条件；

②经司法行政机关审核登记,从事相关司法鉴定业务3年以上；

③至少涵盖5项以上司法鉴定业务类别；

④近3年持续开展司法鉴定业务,且年均业务量较多；

⑤所申请的司法鉴定业务类别中,至少拥有5名以上鉴定人,其中至少有1名具有副高以上专业技术职称的鉴定人；

⑥所申请的司法鉴定业务类别2年内参加能力验证活动并取得“满意”结果。

取得省级或者国家级资质认定后,证书有效期内所有项目应当参加能力验证活动并取得“满意”结果。

(4)司法鉴定机构已取得资质认定证书的,在以其设立法人或者其他组织名义申请换发检测实验室资质认定证书时,应当于2020年6月30日前向司法行政机关提出申请,经审核符合相关要求的,由司法行政机关推荐,向市场监督管理部门申请资质认定。市场监督管理部门应当简化许可程序。

(5)国家市场监管部门指导省级市场监管部门开展司法鉴定检测实验室资质认定工作,国家资质认定司法鉴定行业评审组给予技术支持。

2022年1月14日,为深入贯彻落实中共中央办公厅、国务院办公厅《关于健全统一司法鉴定管理体制的实施意见》、《司法部关于进一步深化改革 强化监管 提高司法鉴定质量和公信力的意见》(司发〔2020〕1号)、《“十四五”司法行政事业发展规划》(司发〔2021〕4号)、《检验检测机构资质认定管理办法》(质检总局令第163号)等规定,进一步深化、创新司法鉴定资质认定工作,不断提升司法鉴定质量和公信力,促进行业高质量发展,结合司法鉴定行业现状和工作实际,从2022年年初到2024年年末,开展为期3年的司法鉴定资质认定能力提升行动,制定《司法鉴定资质认定能力提升三年行动方案(2022—2024年)》。主要任务是:①建立司法鉴定资质认定项目动态调整机制。②规范司法鉴定资质认定工作程序。③加强资质认定工作体制机制建设。④发挥行业评审组职能作用。⑤加强评审能力建设。⑥加强执业能力建设。⑦加强管理能力建设。⑧加强监督管理力度。

六、司法鉴定登记管理领域分类与司法鉴定认可领域分类之间关系

司法鉴定登记管理领域分类，从法律规定来看，有法医类、物证类、声像资料、环境损害司法鉴定“四大类”。在公安机关、检察机关、司法行政机关鉴定资质登记管理各有所不同，具体详见本书第三章第二节内容。

关于司法鉴定认可领域分类，依据《司法鉴定/法庭科学机构认可领域分类》（CNAS－AL13：20200831），目前可分为法医、物证、声像资料、电子数据等四个领域，法医病理鉴定、法医人类学鉴定、法医临床鉴定、法医物证鉴定、毒品毒物鉴定、文书鉴定、痕迹鉴定、微量物证鉴定、录音资料鉴定、图像资料鉴定、照相技术、电子数据的提取固定恢复、电子数据真实性（完整性）鉴定、电子数据同一性、相似性鉴定等15个分领域82个项目。

以上两个领域分类存在重复交叉，但不是一一对应的关系。《司法鉴定法庭科学领域认可能力范围表述说明》（CNAS－EL－16：2020）对各鉴定领域能力范围表述要求作出规定，其中法医病理鉴定领域的项目/参数为：死亡原因鉴定、死亡方式判断、致伤物推断；法医临床鉴定领域的项目/参数为：损伤程度鉴定、伤残程度鉴定、男子性功能评定、视觉功能评定、听觉功能评定；法医物证鉴定的项目/参数为：人类血（斑）种属试验、人类精液（斑）种属试验、常染色体STR及性别检测、Y染色体STR检测、X染色体STR检测、线粒体DNA检测；毒品毒物鉴定领域的项目/参数为：检测的具体毒品/毒物/药物名称；法医人类学鉴定领域的项目/参数为：种属鉴定、性别鉴定、身高推断、骨龄推断。

由此可见，目前某些法医鉴定领域的项目还没有纳入实验室认可体系范围，如死亡时间、损伤时间推断等暂不属于实验室认可范畴。

七、关于认证、认可的专门审查

1. 鉴定门类是否通过认证、认可

鉴定意见所涉及的鉴定门类是否必须通过认证或认可，对此，公安机关鉴定机构DNA鉴定、理化鉴定、声像资料鉴定、电子数据鉴定和环境损害鉴定等“五个领域”的鉴定项目需要通过检验检测机构资质认定，其他鉴定项目无须取得资质认定。

2. 认证、认可证书是否在有效期

检验检测机构资质认定证书以及实验室认可证书的有效期均为6年，所不同的是实验室认可需要的复评审周期为2年，资质认定为6年。因此，在开展认证认可专门审查时，一方面需要审查证书的有效期，另一方面还要审查开展复评审的情况。

3. 关于鉴定机构通过认证认可的强制性审查

2005年2月28日，第十届全国人民代表大会常务委员会第十四次会议通过了《全国人民代表大会常务委员会关于司法鉴定管理问题的决定》，其第5条规定："法人或者其他组织申请从事司法鉴定业务的，应当具备下列条件：(一)有明确的业务范围；(二)有在业务范围内进行司法鉴定所必需的仪器、设备；(三)有在业务范围内进行司法鉴定所必需的依法通过计量认证或者实验室认可的检测实验室；(四)每项司法鉴定业务有三名以上鉴定人。"

从上述法律规定可以看出，开展司法鉴定，要有在业务范围内进行司法鉴定所必需的依法通过计量认证或者实验室认可的检测实验室，这里只是强调了"有"，没有强调必须全部具备。

对于法人或者其他组织申请从事的司法鉴定业务范围需要检测实验室的，申请人应当具备相应的检测实验室，并且该检测实验室应当通过资质认定(包括计量认证)或者实验室认可；对于申请从事的司法鉴定业务范围不是必需具备检测实验室的，可不必须通过资质认定或者实验室认可。

比如，某实验室可开展法医病理、法医临床、法医DNA、理化鉴定、电子数据鉴定、环境损害鉴定等鉴定领域，除必须通过资质认定或认可的领域外，不一定需要全项通过认证认可。另外，有观点认为，根据《全国人民代表大会常务委员会关于司法鉴定管理问题的决定》第7条规定："侦查机关根据侦查工作的需要设立的鉴定机构，不得面向社会接受委托从事司法鉴定业务。人民法院和司法行政部门不得设立鉴定机构。"因此，依托侦查权设立的侦查机关鉴定机构，没有特别要求。

(1)公安机关登记管理的鉴定机构

要开展"五个领域"鉴定项目的公安机关鉴定机构，则其开展相应鉴定项目的检测实验室应当通过资质认定，其他领域无须通过资质认定，也无须通过实验室认可。

(2)检察机关登记管理的鉴定机构

检察机关自 2008 年开展实验室认可工作以来,没有强调必须通过实验室认证或认可,自第一批开展全国检察机关实验室认可试点以来,目前仍有 24 家鉴定机构开展实验室认可相关工作。

(3)司法行政机关登记管理的鉴定机构

严格贯彻落实司法部、国家市场监督管理总局《关于规范和推进司法鉴定认证认可工作的通知》(司发通〔2018〕89 号)、司法部、国家市场监督管理总局《关于加快推进司法鉴定资质认定工作的指导意见》(司规〔2019〕4 号),在业务范围内进行司法鉴定应当具备依法通过资质认定或者实验室认可的检测实验室。

因此,从上述三机关管理的司法鉴定机构来看,并不是所有的鉴定机构都必须通过实验室认证或认可。但是,从事法医物证、法医毒物、微量物证、环境损害鉴定,出具带有量值的鉴定结果的鉴定机构须通过认证或认可,法医病理、法医临床、文件检验、痕迹检验、声像资料鉴定中没有量值结果的鉴定领域可以不通过认证或认可。

第四章
鉴定意见专门审查的实体审查

第一节　资料摘要的专门审查

一、资料摘要

司法鉴定文书中的资料摘要，是鉴定意见结果的依据之一，是鉴定意见的重要组成部分，是溯源鉴定意见结果的重要文证资料。资料摘要一般包括简要案情、病案资料、检验记录、辅助检查等。

（一）简要案情

1. 办案信息

（1）发破案信息：报案信息、案发过程以及破案信息，案发现场信息，当事人争执纠纷过程信息。因为这些案件信息有时候会对鉴定产生一定的影响。例如，争执纠纷、打斗摔倒过程，对于致伤方式推断、成伤机制分析等有一定的辅助作用。又如，报案信息、案发过程信息、现场信息对死亡时间推断等有一定的辅助作用。因此，在审查中，要注意对发破案信息的专门审查。

（2）办案过程信息：调查走访过程，询问讯问过程，勘验检查过程等。鉴定中，核实相关走访调查、询问讯问结果、勘验检查过程等，是印证死因鉴定意见的重要手段。开展专门审查时，可以关联审查上述办案过程信息。

2. 鉴定对象信息

（1）身份信息：包括籍贯、民族等信息，如鉴定中需尊重考虑少数民族的相关风俗。

（2）年龄信息：未成年人、老年人等，在相关鉴定中，可能有不同区别条款，上述信息对鉴定意见结果会产生重要影响。例如,人体损伤程度鉴定对于不满14周岁的未成年人的体表损伤数值有特别条款规定。暂予监外执行保外就医严重疾病诊断对于65周岁以上的老年人的病情严重程度要求作出特别规定。在人体损伤致残等级鉴定中,未成年或育龄女性的伤残程度鉴定有特别规定。

(3)检材/样本信息:包括检材/样本的来源、数量、性状、包装、保存等信息。检材/样本信息的审查,除常规按照专业技术鉴定/检验要求外,还要审查检材/样本的提取、保存、送检等是否遵循国家标准与行业标准,常见的涉及检材提取、保存、送检的法医类鉴定标准有《法医学物证检材的提取、保存与送检》(GA/T 169—1997)(已废止)、《法医生物检材的提取、保存、送检规范》(GA/T 1162—2014)、《法医学 病理检材的提取、固定、取材及保存规范》(GA/T 148—2019)等。例如,对于血痕的提取是否按照提取方法规范提取,提取后有否记录提取方法、提取部位及数量,包装、保存情况是否符合规范,必要时是否送检空白检材。

3. 案发过程信息

(1)受伤过程:包括具体争执过程、受伤过程、发病过程等信息。例如,在法医学死因鉴定中,具体的发病过程以及外伤过程等信息。在法医学人体损伤程度鉴定中,损伤当时以及伤后神志、意识、疼痛、活动能力降低等,是鉴别自伤与他伤、他伤与意外事件、诈伤与造作伤等的重要依据。

(2)救治过程:包括送医过程、就医过程、诊疗过程、抢救过程等信息。例如,在失血性休克的损伤程度鉴定中,入医院就医时的首诊血压情况、纠正休克等治疗措施等重要信息,包括门诊病历、手术记录、麻醉记录、病程记录以及护理记录中关于血压数值、呼吸脉搏数值、入出量记载、输血输液等纠正措施,也包括病案资料中关于神志、精神状态、四肢皮肤温度等,这些是判断休克程度的重要客观指标。

案例29 谢某损伤程度鉴定案——遗漏损伤并发症的鉴定

2022年11月12日,刘某用刀将谢某砍伤。经初次鉴定,谢某全身多处创口、右侧尺骨粉碎性骨折、右腕关节囊破裂、右桡动脉断裂,分别构成轻伤一级、轻伤二级,综合评定为轻伤一级。

专门审查:被害人多处损伤伴有重要动脉破裂、神经肌腱及关节囊损伤,现场及衣物上遗留大量血迹,结合调阅的病历资料记载,伤者有神志模糊、贫血貌、双侧瞳孔对光反射迟钝等情形,入院期间多次血压在80/50mmHg以下,脉搏100次/分以上,在ICU后补液、补血2500ml,实验室检查血红蛋白含量明显降低。因此,关于谢某的损伤程度鉴定遗漏了关于失血性休克的评价,经重新鉴定,谢某全身多发伤致失血性休克(中度)构成重伤二级。

(二)病案资料

1. 病史资料:现病史、既往史、过敏史、接种史、婚育史等,包括遗传病、慢性病、先天发育异常等特殊体质。实践中,需要区分特殊体质与介入因素之间的关系,一般情况下,特殊体质属于内源性,而介入因素属于外源性。例如,在人体损伤程度鉴定或死亡原因鉴定中,基底节区出血需要高度关注高血压病史。轻微外力所致的骨折,还应考虑是否存在骨质疏松的特殊体质。而医疗过错行为一般可作为介入因素考虑。

2. 就医资料:包括门诊病历、住院病历、病程记录、手术记录、辅助检查、出院记录、病情诊断证明等病案资料。就医资料是法医学鉴定的书证资料,是开展法医临床、法医病理鉴定的重要客观依据,它可以回溯性地反映整个医疗过程,可以精确反映整个伤后体检过程、救治过程、恢复过程等,能客观反映损伤部位、严重程度、生命体征、症状体征等情形,有助于作出科学、客观的鉴定意见。在专门审查中,应当回溯性地审查相关就医资料。例如,对损伤程度鉴定中的X线、CT片等影像学资料需要进行复阅,必要时还需要调取相关原始电子数据(如DICOM数据等)。

3. 复查资料:在鉴定过程中作出的检查、检测资料。例如,在法医学人体损伤程度鉴定中,鉴定原则是依据原发性损伤以及并发症进行综合鉴定。在视力、听力损伤的鉴定中,一方面,鉴定时机要求达到伤情稳定;另一方面,需要比对损伤前后视力、听力的变化情况,因此,在鉴定过程中,需要对被鉴定人的听力、视力功能进行若干次复查,上述复查结果资料是鉴定的重要依据。在开展专门审查时,一方面,需要审查鉴定是否进行了必要的复查;另一方面,复查结果与伤前、伤后检查结果间是否符合发生、发展规律。

(三)检验记录

1. 检验过程记录:鉴定人在鉴定过程中作出的与鉴定相关的初始性的过程记录,包括首次鉴定中的原始检验过程记录以及可能涉及的补充鉴定、重新鉴定检验过程记录。一般情况下,检验过程记录的呈现形式为:法医学人体损伤程度鉴定检验记录、法医学尸体检验记录、DNA 检验记录等。检验过程记录在开展实质性专门审查中,能够得到最原始的基础信息,当审查发现鉴定意见中相关检验描述可能有遗漏、矛盾时,可以联系鉴定机构相关实验室提供原始检验过程记录,以便复核审查。

案例30　王某危险驾驶案——酒精含量检验调取原始鉴定过程记录

2019 年 11 月 21 日,王某酒后驾驶小型轿车在某地发生交通事故,血液酒精含量为 160mg/100ml。该案辩护人提出:公安机关出具的酒精检验报告中,其毒物检验过程仅有"取送检的检材适量""经顶空 - 气相色谱仪检验"的描述,缺乏定性、定量过程,不能反映鉴定过程;数据来源缺乏必要附件图谱;在《生物样品血液、尿液中乙醇、甲醇、正丙醇、乙醛、丙酮、异丙醇和正丁醇的顶空 - 气相色谱检验方法》(GA/T 1073—2013)中有四种计算方法,但该案中具体计算方法不明确。

专门审查:(1)关于程序,该案检验报告按照《公安机关鉴定规则》的要求开展检验,报告书记载了鉴定过程、鉴定方法及鉴定人、鉴定机构等必要的信息,符合公安机关办案程序规定。

(2)关于标准,《生物样品血液、尿液中乙醇、甲醇、正丙醇、乙醛、丙酮、异丙醇和正丁醇的顶空 - 气相色谱检验方法》(GA/T 1073—2013)现行有效。

(3)关于图谱,目前关于酒精检验报告一般不附色谱仪图谱,根据办案需要,可以在鉴定机构实验室调取原始图谱查阅。

(4)关于计算方法,标准中乙醇含量检测的内标 - 校准曲线法、内标 - 单点校正法、外标 - 校准曲线法、外标 - 单点校正法四种计算方法在鉴定人检验过程的原始记录中可以查阅证实。

2. 图片、表格、图谱记录:鉴定过程中,仪器直接生成的或者经过鉴定人转化生成的图片、表格、图谱。例如，DNA 图谱、毒物化验分析图谱、病理组织学检验截图、相关数据表格、辅助检查的影像学资料截图等。

专门审查：

(1)鉴定中有无附上必要的图片、表格、图谱。

(2)图片、表格、图谱是否与鉴定相关。

(3)图片、表格、图谱是否清晰、充分、客观。

(4)能否反映鉴定意见所依据的重要信息。

3. 检测结果记录：仪器设备分析结果数据，包括检测数值、测量数值、分析数据等。

专门审查：

(1)检测数值是否有空白对照、有无测量误差标识、如何考虑不确定度。

(2)测量结果是否有多次测量的过程，或者有多种测量方法综合计算。

(3)分析数据的方法是否科学、结果是否准确。

(四)辅助检查

1. 内部实验室检查：鉴定机构与鉴定人在鉴定过程中，利用实验室内部仪器设备进行检验、检测，并分析得出的辅助检查结果，包括测量、分析数据以及拍照、录像结果。

专门审查：

(1)是否进行必要的实验室检查。

(2)检查的仪器设备是否需要经过校准、检定。

(3)实验室检查结果是否科学、可靠。

2. 外部分包检查：鉴定机构与鉴定人能力范围以外的，需要其他有资质的专门机构(包括鉴定机构或医疗等科研机构)协助完成的部分事项，按照规定经过分包后，由其他机构反馈的检测、鉴定、分析结果。

专门审查：

(1)外部机构是否有相应的检测资质。

(2)分包检测结果是否科学、客观。

(3)鉴定人如何评价使用外部检测结果。

（五）复检信息

1. 复检过程信息：在对初次鉴定提出疑问时进行的复查、复检过程。在上述过程中，一般会对鉴定过程进行复核、重现，必要时，需进行进一步的检验，以便得出客观、科学的鉴定意见。

专门审查：

（1）复检过程信息是否清晰、完整。

（2）复检时，检验对象及内容是否发生改变，上述改变对结果是否产生影响。

（3）初次鉴定与复检所使用的标准、方法是否同一，是否影响检验结果。

2. 补充鉴定、重新鉴定信息：在同一案件中，对于同一专门性问题，可能存在两份或两份以上的鉴定意见，包括补充鉴定意见与重新鉴定意见，其中前者是指对于因补充检材样本或提出新的委托要求等进行的鉴定意见；后者是指因无鉴定资质等违法鉴定情形而重新进行的鉴定意见。（详见第五章第一节）

专门审查：

（1）区分是补充鉴定还是重新鉴定。

（2）初次鉴定与补充鉴定、重新鉴定意见是否矛盾。

（3）同一专门性问题出现不同鉴定意见的原因，以及鉴定意见是否科学、合理。

（六）其他

1. 摘录格式

一般情况下，其他文书信息作为资料摘录摘入鉴定意见中，应当遵从一定的摘录规则，要严格依照原文意思，可以通过全文摘抄、部分摘抄、图表引入等形式进行摘录。

专门审查：

（1）摘抄格式是否遵守相关规范要求。

（2）区分部分摘录、全文摘录等情形。

2. 摘录要求

（1）通识要求：切忌窜改原文、断章取义、舍本逐末。

(2)具体要求:实践中,全文摘抄需要完全复制所引用文书的全部信息,对外部机构的辅助检查结果信息、分包检验结果信息等。专门审查:①区分部分摘录、全文摘录等情形;②摘抄内容是否忠实于原文意思。例如,法医学鉴定所需的 CT 检查结果,法医病理鉴定所需的组织病理学检验结果等需要全文摘抄。补充鉴定以及重新鉴定中的原鉴定意见相关内容、相关病案资料摘抄可以根据鉴定需要,作部分摘抄。又如,对关键病程记录、检查结果、手术记录、病情诊断证明书等病案资料进行部分摘抄。对于引用文书材料中的图表资料,可以原文复制直接摘录。例如,DNA 鉴定中对已经作出检验结果的图表、图谱资料可以直接复制摘录。

二、资料摘要的专门审查

1. 客观性审查

在法医学鉴定中,资料摘要的客观性,是指与鉴定结果相关的资料来源、摘抄、引用等是否符合客观事实。

专门审查:

(1)引述资料、检验所见是否全面、具体、客观。

(2)摘抄内容与原始记录是否一致。

(3)检验所见、检测结果是否全面、具体、客观,特征性所见是否明确。

2. 合法性审查

在法医学鉴定中,资料摘要的合法性,是指与鉴定结果相关的资料来源、摘抄、引用等是否合法、是否符合相关规范。

专门审查:

(1)材料来源是否合法,材料在何种情形下形成,材料系何人提供,是否有与原件核对无误的签章。例如,1976 年当事人因交通事故受伤,2023 年,其称该交通事故与目前心功能不全后果之间存在因果关系。经过审查,1976 年的病历资料已经灭失,当事人因鉴定需要,个人找到当时的接诊医生,根据当事人介绍及医生回忆补充出具了一份病历资料,那么该份病历资料的合法性存疑。

(2)资料摘要本身是否合理,是否存在选择性摘录现象,选择性摘录是否合理。

(3)摘录要求是否规范,区分部分摘录还是全面摘录,摘录内容与原始记录是否一致,有无曲解原记录原意。

3. 关联性审查

在法医学鉴定中,资料摘要的关联性,是指与鉴定结果相关的检验资料与图像资料是否能够印证,与其他痕迹物证、视听资料、鉴定意见等检验结果是否能够印证。

专门审查:

(1)检验记录与检验照片、图谱、录像等记载、反映的内容是否一致。

(2)鉴定检验结果与辅助检查以及其他检验资料能否印证,是否存在矛盾。

第二节　检验记录的专门审查

检验记录是鉴定过程核心的、实质的内容,一般包括检查记录、仪器设备记录、检材流转记录、阅片记录、会诊记录、分包记录、讨论咨询记录、签发记录等,在法医学鉴定中,一份完整的检验记录可以较好地回溯整个鉴定过程。

一、检查记录

开展鉴定中,由鉴定人或鉴定人助理直接实施的测(称)量记录、描述记录、过程记录、问询记录等。

(1)测(称)量记录:大小、长度、质量、体积等。

(2)描述记录:病史、症状体征、目前情况等。

(3)过程记录:酒精检测、活体检验、尸表检验、尸体解剖等。

(4)问询记录:活体检验中的问询、精神检查中的问询等。

鉴定机构应确保每项鉴定活动的技术记录包含结果、报告和充分的信息,这些信息以便在可能时识别影响测量结果及其测量不确定度的因素,并能确保在尽可能接近原条件的情况下复现相关鉴定活动。技术记录应包括实施每项鉴定活动、审查数据/结果等责任人的标识和日期。鉴定活动的原始观察结果、数据和计算应在观察或获得时予以记录,并按特定任务予以识别,及时归档。当使用实验室信息管理系统(LIMS)时,如系统不能自动采集数据,鉴定机构应保留原始记录。

鉴定机构应确保技术记录修改后可以追溯前一个版本或原始观察结果，并同时保存原始的以及修改后的数据和文件，包括更改的日期、更改内容和负责更改人员的标识。①

专门审查：

(1)有无检查记录。

(2)鉴定书或检验报告中的数值、时间等信息是否与检查记录一致。

(3)检查记录与鉴定书或检验报告不一致处，是否得到合理解释。

二、仪器设备记录

鉴定机构应建立鉴定使用的仪器设备档案记录、检测校准记录、使用记录等，并实施有关记录的标识、存储、保护、备份、归档、检索、保存期限和处置等必要的控制措施。例如，法医 DNA 鉴定或法医毒物分析时，使用仪器设备的使用记录、设备中存储的图谱记录。

专门审查：

(1)有无必要的仪器设备使用记录。

(2)对测量量值有影响的设备，是否有仪器设备检定/校准记录。

(3)鉴定书或检验报告中的数值、时间等信息是否与仪器设备记录一致。

三、分包记录

1. 分包

在司法鉴定领域，分包即将不属于或超出鉴定机构的能力或资源范围的，需要借助外部力量进行辅助完成的相关项目内容，分给其他机构辅助完成。例如，在法医病理鉴定中，将组织病理学切片工作作出分包，将毒物检验进行分包。通常情况下，鉴定机构应独立完成受理协议中要求的鉴定工作。当需分包鉴定工作的任何一部分时，应确保并能够证明该分包方(包括实施分包工作的人员)有能力承担相应的分包工作，并应能证明分包方取得认可资格或符合认

① 参见中国合格评定国家认可委员会《司法鉴定/法庭科学机构能力认可准则》(CNAS - CL08：2018)。

可相关要求。

2. 分包的原因及注意事项

分包原因一般有:(1)受理协议要求的某部分工作在鉴定机构能力或资源范围内,但发生未预料的设施或设备故障、人员不能上岗等情况。(2)受理协议要求的某部分工作不属于或超出鉴定机构的能力或资源范围。

分包注意事项为:(1)鉴定机构不应将抽样/取样、鉴定结果的分析和判断,以及鉴定意见的形成等工作进行分包。(2)鉴定机构应向客户说明将要分包的工作内容、意图,分包安排应以书面形式通知客户,适当时应得到客户的准许,最好是书面的同意。(3)鉴定机构应就分包方的工作对客户负责,由客户或法定管理机构指定的分包方除外。(4)鉴定机构应保存所有鉴定使用的分包方的注册记录,并保存对其能力和符合性的证明记录及所有分包工作的记录。①

专门审查:

(1)是否有分包事项。

(2)分包事项是否在本鉴定机构、鉴定人所必须具备的能力范围内。

(3)使用分包方意见结果前,是否对分包方检测、分包结果进行评价。

(4)必要时,是否有合格分包方名录,并定期评价合格分包方。

案例31 李某鼻骨、上颌骨骨折损伤程度鉴定案——关键问题分包是否适当

某侦查机关鉴定机构在办理李某鼻骨、上颌骨骨折损伤程度鉴定后,将该损伤程度鉴定中关于骨折的致伤方式及损伤时间,分包给另一家司法鉴定机构进行鉴定,该另一家司法鉴定机构出具骨折符合新鲜骨折及骨折愈合特征性病理生理学改变及影像学变化的鉴定结果,后该侦查机关鉴定机构根据上述分包鉴定结果,出具被害人李某的损伤程度为轻伤二级的鉴定意见。

专门审查:该案属于法医临床人体损伤程度鉴定,损伤程度鉴定的前提是人体遭受物理性、化学性和生物性等攻击所引起的人体组织器官结构破坏或者功能障碍,是否有损伤以及鉴别新鲜伤、陈旧伤是本例鉴定的目的,该侦查机关

① 参见中国合格评定国家认可委员会《司法鉴定/法庭科学机构能力认可准则》(CNAS - CL08:2013)。

鉴定机构受理鼻骨、上颌骨骨折损伤程度的鉴定，本应该具备判断外伤与损害后果之间的因果关系能力，这应当是侦查机关鉴定机构具备法医临床鉴定资质鉴定机构的必备能力，然而该机构将此鉴定项目进行分包，不符合分包情形。

四、讨论、咨询记录

开展鉴定中，遇到有疑问或者争议的专门性问题，邀请其他鉴定人、外部专家等进行讨论、咨询，为鉴定人作出鉴定意见提供技术协助。例如，在损伤程度鉴定中，对于视力、听力下降的伤病关系处理，邀请医疗专家进行评估、分析，协助解决鉴定中损伤与后果之间的因果关系，以进一步准确作出鉴定。

专门审查：

(1)鉴定中是否涉及讨论、咨询意见。

(2)讨论、咨询意见是否客观、科学。

(3)鉴定意见与讨论、咨询意见是否矛盾，若有，是否作出合理解释。

五、会检(商)记录

会检(商)，即会同检验、会同商议，它是开展鉴定或论证的一种特殊方式。其实质是不同鉴定机构的鉴定人员或相关领域专家就同一专门性问题进行专业讨论，得出会检(商)意见并以期达成共识的一种专家论证方式，其结果仍然是有专门知识的人的意见，在会检、会商中，多位专家、鉴定人独立发表专业意见，会检(商)结果客观记录论证过程及最终论证意见并签名。会检意见一般是以鉴定形式呈现，而会商意见形式较为灵活。

关于开展专门审查：

(1)是否有正常的组织会检(商)程序，是否符合相关规定。

(2)会检(商)意见有无相应的记录，会检(商)记录有无全面反映会检人意见。

(3)会检(商)意见有无在鉴定意见中客观反映。

六、签发记录

在实验室内部，司法鉴定一般都有签发流程，即在鉴定意见反馈给委托方之前，由特定的管理人员对鉴定的程序和内容进行校对审核。授权签字人实验室分管技术的技术负责人或者司法鉴定中心分管副主任等。签发稿一般是鉴定书定稿版本，但在签发时可能有修改意见，包括文字修改、段落调整、重新论证、补充检材、同意发出等意见。

在某些鉴定中，当年的鉴定文书由于种种原因没有发出，但存档中找到相应的签发记录，依据当时的签发记录，结合留存的照片、影像等信息，可以作出相应的专门意见。

授权签字人对鉴定文书的审核记录，应能表明鉴定活动中每个关键的发现、支持鉴定意见的结果/数据、分析判断和说明、鉴定意见的审核过程等。授权签字人的审核意见可以通过多种方式体现，如逐项或总体的意见，以及针对性的说明等。①

关于开展专门审查：

(1)是否有正常的签发程序。

(2)签发稿所附鉴定文书的修改意见有无在正、副本鉴定文书中反映。

(3)签发修改意见是否合理。

第三节　标准方法的专门审查

目前的法庭科学/司法鉴定领域标准体系日趋完善，在法庭科学/司法鉴定领域，主要有国家标准、行业标准、技术规范等，截至 2021 年 11 月，在法庭科学/司法鉴定领域，由全国刑事技术标准化技术委员会发布实施的刑事技术标准有 683 项，其中国家标准 41 项，行业标准 489 项。司法部颁布的司法鉴定技术规范共计 138 项，废止 25 项，现行行业标准 20 项，司法鉴定技术规范 93 项，②分别由全国刑事技术标准化技术委员会、司法鉴定科学研究院、国家认证认可监督管理委员会提出并由相应主管部门归口，最高人民法院、最高人民检察院、公安部、司法部、国家安全部联合发布。法庭科学标准体系分为基础标

① 参见中国合格评定国家认可委员会《司法鉴定/法庭科学机构能力认可准则》(CNAS - CL08：2018)。

② 引自中国政法大学王旭教授在苏州大学第二届“东吴”法医学高峰论坛上关于“多重视角下法庭科学标准建设的新思考”的特约报告。

准、技术标准与管理标准。司法鉴定行业标准体系分为司法鉴定行业基础标准、专业标准与管理标准。从类型上看，有方法标准、规范标准、规程标准、指南标准、服务标准等。[①] 上述标准在法庭科学/司法鉴定领域形成了标准群，指导规范了司法鉴定办案实践。

另外，在司法实践中，"标准制定滞后、标准更新慢""标准交叉、重复""同一事项多个标准，同一标准多个解释"等现状，"程序、实施类标准多，审查、运用类标准少"等问题，一定程度上给司法实践带来困惑。因此，在法庭科学/司法鉴定领域，如何准确适用标准，是技术性证据专门审查工作的一项重要内容。我们不仅要关注鉴定的实施、生成标准的运用，也应关注鉴定意见等技术性证据的审查、运用标准的制定，进而为诉讼提供更加客观科学的意见证据。因此，亟须制定鉴定意见等技术性证据专门审查指引类标准。

一、标准方法概述

（一）标准与方法

根据《标准化工作指南 第 1 部分：标准化和相关活动的通用术语》（GB/T 20000.1—2014），标准是指"通过标准化活动，按照规定的程序经协商一致制定，为各种活动或其结果提供规则、指南或特性，供共同使用和重复使用的文件"。标准不是一般的文件，它是一种规范性文件。所谓规范性文件是指为各种活动或其结果提供规则、导则或规定特性的文件，它是标准、法律、法规、规章等文件的统称。现行法律体制下，国家标准化管理委员会是国务院授权的履行标准化工作的主管机构。我国目前的技术标准可分为国家标准、行业标准、地方标准和企业标准四级，强制性标准和推荐性标准两类。对需要在全国范围内统一的技术要求，应当制定国家标准。保障人体健康，人身、财产安全的标准和法律、行政法规规定强制执行的标准为强制性标准。标准是"公认的技术规则"[②]。

标准是一种规范性文件，这种规范性文件必须在符合各种条件之后才能成为标准。标准内容的特殊性决定了其形式的独特性，形式上的独特性使得

① 参见司法部《司法鉴定技术规范编写规则》（SF/T 0062—2020）。

② 白殿一、刘慎斋等：《标准化文件的起草》，中国标准出版社 2020 年版，第 4 页。

我们从一个标准的文本上就可以一目了然地辨认出它是标准，而不是其他的文件。

标准是具备共同使用和重复使用特点的，为了在一定范围内获得最佳秩序的，经过协商一致制定的，并经过规范化的程序由公认的标准机构批准的技术类的规范性文件。

在司法鉴定领域，关于标准与方法，有时会统称为“标准”，关于标准与方法的规定，在司法解释及鉴定规则中均有所体现（见表4－1）。《标准化法》第2条规定，标准包括国家标准、行业标准、地方标准和团体标准、企业标准（见图4－1至图4－4）。国家标准分为强制性标准（GB）、推荐性标准（GB/T），行业标准、地方标准是推荐性标准。关于强制性国家标准，根据《强制性国家标准管理办法》（国家市场监督管理总局令第25号）第3条规定，对保障人身健康和生命财产安全、国家安全、生态环境安全以及满足经济社会管理基本需要的技术要求，应当制定强制性国家标准。强制性标准必须执行。在法庭科学技术标准领域，国家标准分为强制性标准与推荐性标准，国家鼓励采用推荐性标准，实验室自制标准控制比较严格，需要进行规范的方法证实、验证程序，方可应用于实践。

表4－1　鉴定规则及认可准则关于标准方法的规定

文件	标准方法
《公安机关鉴定规则》自2017年2月16日起施行	第三十五条　鉴定人应当按照本专业的技术规范和方法实施鉴定，并全面、客观、准确地记录鉴定的过程、方法和结果。多人参加鉴定的，鉴定人有不同意见的，应当注明。
《人民检察院鉴定规则（试行）》自2007年1月1日起施行	第十六条　鉴定应当严格执行技术标准和操作规程。需要进行实验的，应当记录实验时间、条件、方法、过程、结果等，并由实验人签名，存档备查。
《司法鉴定程序通则》自2016年5月1日起施行	第二十三条　司法鉴定人进行鉴定，应当依下列顺序遵守和采用该专业领域的技术标准、技术规范和技术方法：（一）国家标准；（二）行业标准和技术规范；（三）该专业领域多数专家认可的技术方法。
《司法鉴定/法庭科学机构能力认可准则》（CNAS－CL08：2018）	7.2.1.4　当客户未指定所使用的方法时，鉴定机构应选择适合的方法，所选用的方法应告知客户。可以推荐使用国际、区域或国家发布的标准，或由知名技术组织、相关科技书籍或期刊中公布的方法，或设备制造商规定的方法。也可使用鉴定机构制定或修改的方法。

（二）标准分类

司法鉴定标准是从事司法鉴定活动所遵循的一类技术性、规范性文件的总称。笔者尝试将常用的司法鉴定标准进行分类。

1. 根据鉴定业务范围分类：法医类鉴定标准（包括法医病理学类、法医临床学类、毒品毒物类、法医物证类、法医精神病学类、法医人类学类等）；物证类鉴定标准（包括文件检验类、痕迹检验类、微量物证类等）；声像资料类鉴定标准（录音资料类、图像资料类、照相技术类、录像技术类、电子物证类等）；环境损害类鉴定标准（污染物性质鉴定、地表水与沉积物环境损害鉴定、空气污染环境损害鉴定等）。

2. 根据标准的内容分类：鉴定术语类标准、检验规范类标准、技术方法类标准、鉴定过程类标准、结果判断类标准、质量管理类标准等。

3. 根据标准的形式分类：司法解释、规范性文件、国家标准、行业标准、技术规范、专家认可的技术方法等。

（三）常见的司法鉴定技术规范（参见第一章第八节）

1. 规范性文件：例如，《人体损伤程度鉴定标准》、《人体损伤致残程度分级》以及《保外就医严重疾病范围》等。

2. 国家标准：分为强制性标准和推荐性标准。如《劳动能力鉴定 职工工伤与职业病致残等级》（GB/T 16180—2014）等。

3. 行业标准：例如，《道路交通事故尸体检验》（GA/T 268—2019）、《司法鉴定/法庭科学机构能力认可通用要求》（RB/T 198—2021）、《人身损害与疾病因果关系判定指南》（SF/T 0095—2021）等。

4. 专家认可的技术方法或技术规范：例如，公安部鉴定中心的技术方法（IFSC）、司法部司法鉴定管理局（公共法律服务管理局）发布的技术规范（SF/Z）。

5. 质量管理体系标准：例如，《检测和校准实验室能力的通用要求》（ISO/IEC 17025：2017）、《检测和标准实验室能力认可准则》（CNAS－CL01：2018）和《司法鉴定/法庭科学机构能力认可准则》（CNAS－CL08：2018）等（见图4－1至图4－4）。

ICS 11.020
C 06

GB

中华人民共和国国家标准

GB/T 37272—2018

尿液中 Δ⁹-四氢大麻酸的测定
液相色谱-串联质谱法

Determination of 11-nor-9-carboxy-delta-9-tetrahydrocannabinol in urine—
Liquid chromatography-tandem mass spectrometry method

2018-12-28 发布　　2019-04-01 实施

国家市场监督管理总局
中国国家标准化管理委员会 发布

图 4－1　国家标准

ICS 13.310
A 92

GA

中华人民共和国公共安全行业标准

GA/T 147—2019
代替 GA/T 147—1996,GA/T 149—1996

法医学　尸体检验技术总则

Forensic medicine—General technical specifications for examination of deaths

2019-10-14 发布　　2019-12-01 实施

中华人民共和国公安部　发布

图 4－2　行业标准

ICS 11.100
C 06

DB32

江　苏　省　地　方　标　准

DB 32/T 4028—2021

常染色体 STR 基因座等位基因频率参数

Allele frequency parameters of autosomal short tandem repeat (STR) loci

2021-05-14 发布　　2021-06-14 实施

江苏省市场监督管理局　发布

图 4－3　团体标准、地方标准

司　法　鉴　定　技　术　规　范

SF/Z J00104005——2018

精神障碍者受审能力评定指南

Guidelines for assessment of competence to stand trail in the mental disordered

2018-11-08 发布　　2019-01-01 生效

中华人民共和国司法部公共法律服务管理局　发布

图 4－4　技术规范

6. 标准方法示例(见表4－2—表4－4)。

表4－2　法医病理鉴定标准

序号	文件名称	编号
1	《法医学 尸体检验技术总则》	GA/T 147—2019
2	《法医学 病理检材的提取、固定、取材及保存规范》	GA/T 148—2019
3	《法医学 机械性窒息尸体检验规范》	GA/T 150—2019
4	《法医学 新生儿尸体检验规范》	GA/T 151—2019
5	《法医学 中毒尸体检验规范》	GA/T 167—2019
6	《法医学 机械性损伤尸体检验规范》	GA/T 168—2019
7	《法医学 猝死尸体检验规范》	GA/T 170—2019
8	《道路交通事故尸体检验》	GA/T 268—2019

表4－3　法医临床鉴定标准

序号	文件名称	编号
1	《人体损伤程度鉴定标准》	无
2	《人体损伤致残程度分级》	无
3	《听力障碍的法医学评定》	GA/T 914—2010
4	《男性性功能障碍法医学鉴定》	GA/T 1188—2014
5	《男性性功能障碍法医学鉴定》	GB/T 37237—2018
6	《性侵害案件法医临床学检查指南》	GA/T 1194—2014
7	《法庭科学　法医临床鉴定室建设规范》	GA/T 1588—2019
8	《法医临床学检验规范》	GA/T 1970—2021
9	《法医学 视觉电生理检查规范》	GA/T 1967—2021
10	《劳动能力鉴定 职工工伤与职业病致残等级》	GB/T 16180—2014
11	《人身损害误工期、护理期、营养期评定》	GA/T 1193—2014
12	《人身损害受伤人员误工损失日评定准则》(已废止)	GA/T 521—2004
13	《人身损害护理依赖程度评定》(已废止)	GB/T 31147—2014
14	《人身损害护理依赖程度评定》(已废止)	GA/T 800—2008
15	《周围神经功能障碍法医临床鉴定技术规范》	GB/T 43638—2024

续表

序号	文件名称	编号
16	《视觉功能障碍法医临床鉴定技术规范》	GB/T 43639—2024
17	《听觉功能障碍法医临床鉴定技术规范》	GB/T 43640—2024

表4－4 法医毒物(酒精检测)鉴定标准

序号	文件名称	编号
1	《血、尿中乙醇、甲醇、正丙醇、乙醛、丙酮、异丙醇、正丁醇、异戊醇的定性分析及乙醇、甲醇、正丙醇的定量分析方法》	GA/T 105—1995
2	《生物样品血液、尿液中乙醇、甲醇、正丙醇、乙醛、丙酮、异丙醇和正丁醇的顶空－气相色谱检验方法》	GA/T 1073—2013
3	《唾液酒精检测试纸条》	GA/T 843—2009
4	《车辆驾驶人员血液、呼气酒精含量阈值与检验》	GB 19522—2024
5	《车辆驾驶人员血液酒精含量检验实验室规范》	GA/T 1147—2014
6	《呼出气体酒精含量检测仪》	GB/T 21254—2017
7	《血液酒精含量的检验方法》	GA/T 842—2019
8	《道路交通执法人体血液采集技术规范》	GA/T 1556—2019
9	《血液、尿液中乙醇、甲醇、正丙醇、丙酮、异丙醇和正丁醇检验》	GB/T 42430—2023

（四）标准位阶

关于标准方法的位阶，《司法鉴定程序通则》第23条规定："司法鉴定人进行鉴定，应当依下列顺序遵守和采用该专业领域的技术标准、技术规范和技术方法：（一）国家标准；（二）行业标准和技术规范；（三）该专业领域多数专家认可的技术方法。"从以上可以看出，在司法鉴定领域，司法部对标准采用的位阶作出规定，即优先使用国家标准。比如，在关于听力障碍的法医学鉴定中，目前有《听觉功能障碍法医临床鉴定技术规范》（GB/T 43640—2024）、《听力障碍的法医学评定》（GA/T 914—2010）两部标准，在2024年7月1日以后，应优先适用国家标准《听觉功能障碍法医临床鉴定技术规范》。但是，在公安机关以及检察机关的鉴定规则中未涉及标准位阶的相应规定。

（五）标准查新

标准查新，即需要对司法鉴定中所适用标准的最新状态进行查询，保证使用的标准方法现行、有效。现行即目前正在使用，有效即没有被废止或暂停使用。防止使用已经废止的标准方法进行鉴定检验。关于司法鉴定领域标准查询的网站有全国标准信息公共服务平台（https://std. samr. gov. cn），如图 4－5 所示。

图 4－5　全国标准信息公共服务平台

（六）司法鉴定领域标准方法与技术规范比较

同一专门性问题的鉴定标准方法，由于制定标准的机关不同，有时会有不同的侧重，带来同一问题不同的解决思路和办法，有时会带来一定的偏差，进而可能影响鉴定、检验结果。比如，在实践中，人体伤残鉴定存在不同的鉴定标准（见表 4－5）；对于法医临床检验这一通识性的规范，公安机关、司法机关、国家认证认可监督管理委员会分别制定同一专业领域的行业推荐标准（见表 4－6）；对于血液酒精含量检测同一专门性问题，实践中存在不同的检验检测方法（见表 4－7）。

表 4－5 人体伤残鉴定标准比较

发布机关	标准名称	标准/发文字号	实施时间
最高人民法院、最高人民检察院、公安部、国家安全部、司法部	《人体损伤致残程度分级》		2017 年 1 月 1 日
国家质量监督检验检疫总局	《道路交通事故受伤人员伤残评定》（已废止）	GB 18667—2002	2002 年 12 月 1 日
国家质量监督检验检疫总局、国家标准化管理委员会	《劳动能力鉴定 职工工伤与职业病致残等级》	GB/T 16180—2014	2015 年 1 月 1 日
劳动和社会保障部	《职工非因工伤残或因病丧失劳动能力程度鉴定标准（试行）》	劳社部发〔2002〕8 号	2002 年 4 月 5 日
卫生部	《医疗事故分级标准（试行）》	卫生部令第 32 号	2002 年 9 月 1 日
国家质量监督检验检疫总局、国家标准化管理委员会	《残疾人残疾分类和分级》	GB/T 26341—2010	2011 年 5 月 1 日
民政部、人力资源和社会保障部、卫生部、总后勤部	《军人残疾等级评定标准》	民发〔2011〕218 号	2012 年 1 月 1 日
中国保险行业协会、中国法医学会	《人身保险伤残评定标准》		2013 年 6 月 8 日
国家体育总局	《运动创伤与运动致病事故程度分级标准》		1999 年 9 月 1 日

表 4－6 关于法医学临床检验规范比较

发布机关	标准名称	标准号	实施日期
公安部	《法医临床学检验规范》	GA/T 1970—2021	2022 年 5 月 1 日
司法部	《法医临床检验规范》	SF/T 0111—2021	2021 年 11 月 17 日
国家认证认可监督管理委员会	《法医临床检验规范》	RB/T 192—2015	2016 年 7 月 1 日

表 4－7　关于血液酒精检测标准比较

检测项目	适用标准名称	标准号	实施日期
血液酒精含量检测	《血、尿中乙醇、甲醇、正丙醇、乙醛、丙酮、异丙醇、正丁醇、异戊醇的定性分析及乙醇、甲醇、正丙醇的定量分析方法》	GA/T 105—1995	1995 年 8 月 1 日
	《生物样品血液、尿液中乙醇、甲醇、正丙醇、乙醛、丙酮、异丙醇和正丁醇的顶空－气相色谱检验方法》	GA/T 1073—2013	2013 年 8 月 1 日
	《血液酒精含量的检验方法》	GA/T 842—2019	2019 年 5 月 1 日
	《血液、尿液中乙醇、甲醇、正丙醇、丙酮、异丙醇和正丁醇检验》	GB/T 42430—2023	2024 年 3 月 1 日

（七）司法鉴定标准化存在的问题现状

在司法实践中，“标准制定滞后、标准更新慢”“标准交叉、重复”“同一事项多个标准，同一标准多个解释”等现状，以及“程序、实施类标准多，审查、运用类标准少”等问题，一定程度上给司法实践带来困惑。因此，在法庭科学/司法鉴定领域，如何准确适用标准，是技术性证据专门审查工作的一项重要内容。我们不仅要关注鉴定的实施、生成标准的运用，也应关注鉴定意见等技术性证据的审查、运用标准的制定，进而为诉讼提供更加客观科学的意见证据。

1. 鉴定标准形式多样，缺乏统一

不同的制标主体以及不同标准的发布形式，会带来标准的形式外观不同。实践中，司法鉴定标准的制标主体不同，发布形式多样，没有严格、统一的标准发布形式。司法鉴定标准往往散见于各种文件之中，有的是国家标准、行业标准形式，有的是部门规章、规范性文件、联合公告、通知的附件形式，鉴定人员与办案人员对具体标准的获得途径、获得时机也不尽相同，妨碍标准的查询、查新和适用。比如，2013 年 8 月 30 日公布的《人体损伤程度鉴定标准》，按照标准体例编写，但是由最高人民法院、最高人民检察院、公安部、国家安全部、司法部联合发布，不是严格意义上的标准体例。在医疗损害伤残程度鉴定中，各地所适用的伤残鉴定标准尚未统一,导致“同伤不同残”“同案不同判”的现象。① 保外就医严重疾病范围标准是以《暂予监外执行规定》的附件形式出现的。

2. 同一鉴定事项依据不同标准存在差异

目前,司法鉴定各个专业在鉴定技术标准化方面发展不平衡,关于人体伤残等级的常用鉴定标准有十余部,但不同标准具体内容不尽相同。依据不同标准鉴定伤残等级差异很大,比如,目前关于法医临床检验规范有 3 个现行有效的行业标准:公安部发布的《法医临床学检验规范》(GA/T 1970—2021)、司法部发布的《法医临床检验规范》(SF/T 0111—2021)以及国家认证认可监督管理委员会发布的《法医临床检验规范》(RB/T 192—2015),上述 3 个行业标准对于面部瘢痕的法医检验,存在规定不一的情形。因此,在实践中,容易因适用不同标准出现“同一损伤不同伤情”的现象,以致出现“同残不同级”“低残高评”“无残评残”现象,严重影响司法公正性与严肃性。

3. 某些鉴定门类标准更新慢

以法医类鉴定标准为例,法医 DNA、法医毒物鉴定的标准较多,而法医病理鉴定、法医临床鉴定、法医精神病鉴定标准相对较少。部分标准陈旧,环境损害等新兴领域的标准亟待建设。

标准制定的过程一般要经历预研阶段、立项阶段、起草阶段、征求意见阶段、审查阶段、批准阶段、出版阶段、复审阶段、废止阶段,标准的申报和制定周期一般较长。同样,司法鉴定标准的出台往往需要花费很长一段时间。现行司法鉴定的很多标准已经陈旧,有些是二十多年前制定的,新的国家标准或行业标准已经出台,但有些标准还没有及时废止。例如,《血、尿中乙醇、甲醇、正丙醇、乙醛、丙酮、异丙醇、正丁醇、异戊醇的定性分析及乙醇、甲醇、正丙醇的定量分析方法》(GA/T 105—1995)是 1995 年 6 月 12 日制定并于 1995 年 8 月 1 日实施的,《生物样品血液、尿液中乙醇、甲醇、正丙醇、乙醛、丙酮、异丙醇和正丁醇的顶空 - 气相色谱检验方法》(GA/T 1073—2013)、《血液、尿液中乙醇、甲醇、正丙醇、丙酮、异丙醇和正丁醇检验》(GB/T 42430—2023)等已经出台,但在全国标准信息公共服务平台上,GA/T 105—1995 标准尚未废止。因此,旧标

---

① 参见邢庭、顾晓生:《单眼球摘除(缺失)医疗损害伤残鉴定 25 例分析》,载《中国法医学杂志》2020 年第 3 期。

准的修订或废止势在必行。

4. 鉴定标准适用缺乏统一规制

在司法鉴定领域,标准选用仍存随意性,造成了标准的错用与滥用。同一鉴定事项有选用国家标准,有的选用行业标准,有的直接依据地方发布的规范性文件或实验室自制方法作出鉴定。比如,公安机关的鉴定机构一般适用公共安全行业标准,而司法行政机关管理的鉴定机构习惯于适用司法行政行业标准,同时,还存在不同地区鉴定机构选择适用标准以及委托方随意指定适用标准的现象,一定程度上造成鉴定秩序的混乱。例如,在医疗损害伤残鉴定中,有些省份适用《医疗事故分级标准(试行)》,有些省份适用《人体损伤致残程度分级》。[①]

(八)司法鉴定标准规范化完善路径

1. 切实增强司法鉴定标准规范化意识

当今世界,谁掌握标准的制定权,谁就掌握了某一产业、某一专业领域的经济和技术竞争的主动权。[②] 在司法鉴定行业领域内,具备统一规范特性的鉴定标准是确保鉴定质量、保证诉讼公正、维护公平正义的重要基础,要高度重视司法鉴定标准的规范化工作,不断推进法庭科学技术的长远发展。

2. 不断加大部门间的沟通协作力度

司法鉴定标准的规范化推进要以以审判为中心的诉讼制度改革为契机,司法鉴定标准的适用关涉刑事、民事、行政等法律的准确实施。在标准制定、实施过程中,要完善标准化协调推进机制,建立标准化工作部门与标准化主管机构的联络与联动机制,加快构建标准化管理机构与行政执法、司法实务部门间的协作配合、沟通会商机制,避免重复制标。

3. 充分发挥行业协会自主创新能力

要充分发挥行业协会的自主创新能力,鼓励行业协会制定行业标准,促进最新的科研实用成果转化,修改、完善已有的国家标准、行业标准,促进技术创

① 参见邢庭、顾晓生:《单眼球摘除(缺失)医疗损害伤残鉴定25例分析》,载《中国法医学杂志》2020年第3期。

② 白殿一等:《标准的编写》,中国标准出版社2009年版,第3~9页。

新、标准研制和鉴定质量的协调发展。

4. 统一完善标准制定模式

进一步推进国家层面的司法鉴定标准管理机构运行，完善制定程序，优化审批流程，缩短制定周期，加快更新速度，加强验证能力建设，提高技术标准的先进性、准确性、及时性和可靠性。

5. 强化标准统一适用

认真贯彻证据裁判原则，健全鉴定标准统一实施，严格执行标准选用规则，加大标准选用的审查力度，杜绝标准选用的随意性，防止标准的“建”“管”“用”脱节现象的发生，推进专家评议制度以及鉴定人出庭接受质证制度的落实。

二、标准方法的专门审查

（一）文本规定

1. 司法解释规定

最高人民法院《关于适用〈中华人民共和国刑事诉讼法〉的解释》（法释〔2021〕1 号）第 97 条第 6 项规定，应当对鉴定意见的“鉴定的过程和方法是否符合相关专业的规范要求”着重进行审查。第 98 条第 6 项规定，鉴定意见的“鉴定过程和方法不符合相关专业的规范要求的”，不得作为定案的根据。

2. 标准规范规定

《司法鉴定/法庭科学机构能力认可准则》（CNAS－CL08:2018）相关条款对标准方法作出规定。

7.2.1.1　鉴定机构应使用适合的方法和程序进行所有的鉴定活动，适当时，还应包括测量不确定度的评定，以及使用统计学技术进行数据分析。

7.2.1.2　所有的方法、程序和支持文件应保持现行有效并易于人员取阅，例如，与鉴定活动相关的指导书、标准、手册和参考数据。

7.2.1.3　鉴定机构应确保使用最新有效版本的方法，除非不合适或不可能做到。必要时，应补充方法使用的细节以确保其应用的一致性。注：当国际、区域或国家的标准以及其他公认的规范已包含了充分和简明的信息以指导鉴定活动的实施，并且鉴定机构人员是可以依据这些标准的书面内容进行操作的，则不需进行补充或改写为内部程序。当方法中存在可选择步骤时，可能有必要制定补充性文件或细则。

7.2.1.4 当客户未指定所使用的方法时，鉴定机构应选择适合的方法，所选用的方法应告知客户。可以推荐使用国际、区域或国家发布的标准，或由知名技术组织、相关科技书籍或期刊中公布的方法，或设备制造商规定的方法。也可使用鉴定机构制定或修改的方法。

7.2.1.5 鉴定机构在引入方法之前，应验证能够正确运用该方法，以确保实现所需的方法性能要求。并保留方法验证的记录。当方法发生变更或修订时，应重新进行适当程度的验证。

（二）专门审查

对于一份法医学鉴定，重点围绕以下几个方面展开专门审查。

1. 鉴定是否遵守和采用相关国家标准、行业标准、技术规范、技术方法以及操作规程等

案例 32 吕某交通肇事案——未按照标准规范行尸体解剖检验

2016 年 12 月 26 日 12 时许，吕某驾驶小型面包车将行人胡某（男，1940 年出生）撞倒，胡某被当即入院救治，经抢救无效于 2017 年 1 月 2 日死亡。

入院诊断：左侧额颞叶脑挫伤、创伤性蛛网膜下腔出血、慢性肾功能衰竭（尿毒症期）、高血压Ⅲ级。2017 年 1 月 2 日 9 时 30 分左右，胡某因尿毒症在行血液透析时突发呼吸心跳停止，后被宣告死亡。死亡诊断：左侧额颞叶脑挫伤、两侧额部薄层硬膜下积液、蛛网膜下腔出血、双侧基底节区腔隙性梗死、慢性肾功能衰竭（尿毒症期）、双肺炎症、高血压Ⅲ级。

经委托当地某司法鉴定机构鉴定，该机构仅根据尸表检验结果，而未做解剖检验，得出鉴定意见：被鉴定人胡某符合颅脑损伤死亡。

专门审查：根据《道路交通事故尸体检验》（GA 269—2009）[①]第 6.1 条的规定，解剖检验的适用范围为对死亡原因不明或涉嫌其他违法犯罪行为的，对生前伤与死后伤并存，伤病关系难以认定等案件性质不明的。

---

① 现行为 GA/T 268—2019 规定于第 6.3 条。

审查人认为，在本案法医病理学死亡原因鉴定中，胡某在透析时突发呼吸心跳停止且未作详细的尸体解剖检验，鉴定意见仅依据尸表检验、病历材料并参考案情等，未对胡某自身所患疾病与死亡结果之间的因果关系加以分析且未排除其他死因，故原鉴定推断胡某符合颅脑损伤死亡的依据不足，故不能仅通过尸表检验判断交通肇事行为与胡某死亡后果之间的因果关系。

经两次退回补充侦查后，由于尸体已经火化，未能查清死亡原因，最终该案以事实不清、证据不足决定对吕某不起诉。

在交通事故尸体检验中，目前的国家行业标准是《道路交通事故尸体检验》（GA/T 268—2019），对于死亡原因不明等情形，标准规定需要解剖。若该类死因鉴定未做解剖检验，显然违反行业标准的规定。

2. 鉴定依据的标准、方法是否明确、具体、恰当

比如，在医疗损害伤残鉴定实践中，各地标准适用尚未统一。在由医学会主持的和司法鉴定机构主办的医疗损害鉴定并行模式下，医疗损害伤残程度鉴定标准适用缺乏统一规定。例如，关于单眼球摘除（缺失）的医疗损害伤残鉴定，存在分别适用《医疗事故分级标准（试行）》（卫生部第 32 号令）、《道路交通事故受伤人员伤残评定》（GB 18667—2002）、《劳动能力鉴定　职工工伤与职业病致残等级》（GB/T 16180—2014）、《人体损伤残疾程度鉴定标准（试行）》（最高人民法院发布，2005 年 1 月 1 日施行）以及《人体损伤致残程度分级》的情形，造成了“同伤不同残”“同案不同判”的实践困境。①

案例 33　林某眼部损伤鉴定案——标准条文理解存在瑕疵

2021 年 11 月 6 日，林某被他人打伤。CT 检查显示：左眼眶内侧、眶下壁骨折。鉴定机构依据《人体损伤程度鉴定标准》第 5.2.4f）条、第 5.2.5e）条、第 5.2.5d）条之规定，认为林某左眼眶下壁骨折属轻伤二级、左眼挫伤属轻微伤、左眼眶内侧壁骨折属轻微伤，故林某损伤程度属轻伤二级。

专门审查：依据最高人民法院研究室《关于“眶壁骨折”伤情等级鉴定问

---

① 参见邢庭、顾晓生：《单眼球摘除（缺失）医疗损害伤残鉴定 25 例分析》，载《中国法医学杂志》2020 年第 3 期。

题的答复》(法研〔2014〕171号)精神,眼眶四壁中只要有两处不同眶壁的骨折,应当认定为轻伤一级。本例左眼眶下壁及内侧壁骨折符合该文件精神。

案例34 沈某某左侧气胸鉴定案——适用标准鉴定条款有误

2016年1月26日17时许,沈某某在某地与他人因债务纠纷发生争执,后在此过程中被他人打伤。伤后当日CT检查显示:左侧气胸,左肺压缩程度约50%~60%、左肺挫伤,行左侧胸腔闭式引流术治疗。

2016年2月20日,某鉴定机构对照《人体损伤程度鉴定标准》第5.6.4f)条之规定,鉴定其损伤程度为轻伤二级。

专门审查:本案伤者沈某某因外伤致左肺气胸伴左肺压缩程度50%~60%、左肺挫伤,根据《人体损伤程度鉴定标准》第5.6.3e)条(血胸、气胸或者血气胸,伴一侧肺萎陷30%以上,或者双侧肺萎陷均在20%以上)之规定,其损伤程度应为轻伤一级。

3.相关标准方法选用是否符合位阶顺序

案例35 王某面部损伤程度鉴定案——适用不同检验规范标准结果差异

2022年6月,王某被他人用刀划伤面部。法医检验:左眉弓内侧至右颊部有一处17.8cm长条形瘢痕,瘢痕色淡、平坦,其中有14.0cm位于面部中心区。面部中心区瘢痕分别为:左眉弓至鼻根部3.8cm,质软,瘢痕宽度未达0.2cm;鼻根部至右上颌部4.1cm,质地略硬,宽度未达0.2cm;右上颌部至右颊部4.6cm,质软,宽度未达0.2cm;右颊部1.5cm,色稍红,质地略硬,宽度超过0.2cm。面部非中心区瘢痕3.8cm,色稍红,质地略硬,宽度超过0.2cm。依据上述损伤检验,某鉴定机构适用《法医临床学检验规范》(GA/T 1970—2021),鉴定为轻伤一级。

专门审查:关于法医临床检验规范有3个现行有效行业标准:公安部发布的《法医临床学检验规范》(GA/T 1970—2021)、司法部发布的《法医临床检验规范》(SF/T 0111—2021)以及国家认证认可监督管理委员会发布的《法医临床检验规范》(RB/T 192—2015),上述3个行业标准,从位阶来看,均属于行业标准,但对于面部瘢痕的法医检验,存在结果不一的情形。依据《法医临床学检验规范》(GA/T 1970—2021)第5.2.4.2条规定的“跨越中心区及中心区以外的损伤要分别测量计算。瘢痕宽度在0.2cm以上(含0.2cm),长度明显大于宽度的瘢痕记为条状瘢痕”,上述面部中心区瘢痕宽度超过0.2cm的仅为1.5cm,故其面部损伤不构成重伤二级。而依据《法医临床检验规范》(SF/T 0111—2021)、《法医临床检验规范》(RB/T 192—2015)两个行业标准未对瘢痕宽度作出限制性规定,故依据此两份检验标准,面部瘢痕共计17.8cm,其中中心区瘢痕长度为14cm,则其面部损伤构成重伤二级。因此,在实践中,容易出现因适用不同标准而“同一损伤不同伤情”的现象。

笔者期待,在关于司法鉴定行业标准的制定、发布前,应当遵循“同行评议”原则,集思广益,真正做到行业标准的规范、权威,不能出现对于同一损伤事实,因适用不同标准而出现不同鉴定结果的情形,避免“同案不同判”的现象。

4. 鉴定所选用标准是否为鉴定当时有效的版本

案例36 李某某死因鉴定案——适用已经过期废止标准的补正

2022年7月20日,李某某在纠纷中突发死亡。某鉴定机构依据《法医学尸体解剖》(GA/T 147—1996)、《法医病理学检材的提取、固定、包装及送检方法》(GA/T 148—1996)对尸体进行解剖检验。

专门审查:上述两个标准已于2019年12月1日被《法医学 尸体检验技术总则》(GA/T 147—2019)、《法医学 病理检材的提取、固定、取材及保存规范》(GA/T 148—2019)所替代,故该鉴定意见所适用的标准存在错误,对于个案来说,需要具体对照标准规范,新旧标准是否对同一问题作相同规定,若没有违反现行的原则规定,适用旧标准可以作相关补正。

5. 已通过认证认可实验室,在其鉴定领域使用的标准是否查新,标准有否更新,标准更新后在使用前是否进行适当的验证程序

实验室每年需要开展必要的标准查新工作,确保适用的鉴定标准现行有效。另外,实验室引入适用新标准前,应当开展必要的验证程序,此处的验证程

序包括能力验证、测量审核、实验室留样再测等,并保留方法验证的记录。

(三)展望

关于鉴定意见等技术性证据的审查标准、应用标准尚属空白。“为何审查?”“审查什么?”“如何审查?”等技术性证据专门审查技术标准尚属空白。在以审判为中心的诉讼制度改革背景下,技术性证据专门审查亟须在具体技术性、操作性、专业性审查标准上下功夫,建立一整套适合以审判为中心诉讼制度改革核心内容的专门审查标准体系,以进一步规范主管机关专门审查工作。2022 年 8 月,最高人民检察院印发《关于同意将〈法医类鉴定专门审查指引〉〈法医病理鉴定专门审查指引〉〈法医临床鉴定专门审查指引〉〈法医 DNA 鉴定专门审查指引〉等四个技术规范纳入司法鉴定技术规范的通知》,指导全国检察机关技术人员办理技术性证据专门审查案件,进一步提升技术办案质效。在技术性证据专门审查领域,科学、合理的专门审查标准群已经逐步构建,技术性证据专门审查标准体系正逐步形成,并将广泛地应用于指导司法办案实践。同时,笔者建议,在全国刑事技术标准化技术委员会中增加“技术性证据专门审查”相关标准专业领域。①

第四节 分析论证的专门审查

分析论证作为一份鉴定意见的主体核心部分,直接关乎鉴定意见结果。分析论证是鉴定人依据检验结果,通过分析、推理、论证、总结,得出鉴定结果并生成鉴定意见的重要内容。分析论证能客观反映整个检验鉴定过程的重点内容,是支撑鉴定结果的重要依据,能反映鉴定人的主观判断过程,直接体现专业能力素养和鉴定水准。在法医学鉴定专门审查中,关于分析论证,重点审查其依据是否科学合理,推理是否合乎逻辑,论证是否严密。

---

① 参见邢庭:《检察机关技术性证据专门审查标准化研究》,载《中国司法鉴定》2023 年第 6 期。

一、分析论证

(一)概述

《全国人民代表大会常务委员会关于司法鉴定管理问题的决定》(2015 年 4 月 24 日第十二届全国人民代表大会常务委员会第十四次会议修正)第 1 条规定,司法鉴定是指在诉讼活动中鉴定人运用科学技术或者专门知识对诉讼涉及的专门性问题进行鉴别和判断并提供鉴定意见的活动。由此可见,鉴定过程是鉴定人鉴别判断的过程,是带有主观分析的过程,因此,一份完整的鉴定书,必然需要有分析论证过程,也就是说,鉴定意见,是鉴定人根据委托要求,对具体的检验对象,按照一定的检验标准方法进行检验,对得出的结果进行判断,并综合委托方提供的所有相关材料,依据科学技术及专门知识对检验结果进行分析、判断,最终得出的意见,这其中的分析论证过程是至关重要的要素。

一般情况下,分析论证过程有排除法、演绎法、归纳法、类比法等逻辑方法的运用。一份高质量的司法鉴定文书,往往会综合运用多种逻辑方法,而这些方法的运用,只能在分析论证中寻找。比如,在法医病理、法医临床鉴定中,损伤与疾病、外伤与损害后果之间的因果关系等,需综合运用排除法、演绎法、归纳法等方法,上述逻辑方法是鉴定分析论证的重要内容。

(二)法医学鉴定中常见的分析论证方法

1. 演绎法:在法医临床损伤程度、伤残程度鉴定中,根据被害人的损害后果,对照鉴定标准条款,得出伤情或伤残的鉴定意见结果。

比如,外伤致四肢长骨骨折,对照相应的鉴定条款,可以作出明确的伤情鉴定意见。

2. 归纳法:在法医病理组织学诊断中,常见归纳法的运用,根据尸体检验、组织脏器的大体检验,结合病理组织学镜下检验结果,归纳出阳性、阴性表现,得出法医病理学诊断意见。

比如,根据心脏等器官的解剖检验、病理组织学检验结果,结合临床症状、体征,很容易作出冠心病的法医病理诊断。

3. 类比法:在法医临床鉴定中,类比法较常见。“举轻以明重”,鉴定标准条款之间的横向对比，即类比法的综合运用。

比如，对于韧带断裂与部分断裂在法医临床鉴定中如何鉴别、理解，《人体损伤程度鉴定标准》第5.9.2j）条规定，一侧膝关节交叉韧带完全断裂遗留旋转不稳；第5.9.3c）条规定，膝关节韧带断裂伴半月板破裂；第5.9.4e）条规定，肢体大关节韧带断裂。从以上条文本身比较来看，利用体系解释方法，韧带断裂应当包括部分断裂、完全断裂。

4. 排除法：这是法医病理死因鉴定中常见的方法。《法医学　死亡原因分类及其鉴定指南》（GA/T 1968—2021）第5.2条规定，死因分析采用排除法，即通过系统全面的工作，在现场勘验、尸表检验、解剖检验、实验室检验、辅助检查、案情调查等多方面工作基础上进行综合分析，逐一对每一种致死可能性因素进行排除，在不能排除的因素中进行逻辑死因分析，最终确定符合或接近客观事实的死亡原因。

比如，在法医病理鉴定中，原发单纯性脑干损伤首先要明确头部外伤史，确定存在脑干出血，排除机械性窒息、中毒、疾病等原因；其次从伤后表现、成伤机制、病理学特征改变等方面作出确定的病理诊断，并确定最终死因。

二、分析论证的专门审查

（一）文本规定

《人民检察院鉴定规则（试行）》（高检发办字〔2006〕33号）第21条规定："鉴定文书应当语言规范，内容完整，描述准确，论证严谨，结论科学。"

《人民检察院法医工作细则》（高检发技字〔2013〕5号）第34条规定："法医学文书包括尸体检验记录、法医学鉴定书、法医学检验报告、技术性证据审查意见书、法医学技术协助工作说明等。制作法医学文书应当语言规范、内容完整、描述准确、论证严谨、意见客观。"

《公安机关鉴定规则》（公通字〔2017〕6号）第45条规定："鉴定文书分为《鉴定书》和《检验报告》两种格式。客观反映鉴定的由来、鉴定过程，经过检验、论证得出鉴定意见的，出具《鉴定书》。客观反映鉴定的由来、鉴定过程，经过检验直接得出检验结果的，出具《检验报告》……"第46条第11项规定："《鉴定书》中应当写明必要的论证和鉴定意见，《检验报告》中应当写明检验结果。”

（二）专门审查

分析论证是否充分、严谨的专门审查，重点围绕以下几个方面展开。

1. 鉴定理论依据、事实依据是否充分、适当

鉴定所依据的鉴定理论是不是司法鉴定实务界通用的理论方法，是否有相应的国家标准或行业标准等，在鉴定中运用此鉴定理论，是否满足该理论应用的必要条件，鉴定中是否具备应用上述理论进行鉴定的要求，事实依据是否充分。例如，在法医损伤致伤物推断专门审查中，应当审查致伤物推断所必需的损伤的特征是否明确，是否典型，是否具有排他性，是否综合其他辅助特征推断等。

2. 鉴定意见的论证依据材料是否全面、客观

论证依据一般是指得出鉴定结果的相关检验结果的综合，包括检验检测结果，检验结果中阳性发现以及阴性对照，仪器设备得出的原始数据、图像等，一份严谨科学的鉴定意见，其必须具备充分的论证、严谨的分析、合理的排除。例如，在牙损伤的损伤程度鉴定专门审查中，需要审查外伤后的口腔、颌面部的损伤表现，牙齿松动、脱落情况，手术情况，伤前牙齿状况，是否有严重的牙周炎等病变，牙龈及牙槽骨状况如何，是否可能有造作伤的情形，外伤与牙损伤的因果关系，伤病关系的处理依据是否充分等。再如，在冠心病急性发作导致死亡的死因鉴定中，冠心病的诊断是否明确，其严重程度如何，是否有冠心病急性发作的病理表现，死亡前的表现是否能够与冠心病急性发作得到印证，是否排除其他死因。

案例37 廖某某涉嫌交通肇事案——论证过程缺乏检验依据

被害人张某（女，60岁），2014年某日，因交通事故受伤，死亡诊断：肺部感染、感染性休克、急性肾损伤、高钾血症、呼吸衰竭、多发性骨折、乳酸性酸中毒、重度贫血、瓣膜性心脏病、心功能Ⅳ级。某鉴定机构未做尸体解剖，仅依据医院死亡诊断的文证资料，结合尸表检验结果，作出交通事故所致外伤继发肺部感染、呼吸衰竭、感染性休克死亡的鉴定意见。

专门审查:现有证据无法证明被害人确因交通事故致死,据以定罪的鉴定意见存在疑问,本案的鉴定意见通过尸表检验及死亡诊断认定因果关系,缺乏依据。被害人非立即死亡,需要通过解剖检验来明确是否与外伤有关。但目前尸体已火化,不具备进一步查明死亡原因的条件。最终该案侦查机关认定犯罪嫌疑人廖某某涉嫌交通肇事罪,事实不清、证据不足,不符合起诉条件。依照《刑事诉讼法》第171条第4款的规定,决定对廖某某不起诉。

3. 鉴定意见中分析论证是否科学、可靠、符合逻辑

分析论证的科学性,需要鉴定理论的支持。一方面,鉴定理论是实践应用的基础支撑;另一方面,鉴定理论应选用得当、运用得体、方式合理。防止孤立片面地运用相关理论知识解决专门问题。在专门审查过程中,关于鉴定的科学性、可靠性,一方面需要重点关注鉴定分析论证的理论依据与事实依据是否充分、合理;另一方面重点审查鉴定分析过程是否符合逻辑、是否严谨。例如,在法医鉴定中,除需要依据检验结果分析外,还需要考虑个体差异、影响因素、结果误差、伤病关系、因果关系等情形。

案例38 赵某损伤程度鉴定案——依赖医学鉴定的争议鉴定

某年6月8日,赵某被他人用木棍打伤左腰部,6月17日CT检查脾破裂;6月24日腹部B超显示:脾实质内不规则形无回声区;6月27日复查腹部CT后见脾破裂出血,无明显好转,转上级区级医院继续治疗;6月28日医方行脾切除手术治疗;7月15日出院。

某鉴定机构在作出第一次损伤程度鉴定前,对赵某脾脏切除的手术指征作出医学鉴定,临床专家一致认为没有手术指征,据此,鉴定人作出赵某所受损伤程度属轻伤一级的鉴定意见。

被害人赵某申请医疗事故技术鉴定,该省、市两级医学会启动相关鉴定程序,最终鉴定意见为脾切除术具有手术指征,均认定本病例(医疗纠纷)不属于医疗事故。

专门审查:医学鉴定与医疗事故技术鉴定,关于脾切除是否有手术指征这一专门性问题,存在不同认识。经审查,赵某于6月17日的CT检查提示脾脏破裂血肿形成,属于被膜下、中央型破裂的影像学改变。6月27日经CT图像

对比，由于未采取手术治疗，赵某脾脏内的血肿无明显缩小、吸收的改变，结合病史资料，赵某在伤后持续保守治疗中，因症状、体征逐渐加重且脾脏出血呈多灶性、位于包膜下、体积大，此类脾脏出血易突破包膜而致腹腔大出血，进而危及生命。委托两级医学会进行医疗事故技术鉴定，均明确认为赵某的脾脏切除具有临床手术指征。

故审查人认为，赵某无脾脏本身病变，外伤性脾破裂诊断成立，其间排除左腰部遭受二次外伤，目前其脾脏手术切除系6月8日左腰部遭受外力所致，经评估后已具备临床手术指征。对照《人体损伤程度鉴定标准》第5.7.2c)条"肝、脾、胰或者肾破裂，须手术治疗"之规定，赵某脾脏切除应属重伤二级。

4. 鉴定意见是否考虑相关影响因素

例如，利用胃内容消化程度来推断死亡时间鉴定中，应当审查胃内容物总量、状态、性状、成分等描述是否准确，利用消化排空规律推断的结果是否准确，有无考虑年龄、性别、进食习惯、食物种类、胃肠功能状态和健康状况、个体精神状态、药物和酒精等影响因素，是否结合其他死亡时间推断方法进行综合推断。

第五节 鉴定结果的专门审查

一、鉴定结果概述

（一）概述

广义的鉴定结果，即鉴定意见。鉴定意见作为法定证据之一，是指鉴定人接受委托或聘请，运用专门知识和技能，对案件中某些专门性问题进行分析、判断，并作出的专业意见。

本节所称的鉴定结果，是指鉴定书、检验报告最后的结论部分，是狭义的概念。比如，在法医临床损伤程度鉴定中，一般表述为伤情等级；在法医病理死因鉴定中，一般表述为因何原因死亡；在法医毒物鉴定中，一般表述为送检检材中检出何种毒物，具体含量为多少等。

鉴定结果是鉴定委托要求的目的指向，是鉴定意见的书面呈现，是鉴定书、检验报告的最终结果。

（二）法医学鉴定中常见鉴定结果类型

1. 对标结果

将鉴定委托事项中的检验结果，对照相应的国家标准、行业标准，得出相应的鉴定结果。例如，在法医临床鉴定中，关于人体损伤程度、伤残程度、“三期”鉴定等鉴定分领域的鉴定项目，鉴定人依据委托事项，对伤者的伤情进行全面分析，综合评价，分别对照《人体损伤程度鉴定标准》、《人体损伤致残程度分级》、《劳动能力鉴定　职工工伤与职业病致残等级》（GB/T 16180—2014）、《人身损害误工期、护理期、营养期评定》（GA/T 1193—2014）等进行评定，得出评定结果。又如，被鉴定人单纯四肢长骨骨折，对照《人体损伤程度鉴定标准》第5.9.4f）条之规定，构成轻伤二级。

2. 检测结果

根据鉴定委托要求，依据相应的国家标准、行业标准，通过仪器设备检测分析得出的相应检验结果。例如，在人体血液酒精含量检测中，通过对规范采集的血样进行仪器设备的检测分析，得出酒精含量检测值，据此来判断人体血液酒精含量。在毒品检测中，通过对待检的检材进行实验室标准方法检测得出是否是毒品，是何种毒品，毒品的含量数值。在DNA鉴定中，DNA技术用基于贝叶斯理论的似然率的表达方式，以概率计算的方法推断检材和样本同源的可能性，进而可以客观、量化地评价检材支持起诉（同源）假设或辩护（非同源）假设的程度，为法庭提供科学的检验结果。[①]

3. 检验结果

此类结果在死因鉴定、致伤方式及致伤物推断、精神状态等鉴定中非常常见。鉴定人依据临床结果、检验所见、病理检验、仪器分析结果、询问情况、阅卷情况、现场勘验情况等，综合分析得出死亡原因、致伤方式、精神病鉴定结果等。例如，在法医病理鉴定中，鉴定人依据检验所见的特征性窒息征象以及窒息方式，结合现场勘验情况及案情，综合分析得出机械性窒息的死亡原因鉴定结果。

---

① 参见郭华：《司法鉴定结果的表述体系与建构——基于贝叶斯定理在鉴定中的展开》，载《中国司法鉴定》2020年第3期。

4. 分析结果

由于检验条件所限，鉴定人依据现有的检材数量、质量，根据检验规范，分析得出推断性或排除性的鉴定结果。例如，在上述机械性窒息的死因鉴定中，由于尸体高度腐败，尸体的窒息征象和窒息方式的典型征象遭到破坏，表现出不太清晰的死后改变，不易辨别，鉴定人在排除其他致死原因的基础上，结合现场勘验及案情，得出符合或不排除机械性窒息的鉴定结果。

5. 推断结果

一般依据检材的形状、特征，结合法医学鉴定理论及统计学数据，鉴定人作出倾向性的意见推断，供委托方结合其他证据使用。在死亡时间、致伤方式、致伤物推断、骨龄等鉴定中，常使用推断性结果表述。例如，在死亡时间鉴定中，鉴定人依据尸体温度、胃内容消化程度、排空情况等，综合推断死亡时间为被害人末次进餐后 3 小时左右。又如，根据尸冷推断死亡时间，室内检验死者肛温 24℃，根据尸冷规律，大致推断检验时间距离死亡的时间经历为 16 小时，必要时，再根据环境温度进行校准。

（三）法医学鉴定中常见鉴定结果表述

1. 鉴定结果表述分类

以法医病理死因鉴定为例，按照《法医学 死亡原因分类及其鉴定指南》（GA/T 1968—2021）关于法医病理学有关死因的鉴定意见的规范性表述，将死因鉴定意见分为五类鉴定意见结果。

6.1 鉴定意见分类

6.1.1 法医病理学有关死因的鉴定意见分为认定性鉴定意见、符合性鉴定意见、倾向性鉴定意见、不排除性鉴定意见和不能得出结论性鉴定意见。

6.1.2 当鉴定意见使用“系”作为谓语时，尸体检验工作应至少建立在解剖检验水平的基础上，表示具备充分必要的死因证据支持，并能够与案件事实相印证。

6.1.3 当鉴定意见使用“符合”作为谓语时，尸体检验工作应至少建立在尸表检验水平的基础上，表示具备充分的死因证据支持。

6.1.4 当鉴定意见使用“倾向性”作为谓语时，尸体检验工作应至少建立在尸表检验水平的基础上，表示可以排除其他死因，且具有部分证据支持某种死因,但证据不充分。

6.1.5　当鉴定意见使用“不排除”作为谓语时,尸体检验工作应至少建立在尸表检验水平的基础上,表示可以排除其他死因,但不能排除某些死因的可能性。

6.1.6　当鉴定意见使用“无法认定”作为谓语时,尸体检验工作应至少建立在尸表检验水平的基础上,表示不具备支持某些死因的证据,且无法排除任何死因的可能性。

2. 鉴定结果表述强度

从鉴定结果表述强度上看,以颅脑损伤死亡的死因表述为例,如表4－8所示,死因结果表述强度从强到弱依次为:系因(是)>符合>较符合>考虑>不排除>排除某种死因(没有确切死因)。

表4－8　死因鉴定结果表述的强度

表述类型	表述强度	举例
肯定性判断	表示有肯定的确定性	某某系因颅脑损伤死亡
符合性判断	表示有高度的概率性	某某符合颅脑损伤死亡
或然性判断	表示存在可能性	某某可能因颅脑损伤死亡
不排除判断	表示具有不确定性	不排除某某因颅脑损伤死亡
排他性判断	表示有否定的确定性	可排除某某因颅脑损伤死亡

二、鉴定结果的专门审查

关于鉴定结果的专门审查,重点围绕以下几个方面展开。

1. 鉴定结果是否解决委托要求内容,是否存在漏项或超范围表述。

鉴定结果应当回应委托要求所提出的鉴定事项,能作出鉴定结果的,需要在鉴定文书中加以表述,不能作出鉴定结果的,也需要在鉴定文书中体现。

比如,鉴定委托中要求DNA实验室对送检的20份检材进行鉴定,但因其中3份检材未检出分型结果,在鉴定文书中未有表述,造成了在诉讼中难以判断是否排除其他合理怀疑,无法核实上述检材是否为其他个体。在开展专门审查中,应当核实DNA实验室鉴定检验人员是否对该检材进行检验,检验结果中应显示该检材是否含有人体细胞或组织,没有作出分型结果的原因为何。

在专门审查中,还需要注意鉴定意见是否存在超范围鉴定表述的情形。一种情形是鉴定机构超出其鉴定资质核准的范围作出超范围的鉴定结果(详见第三章第二节);另一种情形是鉴定机构超出委托方的委托要求范围作出的鉴定结果。

2. 鉴定结果是否明确,是否有矛盾或歧义。

鉴定结果应当具体、明确,不能有矛盾或歧义。实践中,有时存在一种不确定鉴定结果的情形,此时,鉴定人可以作出"倾向于""不排除""可能性大"等鉴定结果,其鉴定结果的论证依据必须充分。但是在专门审查中,遇到模糊的鉴定结果,应当对上述鉴定结果作出进一步实质性判断。

案例 39 仝某交通事故死因鉴定案——鉴定结果的表述不清晰

仝某因交通事故死亡,某鉴定机构根据简要案情"仝某因交通事故受伤后,经抢救无效被宣告死亡",依据尸体检验所见"全身检见多处软组织挫伤,右侧多发性肋骨骨折,右肺叶间可见挫裂创,右侧胸腔大量积血……",得出"仝某系因交通事故致胸部损伤死亡"的检验意见。

专门审查:关于上述鉴定结果,一方面,该意见不能算是严格意义上的法医病理死因诊断意见;另一方面,从该意见中难以判断何种重要脏器损伤,更加不能判断伤病关系等情形,实践中应注意使用类似表述。具体来说,需要进一步对具体死亡原因进行分析,得出根本死因、直接死因、辅助死因或诱因等。

案例 40 闫某死因鉴定案——鉴定结果是否歧义

案情参见案例 10。

专门审查:闫某的死因鉴定意见有两种理解方式,造成歧义,进而直接影响办案。

在死亡时间与损伤时间鉴定的专门审查中,需要综合考虑时间推断的方法包括:传统尸体现象、生化方法、生活反应、组织病理学、DNA 技术;时间推断的误差:检材情况、检验方法等;时间推断的印证:与周围客观时间印证,有无矛盾,补充说明等。

3. 鉴定结果表述是否规范。

规范严谨的鉴定结果表述,是高质量鉴定文书的重要体现。关于鉴定结果表述的专门审查,重点是审查鉴定结果表述是否符合行业规范和表述习惯。一般来说,鉴定结果的表述主要是对鉴定结果的客观陈述,通过文字和表格、图片等形式呈现,在不同专业领域,有不同的规范表述,有的专业有国家标准或行业标准加以规范,如《法医学　死亡原因分类及其鉴定指南》(GA/T 1968—2021)、《法庭科学 DNA 鉴定文书内容及格式》(GB/T 41021—2021)等。

比如,《法医学　死亡原因分类及其鉴定指南》(GA/T 1968—2021)对死因鉴定意见表述方式加以规定。

6.2　鉴定意见规范性表述方式

6.2.1　认定性、符合性、倾向性、不排除鉴定意见表述方式

6.2.1.1　鉴定意见达死亡机制水平的表述方式

(被鉴定人姓名/尸体名称)(系、符合、倾向于、不排除)(被××暴力作用/患××疾病)造成(根本死因)导致(直接死因)致(死亡机制)死亡。

示例:(被鉴定人姓名/尸体名称)系患冠心病导致心肌梗死致心力衰竭死亡。

6.2.1.2　鉴定意见达直接死因水平的表述方式

(被鉴定人姓名/尸体名称)(系、符合、倾向于、不排除)(被××暴力作用/患××疾病)造成(根本死因)导致(直接死因)死亡。

示例:(被鉴定人姓名/尸体名称)符合被钝性物体击打躯干及四肢造成大面积皮下出血导致挤压综合征死亡。

6.2.1.3　鉴定意见达根本死因水平的表述方式

(被鉴定人姓名/尸体名称)(系、符合、倾向于、不排除)(被××暴力作用/患××疾病,选填项)导致(根本死因)死亡。

示例1:(被鉴定人姓名/尸体名称)系被钝性外力作用于头部导致颅脑损伤死亡。

示例2:(被鉴定人姓名/尸体名称)符合一氧化碳中毒死亡。

示例3:(被鉴定人姓名/尸体名称)符合被扼压颈部导致机械性窒息死亡。

6.2.1.4　多因一果鉴定意见涉及多因素的表述方式

6.2.1.4.1　联合死因的表述方式

(被鉴定人姓名/尸体名称)(死因1)合并(死因2)死亡。

6.2.1.4.2　辅助死因的表述方式

(被鉴定人姓名/尸体名称)死亡,××为辅助死因。

6.2.1.4.3　死亡诱因的表述方式

(被鉴定人姓名/尸体名称)死亡,××为诱因。

6.2.2　不能得出结论性鉴定意见表述方式

因尸体(失去检验鉴定条件的原因),丧失检验条件,(被鉴定人姓名/尸体名称)死因无法认定(或死因不明)。

注:适用于因完全丧失鉴定条件或受目前科技水平条件所限,无法得出结论性鉴定意见的情形。

在司法实践中,由于鉴定门类不同,鉴定领域及子项目也不同,各专业有各自专业特点,难以形成统一的结果表述方式。但对于同一专业的同一鉴定事项的结果表述方式,实务界尚存在不统一、不规范的情形。法医病理鉴定中常见表述不规范情形有:死亡原因与死亡机理混淆、直接死因与根本死因混淆等。例如,根本死因是指引起一系列直接导致死亡的事件中的最早的疾病或损伤,或者造成致命性损伤的事故或暴力情况。根本死因应是可以引起较严重后果的疾病、损伤及其原发事件。在分析死因时,必须指出导致死亡发生的原发性疾病或外伤。而直接死因是指直接导致死亡的疾病或损伤,是来自根本死因的致命性并发症,是死亡发生的直接启动因素。它可以是疾病,如支气管肺炎,也可以是一种病理状态,如休克、脑水肿和脑疝形成、败血症等。常见的直接死因有感染、出血、栓塞、肺水肿等。在鉴定中往往会容易混淆根本死因和直接死因,造成对鉴定意见的误读。比如,不能将肝功能衰竭、多器官功能衰竭误读为病死,因为引起上述脏器功能衰竭的根本死因尚未在鉴定结果中表述。

法医临床鉴定中常见表述不规范情形有:在人体损伤程度鉴定中,一次行为表现多处损伤的情形,有多种不同鉴定结果表述意见。例如,在刀刺伤致多部位损伤程度鉴定中,其中头皮裂创达轻伤二级,刀刺伤致腹腔积血须手术治疗构成重伤二级。一种意见认为,上述鉴定结果为重伤二级;另一种意见认为,上述鉴定结果为头皮损伤属轻伤二级、腹部损伤属重伤二级。再如,在刀砍伤致同一部位不同程度损伤时，刀砍伤致头皮裂创、颅骨骨折、脑膜破裂、脑挫裂创、颅内积血等。依据《人体损伤程度鉴定标准》相关条款，一种意见认为，上述损伤分别对照标准进行定级，以最高等级伤情为最终鉴定结果。另一种意见认为，上述损伤分别对照标准进行定级，最终鉴定结果为对头皮、颅骨、脑损伤、颅内积血分别作出伤情等级。

在实践中，上述两种损伤程度鉴定情形尚无统一的鉴定结果表述意见方式。笔者认为，在委托方未作出特别委托要求的情形下，对于多部位的损伤鉴定，应当根据损伤鉴定原则，分别评价，综合分析，即在分析论证中对每一处损伤对照标准条款进行评价，鉴定结果为最高等级的伤情结果。在一次损伤造成同一部位不同程度损伤后果的鉴定中，也应当分别评价，最终鉴定结果为最高等级的伤情结果。

同一损伤不同的鉴定结果会影响案件的定罪量刑。例如，根据江苏省高级人民法院、江苏省人民检察院印发《〈关于常见犯罪的量刑指导意见（试行）〉实施细则（试行）》（苏高法〔2023〕114 号）第 4 条第 7 款[①]之规定，安徽省高级人民法院《关于十五种常见犯罪量刑规范的实施细则》（皖高法〔2017〕67 号）第 4

---

① 江苏省高级人民法院、江苏省人民检察院《〈关于常见犯罪的量刑指导意见（试行）〉实施细则（试行）》第 4 条第 7 款规定：……（七）故意伤害罪。

1. 构成故意伤害罪的，按下列不同情形在相应的刑罚幅度内确定量刑起点：

（1）故意伤害他人身体，致一人轻伤二级的，在一年以下有期徒刑、拘役幅度内确定量刑起点；致一人轻伤一级的，在一年至二年有期徒刑幅度内确定量刑起点。

（2）故意伤害他人身体，致一人重伤二级的，在三年至四年有期徒刑幅度内确定量刑起点；致一人重伤一级的，在四年至五年有期徒刑幅度内确定量刑起点。

……

2. 在量刑起点的基础上，根据伤害后果、伤残等级、手段残忍程度等其他影响犯罪构成的犯罪事实增加刑罚量，确定基准刑。

……

有下列情形之一的，在以其中最重伤情确定量刑起点的基础上，增加相应刑期确定基准刑：

（1）每增加轻微伤一人的，增加一个月至二个月刑期。

（2）每增加轻伤二级一人的，增加三个月至六个月刑期；每增加轻伤一级一人的，增加六个月至九个月刑期。

（3）每增加重伤二级一人的，增加一年至二年刑期；每增加重伤一级一人的，增加二年至三年刑期。

（4）造成被害人六级至三级残疾，每增加一级残疾，增加六个月至一年刑期；造成被害人残疾程度超过三级的，每增加一级残疾，增加一年至二年刑期。

（5）其他可以增加刑罚量的情形……

条第2款[①]之规定，同一鉴定出现不同鉴定结果表述，往往会影响审判结果。同一鉴定，一个重伤的鉴定结果，与一个重伤、一个轻伤的鉴定结果，在量刑上因不同鉴定结果而出现量刑差异。

因此，鉴定意见作为证据的一种，对相同鉴定类型在表述上应当统一，对不同鉴定方法得出鉴定意见的表述也需要规范，以免鉴定结果表达的多样性造成理解与认识的差异，影响对其作为证据对案件事实证明力的判断，甚至会出现不应有的争议或者误导，更应避免对不同表达的误识而出现误判，影响鉴定的权威性。[②]

4. 鉴定文书中有无附必要的检验照片、图谱、表格等。

鉴定过程中所产生的材料，如鉴定过程中所使用仪器设备中存储的图片、图谱、电子数据等信息，鉴定过程中的检查和检验原始记录、表格、照片等是鉴定意见的重要过程资料，开展专门审查，需要综合审查上述图表、照片、电子数据等信息与鉴定意见的符合性、一致性、客观性。例如，在法医学人体损伤程度鉴定中，对与鉴定结果有直接联系的阳性结果，应当附有能反映创口部位、形状、大小的照片，能反映骨折部位、形态、数量的CT影像等相关照片。在法医DNA鉴定专门审查中，除检验过程中需要附有必要的STR分型结果表格、图

---

① 安徽省高级人民法院《关于十五种常见犯罪量刑规范的实施细则》第4条第2款规定：(二)故意伤害罪。

构成故意伤害罪的，可以根据不同情形在相应的幅度内确定量刑起点。在量刑起点的基础上，可以根据伤害后果、伤残等级、手段残忍程度等其他影响犯罪构成的犯罪事实增加刑罚量，确定基准刑。

1. 第一个量刑幅度

故意伤害致一人轻伤一级的，可以在一至二年有期徒刑幅度内确定量刑起点；致一人轻伤二级的，可以在六个月拘役至一年有期徒刑幅度内确定量刑起点。具有下列情形之一的，可以增加相应的刑罚量：

(1)每增加轻微伤一人，增加一个月至二个月刑期。

(2)每增加轻伤一人，增加三个月至六个月刑期。

(3)其他可以增加刑罚量的情形。

故意伤害致人轻伤的，伤残程度可在确定量刑起点时考虑，或者作为调节基准刑的量刑情节。

2. 第二个量刑幅度

故意伤害致一人重伤一级的，可以确定五年有期徒刑为量刑起点；致一人重伤二级的，可以在三至四年有期徒刑幅度内确定量刑起点。具有下列情形之一的，可以增加相应的刑罚量：(1)每增加轻微伤一人，增加一个月至二个月刑期。

(2)每增加轻伤一人，增加三个月至六个月刑期。

(3)每增加重伤一人，增加一年至二年刑期……

② 参见郭华：《司法鉴定结果的表述体系与建构——基于贝叶斯定理在鉴定中的展开》，载《中国司法鉴定》2020年第3期。

谱等基础信息外，还要审查鉴定结果中的数据、数值与表格图谱中信息是否一致、有无遗漏、有无错误等。

5. 鉴定结果与勘验、检查笔录及相关照片等其他客观性证据之间的印证情况。

在专门审查中，鉴定结果可以与其他实物证据、言词证据等协同证明整个案件事实。例如，鉴定意见与物证、书证、电子数据、勘验检查笔录、证人证言等加以印证，以证明物证的相关性、书证的来源、电子数据的真伪、现场的原始状况、证人证言的可信度等。鉴定意见审查有助于审查判断其他证据，有助于印证其他证据，有助于与其他证据一起形成证据锁链来认定案件事实。与能对案件事实起直接证明作用相比，绝大部分鉴定意见需与其他证据形成联结，起到与其他证据相互印证的作用。又如，物证是以其外部特征和物质属性来起证明作用的，而有些鉴定意见是用来判断证人证言、犯罪嫌疑人、被告人供述和辩解、被害人陈述等言词证据的真伪的，有些鉴定意见是对物证、书证或视听资料的真伪进行鉴别的。因此，鉴定意见不仅要求其自身客观、科学、合法，还必须与案件事实和其他证据能够相互印证，形成证据锁链。① 孤立的鉴定意见不能作为定案依据，鉴定意见的审查具有对其他证据审查判定的功能，同时鉴定意见的审查必然要综合全案事实并结合其他证据进行综合分析判断。②

案例 41　丁某和安某死因鉴定案——致伤工具及致伤方式审查

2000 年某日凌晨，谢某和陆某在某市一饭店内，对被害人丁某、安某实施抢劫，在遭反抗后，谢某和陆某持刀捅刺被害人丁某、安某，并抢劫得现金若干和 1 部相机后逃离现场。经鉴定，被害人死因分别为：丁某系被他人用刺器刺戳头颈、胸腹、背部，造成心脏破裂致大出血而死亡；安某系被他人用刺器刺戳头、颈、胸、背等部位，造成右颈静脉破裂大出血、纵膈巨大血肿，致急性循环机能衰竭而死亡。现委托对以下专业技术问题开展专门审查：(1) 被害人体表锐器创是单刃还是双刃？(2) 被害人体表锐器创由几种锐器形成？(3) 致命伤是什么？致命伤是何种工具形成的？

---

① 参见李杰：《检察机关技术性证据审查问题研究》，载《中国检察官》2010 年第 3 期。

② 参见邢庭：《我国刑事诉讼鉴定意见审查研究》，南京师范大学 2017 年硕士学位论文，第 6 页。

专门审查:(1)丁某左胸部刺创为致命伤,安某颈胸部损伤为致命伤。

(2)丁某左胸部的刺创长度为5cm,深达心腔,左心室壁贯穿、破裂口长为2cm,该处刺创形态规整,一侧创角锐、一侧创角钝,未见明显变异,符合一次直接刺戳形成。故可据此推断丁某体表刺创可由刃宽在2cm—5cm的单刃锐器刺戳形成。

(3)安某右颈部、胸部刺创长度在0.9cm—1.7cm,最深3.5cm,最浅达皮下,故可认为安某体表刺创可由刃宽为0.9cm—1.7cm的单刃锐器所致。

(4)由于锐器刺戳过程可分解为进刀与出刀的过程,不能完全排除具有一定弧度的或刃宽小于上述描述宽度的单刃锐器形成上述损伤。

通过专门审查,解决了原鉴定中未详细描述的问题或者没有进一步说明的问题,专门审查意见是对原鉴定意见的解释、补强,增强了办案人员内心确信。

三、司法实践中鉴定结果表述困境

(一)人体损伤程度鉴定结果的表述差异

根据2014年1月1日起施行的《人体损伤程度鉴定标准》,人体损伤程度可分为五种伤残等级,即重伤一级、重伤二级、轻伤一级、轻伤二级、轻微伤。关于人体损伤程度鉴定意见的表述,一般情况下,鉴定结果仅有一个,即上述五种等级之一。

在刑事司法实践中,被害人的损伤程度鉴定结果直接影响到定罪量刑。在共同犯罪中,常存在多因一果,不同加害人需要对同一被害人的最终后果负责。对于同一加害人的行为导致被害人不同部位的损伤结果的情况,不同损伤分别评价可能会影响量刑,一处轻伤与三处轻伤,在量刑上有量的区别。

鉴定意见是否精准直接影响整个案件的定罪量刑,在人体损伤程度鉴定领域,由于鉴定意见表述不统一,存在分别表述与综合评价表述损伤结果两种处理方式,这两种方式对定罪量刑确有实质性影响。因此,亟须统一法医学人体损伤程鉴定意见的表述方式。

1. 多人致一人损伤

办案部门委托时考虑到可能涉及多人致一人受伤的行为情节,为了案件后续的事实认定与法律适用,需要对被害人遭受的不同损伤分别进行损伤程度鉴定。例如,3 个人致 1 人不同部位受伤,那么可按照委托要求分别鉴定、综合评定。

2. 同一个体不同部位损伤

第一种情形:同一人(加害人)的行为导致同一个体(被害人)身体不同部位的同一性质的损伤,如被害人头面部、躯干部、四肢等处瘢痕形成。

第二种情形:同一人的行为导致同一个体不同部位、不同性质的损伤,如被害人长骨骨折、体表瘢痕形成。

第三种情形:同一人行为导致同一个体、同一部位、不同性质的损伤,如被害人遭钝器打击致头皮损伤、颅骨骨折、颅内积气、颅内出血、脑挫伤等。

在这样的鉴定中,往往会出现不同的鉴定意见表达。实践中的通常做法是,在鉴定文书的分析论证部分先对照不同章节条款分别评定损伤程度,最后再以评定结果中的最高等级作为最终鉴定意见。例如,不同部位、不同性质的损伤分别评定为 2 个轻微伤、2 个轻伤二级、1 个轻伤一级,最终综合判定为轻伤一级。

案例 42 汤某良损伤程度鉴定案——伤情鉴定意见表述①

汤某良,男,1985 年 1 月 2 日出生,系丰裕电缆有限公司(某市东南公路 4819 号)职工,于 2016 年 9 月 3 日上午 9 时在公司内与同事古某、辛某伟因琐事发生纠纷,被古某用玻璃杯打中面部右侧一下,再被辛某伟用空心铁管砸击左侧头部一下后仰面摔倒,造成头面部外伤。伤后当即送往某市人民医院抢救。上述案件过程已经调取监控录像并询问在场人员得以查明。

经能力验证公议得出答案为:(1)古某造成的被鉴定人汤某良面部瘢痕形成属轻伤二级。(2)辛某伟造成的被鉴定人汤某良颅骨骨折、颅内出血、脑挫裂伤属轻伤一级。(3)被鉴定人汤某良在本次事件中所遭受全部外伤的人体损伤程度综合评定为轻伤一级。

专门审查:(1)能否对汤某良的颅脑损伤定三个轻伤一级?被害人汤某良颅骨骨折、颅内出血、脑挫裂伤分别对照条款均属轻伤一级,但在同一人行为导

① 参见《2018 年司法部法医临床学损伤程度鉴定能力验证计划》(CNAS Z0187)。

致同一个体、同一部位、不同性质的损伤时，鉴定文书的分析论证部分先对照不同章节条款分别评定损伤程度，最后再以评定结果中的最高等级作为最终鉴定意见。

(2)不同部位的损伤分别评价损伤程度是否合适？在本案中，被害人汤某良的损伤程度先按照面部、头部分别评价，再进行综合评定。一方面，按照鉴定原则规定应全面分析、综合评定；另一方面，根据委托要求，需要将两名嫌疑人的行为导致被害人遭受的不同损伤分别进行损伤程度鉴定，以便于案件的后续处理。

(二)附条件的鉴定意见表述

司法鉴定实践中，在不容易排除其他损伤或致死情形时，可以作出附条件的鉴定意见，一般表述为："若排除……，则死因为……""如能确定系本次外伤所致，则其损伤程度属轻伤二级"等。

案例43 熊某损伤程度鉴定案——"拳击手"致伤方式分析

熊某因外伤后出现第一掌骨基底部骨折，骨折对应处无表皮剥脱、挫裂创表现，结合影像学改变，能否推断系攻击伤？

专门审查：第一掌骨基底部骨折有两种常见类型，即Bennett骨折和Rolando骨折。其成伤机制主要是第一掌骨在纵轴方向遭受暴力作用传导至第一掌骨基底部所致。在排除他人扭掰的情形后，间接外力作用的成伤机制不能一概认定为自己攻击伤，他人拳击致力的传导到达基底部同样会出现此类型骨折。因此，在外伤史不明确的前提下，建议两种处理方式：一种是"经过查证，……确系遭他人外力所致，则构成轻伤二级"，另一种是"……不宜据此评定损伤程度"。[①] 故不能直接判定熊某的损伤为攻击伤。

(三)鉴定结果与告知意见存在差异

《刑事诉讼法》第148条规定："侦查机关应当将用作证据的鉴定意见告知犯罪嫌疑人、被害人。如果犯罪嫌疑人、被害人提出申请，可以补充鉴定或者重

① 参见司法部公共法律服务管理局、司法鉴定科学研究院主编：《2020司法鉴定能力验证鉴定文书评析》(上下册)，科学出版社2021年版，第653~657页。

新鉴定。”例如，在刑事诉讼中，人体损伤程度鉴定结果为轻伤一级，而在鉴定意见告知书中有时仅为“轻伤”。由于轻伤包括轻伤一级、轻伤二级，重伤包括重伤一级、重伤二级，这种告知意见虚置的做法，使辩方无法了解完整确切的鉴定意见，因此也无法实质性地准备庭审质证，往往会削弱被告人的异议权。①

（四）鉴定结果表述过于简单

案例 44　交通事故死亡原因鉴定 2 例——意见表述欠准确恰当

有两例交通事故死因鉴定均未做尸体解剖，其中一例交通事故死亡原因鉴定中，某鉴定机构的检验意见表述为：朱某符合因交通事故致胸部损伤死亡。

在另一例交通事故死亡原因鉴定中，某鉴定机构的鉴定意见表述为：徐某符合因交通事故致头、颈部损伤死亡。

专门审查：根据《法医病理学》，法医学死亡原因鉴定应根据具体的死亡案例，具体分析根本死因、直接死因、辅助死因、死亡诱因、联合死因。② 本例中，两份鉴定均未做尸体解剖，根据两份检验（鉴定）意见，仅仅分析了根本死因，本质上无异于作出交通事故直接致死的鉴定意见，鉴定本身并未对致命损伤引起的直接死因加以明确。从刑事司法证明标准来看，伤病关系未做分析，交通行为与死亡后果之间的因果关系也未有充分证据证明，并且不能排除其他死因，因此，上述意见表述存在瑕疵。

（五）多份鉴定意见相互矛盾

案例 45　杨某某损伤程度鉴定案——多份鉴定意见

2018 年 9 月 27 日，杨某某与他人发生口角后被他人徒手殴打致伤，有现场监控视频印证。同日，当地医院入院检查示：头部多处轻压痛，左肩胛区轻压痛。9 月 27 日 CT 检查示左侧枕骨可疑线形骨折征象。9 月 30 日复查 CT 示左侧枕骨线形骨折，余头颅平扫颅内未见明显异常征象。2019 年 3 月 15 日，

---

① 参见王跃：《刑事诉讼中的鉴定意见质证制度研究》，法律出版社 2017 年版，第 26～27 页。

② 参见丛斌主编：《法医病理学》（第 5 版），人民卫生出版社 2016 年版，第 28～34 页。

复查 CT 显示枕骨陈旧性骨折。

2019 年 1 月 30 日，某市第一人民医院医学会诊意见：左侧枕骨见骨透亮线，双侧顶枕缝对称，左枕部头皮下软组织不肿胀。结论：左侧枕骨线性骨折。

2019 年 4 月 9 日，某鉴定机构鉴定意见：杨某某左肩关节损伤程度构成轻微伤；杨某某左侧枕骨骨折为陈旧性骨折，不予评定损伤程度。

2019 年 7 月 1 日，另一鉴定机构重新鉴定意见：杨某某左枕骨骨折，损伤程度构成轻伤二级；该枕骨骨折是否是本次外伤所致，请结合调查。

专门审查：(1)从损伤机理上看，伤者头部遭受徒手击打，虽杨某某伤后半年内多次复查 CT 示左枕骨均见透亮线，但多次复查“骨折线”无明显变化。另外，根据枕骨解剖特点，外力作用造成单纯性枕骨骨折，而头皮及头皮下没有出现软组织肿胀、出血，颅内没有损伤，不符合颅骨骨折成伤机制。

(2)从鉴定原则上看，根据《人体损伤程度鉴定标准》的鉴定原则，①损伤程度鉴定的前提是损害后果系与本次外伤过程有一定关联性，若无关联，则失去鉴定基础。

就本例而言，若杨某某 2018 年 9 月 27 日 CT 检查的枕骨骨折系陈旧性骨折，并且与 2018 年 9 月 27 日外伤无明确关联，则不能对照《人体损伤程度鉴定标准》进行损伤程度鉴定。因此，上述重新鉴定意见不能采信。

案例 46 谭某损伤程度鉴定案——多份鉴定意见

2017 年 5 月 19 日晚，席某与谭某因琐事发生纠纷，在此过程中，席某将谭某头部打伤。

2017 年 7 月 10 日，某鉴定机构以谭某伤后出现少许蛛网膜下腔出血，对照《人体损伤程度鉴定标准》第 5.1.4e 条，评定谭某所受之伤为轻伤二级。

2017 年 8 月 7 日，另一鉴定机构重新鉴定，以未见蛛网膜下腔出血，以谭某头皮创口及头皮下血肿鉴定为轻微伤。

2017 年 9 月 26 日，第三家鉴定机构重新鉴定，谭某蛛网膜下腔出血已构成轻伤二级。

---

① 参见《人体损伤程度鉴定标准》第 4.1 条。

专门审查:本案的焦点是外伤性蛛网膜下腔出血的诊断是否成立,第一次与第三次鉴定认定了外伤性蛛网膜下腔的出血,而第二次鉴定没有认定。

该鉴定意见的审查,关键需要结合临床的症状体征以及影像学的表现来综合判断,开展实质审查。本例鉴定通过专家会诊,复阅头颅 CT 影像学资料,可以看出 2017 年 5 月 19 日左顶叶脑沟内少许高密度影,5 月 20 日左顶叶脑沟内高密度影呈吸收改变,高密度影减低,5 月 26 日左顶叶脑沟内高密度影呈吸收改变,高密度影消失(见图 4－6、图 4－7、图 4－8)。以上影像学资料说明被害人谭某伤后出现外伤性蛛网膜下腔出血的诊断成立,结合病历记载中的临床表现,对照《人体损伤程度鉴定标准》第 5.1.4e)条之规定,应鉴定为轻伤二级。

因此,对多份不同鉴定意见结果的审查,审查主体应注重实体审查的重要性,侧重鉴定的客观性审查。

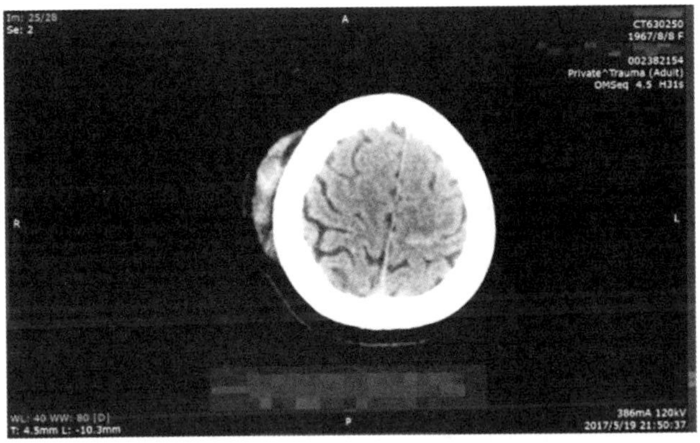

图 4－6　5 月 19 日 CT 影像

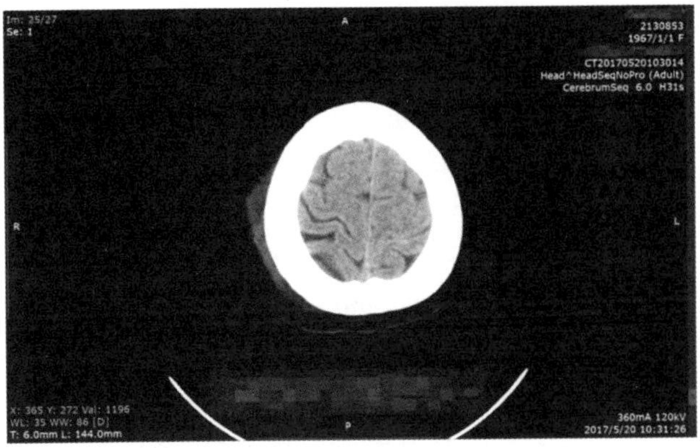

图 4－7　5 月 20 日 CT 影像

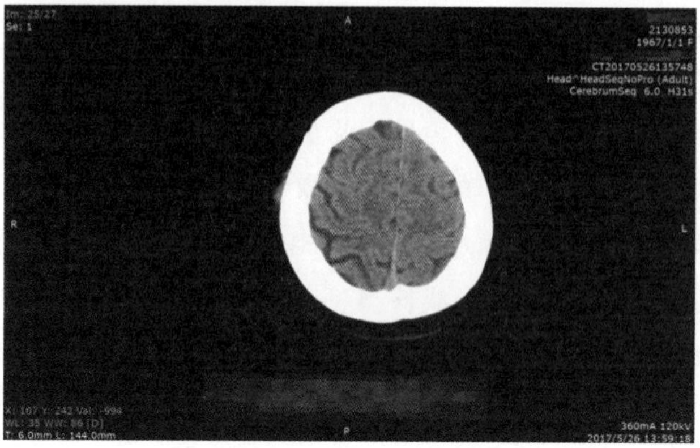

图 4－8　5 月 26 日 CT 影像

第五章
鉴定意见专门审查问题的补救

第一节　补充鉴定与重新鉴定

一、概述

通过对鉴定意见进行专门审查，提出补充鉴定、重新鉴定等补救程序，从而协助弥补原鉴定未达到的诉讼效果。

如果原鉴定意见只解决了其中的部分问题，并没有全部、全面地解决所有与待证事实有关的专门性问题；或者委托方又提供了涉及鉴定事项的新材料，经审查符合补充鉴定的条件；或者原鉴定遗漏了需要解决的问题，鉴定意见审查人员往往会建议启动补充鉴定程序。例如，在原死亡原因鉴定中遗漏了致伤工具的推断鉴定，通过审查发现后，可以作出补充鉴定。

鉴定意见经过专门审查，当出现鉴定程序违法、标准或方法使用不当、分析论证过程有重大瑕疵或错误等情形时，就有必要建议启动重新鉴定程序。

(一)补充鉴定与重新鉴定

补充鉴定与重新鉴定在本质上是对原鉴定的补充、扩展、修正和更改，是对原鉴定意见的客观性、科学性作进一步补强或变更。二者在实践中容易混淆，也容易误用。

1. 补充鉴定是指在原有鉴定意见的基础上，对于遗漏的鉴定事项，通过补充相关鉴定资料，或者对提供的新的检材、样本作出进一步鉴定，以与原鉴定意见配合使用的鉴定程序。例如，在人体损伤程度鉴定中，原鉴定仅对伤情作出等级评定，而遗漏了损伤的致伤方式鉴定，根据补充提供的鉴定材料，原鉴定人作出了致伤方式的补充鉴定意见。

2. 重新鉴定是指原鉴定因违反法定程序，或者出现鉴定错误等情形，委托方委托原鉴定机构其他鉴定人或者委托其他鉴定机构开展新的鉴定的情形。重新鉴定意见与原鉴定意见是相互独立的鉴定意见，有时结果一致，有时结果并不一致。

（二）补充鉴定与重新鉴定情形比较

1. 联系

关于补充鉴定与重新鉴定，检察机关、公安机关、司法行政机关分别在《人民检察院鉴定规则（试行）》（高检发办字〔2006〕33 号）、《公安机关鉴定规则》（公通字〔2017〕6 号）、《司法鉴定程序通则》（司法部令第 132 号）中加以规定。总体来说，补充鉴定的情形是针对原鉴定事项有遗漏或发现新的重要鉴定材料的情形，而重新鉴定的情形是针对原鉴定错误或者违反相关法定程序的情形。具体见表 5－1。

表 5－1　补充鉴定与重新鉴定比较

规定	补充鉴定	重新鉴定
《人民检察院鉴定规则（试行）》	第十八条　鉴定事项有遗漏或者发现新的相关重要鉴定材料的，鉴定机构可以接受委托，进行补充鉴定。	第十七条　具有下列情形之一的，鉴定机构可以接受案件承办单位的委托，进行重新鉴定： （一）鉴定意见与案件中其他证据相矛盾的； （二）有证据证明鉴定意见确有错误的； （三）送检材料不真实的； （四）鉴定程序不符合法律规定的； （五）鉴定人应当回避而未回避的； （六）鉴定人或者鉴定机构不具备鉴定资格的； （七）其他可能影响鉴定客观、公正情形的。 重新鉴定时，应当另行指派或者聘请鉴定人。

续表

规定	补充鉴定	重新鉴定
《公安机关鉴定规则》	第四十二条　对有关人员提出的补充鉴定申请,经审查,发现有下列情形之一的,经县级以上公安机关负责人批准,应当补充鉴定: (一)鉴定内容有明显遗漏的; (二)发现新的有鉴定意义的证物的; (三)对鉴定证物有新的鉴定要求的; (四)鉴定意见不完整,委托事项无法确定的; (五)其他需要补充鉴定的情形。 经审查,不存在上述情形的,经县级以上公安机关负责人批准,作出不准予补充鉴定的决定,并在作出决定后三日以内书面通知申请人。	第四十三条　对有关人员提出的重新鉴定申请,经审查,发现有下列情形之一的,经县级以上公安机关负责人批准,应当重新鉴定: (一)鉴定程序违法或者违反相关专业技术要求的; (二)鉴定机构、鉴定人不具备鉴定资质和条件的; (三)鉴定人故意作出虚假鉴定或者违反回避规定的; (四)鉴定意见依据明显不足的; (五)检材虚假或者被损坏的; (六)其他应当重新鉴定的情形。 重新鉴定,应当另行指派或者聘请鉴定人。 经审查,不存在上述情形的,经县级以上公安机关负责人批准,作出不准予重新鉴定的决定,并在作出决定后三日以内书面通知申请人。
《司法鉴定程序通则》	第三十条　有下列情形之一的,司法鉴定机构可以根据委托人的要求进行补充鉴定: (一)原委托鉴定事项有遗漏的; (二)委托人就原委托鉴定事项提供新的鉴定材料的; (三)其他需要补充鉴定的情形。 补充鉴定是原委托鉴定的组成部分,应当由原司法鉴定人进行。	第三十一条　有下列情形之一的,司法鉴定机构可以接受办案机关委托进行重新鉴定: (一)原司法鉴定人不具有从事委托鉴定事项执业资格的; (二)原司法鉴定机构超出登记的业务范围组织鉴定的; (三)原司法鉴定人应当回避没有回避的; (四)办案机关认为需要重新鉴定的; (五)法律规定的其他情形。 第三十二条　重新鉴定应当委托原司法鉴定机构以外的其他司法鉴定机构进行;因特殊原因,委托人也可以委托原司法鉴定机构进行,但原司法鉴定机构应当指定原司法鉴定人以外的其他符合条件的司法鉴定人进行。 接受重新鉴定委托的司法鉴定机构的资质条件应当不低于原司法鉴定机构,进行重新鉴定的司法鉴定人中应当至少有一名具有相关专业高级专业技术职称。

2. 区别

(1)启动方式不同

补充鉴定是因重新补充检材或者遗漏了鉴定事项,提出新的委托事项或者补充鉴定事项而作出的补充性的鉴定。因此,补充鉴定程序可以随时启动。例如,在眼损伤的损伤程度鉴定中,因不符合鉴定时机,伤后不久鉴定人依据原发伤作出了损伤程度鉴定,待到6个月后眼部视力损害的伤情稳定,即可行补充鉴定。重新鉴定是因原鉴定确有错误或者违反了法定程序,经承办人审查确定后,方可启动重新鉴定程序,重新鉴定的委托事项一般和原鉴定一致。实践中,大部分重新鉴定是依当事人申请并经过确认后启动的。例如,原鉴定因违反鉴定人法定回避的情形,经过审查确认后,方可启动重新鉴定。

(2)鉴定主体不同

补充鉴定作为原鉴定的补充与扩展,是原鉴定的一部分,二者可以联合使用以证明案件事实,一般由原鉴定人实施。而重新鉴定因原鉴定错误或者违反法定程序等,其结果可能出现与原鉴定完全不同的状况,因此必须重新更换鉴定人,可以另行选择鉴定机构与鉴定人,或由原鉴定机构的其他鉴定人实施,此外,《司法鉴定程序通则》对重新鉴定的鉴定机构与鉴定人资质作出了更高限制。

(3)实质内容不同

补充鉴定是对原鉴定意见的补充与扩展,一般补充鉴定的结果以原鉴定结果为依据或基础,作出与原鉴定结果相补充的鉴定结果,补充鉴定结果与原鉴定结果在鉴定原理、方法、依据上保持一致,只是补充鉴定比原鉴定多补充了一些检材,或者补充鉴定作出的是原鉴定没有完成的事项,实质上二者相互补充,构成完整的鉴定意见。而重新鉴定意见从本质上看,是一份独立的、新的鉴定意见,它在鉴定的依据、过程、方法、结果上可能与原鉴定均不同,它不将原鉴定作为基础,重新鉴定意见与原鉴定意见需要经过审查、质证后方能作出取舍。

二、补充鉴定与重新鉴定的专门审查

(一)区分补充鉴定与重新鉴定

审查一份与原鉴定内容一致、相仿或不同结果的鉴定意见,首先应区分是补充鉴定还是重新鉴定。

(二)启动方式是否适当

审查为何启动补充鉴定或重新鉴定,是否符合补充鉴定或重新鉴定启动的法定事项,启动主体是否为办案部门,当事人自行启动的鉴定情形是否适当。

(三)多份鉴定意见结果的解释

在一个案件中存在多份鉴定意见,多份鉴定意见是否针对同一鉴定事项,同一事项的鉴定若有不同鉴定意见,区分首次鉴定、补充鉴定或重新鉴定,上述鉴定意见之间的关系如何,鉴定意见之间是否存在联系或存在矛盾,若有矛盾,如何解释,能否确定哪一份鉴定意见更加客观科学。这些都是鉴定专门审查的工作内容。

案例47　王某骨折损伤程度鉴定案——补充鉴定与重新鉴定

某鉴定机构针对王某左桡骨骨折,初次鉴定由法医曾某与靳某作出轻伤二级的鉴定意见。经审查发现遗漏了左桡骨骨折系粉碎性骨折的评价,故原鉴定意见确有错误。经退回补充侦查后,曾某与靳某依据原送检材料重新作出了轻伤一级的鉴定意见。

问题:该再次鉴定是补充鉴定还是重新鉴定?

专门审查:从启动形式上、鉴定主体上、实质内容上看,曾某与靳某作出的再次鉴定既不是补充鉴定,也不属于重新鉴定。

案例48　常某脾脏损伤时间推断案——补充鉴定

常某,男,某市初中学生。2011年4月7日12时许,常某在教室内被同学鞠某打中腹部两拳,2011年4月12日10时50分许,与同学庄某在教室内打闹一次,过程不详,当日15时许,常某因腹部疼痛入医院就诊,诊断为脾破裂,并于当日行脾脏切除术(手术时间:2011年4月12日,21时30分至22时50分)。其脾破裂切除损伤程度鉴定为重伤。

专门审查:常某的脾脏破裂是4月7日还是4月12日发生,原鉴定意见尚未解决此类专门性问题,因此,需要明确脾脏破裂的损伤时间。

关于常某脾脏损伤的致伤方式与损伤时间,启动补充鉴定程序。补充鉴定意见为“常某脾脏破裂、出血,符合外伤所致;常某脾脏出血时间为8—12小时”。依据上述补充鉴定结果,明确了常某脾脏破裂非4月7日鞠某致伤行为所致。最后,公安机关以该案4月12日教室内打闹过程不详,受伤事实无法查清为由不予立案。

该案通过关于损伤时间的病理检验,推断出常某脾脏破裂损伤的时间范围,进一步帮助澄清事实,还原真相,为案件定性提供科学依据。

第二节 专家意见与专门审查意见

在司法鉴定实践中,当鉴定事项超出鉴定人认知领域和知识体系,或遇到疑难复杂问题时,往往需要寻求不同领域外部专家协助,有助于准确判断、客观鉴定。外部专家发表个人意见,一般被称为专家意见、论证意见。专家意见、论证意见广义上属于有专门知识的人的意见。

一、专家意见

专家意见,是由某一领域具有一定造诣的专家,根据委托要求针对提出的专门性问题,经过论证分析,提出论证意见。专家意见的实质是有专门知识的人的意见的一种特殊形式。例如,在法医临床鉴定中,对于CT、MRI等影像学资料,有时需要邀请影像学领域专家协助鉴定人辅助阅片,有助于准确判断。

(一)专家意见的启动情形

通常启动专家论证程序或专家协助程序的情形如下:(1)不具备检验条件或检验条件较差;(2)鉴定本身疑难复杂或存在意见分歧;(3)需要医学等相关专业外部专家协助。例如,在法医病理鉴定中,对于被害人同时存在外伤与严重自身疾病的情形,需分析伤病关系并作出死因鉴定意见,有时需要邀请临床专家、法医病理专家等多学科专家进行会商论证,形成论证意见,以助于得出客观、科学的鉴定意见。

（二）专家意见组织形式

一般由司法鉴定机构开展具体鉴定的承办人，在委托方的主持下，组织相关技术专家就某一专门性问题进行会商，会商完成后形成论证意见，或依据专家意见作出鉴定意见。不同专家发表的不同意见应当记录在案，形成的鉴定意见由本司法鉴定机构的鉴定人出具。这样组织的活动一般称为会检、会商，另一种带有共同鉴定性质的活动称为会鉴、会检。

（三）专家意见形式

1. 专家会诊（会商）意见

专家会诊意见也可称为专家论证意见，当遇到疑难复杂案件的鉴定时，鉴定机构往往会根据需要，启动专家会诊程序。通常，参与会诊的专家一般是该领域的知名专家或具备高级职称（专业技术任职资格）的专业技术人员。专家会诊一般由委托方组织实施，可以有提前沟通、专家阅卷、必要的现场检验、专家研讨、形成意见的环节。

2. 专家咨询意见

在有鉴定人专业领域之外的相关专门性问题时，可以寻求其他有专门知识的人提供技术咨询，以解决鉴定中涉及的其他领域问题，专家通过检验、分析、交流沟通等形式，提供技术咨询意见。例如，在法医临床鉴定中，需要临床专家协助判断听力、视力等专门性问题。

专家咨询区别于分包，分包是由合格分包方自行实施，并提供专门意见的过程。而专家咨询意见不一定完全由自己实施，可以协助评价其他机构实施的检验结果，提出专门意见的过程。例如，在上述法医临床鉴定中，聘请某临床专家对一份其他医院专家出具的检验报告或分包结果进行评价、分析，此处为专家咨询意见。

二、专门审查意见

（一）专门审查意见

法医类鉴定专门审查意见，是指具有法医学相应资格的审查主体接受委托,对诉讼中涉及的法医学鉴定技术性证据材料进行专门审查,并提出的专门审查意见。例如,具有法医病理鉴定资格的鉴定人,对委托方提出的某故意杀人案的法医病理鉴定书进行审查,并出具专门审查意见;具有法医 DNA 鉴定资格的鉴定人,对委托方提出的某强奸案的法医 DNA 鉴定书进行审查,并出具专门审查意见。

(二)专门审查意见功能

1. 解读功能

鉴定意见专门审查的最基本功能就是帮助当事人、诉讼参与人、案件承办人等理解鉴定意见,弥补专门知识的缺乏或欠缺。通过对鉴定意见专门审查,解读鉴定依据的原理、标准、方法、意见形成过程以及结果等,判断鉴定中分析论证的理由是否充分,帮助理解鉴定意见表述的确切含义,协助司法办案人员全面理解、使用、采信鉴定意见。例如,在 DNA 鉴定意见中,对鉴定书中结果似然比(LR)的解读、对线粒体 DNA 不能作出同一认定的解读、对基因突变的解读、对 Y 染色体 STR 分型的解读等。

2. 补强功能

通过对鉴定意见进行审查,提出补充鉴定、重新鉴定等补救程序,从而协助弥补原鉴定未达到的诉讼效果。

如果原鉴定意见只解决了其中的部分问题,并没有全部、全面地解决所有的与待证事实有关的专门性问题;或者委托方又提供了涉及鉴定事项的新材料,经审查符合补充鉴定的条件;或者原鉴定遗漏了需要解决的问题,鉴定意见审查人员往往会建议启动补充鉴定程序。例如,在原死亡原因鉴定中遗漏了致伤工具的推断鉴定,通过审查发现后,可以作出补救。

鉴定意见经过审查,当出现鉴定程序违法、标准或方法使用不当、分析论证过程有重大瑕疵或错误等情形时,就有必要建议启动重新鉴定程序。例如,在一份签字笔签名笔迹形成时间鉴定中,某鉴定机构鉴定人使用了未经确认的实验室自编的方法,该方法是非标准方法且不是该专业领域多数专家认可的技术方法。

3. 纠错功能

一方面,鉴定意见本身会出现错误。鉴定意见本身具有意见性的特点,无论是主观上故意,还是鉴定人自身能力不足,鉴定意见都存在出现错误的可能。

另一方面,鉴定意见通常会被错误解读。近年来的冤错案件中,除刑讯逼供、片面取证等因素外,司法人员对鉴定意见的错误理解,是导致冤错案件发生的重要因素。例如,在呼格吉勒图一案中,办案人员混淆了鉴定意见中同一认定与种类认定之间的关系。呼格吉勒图左拇指指甲缝内附着物中检验出O型人血,与被害人相同,而呼格吉勒图本人是A型血,办案人员即认定呼格吉勒图指甲缝内的人血就是被害人的血迹,并将此作为认定呼格吉勒图杀人的重要科学证据。[①]

因此,需要通过对鉴定意见开展专门审查,以排除错误鉴定,防止诉讼不公以及冤错案件的发生。

4. 认证功能

认证功能是指法官在审判过程中对控、辩双方或原、被告双方提供的证据材料,或者法官自行收集的证据材料,经当庭质证后,进行综合审查判断,确认证据的可采性和证明力大小的活动。法官对鉴定意见的认证过程就是凭借自己的专业知识、经验水平或者委托相关具有专门知识的人辅助审查并结合案件有关的其他证据对鉴定意见进行自由裁量,以便获得心证,从而确定鉴定意见的证据能力与证明力的过程。

三、鉴定意见、专家意见与专门审查意见比较

1. 联系

广义上来说,鉴定意见、专家意见与专门审查意见均属于有专门知识的人的意见,在办案中经过质证后,均可能起到一定的证明案件事实的作用。三者均由具备专门知识的人,利用专业知识,解决专门性问题,发表专业意见。

2. 区别

鉴定意见、专家意见与专门审查意见在启动方式、实施主体、实质内容、意见属性等方面有一定的区别,在实际办案中,尤其注意区分(见表5-2)。

---

① 参见陈文飞:《科学鉴定证据的错误解读对刑事案件的影响》,载新浪博客,http://blog.sina.com.cn/s/blog_151e11e0d0102wcl7.html,最后访问日期:2017年8月23日。

表 5 - 2 鉴定意见、专家意见与专门审查意见比较

比较内容	鉴定意见	专家意见	专门审查意见
启动方式	严苛	较宽松	较宽松
实施主体	鉴定资格人员	专门知识的人	专门知识的人
实施阶段	事前、事中	事前、事中、事后	事后
形式要求	有	无	有
实质内容	客观性、科学性	客观性、科学性	客观性、科学性、合法性、关联性
意见属性	正向评价	正向评价、反向审视	反向审视
证据价值	法定证据	参考作用	参考作用
是否有倾向性	中立	可能有	中立
形式	鉴定书、检验报告	专家论证意见	技术性证据专门审查意见书

第六章
鉴定意见专门审查的意见表述

2021 年最高人民法院《关于适用〈中华人民共和国刑事诉讼法〉的解释》第 100 条第 1 款规定，相较于 2012 年最高人民法院《关于适用〈中华人民共和国刑事诉讼法〉的解释》（已失效）第 87 条第 1 款的规定，将“就案件的专门性问题出具的报告”从“可以作为定罪量刑的参考”修改为“可以作为证据使用”，这无疑是一次质的飞跃。2020 年最高人民法院《关于审理环境侵权责任纠纷案件适用法律若干问题的解释》（已失效）第 9 条第 2 款规定，有专门知识的人在法庭上提出的意见经当事人质证可以作为认定事实的根据。2022 年最高人民法院《关于适用〈中华人民共和国民事诉讼法〉的解释》第 122 条第 2 款规定，有专门知识的人在法庭上就专业问题提出的意见可视为当事人的陈述。2023 年 1 月 11 日发布的《人民检察院技术性证据专门审查工作规定》对技术性证据专门审查意见作出规定，专门审查意见可以作为办案部门、检察官判断运用证据或作出相关决定的依据。[①]

从以上法律和司法解释来看，实务界对于“有专门知识的人的意见或报告”的法律属性持开放态度。在办案实践中，以鉴定意见专门审查为例，存在

---

① 最高人民法院《关于适用〈中华人民共和国刑事诉讼法〉的解释》（法释〔2021〕1 号）第 100 条第 1 款规定：“因无鉴定机构，或者根据法律、司法解释的规定，指派、聘请有专门知识的人就案件的专门性问题出具的报告，可以作为证据使用。”最高人民法院《关于适用〈中华人民共和国刑事诉讼法〉的解释》（法释〔2012〕21 号）（已失效）第 87 条第 1 款规定：“对案件中的专门性问题需要鉴定，但没有法定司法鉴定机构，或者法律、司法解释规定可以进行检验的，可以指派、聘请有专门知识的人进行检验，检验报告可以作为定罪量刑的参考。”最高人民法院《关于适用〈中华人民共和国民事诉讼法〉的解释》（法释〔2022〕11 号）第 122 条第 2 款规定：“具有专门知识的人在法庭上就专业问题提出的意见，视为当事人的陈述。”最高人民法院《关于审理环境侵权责任纠纷案件适用法律若干问题的解释》（法释〔2020〕17 号）（已失效）第 9 条第 2 款规定：“具有专门知识的人在法庭上提出的意见，经当事人质证，可以作为认定案件事实的根据。”《人民检察院技术性证据专门审查工作规定》（高检发办字〔2023〕22 号）第 7 条规定：“技术性证据专门审查意见，可以作为办案部门、检察官判断运用证据或作出相关决定的依据。”

“解释说明”、“验证评价”与“分析推断”效果的三类专门审查意见。从实质内容来看，“解释说明”与“验证评价”更侧重对鉴定意见的审查判断，而“分析推断”带有鉴定性质，是对原鉴定意见的补充、扩充，类似于补充鉴定、专家论证意见，此形式容易引起争议，可能会出现“以审代鉴”的情形，并且具有鉴定性质的专门审查意见并无告知程序，可能会剥夺当事人的异议权。因此，最高人民检察院在规范专门审查意见时，暂未予扩充“分析推断类”意见形式。①

在司法实践中，技术性证据专门审查完成后，应当按照委托要求，针对审查对象作出审查意见，并规范制作技术性证据审查意见书。根据技术性证据专门审查意见内容实质以及专门审查意见功能，可以将专门审查意见形式分为解释说明类专门审查意见、验证评价类专门审查意见、分析推断类专门审查意见等三类。

第一节　解释说明类专门审查意见

解释说明类专门审查意见，是针对原鉴定中专门性问题进行解读剖析，包括但不限于对术语定义、科学原理、标准方法、检验过程、分析论证、意见结果等提出解释说明性意见。

一、解释说明类专门审查意见类型

（一）文义解释

1. 名词解释，是对法医学专业术语，通过文字或者表格、图示等方式，对相关概念进行科学解释。

（1）在法医病理鉴定中：体位性窒息是指身体长时间被限制在某种异常体位，使呼吸运动和静脉回流受阻而引起的窒息死亡。

猝死，是指貌似健康的人，因患潜在疾病或急性功能障碍，突发急速、意外的自然死亡，从症状急性发作至死亡的时间一般在 24 小时以内。

① 参见最高人民检察院司法鉴定技术规范《法医类鉴定专门审查指引》（ZGJ/J 002—2022）。

根本死因,是指引起死亡的原发性疾病或致死性暴力。

直接死因,即致命性的并发症。

辅助死因,是根本死因之外的自然性疾病或损伤,它们本身不会致命,但在死亡过程中起到辅助作用。

死亡诱因,即诱发身体原有潜在疾病急性发作或迅速恶化而引起死亡的因素。

(2)在法医临床鉴定中:损伤,是指各种致伤因素(物理性、化学性和生物性等)所引起的人体组织器官结构破坏或者功能障碍的程度。

残疾,是指人体组织器官结构破坏或者功能障碍,以及个体在现代临床医疗条件下难以恢复的生活、工作、社会活动能力不同程度的降低或者丧失。

(3)在法医物证鉴定中:等位基因,指同一个基因座上的基因可以有多个,它们之间存在 DNA 一级结构的差异,这种有差异的基因互称为等位基因。

Y 染色体 STR,指 Y 染色体上的一类遗传标记,大多数具有复杂的串联重复结构,遵循父系单倍体遗传规律,只遗传给子代男性,呈父系遗传特征。

线粒体 DNA(mtDNA),是指人类唯一的细胞核外 DNA,不遵循孟德尔遗传定律,表现为母系遗传,通过卵细胞将其中的遗传信息传递给后代,单个细胞中线粒体 DNA 拷贝数多,存在异质性现象。

似然比,是指评估遗传标记分型以提供证据强度的指标,是两个条件概率的比值。例如,似然比 = 概率 1(现场 DNA 为犯罪嫌疑人所留)/概率 2(现场 DNA 为犯罪嫌疑人之外的其他随机个体由于偶然因素所留)。似然比值越大于 1,越支持现场 DNA 为犯罪嫌疑人所留。在实践中,当数值超过全球人口总数,表明证据有足够强度支持现场 DNA 为犯罪嫌疑人所留。

(4)在法医毒物鉴定中:中毒量,是指使机体发生中毒的毒物最小剂量。

致死量,是指使机体中毒致死的毒物最小剂量。

气相色谱法(GC),是指以气体为流动相的色谱法。其中固定相为吸附剂的为气固色谱法;固定相为涂在惰性单体或毛细管壁上的液体的,称为气液色谱法;色谱柱为普通填充柱的,称为填充柱气相色谱法;色谱柱为毛细管的,称为毛细管气相色谱法。

顶空 - 气相色谱法,又称液上气相色谱分析,是利用液体或固体中挥发性组分在密闭恒温系统中达到平衡后,气相和液相或固相中的挥发性组分比值恒定的原理,对平衡后的蒸汽进行气相色谱分析的方法。

保留值,是指试样中各组分在色谱柱中滞留的数值,通常用组分流出色谱柱的时间或组分流出色谱柱所需载气的体积来表示。

2. 文义理解,是对法医学鉴定文书中的常见表述文字、语义,利用科学理论、解释方法,进一步作出科学、客观的解释。

例如,在法医临床鉴定中,依照《人体损伤程度鉴定标准》第5.9.2j)条规定的一侧膝关节交叉韧带完全断裂遗留旋转不稳,第5.9.3c)条规定的膝关节韧带断裂伴半月板破裂,第5.9.4e)条规定的肢体大关节韧带断裂,利用体系解释方法,韧带断裂应当包括部分断裂、完全断裂。

另外,临床上骨折块超过三块,才可定义为粉碎性骨折。

又如,在法医DNA鉴定中,混合斑鉴定意见可出现下列表述:送检的"卧室门边木质拖把木柄上擦拭物""床边沿距离床头3cm处红色斑迹"检出DNA,为混合基因型,包含有"严某华的血样"与"李某力的血样"在D8S1179等15个基因座基因型。上述擦拭物与红色斑迹均为混合斑,只能解释包含有严某华、李某力两人血样的基因型,并不能直接解释为由严某华、李某力两人的DNA混合形成。原因有二:一是检测的常染色体基因座为15个,其解释是基于统计分析;二是混合斑拆分的复杂因素增加了STR图谱解释的不确定性。[①]

3. 专业程序。

(1)鉴定规则:从事或开展法医学鉴定所必须遵从的行业规定。实践中,该类行业规定由检察机关、公安机关、司法行政机关制定。例如,鉴定资质或司法鉴定资质,是指司法鉴定机构在开展相关委托鉴定事项时,该机构与具体实施鉴定的人员必须具备的相应鉴定能力与鉴定许可,如委托开展人体损伤程度鉴定,受理的司法鉴定机构以及具体鉴定工作承办人均应该具有法医临床鉴定资格,具体专门审查详见本书第二章第二节。鉴定时机,即开展鉴定的时点,是客观、准确地得出鉴定意见的时限要求,具体专门审查详见第三章第三节。补充鉴定与重新鉴定在本质上是对原鉴定的补充、扩展、修正、更改,是对原鉴定意见客观性、科学性作出的进一步补强或变更,具体专门审查详见第五章第

① 参见[美]布尔特尔:《法医DNA分型专论:证据解释》,侯一平、李成涛、严江伟主译,科学出版社2018年版,第119页。

一节。

（2）标准规范：对标准规范适用的准确性、科学性作出专业解读。例如，关于标准规范文件的划分为国家标准、行业标准、地方标准、团体标准、企业标准与规范性文件、技术规范、作业指导书，它们之间有所区别与联系。

（3）标准位阶：对于同一专门性问题，当涉及多个标准时，如何适用新旧标准、如何选择标准、标准的权威性高低区分等。具体专门审查详见本书第四章第三节。

（二）技术说明

1. 理论原理的说明

（1）科学原理。

例如，Y 染色体 STR，指 Y 染色体上的短串联重复序列，Y 染色体为男性特有，只能从父亲向下遗传给儿子，故在一个父系家族中，其男性个体拥有完全相同的 Y 染色体非重组区（除突变外）。Y 染色体分型在父系亲缘关系鉴定和家系溯源中有一定实用价值。Y 染色体 STR 在个体识别能力方面与线粒体 DNA 类似，不具有个体直接认定能力，但有排除能力。

（2）死亡时间误差。

死亡时间往往基于尸体的自然现象以及生理现象的变化规律来推断，受环境因素、人为因素、个体差异、推断方法、所选标准等影响较大。例如，通过尸冷的规律推断死亡时间，其容易受到季节、衣着、覆盖物、接触物、是否在水中等因素影响。运用光学方法推断生物斑迹遗留时间往往受到载体背景影响，不同颜色、材质的载体会对检测结果带来不同程度的影响。[①] 根据胃肠内容物消化程度推断死亡时间，会受到食物种类和性状、进食量、进食习惯、胃肠功能状态和健康状况、个人精神状态、药物和饮酒等因素的影响。搬运尸体可能造成尸斑褪色和尸僵被破坏，从而造成影响。国内外学者研究证实了机体死后 DNA 含量变化有规律并与死亡时间有线性相关，但机体死后 DNA 含量的改变还受到疾病、损伤、淤血程度、死亡原因、细菌繁殖、环境温度和湿度等因素的影响，并

---

① 参见张瑾、高珊、畅晶晶等：《现场生物斑迹遗留时间推断研究进展》，载《中国法医学杂志》2018 年第 1 期。

随取材部位而异。①

实践中,一般通过早期尸体现象推断死亡时间较准,而晚期尸体现象推断死亡时间相对误差较大。常见的命案发生时间法医学推断方法中,关于结果误差的统计与报道有很多,如姚小亮等关于胃内容排空延缓的报道中,5 例推断末次进餐时间与实际时间的误差分别为 3 小时、4 小时、5 小时、5 小时、4 小时。② 吴玉锋等认为,通过晚期尸体现象推断死亡时间,有 37 例是自然环境作用下的无特异性的晚期尸体变化,遵循一般晚期尸体变化规律,推断的死亡时间基本正确,但仍有 12 例出现较大偏差。③

2. 检验方法的说明

根据胃、肠内容物消化程度推断早期死亡时间:食物在胃内停留的时间和食糜及食物残渣通过小肠的时间有一定的生理规律,根据这种规律性变化,可以推断死亡距最后一次进餐的时间,从而大致可推断死亡时间。

九分估算法:在进行人体体表面积计算时,将成人体表面积视为 100%,并划分为 11 个 9% 的等面积区域,即中国九分法。④ 在 100% 的体表总面积中:头颈部占 9%(9% ×1)(头部、面部、颈部各占 3%);双上肢占 18%(9% ×2)(双上臂 7%,双前臂 6%,双手 5%);躯干前后包括会阴占 27%(9% ×3)(前躯 13%,后躯 13%,会阴 1%);双下肢(含臀部)占 46%(臀部 5%,双大腿 21%,双小腿 13%,双足 7%)(9% ×5 +1%)(女性双足和臀各占 6%)。由于人体各个部位表面积占人体表面积的百分比在不同年龄段有所差异,烧伤面积的估算方法有所区别,共有中国九分法、新九分法、十分法、手掌法四种方法针对不同的年龄段的烧伤面积进行估算。

3. 过程结果的说明

(1)检验过程。

定性与定量分析:在法医毒物分析中,定性分析的目的是确定检材是不是

---

① 参见刘良财、崔玉宝:《不同器官组织细胞中 DNA 含量与死亡时间推断的研究进展》,载《四川解剖学杂志》2012 年第 4 期。

② 参见姚小亮、丁轩坤:《胃内容物排空延缓 5 例分析》,载《法医学杂志》2006 年第 4 期。

③ 参见吴玉锋、祝志伟、潘莲莲等:《晚期尸体现象推断死亡时间 49 例分析》,载《法医学杂志》2012 年第 6 期。

④ 参见刘技辉主编:《法医临床学》(第 5 版),人民卫生出版社 2016 年版,第 31 页。

某种毒物，或检材中是不是含有某种或某几种毒物，通常被称为检出。定量分析的目的是确定毒物在检材中的含量，通常被称为含量测定，简称测定。[①]

线粒体 DNA 结果解释：线粒体 DNA 呈母系遗传，兄弟姐妹与母亲有相同的线粒体 DNA 序列。虽然线粒体 DNA 的序列相同，但不具有个体直接认定能力，而有“不排除”同一个体或同一母系来源的参考价值。注意线粒体 DNA 突变率和异质性，异质性是指同一个体内存在一种以上的线粒体 DNA 序列，这种可能存在的异质性使线粒体 DNA 的“排除”作用不那么可靠，仅 1 个或 2 个碱基不同，可能是异质性或突变所致，以“不确定”定义两者同一来源为妥，而序列（3 个以上碱基）不同则可排除个体同一或母系同一。因此线粒体 DNA 序列相同的意义、作用更明确。

（2）工作流程。

法医学死因鉴定流程：根据委托要求，一般需要经过尸表检验、解剖检验、毒物检验等过程，必要时，需要进一步作病理组织学检验、生化检验、药物分析、医疗因素评价等鉴定。

法医物证检验流程：根据委托要求，对于一份未知可疑血样检材，一般需经过肉眼检查、血痕预试验、确证试验、种属鉴定、DNA 个体识别等过程。有时可以省略预试验、确证试验过程。比如，在送检物证中检出 DNA 成分，并不代表该物证检材一定含有血。

（3）鉴定结果。对鉴定结果作出客观、科学合理的解释，具体专门审查相关内容详见第四章第五节。

结论理解。比如，鉴定结果出现矛盾时的解决方案，协助厘清外伤在死亡原因中的作用和地位，分清伤病关系等。

结果解释。比如，对法医病理死因鉴定结果、毒物鉴定结果、DNA 鉴定结果等作出科学合理的解释。

二、解释说明类专门审查意见功能

1. 专业性：通过解释说明，协助解决办案人员因缺乏专门知识而造成鉴定文书理解上的障碍和偏差。

---

① 参见丛斌主编：《实用法医学》，人民卫生出版社 2014 年版。

2. 客观性:通过解释说明,客观反映鉴定过程,帮助办案人员理解整个检验过程的客观性。

3. 准确性:通过解释说明,协助办案人员对鉴定意见的科学性、准确性的理解。

案例 49 冯某被害案——死亡时间推断的误差解释

在一份冯某被害案法医学死亡原因鉴定意见中,原鉴定对死亡时间作出了“距离末次进餐 3 小时左右”的鉴定意见,因多份证据提示被害人的死亡时间为距离末次进餐 10 小时左右,案件承办人委托法医作专门审查。

专门审查:经过审查,审查人对死亡时间的推断原理、误差产生的原因以及结果判定的影响因素进行梳理,向委托方解释了在死亡时间鉴定中,需要综合考虑时间推断的方法(尸体现象推断、生化方法、生活反应、组织病理学、DNA 技术及其他),时间推断的误差(食物性状、年龄、消化功能、检材情况、推断方法等),时间推断的印证(与周围客观时间印证,有无矛盾,补充说明等)等进行综合判断,才能得出较为准确的推断意见,从而为案件承办人采纳、采信死亡时间的推断意见提供科学的技术支持。

第二节 验证评价类专门审查意见

一、验证评价类专门审查意见类型

验证评价类专门审查意见,是针对原鉴定关于专门性问题的鉴定意见进行溯源分析,以验证其鉴定结果的客观、科学性。包括肯定性专门审查意见、否定性专门审查意见、其他专门审查意见。

(一)肯定性专门审查意见

肯定性专门审查意见,是指依据送审材料,对原鉴定中的技术标准、技术方法符合性,检材、样本的完整性、可靠性,形成过程的规范性、合理性,分析论证充分性、严谨性,结果客观性、可用性,形式要件完备性等所作出的正向评价,具体包括同意、准确、明确、适当、依据充分、论证充分、结果合理等。

1. 正向肯定意见（同意）

例如，在一份法医临床损伤程度鉴定意见中，原鉴定作出了被害人所受之伤属轻伤一级的鉴定意见。审查人依据《人民检察院技术性证据专门审查工作规定》（高检发办字〔2023〕22 号）以及最高人民检察院发布施行的《法医临床鉴定专门审查指引》（ZGJ/J 004—2022），通过查阅临床病案资料，复阅相关影像学资料，查看原检验记录以及检验照片等原始鉴定资料，还原了原鉴定过程，认为原鉴定依据材料充分、分析论证严谨、结果表述客观准确，出具"同意原鉴定意见"的专门审查意见。

2. 正向延伸意见（同意并进一步说明）

例如，在一份法医病理死因鉴定意见中，原鉴定作出了被害人系机械性窒息的鉴定意见。审查人依据《人民检察院技术性证据专门审查工作规定》（高检发办字〔2023〕22 号）以及最高人民检察院发布施行的《法医病理鉴定专门审查指引》（ZGJ/J 003—2022），通过查看原始检验记录，尸体检验照片，毒物检验结果，同时复阅了组织病理学切片，作出了同意原机械性窒息的鉴定意见，并对上述机械性窒息的具体窒息方式以及窒息征象进一步作出详细阐述的专门审查意见。

（二）否定性专门审查意见

否定性专门审查意见，是指依据送审材料，对原鉴定中的技术标准、技术方法符合性，检材、样本的完整性、可靠性，形成过程的规范性、合理性，分析论证充分性、严谨性，结果客观性、可用性，形式要件完备性等所作出的反向评价，具体包括鉴定意见不妥、不准确、不适当、不精确、不恰当、有误、错误，鉴定依据不足、欠妥当、欠准确、欠充分等表达方式。

1. 反向否定意见（不同意）

例如，在一份法医病理死因鉴定中，原鉴定将被害人心脏破裂鉴定为自身疾病所致心脏破裂。经过专门审查，审查人调取原始尸体检验照片、组织脏器检材、组织病理学切片以及原始检验记录等，经过重新检验、阅片、专家论证等程序，验证性地提出专门审查意见：被害人心脏破裂不符合自身疾病所致病理学改变，考虑系心肺复苏过程中形成。

2. 反向评判意见(依据不足)

例如,在一份法医临床损伤程度鉴定中,原鉴定遗漏了对颅脑损伤的并发症与后遗症的评价。经过专门审查,审查人提出原鉴定意见依据不足,建议对颅脑损伤的并发症与后遗症进行重新评价并作出鉴定意见。

(三)其他专门审查意见

其他专门审查意见,是指依据送审材料,对原鉴定中的表述、论证、结论所作出的其他评价。

例如,一份鉴定意见中有关侦查试验结果的科学性与可靠性评价,损伤程度鉴定结果与伤残程度鉴定结果是否存在矛盾等。

案例50 吴某基底节区出血鉴定案——伤情、伤残鉴定中同一专门性问题不同评价

2022年4月3日,吴某(男,1963年1月出生)因交通事故受伤。

病历记载为2022年4月7日,神志嗜睡,枕部擦伤、肿胀出血,面部多处擦伤,左肩部、左胸部压痛,双膝双足多处擦伤渗血,左足青紫,左小腿肿胀、出血明显。CT检查显示右侧基底节区脑出血,枕顶部软组织血肿。

2022年4月8日CT检查显示脑出血对比2022年4月7日CT图像脑内出血增多。

2022年4月9日CT检查显示顶叶脑沟内见线样高密度影,中线结构居中。

现需要委托进行人体损伤程度、伤残程度以及精神障碍鉴定。

根据委托要求,三家鉴定机构分别出具鉴定意见。

(1)人体损伤程度鉴定意见:被鉴定人吴某右侧基底节区出血并出现肢体功能障碍等脑受压的症状和体征,行“右侧基底节区脑血肿清除+颅骨成形术”治疗,对照《人体损伤程度鉴定标准》第5.1.2h)条之规定,其头部损伤程度为重伤二级。

(2)人体损伤致残程度鉴定意见:被鉴定人吴某既往存在动脉粥样硬化、心脑血管等自身性疾病,故吴某存在脑血管破裂的疾病基础,并且右侧基底节

区脑出血与本次交通事故头部外伤、自身性疾病均存在因果关系,在原因力的大小上属于伤病共存,多因一果,难分主次,外伤与自身疾病为同等作用(外伤参与度为50%)。目前被害人吴某左侧肢体偏瘫(肌力4级)构成人体损伤七级伤残(外伤参与度为50%为宜)。

(3)精神障碍鉴定意见:被鉴定人吴某右侧基底节区出血,另摄片见头颈部动脉粥样硬化、硬化的血管较常人易发生出血,故其自身因素对脑出血及精神障碍的发生、发展及转归存在一定作用。结合本次外伤所致外伤的严重程度及其自身因素,综合考虑本次外伤对其目前的精神障碍起主要作用。

专门审查:以上三份鉴定,对于脑基底节区出血的认定,存在三种观点。伤情鉴定认为外伤性脑出血,伤残鉴定认为是外伤与自身疾病共同导致的脑内出血,精神障碍鉴定认为外伤为主导致的脑出血。

很显然,上述三个鉴定之间存在矛盾,依据伤残鉴定意见中关于外伤与脑内出血之间的因果关系判断,在损伤程度鉴定中需考虑伤病关系共同作用,应降级鉴定为轻伤。

关于伤病关系。(1)关于伤。吴某头面部外伤史明确,损伤明显且程度较重,即交通事故致头皮挫伤,面部擦伤,蛛网膜下腔出血、脑挫裂伤。(2)关于病。吴某有动脉粥样硬化表现,即右侧大脑中动脉M1段局部管腔中度狭窄;右侧颈内动脉C6段管壁钙化斑块,管腔轻度狭窄;右侧颈内动脉C7段宽基底微小突起;病变程度不重,并且未见高血压病史,无动脉瘤、血管畸形等。交通事故所致头部外伤与被害人右侧基底节区出血有直接因果关系,外伤为主要作用、根本原因,疾病为次要或轻微作用。因此,吴某的头部损伤(右侧基底节区出血)应以原发伤及后遗症对照标准进行损伤程度鉴定,为重伤二级。

二、验证评价类专门审查意见功能

鉴定活动质量控制环节,包括对每项鉴定活动的技术记录进行规范,确保在还原鉴定环境条件的前提下,尽可能地复现相关鉴定活动,此项要求其实是鉴定可重现、可追溯的重要体现。这种可追溯是确保当事人或办案人员对鉴定意见有异议时,能够再现鉴定过程和重现鉴定意见的重要保障。开展鉴定意见专门审查,其关键环节就是对原鉴定意见形成过程的追溯,回溯审查是鉴定意见实质审查的应有之义。鉴定检验过程的可重现性与可溯源性是衡量鉴定意见是否可被采纳、采信的重要标志。①

1. 溯源性：通过验证评价，协助办案人员还原整个鉴定过程，溯源每一例鉴定案件的委托受理、鉴定检验、分析论证、得出结论的具体过程细节。具体来说，需要结合以下具体要求。

（1）过程资料清晰：用于鉴定检材、样本，包括但不限于病史、病案资料、影像学资料、检验记录、专家论证咨询意见、调查资料等，均全部获取。

（2）过程操作追溯：在具体鉴定的操作环节中，参与人员、台账记录、视频资料等，可以再现、还原整个鉴定全过程。

2. 重现性：在待审查鉴定相同的实验环境中，通过验证性评价思路，重新作出一次鉴定检验，以验证原鉴定意见的客观性、科学性。具体需要有以下要求。

（1）环境可模拟：用同样的实验环境，可以进行重复性检验，得出和原鉴定一致的鉴定意见。例如，根据伤者的病案资料、影像学资料，对一例外伤所致骨折的损伤程度鉴定进行验证性评价时，可以模拟得出与原鉴定一致的鉴定意见。

（2）鉴定可重现：用同样的鉴定条件，原鉴定可以在审查人实验室重新作出。比如，酒精含量检测中，对于留样的 B 瓶进行再次复核检测时，运用首次鉴定同样的方法，同样的设备进行复核检测，可以得出同样或相似的检测结果。

（3）结果可比对：同样的鉴定检材，模拟同样的鉴定环境，可以得出同样的鉴定结果，并且结果可以进行一致性比对。该验证性评价思路，与在实验室认证、认可评审中，对实验室的鉴定能力开展持续性符合性评价，开展能力验证或测量审核的方式类似。

案例 51　李某心脏破裂死因鉴定案——伤病关系鉴定

2011 年 11 月某日，杜某与李某因琐事发生争吵，后杜某采取拳打脚踢的方式将李某打伤，之后李某经抢救无效死亡。经鉴定，李某符合在心肌广泛纤维化基础上，因钝性外力作用于胸部致心脏破裂而死亡。

专门审查：（1）关于损伤。死者左颞顶部裂伤伴头皮下出血，胸骨骨折，左

① 参见邢庭：《有关“检察机关鉴定意见专门审查指引”的研究》，载《医学与法学》2022 年第 3 期。

侧第3～6肋、右侧第3～7肋骨见多处骨折，纵膈血肿，心包腔内有100ml不凝血，心尖部检见一破裂口，大小为1.5cm×0.2cm，贯通至右心室。以上说明李某头部、胸部曾遭受巨大钝性外力作用。

(2)关于疾病。李某左、右冠状动脉未见粥样硬化改变及狭窄，右心心外膜下脂肪组织浸润，心肌广泛纤维化，心肌细胞肥大和萎缩相间，心尖部心肌肌层菲薄伴脂肪组织浸润，未见急性心肌梗死灶或室壁瘤，上述病理改变说明李某存在心肌广泛纤维化的心脏病理表现，此病理改变一定程度上使得心肌弹性下降，是心脏破裂的辅助因素。

(3)关于伤病关系及鉴定结果。李某符合在心肌广泛纤维化、右心心外膜下脂肪组织浸润、心尖部肌层菲薄等病变基础上，因钝性外力作用致心脏破裂而死亡。其根本死因为胸部钝性外力作用，直接死因为心脏破裂引起循环功能衰竭，其自身心脏病变是心脏破裂的辅助因素。

第三节　分析推断类专门审查意见

分析推断类专门审查意见，是针对原鉴定中未予评价的某一专门性问题，结合对原鉴定过程的回溯，采取类似鉴定式的审查方式，通过亲历性的检验过程，扩充性地提出新的专门意见。此类专门审查意见的核心是原鉴定对某一专门性问题未予评价。

一、分析推断类专门审查意见类型

(一)补充分析意见

补充分析意见，是指依据送审材料，对原鉴定中的专门性问题，就已经评价但未进一步作深入明确的鉴定事项，通过类似检验鉴定的过程进行补充分析，包括对检验报告与鉴定书意见结果的进一步分析，对毒物检验报告结果的进一步分析，对间歇性精神病人的辨认控制能力作出进一步分析等。

例如，在两份法医DNA鉴定文书中，一份鉴定文书为对某一现场检材的检验结果的表述，另一份鉴定文书是结合第一份鉴定文书中的鉴定结果作出的鉴定意见。审查人依据最高人民检察院发布施行的《法医 DNA 鉴定专门审查指引》(ZGJ/J 005—2022)开展专门审查,前一份文书是检验报告,后一份是鉴定书,协助厘清两份鉴定文书之间的关系,并对两份鉴定文书的相关检验结果分析过程进行补充说明,出具专门审查意见,进一步提高两份鉴定文书的证明价值。

(二)推断扩充意见

推断补充意见是指依据送审材料,对在原鉴定中未予评价的某一专门性问题,委托方现提出要求根据现有资料进行推断审查,并出具专门审查意见。如在法医学鉴定中,一般包括成伤机制分析、致伤物推断、死亡时间推断或生前伤与死后伤推断等。

例如,在一份法医病理死因鉴定意见中,原鉴定作出了被害人系遭他人勒压颈部致机械性窒息死亡的鉴定意见,现委托方提出对勒压颈部的致伤物种类作出审查判断。审查人依据最高人民检察院发布施行的《法医病理鉴定专门审查指引》(ZGJ/J 003—2022)开展专门审查,通过查阅原始检验记录、尸体检验照片等,同时对被害人颈部索沟的形态、大小、宽度、深度进行再次测量,并对现场遗留的绳索的粗细、花纹、打结方式等进行比对,同时对被害人颈部索沟处皮肤进行微量物证的检验,最终作出推断认为被害人颈部损伤可以由现场遗留的绳索勒压形成。

又如,在一份法医临床损伤程度鉴定意见中,原鉴定作出了被害人所受之伤属轻伤一级的鉴定意见,但未对其右腓骨骨折的成伤方式进行鉴定。审查人依据最高人民检察院发布施行的《法医临床鉴定专门审查指引》(ZGJ/J 004—2022)开展专门审查,通过查阅临床病案资料,复阅相关影像学资料,查看原检验记录以及检验照片等原始鉴定资料,还原了原鉴定过程。同时,审查人通过对被害人的衣着情况、伤后皮肤损伤改变、影像学资料中显示的骨折形态、愈合情况等进行综合分析,推断认为被害人右腓骨骨折符合与钝性物体撞击形成。

案例 52 周某肋骨骨折鉴定案——致伤方式推断

2021 年 4 月 23 日,周某与他人发生纠纷,在此过程中,周某受伤。在随后的多次检查显示其左侧第 5、7 肋骨骨折,其中左侧第 7 肋骨见两处骨折。原鉴定依据《人体损伤程度鉴定标准》第5.6.4b)条之规定，作出被鉴定人肋骨骨折的损伤程度为轻伤二级的鉴定意见。现承办人委托对周某骨折的致伤方式进行审查。

专门审查：(1)被鉴定人左侧第5、7肋骨骨折，故其肋骨骨折属轻伤二级的鉴定结果准确。

(2)根据案情、病历记载、CT影像学阅片，结合骨折形成机制分析，被鉴定人左侧第5、7肋骨骨折断端位于左侧腋后线，其中第7肋骨另一处骨折线位于后肋近脊柱旁。结合体表损伤检验情况，上述骨折线解剖位置较高，并且与左髂前上棘处皮下出血位置不对应，不符合直接踢踹作用所致，审查人作出"倾向认为符合周某左后外侧身体遭受较大平面钝性外力作用，摔跌可能性大"的专门审查意见。该审查意见，是根据原始病案资料、影像学客观检查结果，结合案情，由审查人依据专门知识得出致伤方式推断的意见，此专门审查意见带有鉴定性质，为推断扩充意见。

二、分析推断类专门审查意见功能

1. 补强论证功能

在原鉴定只解决了委托事项中部分专门性问题，并没有全部、全面地解决所有的与待证事实有关的专门性问题，或者委托方又提供了涉及鉴定事项的新材料，经审查符合补充鉴定的条件，或者原鉴定遗漏了需要解决的问题时，审查人可以通过自行启动专门审查程序或建议启动补充鉴定程序予以补强论证。例如，在死亡原因鉴定中遗漏了致伤工具的推断鉴定，通过审查发现后，可以作出补强。通过分析推断，进一步扩充原鉴定针对专门性问题的专门意见的效力，补强其证据功能，以协助弥补原鉴定未达到的诉讼效果。①

2. 鉴定分析功能

在实践中，办案人员因诉讼程序障碍、检材灭失、鉴定条件欠缺等，不宜委托开展鉴定，此时，办案人员往往会委托针对技术性证据材料进行专门审查，以解决原案件卷宗中没有解决的专门性问题，包括原鉴定中未解决的问题以及新的鉴定事项。

---

① 参见邢庭：《我国刑事诉讼鉴定意见审查研究》，南京师范大学2017年硕士学位论文，第9页。

三、分析推断类专门审查意见属性探析

1. 意见属性辨析

分析推断类专门审查意见带有鉴定性质，是对原鉴定意见的补充、扩充，类似于补充鉴定、专家论证意见，此类审查意见形式容易引起争议，在实践中，若被常规使用，可能会出现“以审代鉴”的现象，并且具有鉴定性质的专门审查意见无告知程序，可能会剥夺当事人的异议权。因此，最高人民检察院在规范专门审查意见时，暂未予扩充“分析推断类”专门审查意见形式。①②

例如，在张某诉河南省某市人力资源和社会保障局工伤认定检察监督案③中，关于“杨某入院抢救48小时内是否已经发生脑死亡”这一专门性问题，检察技术部门对专家会诊意见进行鉴别和判断，出具技术性证据审查意见认为：杨某于2021年7月25日16时30分入院，后经两次开颅手术，仍存在不可逆昏迷；7月27日9时30分，杨某病程记录记载自主呼吸消失，瞳孔散大，临床诊断为脑干出血、脑疝、脑干功能衰竭，根据病历资料分析，可以判定杨某入院抢救48小时内脑死亡已经发生。上述意见应属于分析推断类专门审查意见。

2. 意见属性建议

从法律规定以及生效裁判案例来看，确因无法鉴定，作为有专门知识的人依据原始的技术性证据材料提出意见，其本身具有专业性、客观性、科学性特点，尽管专门审查意见本身不是法定的证据形式，但从审查意见内容上看，若专门审查意见带有专业判断，其中具有亲历性、实质性、验证性审查的技术性证据专门审查意见可拟制为“报告”作为证据使用，参见本书第八章第三节内容。

案例53 吴某某故意伤害案④——专门审查意见证据属性

2017年3月4日，张某被人发现在某高速某出口处东侧护栏边死亡，头部有多处损伤。原鉴定意见为张某系气管断裂致吸入性窒息而死亡。

---

① 参见最高人民检察院司法鉴定技术规范《法医类鉴定专门审查指引》(ZGJ/J 002—2022)。

② 参见邢庭：《检察机关技术性证据专门审查标准化研究》，载《中国司法鉴定》2023年第6期。

③ 参见最高人民检察院2024年“检护民生”行政检察典型案例(第十四批)之一。

④ 参见安徽省高级人民法院刑事判决书，(2019)皖刑终109号。

原鉴定人员作出相关说明:(1)左颧面部、左下颌皮肤擦挫伤,符合摔跌时与地面擦划形成伤;(2)颈部皮肤挫伤、平行条状挫伤、气管距甲状软骨离断,该损伤形状及宽度与死者所穿衣服拉链吻合,符合外力直接作用于拉链上衬垫形成伤,终致气管断裂,导致吸入性窒息死亡;(3)右颞部线性骨折,符合棍棒类物体打击形成伤;(4)死者两耳廓无明显损伤,左侧面部擦挫伤,对应右侧枕部未见明显衬垫性损伤,颅骨虽有骨折,但为线性骨折,颅骨无畸形,颅内损伤较轻,不符合车辆挤压及碾压形成伤。

专门审查。检察机关法医接受委托,针对被害人的致伤方式作出专门审查,出具技术性证据专门审查意见,并出庭进行了说明:(1)被害人左颞部,左颧部、左下颌、颈前至左侧颈部皮肤损伤为擦伤而非挫伤,方向自下而上,可以排除系钝器多次击打形成,不排除被物体刮擦或者碾压形成。(2)气管断裂位置较深,直接钝性击打,难以形成,结合颈部皮肤擦伤情况,不排除遭受外力推挤,气管遭受拉伸所致。(3)右颞部线性骨折,骨折线向下延伸至右颅底,向上延伸至右颞顶,骨折线与头皮裂创近似垂直,与钝性打击造成的局部变形特征不一致,结合现场,不排除交通事故碾压所致。(4)左前额及脸颊有条形印纹,结合左侧面部、下颌及颈部擦伤,不排除头部损伤系汽车碾压所致。

上述四点不同于原鉴定意见的专门审查意见,被二审法院采信。

二审法院认为,"该技术性证据审查意见以原鉴定意见为基础,系运用专门技术进行的独立法医学文证审查,在被害人尸体已经火化无法重新鉴定的情况下,具有鉴定意见性质;该审查意见由具有相关资质的机构及人员出具,符合专业技术规范,本院予以采信"。结合本案其他证据,检辩双方关于被害人张某系吴某某持棍打倒后遭车辆挤压致死的意见成立,二审法院予以采信。原判对此事实认定错误,法院予以纠正。

该案中,检察机关出具的专门审查意见作为证据被二审法院采信。

第七章
法医类鉴定专门审查专题解析

第一节　法医病理鉴定专门审查

在司法实践中，关于死亡原因、死亡方式、死亡时间、致伤物推断、伤病关系等鉴定的专门审查，为查明案件事实、准确定性等提供重要依据。开展法医病理鉴定专门审查，一方面需要丰富的法医病理学、临床医学等理论知识与实践技能储备；另一方面需要具备现场勘验、物证检验、现场重建等交叉学科知识储备，必要时还需要聘请相关外部专家协助。例如，在死因鉴定中，关于伤病关系、致伤工具的审查等，有时需要临床医学专家、痕迹检验专家的协助。

一、法医病理鉴定概述

1. 概念

法医病理鉴定，主要是采用病理学的基本理论和基本技能，确定各种暴力性死亡或非暴力性死亡的死亡原因、死亡方式、死亡时间，推断其损伤时间、成伤方式及致伤物；对无名尸或碎尸进行个人识别；研究各种因潜在疾患导致的突然的、出乎意料的死亡，并研究这些疾病引起死亡的机制。法医病理鉴定还需解决其他重要的问题，如鉴别生前伤与死后伤，致命伤或非致命伤；分析与各种死亡有关的法律责任问题。①

根据《法医类司法鉴定执业分类规定》（司规〔2020〕3 号）第 4 条规定，法医病理鉴定是指鉴定人运用法医病理学的科学技术或者专门知识，对与法律问题有关的人身伤、残、病、死及死后变化等专门性问题进行鉴别和判断并提供鉴

① 参见丛斌主编：《法医病理学》（第 5 版），人民卫生出版社 2016 年版，第 1 页。

定意见的活动。法医病理鉴定包括死亡原因鉴定,死亡方式判断,死亡时间推断,损伤时间推断,致伤物推断,成伤机制分析,医疗损害鉴定以及与死亡原因相关的其他法医病理鉴定等。

2. 工作任务

法医病理鉴定主要解决以下具体问题。

(1)确定死亡原因。确定死因是法医病理鉴定的首要任务。死因是指导致死亡的某种具体外部因素或自然性疾病。确定死因的一个重要前置规程是区别暴力性死亡(非自然死)与非暴力性死亡(自然死)。暴力性死亡是指机械性损伤、机械性窒息、其他各种物理性损伤以及化学性、生物性损伤等所致的死亡,这类死亡常涉及法律问题;非暴力性死亡是指死者系某些自然性疾病引起的死亡,如猝死,此类死亡容易引起人们对死因的疑问而发生纠纷。另外,一些暴力性死亡虽不属他杀,但究竟是自杀还是事故、灾害,易引起疑问,这类事件也需经法医尸体解剖及其他检验加以澄清,以便为相关部门处理问题提供医学证据。

(2)判断死亡方式。在确定为暴力性死亡后,需进一步判断其死亡方式,死亡方式是指导致死亡的暴力行为方式,包括他杀、自杀、意外死亡。有时通过法医病理学检验便可以确定死亡方式,有时则不能。若经详细的案情调查、现场勘查和全面系统的尸体解剖及辅助检查仍无法判明死亡方式,则列入不能确定的死亡方式。判断死亡方式至关重要,一旦误判,则可能造成冤假错案。所以法医病理学工作者在确定死亡方式时要慎之又慎。实际工作中,法医病理学工作者在判断死亡方式时,需要侦查人员的配合,根据现场勘查、案情调查及所掌握的材料综合分析判断,才能作出准确的结论。

(3)推断死亡时间。死亡时间是指人体死亡后经历的时间,即自人体死亡到尸体检验时所经过的时间,也称为死后经过时间。一般根据现场勘查和尸体检验,法医应提出死亡时间的推断性意见,这对于侦查人员分析案情、划定侦查范围、判断犯罪嫌疑人有无作案时间等均有重要价值。国内外对死亡时间推断的研究甚多,但受到人体内外环境诸多因素的影响,精确推断死亡时间难度很大,加上目前使用的一些检测工具、检测方法在实际应用中尚存在不少问题,因此,精确的死亡时间推断仍是法医病理学中尚未解决的问题,有待于进一步深入研究,期望今后能在死后分子组学变化的研究上有所突破。

(4)推断损伤时间。法医病理鉴定中的损伤时间是指从受伤到死亡所经历的时间。推断损伤时间亦是法医病理学研究的重点与难点,推断损伤时间的基础是确定是生前伤还是死后伤,以往损伤时间的推断主要是通过对损伤组织的宏观观察和常规组织学检查进行的。目前国内外有许多法医病理学工作者采用免疫组织化学和分子生物学等技术进行研究,取得了可喜的成绩,但在实际应用中仍存在许多问题,有待于通过组学技术进一步研究。

(5)推断和认定致伤物。致伤物的推断和认定,是根据损伤形态的特征,结合现场,对致伤物的类型、大小、质量及作用面形状等进行分析推断的过程。致伤物的推断和认定不仅能为侦查提供线索,为审判提供证据,还有助于判断死亡方式,特别是在多人用数种致伤物参与的案件中,对致伤物的推断和认定更为重要,需要判明不同凶器所致的损伤程度,确定加害人罪责及量刑。但有的案件,其致伤物的判断也有一定的难度,因为同一种致伤物可造成不同形态的损伤,反之,不同的致伤物也可造成形态相似的损伤。所以,推断致伤物既要根据案情、现场勘查、损伤形态特征、伤口残留物分析,还要结合衣着与其损伤的位置关系等检验进行综合判断。

(6)损伤和疾病的关系。法医病理鉴定中常会遇到伤者同时患有疾病的情形,在鉴定时必须明确其损伤与疾病的关系。若系二者联合构成死因,鉴定时需区分其死亡是以损伤为主,还是以疾病为主。如损伤与疾病有因果关系,则要确定是损伤为因,疾病是果,还是疾病为因,损伤是果。这不仅涉及刑事责任的确定,还关系到民事赔偿等。

(7)个人识别。遇到无名尸或碎尸时,侦查部门急需查明死者身源,也称尸源,即查明死者的姓名、年龄、性别和种族,进而了解其死前行踪及其社会关系。可根据尸体的身长、性别、容貌、体格特征、先天或后天获得的异常体征(如色素斑、痣、畸形或文身、整形、瘢痕等)以及体表附着物、衣着及其包内物品和附着物等特点,对死者进行个人识别。对一些头面部严重毁损或高度变形腐败的尸体,还需要邀请法医人类学或法医牙科学专业人员对死者骨骼、牙齿进行检查与认定。有时还需对死者的组织 DNA 等遗传标记进行检验,用于个人识别。

(8)为解决医疗纠纷提供证据。对医疗纠纷案件的死因鉴定是法医病理鉴定的重要内容之一。医疗责任的判定需要明确在医疗诊治过程中,医务人员是否存在违反医疗诊治常规或医疗差错，如是，其诊疗行为与死亡之间有无因果关系。因此，解决这类纠纷的核心是查明死因及医务人员是否违反了诊疗常规，对此，需全面、系统地进行尸体解剖检验和相关辅助检验，再结合临床资料等相关证据，综合分析得出科学的鉴定意见，为有关部门正确调处或审理医疗事故或医疗损害赔偿案件提供证据。

(9)其他问题。法医病理检验服务于各类诉讼活动，有时需对损伤与中毒、疾病与中毒的关系作出分析判断，甚至由于案件的需要，有时需根据尸检所见结合现场勘查和案情调查，重建案发当时的情况，即现场重建。法医病理学工作者可根据尸体体表形态学表现、衣着及现场地面情况，判断死后尸体是否被移动，如被移动，表明发现尸体的现场已不是案发第一现场，对侦查有重要意义。有时还需对碎尸或交通肇事、空难、海难、地震等灾害事故或群体死亡的受害者进行个人识别，为侦查或处理善后提供线索、依据。

3. 工作内容

法医病理鉴定相关的工作内容主要包括下面几个方面。

(1)现场勘验：法医病理的现场勘验主要是通过了解现场的情况，帮助分析死亡原因、死亡方式、致伤机制，推断致伤物等。

(2)尸表检验：对尸体的衣着及其附着物进行检验，对尸体现象、体表的损伤、附着物、个体特征、血迹等情况进行检验。

(3)解剖检验：可分为系统解剖和局部解剖。通过尸体剖验，进一步检验尸体皮肤及皮下软组织、骨质等的损伤或疾病的病理改变，以及颅腔、胸腔、腹腔、盆腔、脊髓腔等部位脏器的损伤或疾病的病理改变。

(4)检材提取：包括提取毒物化验、DNA 检验、病理组织学等检验的检材，必要时需提取尸体十指指纹和掌纹。

(5)病理组织学检验、免疫组化检验：对提取的组织脏器进行大体检验、常规组织病理学检验或免疫组织化学检验等。

(6)毒物检验、生化检验：对提取的血样、尿样、胃内容物等进行毒物检验分析或生化检验分析。

(7)其他：包括微量物证检验等。

二、法医病理鉴定领域分类

1. 死亡原因鉴定。依据法医病理学尸体检验等相关标准，基于具体案件鉴定中的检材情况、委托人的要求以及死者的民族习惯等，按照所采用的检查方法进行死亡原因鉴定或分析。

尸体解剖，死亡原因鉴定。进行系统尸体解剖检验（包括但不限于颅腔、胸腔、腹腔等）；提取病理检材，对各器官进行大体检验和显微组织病理学检验；提取尸体相关体液或组织进行毒、药物检验，或者其他实验室检验（必要时）。根据上述尸体解剖检验和必要的实验室检验结果，结合案情资料及其他书证材料，对死亡原因等进行鉴定。

尸表检验，死亡原因分析。对尸体衣着、体表进行检验，必要时进行尸体影像学检查或提取相关体液检材进行毒、药物检验等。根据上述检验结果，并结合案情资料等对死亡原因等进行分析。

器官/切片检验，死亡原因分析。因鉴定条件所限、缺少尸体材料（如再次鉴定时尸体已处理）时，可以通过对送检器官/组织切片进行法医病理学检验与诊断，并结合尸体检验记录和照片、毒物检验结果以及案情资料、书证材料等，进行死亡原因分析。

2. 器官组织法医病理学检验与诊断。通过对人体器官/组织切片进行大体检验和（或）显微组织病理学检验，依据法医病理学专业知识分析、判断，作出法医病理学诊断意见。

3. 死亡方式判断。通过案情调查、现场勘验、尸体检验及相关实验室检验/检测等资料综合分析，判断死者的死亡方式是自然死亡还是他杀、自杀、意外死亡，或者死亡方式不确定。

4. 死亡时间推断。依据尸体现象及其变化规律推断死亡时间；依据胃、肠内容物的量和消化程度推断死亡距最后一次用餐的经历时间；利用生物化学方法，检测体液内化学物质或大分子物质浓度变化等推断死亡时间；利用光谱学、基因组学等技术推断死亡时间；依据法医昆虫学嗜尸性昆虫的发育周期及其演替规律推断死亡时间等。

5. 损伤时间推断。在鉴别生前伤与死后伤的基础上，通过对损伤组织的大体观察和镜下组织病理学检查，依据生前损伤组织修复、愈合、炎症反应等形态学改变，对损伤时间进行推断；利用免疫组织化学和分子生物学等技术，依据生前损伤组织大分子活性物质变化规律等，对伤后存活时间进行推断。

6. 致伤物推断。依据人体损伤形态特征、微量物证及 DNA 分型检验结果等，结合案情、现场勘验及可疑致伤物特征，对致伤物的类型、大小、质地、重量及作用面形状等进行分析，推断致伤物。

7. 成伤机制分析。依据人体损伤的形态、大小、方向、分布等损伤特征，结合案情、现场勘验及可疑致伤物特征，对损伤是如何形成的进行分析、判断。

8. 医疗损害鉴定。应用法医病理学鉴定理论知识、临床医学理论知识和诊疗规范等，对涉及病理诊断和(或)死亡后果等情形的医疗纠纷案件进行鉴定。判断诊疗行为有无过错，诊疗行为与死者死亡后果之间是否存在因果关系以及过错原因力大小等。

9. 与死亡原因相关的其他法医病理鉴定，包括但不限于组织切片特殊染色、尸体影像学检查、组织器官硅藻检验、尸体骨骼的性别和年龄推断等。

三、法医病理鉴定专门审查

(一)程序性审查

主要是对检验鉴定的委托、受理、检验、鉴定等程序的合法性进行审查。

1. 检验鉴定形式审查

(1)委托主体是否适格。

(2)鉴定机构与鉴定人是否具备法医病理鉴定资质。

(3)相关案情调查、既往病史、诊疗过程等情况是否记载，记录是否详尽。

(4)鉴定、补充鉴定、重新鉴定的启动以及组织形式是否适当。

(5)会检鉴定的组织形式、专家意见形成等是否合法、合规。

(6)法医病理鉴定书、检验报告等鉴定文书格式是否符合规范。

(7)鉴定文书是否附有必要的尸表检验、解剖检验、组织病理学检验照片。

2. 检验鉴定过程审查

(1)是否摘录与鉴定相关的病案资料。

(2)是否标明法医病理鉴定适用的标准、方法，所选用标准、方法是否恰当，是否考虑相关影响因素。在司法实践中，常见的法医病理鉴定标准有：《法医生物检材的提取、保存、送检规范》（GA/T 1162—2014）、《法医学 尸体检验技术总则》（GA/T 147—2019）、《法医学 病理检材的提取、固定、取材及保存规范》（GA/T 148—2019）、《法医学 机械性窒息尸体检验规范》（GA/T 150—2019）、《法医学 新生儿尸体检验规范》（GA/T 151—2019）、《法医学 中毒尸体检验规范》（GA/T 167—2019）、《法医学 机械性损伤尸体检验规范》（GA/T 168—2019）、《法医学 猝死尸体检验规范》（GA/T 170—2019）、《法医学 死亡原因分类及其鉴定指南》（GA/T 1968—2021）、《法医学 机械性损伤致伤物分类及推断指南》（GA/T 1969—2021）。

（3）是否进行尸表检验。

（4）是否进行解剖检验，并按照检验规范要求，对颅腔、胸腔、腹腔、盆腔等进行解剖检验。

（5）是否对脊髓腔、脑干、心脏传导系统等进行必要的检验。

（6）是否开展必要的气胸试验、新生儿肺浮扬试验以及血栓栓塞、脂肪栓塞、空气栓塞等特殊检验。

（7）是否进行必要的常规组织病理学检验。

（8）是否进行必要的特殊病理检验。

（9）是否进行必要的毒物检验。

（10）是否进行必要的生化检验、硅藻、微量物证等检验。

（11）运用虚拟解剖等新技术是否考虑相关影响因素。

（12）是否对检验的过程及阴性结果进行描述。

（13）相关物证、生物检材的提取、保存、送检过程是否规范，能否在检验过程中溯源。

（14）未知名尸体的病理生理特征是否有检验记录，是否经过辨认、确认，身份识别是否提取生物检材。

（15）鉴定结果是否考虑环境、个体差异、尸体变动、腐败等因素的影响。

（二）实体性审查

主要对鉴定文书中关于资料摘要、检验所见、结果等的描述性、特征性、排他性表述进行全面、客观审查，并按照委托要求对鉴定文书的分析论证、鉴定意见表述进行科学性、关联性审查。

1. 描述性审查是指针对鉴定中一般性、共性的检验描述与记载事项等，包括阳性、阴性表现，审查其是否全面、客观、规范。

2. 特征性审查是指针对对鉴定结果有实质性影响的损伤、疾病等，审查其是否具体、明确。

3. 排他性审查是指对于鉴定中可能影响结果的其他因素，审查其存在或被排除的事实与依据。

4. 针对性审查是指按照委托要求，对于具体鉴定意见进行科学、合理、有针对性的审查。

案例 54　麻某钢强奸、故意杀人案——死因及伤后行为能力

1992 年 3 月 20 日 22 时许，麻某钢窜至某校园内，发现被害人林某（女，殁年 23 岁，某在校学生）独自一人在校园内南楼某教室自习，便上前搭讪。遭拒后，被告人麻某钢使用铁棍相威胁，并打击被害人头部，后将被害人林某挟至南侧楼东北门厅外口处，准备对被害人实施强奸，因再次遭到被害人反抗，便使用铁棍继续打击被害人头部，致被害人严重颅脑损伤，并对被害人实施强奸。麻某钢为掩盖犯罪事实，将被害人拖至天井内东北侧花坛内窨井旁边，将被害人头部朝下投入窨井内，并将窨井盖盖上，致被害人死亡。经鉴定：该林某系被他人用钝器击打头部致颅脑损伤合并溺水引起的机械性窒息而死亡。

专门审查：(1) 关于伤后行为能力。被害人林某头部颅脑损伤严重，在遭受严重颅脑损伤后，其意识状态与行为能力受到削弱，但颅内出血局限于硬脑膜外、硬脑膜下，一般不会迅速死亡，因此，林某伤后具有一定的行为能力。

死者颜面部青紫肿胀，会厌、咽喉、食管、气管、支气管中均见有淤泥附着，心肺表面有点状出血，肺部膨隆，切开有泡沫液体，符合溺水所致的窒息征象，说明林某被投入窨井时没有死亡且具有一定的呼吸运动功能。

(2) 被害人林某的死亡原因。被害人林某头部颅脑损伤程度较重，溺水所致的窒息征象明显，颅脑损伤与窒息均可独立导致死亡，因此，被害人系因颅脑损伤合并溺水引起机械性窒息而死亡。

启示：通过对法医病理鉴定开展专门审查，分析被害人的伤后行为能力，有助于案件准确定性，为定罪量刑提供科学依据。本案通过对尸体检验中关于林

某的窒息征象进行审查，明确了被害人被投入窨井时存在呼吸运动、出血等生活反应，进而分析出林某在被投入窨井时具备一定的伤后行为能力。从而，印证了被告人麻某钢在明知林某还没有死亡的前提下，将其投入窨井致其死亡的故意杀人事实。

案例 55 王某心脏破裂死因鉴定案——伤病关系鉴定

王某，29 岁，2017 年 3 月 1 日 23 时许，与其男友发生纠纷，被捂压口鼻部、扼压颈部后昏迷，经胸外按压及电除颤后，宣布临床死亡。

原鉴定意见：王某在遭受捂闷口鼻部和扼掐颈部引起机械性窒息时，因回心血量增多、血压升高，引发心脏左室间叶瘤破裂从而导致死亡。

专门审查：(1) 病理检验未见王某存在心脏肿瘤，故可排除因肿瘤破裂致心包填塞死亡。(2) 根据病理检验、尸检征象及参考案情，死者左胸部损伤有一定形态，无生活反应，胸部软组织及肋骨均未见生前损伤，故分析考虑王某心脏破裂口符合濒死期或死后形成。(3) 尸检表明死者王某有明确的典型的一般窒息征象，有口、鼻部及颈部遭受捂压或扼压的典型窒息方式，无其他致死原因。故分析认为，王某符合因口、鼻部及颈部遭受捂压和扼压致机械性窒息死亡。

后经过重新鉴定，印证了上述专门审查意见。重新鉴定认为，病理学检验死者左心室后壁破裂，破口深达心腔，心包腔内积血，组织病理学检验未检见冠心病心肌梗死、心肌炎、心肌病、心脏肿瘤等疾病的病理学改变，破口周围局部心肌细胞肿胀，心肌间质见少量红细胞，生活反应不明显，结合案情分析，于心肺复苏过程中可以形成，本案例未检见致死性疾病的病理学改变。综上所述，根据组织病理学检查的结果并结合案情及书证材料等综合分析，王某符合遭捂压口鼻部合并扼压颈部致机械性窒息死亡。

启示：通过对法医病理鉴定开展专门审查，发现死亡原因存疑时，可以通过复勘现场、复检尸体、复阅切片、复查资料等，进一步实质性地开展针对性审查，进一步消除疑点，必要时，可以通过启动补充鉴定、重新鉴定，对专门性问题进行再次鉴定。本案通过专门审查，发现王某因自身疾病死亡的依据不足，并复阅切片，排除了心肌病、心肌炎、心脏肿瘤等自身疾病。经重新鉴定，进一步明确了死亡原因，为案件准确定性提供科学依据。

案例56 陈某心脏破裂死因鉴定案——伤病关系鉴定

2010年9月21日10时许，林某与陈某（男，74岁）因琐事发生纠纷，后相互发生推搡，在此过程中林某先后两次将陈某推倒在地，19时许，陈某在家中突然死亡。经鉴定，陈某系左心室前侧壁急性心肌梗死、心脏破裂，心包填塞而死亡。

专门审查：陈某体表未见明显损伤，心包腔见300ml血液及血凝块，左心室前侧壁可见纵行破裂口，与左心室贯通，病理组织学检验见左心室前侧壁急性心肌梗死，左冠状动脉粥样硬化改变，伴前降支Ⅲ～Ⅳ级狭窄，急性肺淤血、肺水肿改变，心、脑、肾等多脏器淤血、水肿。

分析认为，陈某符合在严重冠状动脉硬化性狭窄的基础上，因外力作用、情绪激动等诱发因素，引起冠状动脉严重供血不足，心肌急性缺血缺氧，导致左心室心脏急性心肌梗死、左心室破裂，终因心脏压塞死亡。这样的病变可以发生在争执过程以后，其符合疾病自身发生发展的进展规律，故考虑林某的行为与陈某的死亡之间为间接因果关系，可作为诱因。

案例57 都某过失致人死亡案①——特异体质

都某与陈某因停车问题发生口角，后在打斗过程中，都某用拳击、脚踹陈某头部、腹部等处，致其头面部受伤、鼻腔出血。后陈某报警，民警赶到现场后将双方带至某派出所，陈某在派出所大厅等候处理过程中，从凳子上突然倒地，后经送医院抢救无效死亡。

鉴定意见：陈某有高血压并冠状动脉粥样硬化性心脏病，其在纠纷后情绪激动、头面部（鼻根部）受外力作用等导致机体应激反应，促发有病变的心脏骤停而死亡。

专门审查：（1）疾病及严重程度：陈某患有严重高血压病、冠心病，根据调

① 参见最高人民法院刑事审判第一、二、三、四、五庭主办：《刑事审判参考》（总第103集），法律出版社2016年版，第43页。

查，陈某长期患有高血压病、严重冠心病。

（2）损伤及严重程度：首先区分都某的殴打致伤行为所致损伤与在派出所大厅摔倒的损伤，鼻根部的骨折对应面部皮肤未见明显的擦挫伤，结合监控视频，其鼻部损伤系都某拳击所致。鼻骨骨折系鼻根部粉碎性骨折，说明陈某生前面部遭受较大钝性外力作用。

（3）伤病关系：陈某患有严重疾病，因机体应激反应引起急性心脏骤停而死亡，属于自身疾病急性发作而引起的死亡，潜在性疾病是死亡的根本原因。陈某所受外伤位于鼻根部且损伤程度较轻，单独存在不足以致死。

（4）外伤与死亡之间的因果关系：陈某所受外伤与其死亡之间有一定的事实因果关系，外伤与情绪激动等因素属于死亡诱因范畴。诱发因素对机体的刺激作用使机体发生应激反应，如反射性的交感神经兴奋和肾上腺素、儿茶酚胺类内分泌激素分泌增加，迅速出现心率增加、呼吸加速、血流加快、血压升高、出汗等，这些应激反应的发生，会诱发自身已经存在的某种潜在疾病发作，甚至出现死亡。

启示：特异体质是一个法律概念，是指异于常人的健康体质且表现为生理机能缺失，以致在受到外界刺激时能产生超乎行为人主观认识的不良后果，一般包括自身严重疾病态、修复态等，如严重冠心病、脑血管瘤等。案例 56 被害人存在严重的冠心病、案例 57 被害人存在严重的高血压病、冠心病，被害人特异体质属于客观存在。按照因果关系条件说，没有被告人的行为，被害人就不会死亡。因此，将陈某所受外伤归结于诱因范畴。

案例 58 龚某故意杀人案——二次碾压损伤的补充鉴定

某日 21 时许，龚某在雨中驾驶汽车，在某地由西向东行驶至十字路口时，与由南向北欲通过该路口的徐某驾驶的电动自行车发生碰撞。事故发生后龚某下车查看，在明知被害人徐某被压在其车下的情况下，仍驾车逃离现场，徐某于当日经抢救无效死亡。

检验情况：尸体检验示，尸长 162cm，球结膜、唇黏膜苍白，下唇见两处黏膜挫伤。死者胸廓前后径最大为 21cm，左右径最宽为 34cm，双侧髂嵴最宽为 36cm。

左胸部腋后线处皮下及浅肌层出血，左第1～6肋锁骨中线处骨折，断端朝胸腔外；左第1～3肋腋前线处骨折。右肩锁关节脱位，右第1～8肋锁骨中线处骨折，断端朝胸腔外；右第8肋腋前线处骨折，右第9肋腋中线处骨折，右第9、11肋肩胛线处骨折，上述骨折断端均朝胸腔内；右季肋部见一18cm宽皮下及肌层出血区，右侧第9～12肋近脊柱旁骨折。肝脏膈面出血范围13cm×12cm。背部切开见左胸部腋后线右侧以及右腋中线肋弓下至左肩胛线皮下及肌层出血。

左上臂前侧见两处皮下出血区，右上臂中段、下段分别见一皮下出血，左膝内侧见5.5cm×2.5cm大小的皮下出血，左腘窝见1.0cm×0.8cm大小的皮下出血，右髂前上棘外下方8cm处见10cm×6cm的皮下出血，右大腿内侧见一10.5cm×4.5cm的袋状创，其下缘距耻骨联合上缘20cm。

解剖检验示，头部、颈部解剖未见明显异常。双侧胸腔见少量血性液体，左肺上叶见一挫伤灶，前纵隔上部出血，心包腔内见约20ml血性液体。右腹外侧壁见一7.0cm×3.0cm大小的皮下出血，右髂部见一7.0cm×2.0cm大小的皮下出血，腹腔、盆腔共见约1000ml血性液体，膈肌下见少量血肿，肝左叶挫伤、右叶大部分挫碎，其中右叶右侧缘大块挫碎并分离，脾脏皱缩，双侧后腹膜血肿。

毒物化验示，送检检材中未检出常见毒物、药物成分。

痕迹检验示，据交通事故痕迹检验意见书记载，该汽车空载时车底盘最低点距地面高度15cm，前保险杠右侧面碰撞痕迹符合与电动自行车车把处撞击形成，车底部灰尘擦划痕迹（车底盘由前至后的擦刮痕迹呈前窄后宽）符合与徐某在车底碰擦形成，徐某所着雨披上压痕符合被车轮碾压形成。

衣着检验示，据被害人徐某所着雨披以及肇事车辆相关照片，雨披背侧颈胸部及腹部各见一处车轮碾压痕迹。

监控视频显示，两车碰撞后，徐某倒地，汽车右前轮从徐某身体上压过，车停下，龚某下车查看情况后上车，继续驾车再次前行，徐某自车底脱出，龚某逃离现场。

专门审查：本案是一例因机动车碰撞行人碾压引起的短时间内被害人遭受两次损伤的典型案例。本案初次鉴定已明确被害人死亡原因，并且有监控资料反映整个交通肇事过程，但本案需要进一步明确是否存在二次损伤或多次交通行为致伤过程，若存在，哪些损伤是第一次形成，哪些是第二次形成？单一损伤的严重程度，被害人的致命伤是第一次损伤还是第二次损伤形成？两次损伤分别在死亡进程中的作用与地位？每一致命损伤能否区分是何种损伤方式，以及如何形成？尸检结果能否与痕迹检验、视听资料、被告人供述以及证人证言等其他证据相互印证？这些关键事实的认定直接影响案件的定罪、量刑，这也是启动本案补充鉴定的缘由所在。

(1)致伤方式。

第一，碾压过程分析。

根据现场勘验、尸体检验，死者徐某体表见有散在的皮下及肌层出血，解剖见双侧肋骨多发性骨折，胸腹腔脏器损伤，尤以肝脏为甚，肝脏破裂，肝右叶大部分挫碎分离，上腹腔后腹膜下血肿形成，右大腿内侧见一袋状创等，结合体表损伤分布情况、损伤形态以及严重程度，结合案情分析，徐某上述损伤系遭严重钝性暴力作用所致，符合躯体遭车辆碾压后形成。

第二，二次碾压过程分析。

徐某双侧胸部多发性肋骨骨折，其中左第1～6肋锁骨中线处、右第1～8肋锁骨中线处骨折断端朝向胸腔外，表明此系胸廓遭受左右方向受力所致；右第8肋腋前线、第9肋腋中线、第9、11肋肩胛线处骨折，骨折断端朝向胸腔内，表明此处系遭受直接外力作用所致，亦即胸腹部右侧至左胸部遭受碾压。

死者右髂前上棘下外方见一皮下出血区，右大腿内侧呈袋状创，左膝内侧及左腘窝处见皮下出血且上述损伤呈右上左下分布，说明外力作用具有从右上大腿向左腘窝处走行的特点。结合事发当时人与车相对位置关系以及车辆痕迹检验车底部擦刮痕迹分布特点，分析徐某胸腹部右侧至胸部左侧遭受碾压在前，右髂前上棘下方至左腘窝处碾压在后。与视频监控中车辆行驶过程中与骑电动自行车的徐某碰撞后，肇事车辆右侧前、后轮分别碾压徐某的过程一致。

第三，碾压、挤压过程分析。

徐某双侧肋骨骨折断端朝外，说明其胸部遭受了左右方向力的作用；另据现场测量肇事车辆空载时车底盘最低点距地面高度15cm，死者胸廓前后径最大处为21cm，左右径最大处为34cm，说明死者徐某被车辆碾压后躯体可能有侧向翻动的过程，故不能排除其胸腹部可能遭受肇事车辆车体底部挤压的过程。

(2)死亡原因。

根据尸体检验,结合毒物化验结果分析,徐某符合遭车辆碾压致肝脏破裂等引起创伤性、失血性休克死亡。其中右胸腹部遭受车辆碾压致肝脏挫碎损伤等是导致死亡的直接、主要原因,肇事车辆停止后继续行驶以及第二次碾压将加速其死亡的进程。

(3)办理效果。

经鉴定,明确了两次碾压行为与徐某的死亡均有因果关系。徐某右胸腹部遭受车辆碾压致肝脏挫碎损伤等是导致死亡的直接、主要原因,肇事车辆停止后继续行驶以及第二次碾压将加速其死亡的进程。

检察机关以故意杀人罪对龚某提起公诉,二审法院同时采信了第二次鉴定意见,认定被告人龚某驾驶车辆发生交通事故后,明知被害人在车底下,仍驾车逃离现场,使被害人遭再次碾压死亡,其行为已构成故意杀人罪。最终以龚某犯故意杀人罪,判处有期徒刑15年,剥夺政治权利5年。

启示:司法实践中,二次损伤鉴定常见于道路交通事故类案件,严谨科学的法医学鉴定意见对于厘清主体责任、判断案件性质以及准确定罪量刑起到关键作用。笔者建议在开展道路交通事故法医学死因鉴定时,应通过详尽的现场勘验检查、法医病理学检验,结合衣着、痕迹、DNA、毒(药)物、微量物证、车速测定等检验结果,必要时开展侦查、模拟实验,并参考案情调查,综合判断解决以下关键问题:(1)推断肇事车辆类型、数量,被害人交通方式,判断驾乘关系等;(2)判断碰撞接触部位、碰撞次数、碾压次数;(3)区分致命损伤、非致命损伤,鉴别生前伤、死后伤,划分摔跌伤、撞击伤、碾压伤等;(4)判断成伤机制、分析伤病关系、确定死亡原因。

第二节 法医临床鉴定专门审查

在司法实践中,关于伤情鉴定、伤残鉴定、医疗纠纷鉴定、保外就医病情诊断等鉴定的专门审查,为查明案件事实、准确定性、确定赔偿数额、病情严重程度等提供重要依据。开展法医临床鉴定专门审查,一方面需要丰富的法医临床学、临床医学理论与实践知识储备;另一方面需要借助辅助检查方法,必要时还需要聘请相关医疗专家协助。

一、法医临床鉴定

1. 概念

法医临床鉴定,是指运用法医临床学知识和技能,通过现场勘验、活体检查、物证检验和书证审查等方式,对法律中有关活体医学问题进行的鉴别与判定。①

根据《法医类司法鉴定执业分类规定》(司规〔2020〕3 号)第 14 条的规定,法医临床鉴定是指鉴定人运用法医临床学的科学技术或者专门知识,对诉讼涉及的与法律有关的人体损伤、残疾、生理功能、病理生理状况及其他相关的医学问题进行鉴别和判断并提供鉴定意见的活动。法医临床鉴定包括人体损伤程度鉴定,人体残疾等级鉴定,赔偿相关鉴定,人体功能评定,性侵犯与性别鉴定,诈伤、诈病、造作伤鉴定,医疗损害鉴定,骨龄鉴定及与损伤相关的其他法医临床鉴定等。

2. 工作任务

(1)为刑事案件提供科学依据。在刑事案件中,确定被害人的损伤原因、损伤程度和致伤物种类等,为案件定性、追究刑事责任提供科学的依据。

(2)为正确处理民事纠纷提供科学依据。通过对涉及生理功能、残疾程度、医疗损害、劳动能力丧失、护理依赖程度、误工期限、护理期限、营养期限等问题进行鉴定,为正确处理民事纠纷提供科学依据。

(3)为行政案件处理提供科学证据。对于工伤事故、医疗纠纷等行政案件,通过法医临床鉴定,分析损伤原因、判断诊疗过程中有无不当或过错、评定伤残等级等,为行政部门处理工伤事故和医疗纠纷等提供科学依据。

(4)为人身保险理赔提供科学证据。人身保险是以人的寿命和身体作为保险标的的保险。通过对被保险人患病程度、患病原因、患病时限、损伤原因和伤残等级评定等进行鉴定,为人身保险理赔提供科学依据。

(5)研究并制定法医临床学鉴定的有关法规和标准。法医临床鉴定不仅

---

① 参见刘技辉主编:《法医临床学》(第 5 版),人民卫生出版社 2016 年版,第 5 页。

为司法提供医学方面的证据，而且需要研究法医临床鉴定有关标准，为相关法律、法规的修订及适用提供建议或意见。

3. 工作内容

法医临床鉴定相关的工作内容主要包括下面几个方面。

(1) 现场勘验，法医临床学的现场勘验主要是通过了解现场的情况，帮助分析损伤方式、损伤机制，推断致伤物。

(2) 活体检查，根据我们国家有关法律规定，为了确定被害人、被告人的某些特征、伤害情况、生理或病理状态，应对其人身进行检查。因此，活体检查是法医临床学的重要工作内容。

(3) 物证检验，主要指与法医临床鉴定有关物证的检验，比如，致伤物的检验和比对。

(4) 书证审查，是指对法医临床检验与鉴定所涉及的书证材料的审查，包括临床病历资料、影像学资料、鉴定相关的证明材料、原告和被告的陈述、书面鉴定和书面的再鉴定。对于书证材料，法医临床学鉴定人主要是通过专业知识来判定书证材料的相关性、合法性和真实性。这里的书证审查区别于技术性证据专门审查。

二、法医临床鉴定领域分类

(一) 人体损伤程度鉴定

人体损伤程度，是指物理性、化学性和生物性等致伤因素作用于机体，导致组织器官结构破坏以及功能障碍的程度。人体损伤程度鉴定，是指依据相关标准规定的各类致伤因素所致人身损害的等级划分，对损伤伤情的严重程度进行鉴定。

1. 人体损伤程度分类

根据损伤后果的严重程度可以分为以下三类。

重伤：使人肢体残废、毁人容貌、丧失听觉、丧失视觉、丧失其他器官功能或者其他对于人身健康有重大伤害的损伤，包括重伤一级和重伤二级。

轻伤：使人肢体或者容貌损害，听觉、视觉或者其他器官功能部分障碍或者其他对于人身健康有中度伤害的损伤，包括轻伤一级和轻伤二级。

轻微伤:各种致伤因素所致的原发性损伤,造成组织器官结构轻微损害或者轻微功能障碍。

2. 人体损伤程度鉴定标准

关于人体损伤程度鉴定标准,2013 年 8 月 30 日最高人民法院、最高人民检察院、公安部、国家安全部、司法部联合发布《人体损伤程度鉴定标准》,自 2014 年 1 月 1 日起施行。《人体重伤鉴定标准》(司发〔1990〕070 号)、《人体轻伤鉴定标准(试行)》[法(司)发〔1990〕6 号]和《人体轻微伤的鉴定》(GA/T 146—1996)同时废止。

(二)劳动能力和残疾评定

劳动能力和残疾评定,是指鉴定人根据被鉴定人的病历、辅助检查结果等医疗资料以及身体检查结,依据相关鉴定标准规定的各类损伤(疾病)后遗人体组织器官结构破坏或者功能障碍所对应的等级划分,对后遗症的严重程度及其相关的劳动能力等事项进行鉴定,并出具鉴定意见的过程。

1. 伤残程度分类

伤残程度鉴定包括日常生活活动能力判定,道路交通事故伤残等级评定,劳动能力、职工工伤与职业病伤残等级评定,人身保险伤残等级评定,人身伤害案件中的伤残等级评定。

2. 伤残鉴定标准

在司法实践中,关于人体残疾程度鉴定标准有:《人体损伤致残程度分级》(2017 年 1 月 1 日施行)、《道路交通事故受伤人员伤残评定》(GB 18667—2002)(已废止)、《劳动能力鉴定　职工工伤与职业病致残等级》(GB/T 16180—2014)、《职工非因工伤残或因病丧失劳动能力程度鉴定标准(试行)》(劳社部发〔2002〕8 号)、《医疗事故分级标准》(卫生部令第 32 号)、《人身保险伤残评定标准》(2013 年 6 月 8 日施行)、《残疾人残疾分类和分级》(GB/T 26341—2010)、《军人残疾等级评定标准》(民发〔2011〕218 号)、《中国残疾人实用评定标准》(1995 年 9 月 15 日)、《运动创伤与运动致病事故程度分级标准》(1999 年 9 月 1 日施行)。

(三)医疗纠纷相关的法医学鉴定

1. 医疗纠纷

医疗纠纷,是指患方对诊疗护理过程中发生的不良医疗后果及其产生原因与医方认识分歧而发生的纠纷。

2. 医疗损害

医疗损害,是指医疗机构及其医务人员在诊疗护理过程中因过错导致患者不利的事实。

2009 年 12 月 26 日,《侵权责任法》(主席令第 21 号)(已失效)经第十一届全国人民代表大会常务委员会第十二次会议通过,自 2010 年 7 月 1 日起施行。其第七章专章规定了“医疗损害责任”。

2017 年 3 月 27 日,最高人民法院《关于审理医疗损害责任纠纷案件适用法律若干问题的解释》(法释〔2020〕20 号)由最高人民法院审判委员会第 1713 次会议通过,并于 2020 年 12 月 29 日进行修正。于 2020 年修正后,其中第 4 ~ 15 条规定了医疗损害鉴定的相关程序。

2018 年 7 月 31 日,《医疗纠纷预防和处理条例》(国务院令第 701 号)第 34 条规定:“医疗纠纷人民调解委员会调解医疗纠纷,需要进行医疗损害鉴定以明确责任的,由医患双方共同委托医学会或者司法鉴定机构进行鉴定,也可以经医患双方同意,由医疗纠纷人民调解委员会委托鉴定。医学会或者司法鉴定机构接受委托从事医疗损害鉴定,应当由鉴定事项所涉专业的临床医学、法医学等专业人员进行鉴定;医学会或者司法鉴定机构没有相关专业人员的,应当从本条例第三十五条规定的专家库中抽取相关专业专家进行鉴定。医学会或者司法鉴定机构开展医疗损害鉴定,应当执行规定的标准和程序,尊重科学,恪守职业道德,对出具的医疗损害鉴定意见负责,不得出具虚假鉴定意见。医疗损害鉴定的具体管理办法由国务院卫生、司法行政部门共同制定。鉴定费预先向医患双方收取,最终按照责任比例承担。”

2020 年 5 月 28 日,《民法典》由第十三届全国人民代表大会第三次会议通过,自 2021 年 1 月 1 日起施行。《民法典》第七编第六章专章规定了“医疗损害责任”。

3. 医疗损害鉴定

医疗损害鉴定，是指对医疗机构或者其医务人员的诊疗行为有无过错、过错行为与患者损害后果之间是否存在因果关系、损害后果及程度、过错行为在损害后果中的责任程度（原因力大小），以及因医疗损害发生的护理期、休息期、营养期等专门性问题进行专业技术鉴别和判断并提供鉴定意见的活动。

4. 医疗事故

医疗事故，是指医疗机构及其医务人员在医疗活动中，违反医疗卫生管理法律、行政法规、部门规章和诊疗护理规范、常规，过失造成患者人身损害的事故。

5. 医疗事故技术鉴定

《医疗事故处理条例》（国务院令第 351 号）第三章专章规定了“医疗事故的技术鉴定”。其中第 24 条第 1 款规定：“医疗事故技术鉴定，由负责组织医疗事故技术鉴定工作的医学会组织专家鉴定组进行。”该规定明确了医学会是医疗事故技术鉴定的法定机构。

2002 年 7 月 19 日，《医疗事故技术鉴定暂行办法》（卫生部令第 30 号）第 3 条第 1 款规定，医疗事故技术鉴定分为首次鉴定和再次鉴定。

医疗事故技术鉴定，是指由医学会组织专家鉴定组，依照医疗卫生管理法律、行政法规、部门规章和诊疗护理技术操作规范、常规，运用医学科学原理和专业知识，对涉及医疗事故行政处理的有关专门性问题进行专业技术鉴别和判断并提供鉴定意见的活动。

6. 医疗事故技术鉴定、医疗损害鉴定相关标准及江苏省地方规定

在司法实践中，常见医疗事故技术鉴定的标准有：《医疗事故处理条例》（国务院令第 351 号）、《医疗事故分级标准（试行）》（卫生部令第 32 号）、《医疗事故技术鉴定暂行办法》（卫生部令第 30 号）、《江苏省医疗纠纷预防与处理条例》（2017 年 5 月 27 日施行）、《江苏省医疗损害鉴定管理办法》（2017 年 11 月 23 日施行）等。

《医疗事故处理条例》第 4 条规定，根据对患者人身造成的损害程度，医疗事故分为四级：一级医疗事故为造成患者死亡、重度残疾的；二级医疗事故为造成患者中度残疾、器官组织损伤导致严重功能障碍的；三级医疗事故为造成患者轻度残疾、器官组织损伤导致一般功能障碍的；四级医疗事故为造成患者明

显人身损害的其他后果的。

根据《医疗事故分级标准(试行)》的规定,该标准中的医疗事故一级乙等至三级戊等对应伤残等级一级至十级。

而关于医疗损害伤残鉴定标准,目前实务界尚存在不统一的情形,2010 年《侵权责任法》以及 2018 年《医疗纠纷预防和处理条例》颁布实施以后,医疗事故技术鉴定与医疗损害鉴定并行的二元化模式成为当下医疗纠纷处理通行路径。实践中,在由医学会主持的和司法鉴定机构主办的医疗损害鉴定并行模式下,医疗损害伤残程度鉴定标准适用缺乏统一规定,出现了“同伤不同残”“同案不同判”的实践困境。[①] 笔者曾分析了 25 例单眼球摘除(缺失)医疗损害伤残鉴定案例,该 25 例鉴定案例分别适用了 5 种伤残鉴定标准:《医疗事故分级标准(试行)》(卫生部令第 32 号)、《道路交通事故受伤人员伤残评定》(GB 18667—2002)、《劳动能力鉴定 职工工伤与职业病致残等级》(GB/T 16180—2006 或 GB/T 16180—2014)、《人体损伤残疾程度鉴定标准(试行)》(最高人民法院发布,2005 年 1 月 1 日施行)以及《人体损伤致残程度分级》(2017 年 1 月 1 日施行)。

通过列举司法实践中适用标准的现状可以看出,医疗损害伤残等级鉴定标准的规定尚未统一、明确,各地在标准选用、执行中缺乏刚性,鉴定标准的适用以及医疗损害伤残评定具有很大随意性,加上某些标准本身亦存在缺陷,在一定程度上造成了医疗损害伤残鉴定标准适用的混乱,出现“同伤不同残”“同案不同判”的情形,进而有损鉴定权威,影响司法公正,也不利于医疗纠纷矛盾的有效化解。同时,医疗损害责任纠纷处理结果的不确定性导致法律丧失了其在医疗卫生领域应有的教育和预防功能,与法律的目标相违背。[②]

因此,在医疗事故技术鉴定以及医疗损害鉴定的并行模式下,《医疗事故处理条例》没有修订以及相关医疗损害伤残标准适用的规范性文件出台之前,期待有关部门尽快统一医疗损害伤残鉴定标准适用,建议医疗损害伤残鉴定统

---

① 参见王旭:《伤残评定标准及赔偿方式的比较研究》,载《证据科学》2009 年第 2 期。

② 参见刘鑫、马千惠:《医疗损害鉴定面临的挑战与对策》,载《中国法医学杂志》2018 年第 1 期。

一适用《人体损伤致残程度分级》标准。[①]

7. 医疗事故技术鉴定、医疗损害鉴定二者主要区别

医疗事故技术鉴定与医疗损害鉴定在法律依据、启动主体、鉴定机构等方面的主要区别(见表 7 - 1)。

表 7 - 1 医疗事故技术鉴定与医疗损害鉴定的主要区别

区别内容	医疗事故技术鉴定	医疗损害鉴定
法律依据	《医疗事故处理条例》《医疗事故技术鉴定暂行办法》等	《民法典》《医疗纠纷预防和处理条例》等
启动主体	医患双方、卫生行政部门、人民法院等	医患双方、医疗纠纷人民调解委员会、人民法院等
鉴定机构	医学会	医学会、司法鉴定机构
鉴定层级	首次鉴定和再次鉴定	鉴定、补充鉴定、重新鉴定
参与度/原因力	完全责任、主要责任、次要责任、轻微责任、不构成	全部原因、主要原因、同等原因、次要原因、轻微原因、无
损害后果分级	一级甲等至四级共 12 个等级;医疗事故一级乙等至三级戊等对应伤残等级一级至十级	死亡、残疾、其他;残疾等级划分一级至十级

(四)暂予监外执行病情诊断或者医学条件鉴定

1. 概述

《暂予监外执行规定》(司发通〔2014〕112 号)第 5 条规定:"对被判处有期徒刑、拘役或者已经减为有期徒刑的罪犯,有下列情形之一,可以暂予监外执行:(一)患有属于本规定所附《保外就医严重疾病范围》的严重疾病,需要保外就医的;(二)怀孕或者正在哺乳自己婴儿的妇女;(三)生活不能自理的。对被判处无期徒刑的罪犯,有前款第二项规定情形的,可以暂予监外执行。"第 9 条规定:"对罪犯的病情诊断或者妊娠检查,应当委托省级人民政府指定的医院进行。医院出具的病情诊断或者检查证明文件,应当由两名具有副高以上专业

---

① 参见邢庭、顾晓生:《单眼球摘除(缺失)医疗损害伤残鉴定 25 例分析》,载《中国法医学杂志》2020 年第 3 期。

技术职称的医师共同作出，经主管业务院长审核签名，加盖公章，并附化验单、影像学资料和病历等有关医疗文书复印件。对罪犯生活不能自理情况的鉴别，由监狱、看守所组织有医疗专业人员参加的鉴别小组进行。鉴别意见由组织鉴别的监狱、看守所出具，参与鉴别的人员应当签名，监狱、看守所的负责人应当签名并加盖公章。对罪犯进行病情诊断、妊娠检查或者生活不能自理的鉴别，与罪犯有亲属关系或者其他利害关系的医师、人员应当回避。”

2. 分类

上述规定明确了暂予监外执行的三种情形，即对于申请保外就医严重疾病需要作出病情诊断、对怀孕的妇女需要作出妊娠检查、对于生活不能自理的需要作出鉴别。病情诊断、妊娠检查等，需要在具有相应资质的指定医院开展，同时，需要具有副高级以上职称的医师进行。

3. 标准及规范性文件及江苏省地方规定

(1)《暂予监外执行规定》(司发通〔2014〕112 号)。

(2)《关于进一步规范暂予监外执行工作的意见》(司法通〔2023〕24 号)。

(3)《罪犯生活不能自理鉴别标准》(法〔2016〕305 号)(已废止)。

(4)《罪犯保外就医执行办法》(司发〔1990〕247 号)(已废止)。

(5)江苏省高级人民法院、江苏省人民检察院、江苏省公安厅、江苏省司法厅《关于规范〈暂予监外执行规定〉中相关医学问题的意见》(苏检发〔2015〕13 号)。

(6)江苏省高级人民法院、江苏省人民检察院、江苏省公安厅、江苏省司法厅、江苏省卫生健康委员会《关于规范〈暂予监外执行规定〉中相关医学问题的意见(二)》(苏高法〔2022〕223 号)。

(7)江苏省高级人民法院、江苏省人民检察院、原江苏省卫生和计划生育委员会《关于罪犯交付执行前暂予监外执行医学诊断工作的若干意见》(苏高法〔2015〕19 号,2015 年 1 月 15 日)。

(8)江苏省高级人民法院、江苏省人民检察院、江苏省公安厅、江苏省司法厅、原江苏省卫生与计划生育委员会《关于落实〈暂予监外执行规定〉中省级人民政府指定医院的意见》(苏司通〔2015〕113 号)。

(9)江苏省高级人民法院、江苏省人民检察院、江苏省公安厅、江苏省司法厅、原江苏省卫生和计划生育委员会《关于规范暂予监外执行罪犯病情诊断、妊娠检查或者生活不能自理鉴别工作的通知》(苏司通〔2017〕31 号)。

(10)江苏省司法厅、江苏省人民检察院、江苏省卫生健康委员会《关于印发〈监狱暂予监外执行组织诊断工作规范〉的通知》(苏司规字〔2020〕1 号)。

(五)人身损害误工期、护理期、营养期评定

1. 分类

人身损害误工期、护理期、营养期评定,即“三期鉴定”。

误工期:人体损伤后经过诊断、治疗达到临床医学一般原则所承认的治愈(临床症状和体征消失)或体征固定所需要的时间。

护理期:人体损伤后,在医疗或者功能康复期间生活自理困难,全部或部分需要他人帮助的时间。

营养期:人体损伤后,需要补充必要的营养物质,以提高治疗质量或者加速损伤康复的时间。

2. “三期鉴定”标准

目前,人身损害误工期、护理期、营养期的评定主要依据《人身损害误工期、护理期、营养期评定》(GA/T 1193—2014)。

(六)人身损害护理依赖程度评定

1. 分类

护理依赖,是指躯体伤残或精神障碍者在治疗终结后,仍需他人帮助、护理才能维系正常日常生活。

护理依赖程度,是指躯体伤残或精神障碍者需要他人护理所付出工作量的大小,分为完全、大部分和部分护理依赖。

2. 护理依赖程度评定标准

目前,护理依赖程度的评定主要依据《人身损害护理依赖程度评定》(GB/T 31147—2014)。

(七)诈病、造作伤鉴定

1. 诈病

为了达到某种目的,身体健康的人假装或伪装成患有某种疾病,称为诈病。广义的诈病还包括诈伤及夸大病情。

2. 造作伤

为了达到某种个人目的，自己或授意他人对自己身体造成损伤或故意扩大和加重原有损伤，称为造作伤。广义的造作伤也包括造作病。

（八）与人体损伤相关的其他法医临床鉴定

其他法医临床鉴定，是指采用法医临床学及其相关自然科学学科的理论与技术，对人体损伤（疾病）所涉及的除上述以外其他专门性问题的鉴定，包括损伤判定、损伤时间推断、成伤机制分析与致伤物推断、影像资料的同一性认定，以及各种致伤因素造成的人身损害与疾病之间因果关系和原因力大小的鉴定等。

三、法医临床鉴定专门审查

（一）鉴定原则

法医临床鉴定的鉴定原则，主要是依据原发损伤、并发症以及后遗症，结合被鉴定人自身状况，对损伤以及残疾等进行全面分析、综合评价。法医临床鉴定需要考量的因素有：伤情是否稳定、是否考虑并发症或后遗症、因果关系是否明确、是否涉及个体差异、医疗因素以及伤病关系、鉴定是否全面客观等。

1. 人体损伤程度鉴定

人体损伤程度鉴定应遵循实事求是的原则，以致伤因素对人体直接造成的原发性损伤及由损伤引起的并发症或者后遗症为依据，全面分析，综合鉴定。伤后因其他原因死亡的个体，其生前损伤比照《人体损伤程度鉴定标准》相关条款综合鉴定。

案例 59　刘某死亡伤情鉴定案——死亡个体伤情鉴定

2015 年 12 月 6 日 7 时许，刘某被他人用刀捅伤腹部致胃肠破裂，后经医院抢救无效于 2015 年 12 月 21 日死亡。

关于刘某死亡原因，2016 年 1 月 21 日，某鉴定机构出具鉴定意见：刘某符合胃、十二指肠穿通创修补术后发生胃黏膜多发性溃疡，致上消化道大量出血，最终因失血性休克而死亡；2016 年 1 月 29 日，关于刘某的损伤程度，某鉴定机构出具“刘某的损伤属人体重伤二级”的鉴定意见。

专门审查：根据《人体损伤程度鉴定标准》“6. 附则”6.1 之规定，伤后因其他原因死亡的个体，其生前损伤比照本标准相关条款综合鉴定。本案两份鉴定，既对刘某既作出死亡原因鉴定，又作出损伤程度鉴定，而且本案鉴定中刀刺伤与刘某的死亡具有因果关联，排除医疗介入因素，故对同一被害人既作损伤程度鉴定，又作死因鉴定，明显违反了鉴定原则。

案例 60 袁某死亡伤情鉴定案——死亡个体伤情鉴定

2016 年 8 月 11 日，袁某与他人发生纠纷，在纠纷中受伤，后经医院抢救无效死亡。

原鉴定意见：死者袁某符合外伤、纠纷、情绪激动等因素诱发冠心病急性发作，急性心力衰竭而猝死。袁某鼻骨粉碎性骨折等，其损伤程度属轻伤二级。

专门审查：根据《人体损伤程度鉴定标准》“6. 附则”6.1 之规定，伤后因其他原因死亡的个体，其生前损伤比照本标准相关条款综合鉴定。该案中，原鉴定违反了损伤程度鉴定的原则，若本案中袁某所受外伤与其死亡无关，则可以评定其鼻骨损伤程度，但在本案中，原鉴定意见中明确描述外伤为诱发冠心病急性发作的原因之一，故本案中不能对其再作损伤程度鉴定。

2. 人体损伤致残程度鉴定

人体损伤致残程度鉴定的鉴定原则是以损伤治疗后果或者结局为依据，客观评价组织器官缺失和（或）功能障碍程度，科学分析损伤与残疾之间的因果关系，实事求是地进行鉴定。

3. 人身损害误工期、护理期、营养期评定

人身损害“三期”的评定应以原发性损伤及后果为依据，包括损伤当时的伤情、损伤后的并发症和后遗症等，并结合治疗方法及其效果，全面分析被鉴定人的年龄、体质等因素，进行综合评定。

4. 暂予监外执行病情诊断或者医学条件鉴定

暂予监外执行临床鉴定应依据疾病、残疾情况，对照《保外就医严重疾病范围》中相关条款，判断病情严重程度，是否有生命危险，是否经过必要的规范治疗，是否属于久治不愈，并须鉴别“就医”与“保外就医”。

5. 医疗损害鉴定、医疗事故技术鉴定

医疗损害鉴定与医疗事故技术鉴定应以与医疗行为有关,不期望发生的患者死亡、残疾、组织器官损伤致功能障碍、病情加重或者病程延长以及其他相关损害为依据,根据同行评定原则,全面分析医疗过错行为及其与损害后果间的因果关系、原因力大小,进行综合评定。

(二)鉴定时机

关于鉴定时机,原发损伤以及并发症的鉴定与后遗症的鉴定略有不同,关键需要审查损伤或者残疾是否明确,伤情及残情是否已经稳定,对此在法医临床鉴定不同领域有着不同的具体规定,常见的鉴定时机规定如下。

1. 人体损伤程度鉴定

人体损伤程度鉴定以损伤所致的并发症为主要鉴定依据的,在伤情稳定后进行鉴定;以容貌损害或者组织器官功能障碍为主要鉴定依据的,应符合行业标准和技术规范的鉴定时限要求;在诉讼需要等特殊情况下,根据原发性损伤及其并发症提前作出人体损伤程度鉴定意见的,须对有可能出现的后遗症加以说明,明确必要时应进行复检并予以补充鉴定。

比如,面部单纯擦伤的鉴定一般需要在损伤消失前进行检验鉴定。涉及需要对听力、视力、关节活动度、神经功能等进行检验的,需要待伤情稳定,一般需要3个月以上功能恢复后方可开展鉴定。在实际办案中,一例拳击伤致眼眶骨折合并眼损伤的伤情鉴定,可以因侦查办案需要,先按照眼眶骨折的原发损伤作出初步鉴定,得出初步鉴定意见;待眼损伤伤情稳定后,评估眼球结构改变以及视力损失情况等,再作出补充鉴定。

2. 人体损伤致残程度鉴定

人体损伤致残程度鉴定应在原发性损伤及其并发症治疗终结或者临床治疗效果稳定后进行,应符合技术规范的鉴定时限要求。

3. 人身损害误工期、护理期、营养期评定

人身损害"三期"的评定时机应以外伤直接所致的损伤或确因损伤所致的并发症、后遗症,经过诊疗达到临床医学一般原则所认可的症状、体征稳定为准。

4. 暂予监外执行病情诊断或者医学条件鉴定

暂予监外执行医疗鉴定应对照《保外就医严重疾病范围》中所列出的疾病、残疾情况，待病情稳定后进行，一般均需要经过规范治疗过程。

5. 关于医疗事故与医疗损害鉴定

医疗损害后果应在治疗终结或者效果稳定后进行鉴定，必要时须考虑年龄、生长发育情况在鉴定中的影响。

（三）鉴定检查

针对鉴定检查，应审查以下几个方面。

1. 鉴定检查采用的方法是否符合相关技术规范，包括但不限于专科检验方法。

2. 是否针对委托鉴定材料中反映的伤、病情况，对原发性损伤及其并发症或者后遗症进行全面、细致的鉴定检查。

3. 具体损伤选择的检查项目是否有针对性，是否进行必要的血液、尿液等实验室检查，X 线、CT 等医学影像学检查，视觉、听觉等功能性检查等。

4. 是否存在遗漏影响鉴定结果的检查项目。

5. 是否完整地描述阳性和关键的阴性症状、体征，临床检查所见与客观检查结果能否与鉴定文书中的描述记载、表格数据、附图记录等相互印证。

6. 辅助检查与被鉴定人的信息是否一致。

7. 影响鉴定结果的外部专家协助检查结果是否经过确认。

（四）医疗因素

针对医疗因素，应审查以下几个方面。

1. 是否存在可能影响鉴定结果的医疗因素。

2. 是否对上述医疗因素进行评价。

3. 医疗因素的评价是否适当。

（五）伤病关系

针对伤病关系，应审查以下几个方面。

1. 是否存在影响鉴定意见的既往伤/病史，其性质及严重程度如何。

2. 送审材料中的损伤或疾病能否相互印证，是否符合临床演进和转归过程。

3. 是否对损伤后果与既往伤/病之间的关系进行分析。

4. 伤病关系处理是否符合相关技术规范规定的原则。

5. 伤病关系分析是否合乎逻辑，是否客观、科学。

案例 61　未某损伤程度鉴定案——伤病关系鉴定

未某，男，51 岁，被羁押于某地看守所，其有高血压病史 10 余年，心脏瓣膜置换术 4 年，长期服用华法林抗凝和降压治疗，存在轻微凝血功能障碍。

2022 年 5 月 23 日，未某被他人打伤头部，致右侧额颞顶枕及纵裂硬膜下血肿，额面部多发骨折等。之后行右侧额颞部开颅血肿清除术，硬脑膜缺损修补术，颅骨去骨瓣减压术等治疗。

2022 年 6 月 22 日出院，出院诊断：右侧额颞顶枕及纵裂硬膜下血肿，脑疝、颅骨和面骨骨折、颅底骨折、创伤性蛛血、消化道出血、左眼挫伤、主动脉瓣机械瓣置换状态、高血压。

术后恢复良好，神志清楚，遗留左下肢肌力减退。

对以下事项提出审查：伤病关系；凝血功能异常与颅内出血之间的关系；损伤程度是否需要降级或者不予评定。

专门审查：未某头部所受外力作用较大，出血原因系外力作用头部引起脑组织损伤、血管破裂出血，其凝血功能异常在颅内出血的进程中仅起到加速促进作用，非颅脑损伤的始动原因。因此，根据《人体损伤程度鉴定标准》第 4.3 条“伤病关系处理原则”规定的“4.3.1 损伤为主要作用的，既往伤/病为次要或者轻微作用的，应依据本标准相应条款进行鉴定。4.3.2 损伤与既往伤/病共同作用的，即二者作用相当的，应依据本标准相应条款适度降低损伤程度等级，即等级为重伤一级和重伤二级的，可视具体情况鉴定为轻伤一级或者轻伤二级，等级为轻伤一级和轻伤二级的，均鉴定为轻微伤。4.3.3 既往伤/病为主要作用的，即损伤为次要或者轻微作用的，不宜进行损伤程度鉴定，只说明因果关系”，未某所受之伤应当依据原发损伤及其后遗症评定为重伤。

案例 62 羊某损伤程度鉴定案——伤病关系鉴定

2022 年 7 月 6 日 15 时许，羊某饮酒后与他人发生争执，在此过程中，钱某、隋某将被害人羊某打伤，造成羊某右侧基底节区出血。

(1) 医院检查治疗情况。

2022 年 7 月 6 日门诊记录为头部外伤后左侧肢体偏瘫、意识模糊 30 分钟。患者 30 分钟前因饮酒后外伤致意识模糊、左侧肢体偏瘫，伴恶心、呕吐。查体显示神清，双侧瞳孔等大等圆，对光反射存在，左侧鼻唇沟变浅，左侧肢体肌力下降。CT 检查显示右侧基底节区出血伴第三脑室及右侧侧脑室积血。

2022 年 7 月 6 日入院记录为外伤后意识不清 8 小时。血压 132/78mmHg，格拉斯哥昏迷评分法(GCS)评分 5 分，双侧瞳孔 2mm，对光反射迟钝，左侧肢体偏瘫。

2022 年 7 月 6 日头颅 CT 血管造影术(CTA)检查显示，双侧颈内动脉、大脑中动脉、大脑前动脉、大脑后动脉及其分支走行未见异常，所示血管未见明显增粗或变细。

2022 年 7 月 7 日手术记录为清除基底节区血肿量约 40ml，查见大脑中动脉一细小分支动脉活动性出血等。

2022 年 7 月 27 日头颅 CT 血管造影术检查显示，双侧颈内动脉，大脑前、中、后动脉管壁边缘光滑，管腔未见明确狭窄及扩张。所示椎动脉及基底动脉未见明确异常。

2022 年 8 月 1 日出院记录为创伤性脑出血，右基底节出血破入脑室系统，创伤性蛛网膜下腔出血。

2022 年 10 月 25 日出院记录为左上肢肌力Ⅰ级，左下肢肌力Ⅳ级，余肢体肌力Ⅴ级。

2022 年 9 月 21 日、2023 年 1 月 12 日法医临床检验显示，左上肢肌力 0 级，肌张力低；左下肢肌力 4 级，肌张力正常。

(2) 既往病史：既往无高血压病史、脑出血病史。

(3) 病程记录：术后有血压不稳定，7 月 11 日、7 月 12 日、7 月 14 日护理记录记载血压有超过 140/90mmHg 情形，最高有 161/100mmHg。

2022 年 7 月 6 日，经医学检验显示，甘油三酯为 3.37mmol/L，高于正常范围,即 0~1.7mmol/L,血糖为 6.8mmol/L,高于正常范围,肝肾功能可。

2022 年 10 月 10 日经检查,血压为 117/75mmHg,甘油三酯为 3.01mmol,高于正常范围。

(4)外伤过程:双方互殴,羊某左面部被拳击几次,屁股着地倒下,十几分钟后,无法站立并发生嘴角歪斜。

专门审查:

(1)关于病史:羊某无高血压病史,无服药史。头颅 CT 血管造影术检查未见血管异常表现。

(2)关于外伤史:外伤史明确,左侧颞顶部、枕部有头皮下血肿,伤后即出现神经系统症状体征,和本次外伤直接相关。

(3)关于酒精作用:酒精有促进血管扩张,抑制凝血、增加脑血流量,中枢抑制,加快心率、升高血压等作用。有学者指出,长期大量饮酒,急性乙醇中毒,可能造成神经元损伤和血管壁破坏。

(4)关于伤病关系:关于损伤性与非损伤性出血鉴别。损伤性出血可见于脑实质任何部位,由于受扭曲与剪切力,出血形态呈楔形(尖端朝内)的挫伤灶及脑内实质(白质多见)的血性囊肿,多发性分布,常伴发颅骨骨折、脑挫裂伤、硬膜外或硬膜下出血。非损伤性出血常见于脑实质内血管在原有病变基础上破裂出血,有某些诱发因素,其中高血压病脑出血常见于中年以上有高血压病史者,当其脑内小动脉壁发生玻变或纤维样变性或局灶出血、缺血或坏死,血管壁强度下降,小动脉瘤形成,此时情绪激动、过度脑力体力劳动或其他因素引起血压剧烈升高,可导致血管破裂出血,常位于基底节区、丘脑、脑桥和小脑。

本案外伤是导致羊某大脑中动脉血管分支(豆纹动脉)破裂的始动原因、直接原因,外伤系根本原因。客观检查结果未提示羊某存在脑血管畸形、动脉瘤等基础病变,羊某饮酒后的酒精作用可以加速、促进脑基底节区出血进程。

(六)致伤物推断

针对致伤物推断,应审查以下几个方面。

1. 是否结合现场勘验、辅助检查发现、获取特征性要素。
2. 特征性损伤是否明确。
3. 对种类物、特定物的描述是否具体。

4. 对致伤物种类、大小、质地、重量及作用面形状等分析推断是否客观、科学。

（七）成伤机制分析

针对成伤机制分析，应审查以下几个方面。

1. 是否根据损伤的部位、形态、特征、分布、程度等综合分析。
2. 是否结合原始检查记录、病历资料、临床辅助检查结果等综合分析。
3. 是否结合现场勘验、人身检查、视听资料、衣着检查等综合分析。
4. 直接外力或间接外力作用等成因分析判断依据是否充分。
5. 必要时，需要结合其他技术性证据综合判断。
6. 分析论证是否客观、科学。
7. 是否超范围作出法律事实认定。

（八）诈病、造作伤

针对诈病、造作伤鉴定，应审查以下几个方面。

1. 是否鉴别可能存在诈病、造作伤的情形。
2. 相关体格检查、辅助检查等是否规范、全面。
3. 诈病、造作伤的判断依据是否充分。

案例63 刘某、邓某虚假保外就医案——诈病

2011年某日，刘某、邓某被羁押于某监狱。入监狱后不久，两人分别以患有“高血压病Ⅲ期、冠心病、脑梗塞”以及“不稳定性心绞痛、2型糖尿病、高血压病Ⅲ期”，具有严重生命危险性、极易发生猝死为由，提出保外就医的要求。

专门审查：刘某既往确有高血压、冠心病等病史，并于案发5年前行经皮冠状动脉介入治疗（PCI）术，之后多次在某市三甲医院入院治疗，尤其案发后就医频次明显增加，相关检查显示心、脑、肾均未见明显异常，出院诊断证明：高血压病Ⅲ期，冠心病，脑梗塞，并附有“右眼底片状出血”的眼底照片一张。邓某情况与刘某相似，既往确有糖尿病，但无冠心病、高血压相关记载，某日在该市另一家三甲医院住院治疗，相关检查提示心、脑、肾仅有轻微异常，眼底检查未

见出血或渗出，出院诊断证明：不稳定性心绞痛，冠心病，高血压病Ⅲ期，并附有“双眼后极部视网膜可见出血及渗出”的眼底照片复印件一张。

两名申请保外就医人员均由省人民政府指定的三甲医院诊断并出具证明文件，并且病情诊断属于《保外就医严重疾病范围》所列疾病。

经调取刘某、邓某二人就医的全部病历及相关辅助检查材料，并将两人带至其他医院进行复查，刘某、邓某二人病情复查结果大致相同，心、脑、肾等未见严重病变，眼底未见明显出血及渗出改变。再通过眼底照片上“眼底检查号”，调取出具诊断证明的医院病历档案，发现刘某系冒用其他患者眼底出血照片修改成刘某的眼底照片；邓某的眼底检查照片复印件既无编号，也提供不了原件，并且就诊医院当日并无邓某就诊信息。结合对出具诊断证明的医师和眼科检查医师的询问结果，最终认定刘某、邓某二人的高血压病Ⅲ期以及眼底出血照片系伪造形成。

（九）新鲜伤、陈旧伤

针对新鲜伤、陈旧伤鉴定，应审查以下几个方面。

1. 损伤的形态、颜色等演进过程是否具体、典型，如从颜色变化情况，可大致推断皮肤挫伤出血的新鲜程度。

2. 医学影像学、病理学特征是否充分，如从骨折愈合形成骨痂的影像学形态，可以推断骨折的新鲜程度。

（十）分析论证

针对分析论证，应审查以下几个方面。

1. 鉴定依据的病历记载、辅助检查结果是否确实、充分，主观检查与客观检查是否相符。

2. 损伤基础是否明确，是否与案情提供的外伤史相吻合。

3. 致伤因素与原发性损伤及其并发症、损伤后果或者结局间的因果关系分析论证是否合理，能否排除合理怀疑。

4. 两处以上损伤，是否分别对伤情、残情等作出评价，是否存在重复评价的情形。

比如，造成被害人一侧眼球萎缩或者缺失，又造成被害人四肢的长骨骨折。

按照鉴定原则，应对照标准条款分别判断，即眼部损伤程度构成重伤二级、肢体损伤程度构成轻伤二级，综合评定为重伤二级。

再如，面部瘢痕已经按照单独条款进行评定时，就不能再计入体表瘢痕的总长度进行累计计算并对照条款评定。眼球结构破坏导致一眼盲，应以最终的盲目评定损伤程度，而不能依照眼球结构改变以及一眼盲这一后果分别作出损伤程度鉴定结果。

又如，外伤致腹腔积血，行开腹手术所致腹部手术瘢痕形成，鉴定时关于脏器损伤、腹腔积血可对照相应条款鉴定，但不宜对腹部手术瘢痕再作损伤程度评价，此处手术创口瘢痕不宜比照手术扩创。

5. 医疗鉴定中，医疗因素与损害后果之间的因果关系是否明确，原因力大小判断是否科学、合理。

6. 保外就医病情诊断是否达到保外就医医学条件标准条款中规定的严重程度。

7. 鉴定所适用标准条款是否准确。

8. 需要作出综合鉴定意见的，分析论证是否符合相关技术规范要求。

9. 推断性意见与外伤史等相关案情是否存在矛盾。

案例64 张某损伤程度鉴定案——遗漏伤情评价

2021年10月7日，杨某与张某发生争吵，后杨某用匕首将张某左手腕部刺伤。当日对张某行“清创缝合术 + 血管神经肌腱探查术 + 异物探查术”。2021年10月26日张某出院，出院诊断：开放性前臂损伤、左前臂屈指屈腕肌腱部分断裂、左前臂桡神经离断、左前臂尺骨缺损、左前臂尺桡侧动静脉离断。初次鉴定：根据《人体损伤程度鉴定标准》第5.9.5a)条之规定，张某体表创口构成轻微伤。公安机关将杨某以寻衅滋事罪移送审查起诉。

专门审查：经审查，原鉴定意见遗漏了对桡动脉断裂的评价，通过启动重新鉴定，依据《人体损伤程度鉴定标准》第5.9.4c)条之规定，张某左侧桡动脉断裂构成轻伤二级，其所受之伤综合评定为轻伤二级。一审法院以犯故意伤害罪，判处杨某有期徒刑8个月。

（十一）鉴定结果

针对鉴定结果，应审查以下几个方面。

1. 鉴定结果是否针对委托鉴定事项作出明确说明，有无遗漏鉴定事项。

2. 鉴定结果与委托鉴定材料内容、检查结果、分析论证描述是否一致、相符。

3. 鉴定结果表述是否符合规范。

4. 鉴定结果与其他技术性证据能否印证。

5. 对鉴定结果作出的进一步解释是否合理。

（十二）两份以上不同鉴定意见

针对不同鉴定意见，应审查以下几个方面。

1. 审查不同鉴定意见的描述以及关键论述分歧点。

2. 根据鉴定材料、标准条款、鉴定时机、理解适用等，分析产生不同鉴定意见的主、客观原因，并提出专门审查意见。

3. 必要时，提出补充鉴定、重新鉴定或其他建议。

第三节　法医毒物鉴定专门审查

在涉及毒品、中毒、投毒类案（事）件的法医学鉴定中，毒品、毒物的定性、定量，中毒量、致死量、投毒方式、进入人体途径、中毒致死等鉴定意见，成为办理此类案（事）件的重要依据。毒物来源及投毒方式的确定，往往是刑事案件办案难点。因此，关于毒品、毒物、药物等法医毒物鉴定的专门审查，显得尤为重要。

一、法医毒物鉴定

1. 概念

根据《法医类司法鉴定执业分类规定》（司规〔2020〕3号）第44条的规定，法医毒物鉴定是指鉴定人运用法医毒物学的科学技术或者专门知识，对体内外药毒物、毒品及代谢物进行定性、定量分析，并提供鉴定意见的活动。法医毒物鉴定包括气体毒物鉴定，挥发性毒物鉴定，合成药毒物鉴定，天然药毒物鉴定，毒品鉴定，易制毒化学品鉴定，杀虫剂鉴定，除草剂鉴定，杀鼠剂鉴定，金属毒物类鉴定，水溶性无机毒物类鉴定以及与毒物相关的其他法医毒物鉴定等。

2. 工作任务

在怀疑中毒或中毒的案件中，法医毒物鉴定主要解决以下具体问题：(1)确定是否发生了中毒。(2)确定何种毒物引起中毒。(3)确定进入体内毒物的量，并判断是否足以引起中毒或死亡。(4)分析毒物进入机体的途径和形式。(5)推断中毒或中毒死亡方式，是自杀、他杀，还是意外灾害。

3. 工作内容

法医毒物鉴定相关的工作内容主要包括下面几个方面。

(1)案情调查：包括中毒者的一般情况、中毒发生经过、既往的健康状况、近期的思想情绪等，注意对群体性食物中毒、农村中毒、医源性药物中毒、环境污染和工业事故等的调查，对于药物滥用、毒品依赖和戒毒过程中引起的中毒和死亡因引起注意，其他应注意收集中毒者的家庭和社会关系、有无反常行为等。

(2)现场勘验：主要是收集可供毒物检测用的检材以及对分析中毒性质有意义的各种物证。

(3)中毒症状分析：不同毒物的毒理作用不同，反映出不同的中毒症状，根据症状特点，可以推测为何种毒物中毒或哪一类毒物中毒。不同的毒物也可以出现类似的中毒症状，某些疾病也可具有与中毒类似的症状，应注意鉴别。

(4)中毒尸体检验：包括衣着检查、尸表检验、解剖检验、病理检验等。

(5)毒物检材的提取、保存、送检：检材包括可疑剩余食物、饮料、药物或呕吐物、排泄物、容器等，尸体检验中提取的组织、器官、胃肠内容物和血液、尿液等体液等。每种检材都应遵循相关提取、保存、送检规范。

(6)法医毒物分析：确定是否为中毒(死)，毒物检材中是否有毒物，是何种毒物，含量多少，是否足以引起中毒死亡等。

(7)法医毒物分析结果评价。

(8)其他：中毒与疾病致死的鉴别；中毒与损伤致死的鉴别；药物中毒与过敏性休克猝死的鉴别。

二、法医毒物鉴定领域分类

1. 气体毒物鉴定。鉴定检材中是否含有一氧化碳、硫化氢、磷化氢、液化石油气等气体毒物或其体内代谢物；气体毒物及代谢物的定量分析。

2. 挥发性毒物鉴定。鉴定检材中是否含有氢氰酸、氰化物、含氰苷类、醇类、苯及其衍生物等挥发性毒物或其体内代谢物；挥发性毒物及代谢物的定量分析。

3. 合成药毒物鉴定。鉴定检材中是否含有苯二氮卓类药物、巴比妥类药物、吩噻嗪类药物、抗精神病药物、临床麻醉药、抗生素、甾体激素等化学合成或半合成的药物或其体内代谢物；合成药毒物及代谢物的定量分析。

4. 天然药毒物鉴定。鉴定检材中是否含有乌头生物碱、颠茄生物碱、钩吻生物碱、雷公藤甲素、雷公藤酯甲等植物毒物成分或其体内代谢物，以及检材中是否含有斑蝥素、河豚毒素、蟾蜍毒素等动物毒物成分或其体内代谢物；天然药毒物及代谢物的定量分析。

5. 毒品鉴定。鉴定检材中是否含有阿片类、苯丙胺类兴奋剂、大麻类、可卡因、氯胺酮、合成大麻素类、卡西酮类、芬太尼类、哌嗪类、色胺类等毒品或其体内代谢物；毒品及代谢物的定量分析。

6. 易制毒化学品鉴定。鉴定检材中是否含有 1－苯基－2－丙酮、苯乙酸、甲苯等易制毒化学品；易制毒化学品的定量分析。

7. 杀虫剂鉴定。鉴定检材中是否含有有机磷杀虫剂、氨基甲酸酯类杀虫剂、拟除虫菊酯类杀虫剂等杀虫剂或其体内代谢物；杀虫剂及代谢物的定量分析。

8. 除草剂鉴定。鉴定检材中是否含有百草枯、敌草快、草甘膦等除草剂或其体内代谢物，除草剂及代谢物的定量分析。

9. 杀鼠剂鉴定。鉴定检材中是否含有香豆素类、茚满二酮类、有机氟类、有机磷类、氨基甲酸酯类等有机合成杀鼠剂、无机杀鼠剂、天然植物性杀鼠剂成分等杀鼠剂或其体内代谢物；杀鼠剂及代谢物的定量分析。

10. 金属毒物鉴定。鉴定检材中是否含有砷、汞、钡、铅、铬、铊、镉等金属、类金属及其化合物；金属毒物的定量分析。

11. 水溶性无机毒物鉴定。鉴定检材中是否含有亚硝酸盐、强酸、强碱等水溶性无机毒物，水溶性无机毒物的定量分析。

12. 与毒物相关的其他法医毒物鉴定，包括但不限于定性、定量分析结果的解释，如对毒物在体内的存在形式、代谢过程、检出时限的解释等。

三、法医毒物鉴定标准

常见的法医毒物鉴定标准详见附录三。

四、法医毒物鉴定专门审查

（一）程序性审查

主要是对法医毒物鉴定的委托、受理、检验、鉴定等程序的合法性进行审查。

1. 检验鉴定形式审查

（1）委托主体是否适格。

（2）鉴定机构与鉴定人是否具备法医毒物鉴定资质。

（3）法医毒物鉴定书、检验报告等鉴定文书格式是否符合规范。

（4）鉴定文书是否附有必要的图谱、照片等。

2. 检验鉴定过程审查

（1）是否摘录与鉴定相关的资料。

（2）是否标明法医毒物鉴定适用的标准、方法，所选用标准、方法是否恰当，是否考虑相关影响因素。

（3）是否对检验的过程及阴性结果进行描述。

（4）相关物证、生物检材的提取、保存、送检过程是否规范，能否在检验过程中溯源。

（二）实体性审查

主要对鉴定文书中的检验过程以及分析论证和鉴定意见结果表述等进行全面、客观审查。

1. 描述性审查

（1）是否有发生中毒的现场情况。

(2)若有存活者,是否对其进行必要的检查。

(3)中毒尸体的尸体征象。

(4)中毒尸体的组织病理学改变。

(5)相关检材是否提取并送检,检验结果是否详细表述。

2. 特征性审查

(1)毒物的种类是否明确。

(2)体内检出毒物的含量。

(3)判断毒物摄入的量是否足以引起中毒或死亡。

(4)毒物的毒理作用与组织病理学改变是否能够印证。

(5)毒物进入体内的途径是否可以判断。

3. 排他性审查

(1)是否为原始现场。

(2)是否排除影响毒物检出结果的相关因素。

(3)是否排除自身疾病或者疾病与中毒共存的情形。

(4)是否排除机械性暴力、窒息、猝死等致死因素。

(5)是否排除药物不良反应、过敏等特异体质因素引起的死亡。

(6)是否排除其他致死因素。

4. 针对性审查

(1)是否是中毒死亡。

①中毒现场环境是否存在。

②中毒症状体征、尸体征象与组织病理学改变是否符合中毒死亡。

③毒物中毒致死原因与其他证据之间是否能够印证。

④鉴别中毒病变与中毒后并发症病变。

⑤是否排除自然疾病、机械性损伤、窒息、过敏性休克猝死等其他死因。

(2)何种毒物引起中毒死。

①理化检验或毒物分析结果是否明确。

②是否存在两种或两种以上毒物的相互作用。

(3)确定进入体内毒物的量。

①确定进入体内毒物的量。

②有无阴性对照。

③检测所选用的方法、标准是否准确。

④分析图谱等实验记录是否规范。

⑤判断毒物量是否足以引起中毒或死亡。

(4)分析毒物进入途径。

①分析环境因素能否引起中毒,如环境中是否有一氧化碳等挥发性气体毒物。

②分析毒物是否有经口、呼吸道、皮肤黏膜、静脉注射等进入的依据。

③分析毒物进入体内方式的依据。

(5)中毒合并其他致死因素的判断。

①是否存在疾病、损伤等其他致死因素。

②中毒与疾病、损伤等其他因素共存所致的死亡,其论证是否客观、科学。

③判断中毒与医疗用药间有无协同或拮抗的作用。

(6)中毒或中毒死亡方式。

①区分自杀、他杀还是意外。

②服毒自杀、投毒与伪装服毒自杀的鉴别。

5. 其他审查

(1)如毒物分析结果为阳性或强阳性,特别是含量测定已达到致死血浓度,一般可确定为中毒死。

(2)如毒物检测结果为弱阳性时应考虑下述几种可能。

①毒物因药用进入机体的,有时在胃内容物和血中可检出治疗量或微量镇静催眠类等药物。但经详细的法医病理学检查,一般均能发现足以说明死因的自然疾病的病理改变或损伤等。

②死后毒物进入尸体的,如泥土中的砷日久可渗入埋葬尸体的腐烂组织中,当挖掘尸体取材检测时砷可检出阳性结果。

③尸体组织腐败产物可混淆毒物检测结果,如腐败尸体的血液中可检出乙醇和少量氰化物。

④毒物检测失误,如毒物检测操作不正确,仪器、试剂不纯净,盛装检材的容器有污染。

⑤某些金属元素在正常人体中的基础含量,如砷、汞、铅、锌等在正常人体组织中也含有微量。

因此，只有通过较精确的毒物定量，与组织中的正常含量进行对比，才能解释毒物检测结果。

(3)如毒物检测结果为阴性，则需考虑以下几种可能。

①检材提取不当，如收集检材不及时，所取检材的种类不合适、齐全。例如，迁延性一氧化碳中毒死者一氧化碳已自体内排出，血液中不能检出碳氧血红蛋白。又如，通过臀部肌内注射敌敌畏中毒致死案例，尸检时仅提取胃内容物检测结果阴性。

②毒物分解消失，如挥发性毒物在尸体内经过短期时间即不能检出，乌头碱等毒物易因尸体腐败及碱性作用而被分解消失。

③防腐剂对毒物的破坏，如尸体经甲醛液防腐处理或器官标本经甲醛液固定，则氰化物等毒物迅速被破坏而不能检出。

④缺少某些毒物的检测方法，某些毒物(如部分有毒动植物)目前尚无适当的毒物检测方法。

⑤毒物检测错误，毒物检测的技术操作不正确，选用的检测方法不灵敏。

综上所述，中毒的法医学鉴定不能单纯依靠毒物检测结果，对每一个具体案例必须根据案情调查、现场勘验、临床资料、尸体解剖及病理组织学检验等，再结合毒物分析及其他检验结果，进行综合评定。

五、酒精检测专门审查

在法医毒物鉴定实践中，涉及酒精检测类案件较多。关于酒精含量检测，可以采取呼气酒精测试和血液酒精含量检测，前者一般用于定性，后者用于准确定量。关于酒精检测技术标准，目前有国家标准、行业标准，有采集标准、检验标准、设备标准、判定标准等。在实际办案中，由于受提取、保存、检测方法等多重因素的影响，关于酒精含量检测结果的异议较多，关于酒精检测专门审查显得尤为重要。

（一）酒精检测相关技术标准规范汇总（见表7－2）

表7－2 酒精检测相关技术标准规范

标准号	标准名称	实施日期
GA/T 105—1995	《血、尿中乙醇、甲醇、正丙醇、乙醛、丙酮、异丙醇、正丁醇、异戊醇的定性分析及乙醇、甲醇、正丙醇的定量分析方法》	1995年8月1日（2013年5月6日公安部公告废止）
GA/T 1073—2013	《生物样品血液、尿液中乙醇、甲醇、正丙醇、乙醛、丙酮、异丙醇和正丁醇的顶空－气相色谱检验方法》	2013年8月1日
GA/T 843—2009	《唾液酒精检测试纸条》	2009年12月1日
GB 19522—2024（替代GB 19522—2010）	《车辆驾驶人员血液、呼气酒精含量阈值与检验》	2024年8月1日
GA/T 1147—2014	《车辆驾驶人员血液酒精含量检验实验室规范》	2014年5月1日
GB/T 21254—2017（替代GB/T 21254—2007）	《呼出气体酒精含量检测仪》	2018年7月1日
GA/T 842—2019（替代GA/T 842—2009）	《血液酒精含量的检验方法》	2019年5月1日
GA/T 1556—2019	《道路交通执法人体血液采集技术规范》	2019年5月1日
GB/T 42430—2023	《血液、尿液中乙醇、甲醇、正丙醇、丙酮、异丙醇和正丁醇检验》	2024年3月1日

（二）酒精检测相关技术标准分类（见表7－3）

表7－3 酒精检测相关技术标准分类

采集标准	检验标准	设备标准	判定标准
《道路交通执法人体血液采集技术规范》（GA/T 1556—2019）	《血、尿中乙醇、甲醇、正丙醇、乙醛、丙酮、异丙醇、正丁醇、异戊醇的定性分析及乙醇、甲醇、正丙醇的定量分析方法》（GA/T 105—1995）	《呼出气体酒精含量检测仪》（GB/T 21254—2017）	《车辆驾驶人员血液、呼气酒精含量阈值与检验》（GB 19522—2024）

续表

采集标准	检验标准	设备标准	判定标准
	《生物样品血液、尿液中乙醇、甲醇、正丙醇、乙醛、丙酮、异丙醇和正丁醇的顶空－气相色谱检验方法》(GA/T 1073—2013)	《唾液酒精检测试纸条》(GA/T 843—2009)	
	《血液酒精含量的检验方法》(GA/T 842—2019)		
	《车辆驾驶人员血液酒精含量检验实验室规范》(GA/T 1147—2014)		
	《血液、尿液中乙醇、甲醇、正丙醇、丙酮、异丙醇和正丁醇检验》(GB/T 42430—2023)		

(三)酒精检测相关司法解释、规范性文件汇总

1. 公安部《关于公安机关办理醉酒驾驶机动车犯罪案件的指导意见》(公交管〔2011〕190号)。

2. 最高人民法院、最高人民检察院、公安部《关于办理醉酒驾驶机动车刑事案件适用法律若干问题的意见》(法发〔2013〕15号)(已失效)。

3. 最高人民法院、最高人民检察院、公安部、司法部《关于办理醉酒危险驾驶刑事案件的意见》(高检发办字〔2023〕187号)。

4.《道路交通安全法实施条例》。

5.《强制检定的工作计量器具检定管理办法》。

6.《道路交通安全违法行为处理程序规定》(公安部令第157号)。

案例65　吴某醉驾案①——醇类消毒药品对血液酒精含量的影响

某日，吴某饮酒后驾驶小型汽车，被交警控制后不积极配合公安机关呼气酒精含量检测等检查，经静脉血样鉴定，吴某血液酒精含量为223.8mg/100ml。

辩护人提出，本案中医务人员违反《车辆驾驶人员血液、呼气酒精含量阈

① 案例改编自2024年检察机关依法办理醉酒危险驾驶刑事案件典型案例(第二批)。

值与检验》(GB 19522—2010,现被 GB 19522—2024 替代)第 5.3.1 条之规定,提取血样时采用醇类药品(安尔碘Ⅱ型)对皮肤进行消毒,所提取血样受到污染,血液酒精含量鉴定意见不能作为定案依据。

专门审查:本案血样是否受到污染可以通过侦查实验等方式进行验证。公安机关组织 10 名实验对象(20~60 岁,男性 8 人,女性 2 人)参与侦查实验,实验对象中 5 人饮酒、5 人不饮酒,在医院采血区由专业护士对该 10 人分别使用安尔碘Ⅱ型(含醇)、安尔碘Ⅲ型(不含醇)及碘伏(不含醇)三种消毒药品对皮肤进行消毒并提取血样,按照专业规范保存、送检。侦查实验结果显示,使用醇类药品消毒对血液中酒精含量的影响极小,检测差值范围为 -5.7mg/100ml 至 1.9mg/100ml,即检测数值降低至多 5.7mg/100ml,增高至多 1.9mg/100ml。上述侦查实验结果能够印证血液酒精含量检测结果的客观真实性,可以补正提取血液的程序瑕疵,鉴定意见可以采信。综合考虑犯罪嫌疑人吴某血液酒精含量 223.8mg/100ml,远高于醉酒危险驾驶的立案标准,结合其供述当日饮酒情况等其他证据,足以排除其未达醉酒标准的合理怀疑。

六、关于办理醉酒危险驾驶刑事案件的最新适用意见的理解与适用①

1.《关于办理醉酒危险驾驶刑事案件的意见》

为适应新形势、新变化,进一步统一执法司法标准,严格规范、依法办理醉驾案件,2023 年 12 月,最高人民法院、最高人民检察院、公安部、司法部联合印发《关于办理醉酒危险驾驶刑事案件的意见》(高检发办字〔2023〕187 号),该意见自 2023 年 12 月 28 日起施行。

其中,关于酒精检测方面的专业技术规范条文为第 4 条、第 7 条、第 8 条、第 9 条。

第四条　在道路上驾驶机动车,经呼气酒精含量检测,显示血液酒精含量达到 80 毫克/100 毫升以上的,公安机关应当依照刑事诉讼法和本意见的规定决定是否立案。对情节显著轻微、危害不大,不认为是犯罪的,不予立案。

公安机关应当及时提取犯罪嫌疑人血液样本送检。认定犯罪嫌疑人是否

① 参见曹红虹、杨先德:《"两高两部"〈关于办理醉酒危险驾驶刑事案件的意见〉的理解与适用》,载《人民检察》2024 年第 3 期。

醉酒，主要以血液酒精含量鉴定意见作为依据。

犯罪嫌疑人经呼气酒精含量检测，显示血液酒精含量达到80毫克/100毫升以上，在提取血液样本前脱逃或者找人顶替的，可以以呼气酒精含量检测结果作为认定其醉酒的依据。

犯罪嫌疑人在公安机关依法检查时或者发生道路交通事故后，为逃避法律追究，在呼气酒精含量检测或者提取血液样本前故意饮酒的，可以以查获后血液酒精含量鉴定意见作为认定其醉酒的依据。

对第4条的理解与适用：第4条第1款适用关于血液酒精含量不满150毫克/100毫升的案件。如果血液酒精含量达到80毫克/100毫升，但不满150毫克/100毫升，而且不存在《关于办理醉酒危险驾驶刑事案件的意见》第10条规定的15种从重处理情形，可以认为属于情节显著轻微、危害不大。按照《关于办理醉酒危险驾驶刑事案件的意见》第4条第1款的规定，公安机关可以不予立案，已经立案的，可以作出撤销案件处理。

该条相较于《关于办理醉酒驾驶机动车刑事案件适用法律若干问题的意见》的规定，有以下三个特点：

一是醉酒标准并未变化，仍是血液酒精含量达到80毫克/100毫升。

二是经过呼气检测显示，行为人的血液酒精含量达到80毫克/100毫升以上，就存在犯罪嫌疑，是否按照刑事案件立案，要按照《刑事诉讼法》、《公安机关办理刑事案件程序规定》以及《关于办理醉酒危险驾驶刑事案件的意见》等有关规定进一步调查核实和认定判断，符合立案条件的依法立案，不符合立案条件的不予立案。

三是明确情节显著轻微、危害不大的，不予立案。按照《公安机关办理刑事案件程序规定》第178条规定，犯罪事实显著轻微不需要追究刑事责任的，不予立案。对属于情节显著轻微、危害不大的具体情形，《关于办理醉酒危险驾驶刑事案件的意见》第12条作了明确规定。

第4条第2款规定，公安机关应当及时提取犯罪嫌疑人血样送检。认定犯罪嫌疑人是否醉酒，主要以血液酒精含量鉴定意见作为依据。人体内的血液酒精含量会随着代谢减退，因此提取血样必须“及时”，在具备条件的情况下要“立即”提取血样。比如，在现场由法医或者医务人员提取，无法在现场提取的，应当立即前往医院等有条件的地方提取血样。提取血样的及时性不仅涉及证据的准确性、客观性问题，也涉及执法司法的公平性、公正性问题，因此提取血样是否及时是检察机关办理案件的重点审查对象。对于从现场查处到提取血样间隔时间明显较长的，要查明原因，必要时需要公安机关作出说明。

第 4 条第 3 款规定了呼气后脱逃的情形以及血检结果虽然被排除，但是有呼气检测结果以及结合其他证据能够排除合理怀疑地证明犯罪嫌疑人、被告人确实醉酒的情形。需要说明的是，考虑到受到多种因素影响，呼气酒精检测结果的稳定性、精确度还不够高，呼气酒精检测结果作为醉驾认定的依据属于特例，在实践中认定要特别慎重。

第 4 条第 4 款规定了二次饮酒情形的认定处理。

第七条　办理醉驾案件，应当收集以下证据：

（一）证明犯罪嫌疑人情况的证据材料，主要包括人口信息查询记录或者户籍证明等身份证明；驾驶证、驾驶人信息查询记录；犯罪前科记录、曾因饮酒后驾驶机动车被查获或者行政处罚记录、本次交通违法行政处罚决定书等；

（二）证明醉酒检测鉴定情况的证据材料，主要包括呼气酒精含量检测结果、呼气酒精含量检测仪标定证书、血液样本提取笔录、鉴定委托书或者鉴定机构接收检材登记材料、血液酒精含量鉴定意见、鉴定意见通知书等；

（三）证明机动车情况的证据材料，主要包括机动车行驶证、机动车信息查询记录、机动车照片等；

（四）证明现场执法情况的照片，主要包括现场检查机动车、呼气酒精含量检测、提取与封装血液样本等环节的照片，并应当保存相关环节的录音录像资料；

（五）犯罪嫌疑人供述和辩解。

根据案件具体情况，还应当收集以下证据：

（一）犯罪嫌疑人是否饮酒、驾驶机动车有争议的，应当收集同车人员、现场目击证人或者共同饮酒人员等证人证言、饮酒场所及行驶路段监控记录等；

（二）道路属性有争议的，应当收集相关管理人员、业主等知情人员证言、管理单位或者有关部门出具的证明等；

（三）发生交通事故的，应当收集交通事故认定书、事故路段监控记录、人体损伤程度等鉴定意见、被害人陈述等；

（四）可能构成自首的，应当收集犯罪嫌疑人到案经过等材料；

（五）其他确有必要收集的证据材料。

对第7条的理解与适用:《关于办理醉酒危险驾驶刑事案件的意见》第7条第1款规定了醉驾应当收集的证据,也就是证明醉驾犯罪事实和量刑情节等必备的证据。在当事人没有提出异议、案件事实没有争议或者没有其他特殊情况下,一起醉驾案件收集第7条第1款规定的证据即可,无须再收集和移送其他证据。比如,如果现场查处时,通过现场视频等可以认定是犯罪嫌疑人驾驶的车辆,当事人也没有辩解不是其驾车,就没有必要再调取同车人员或者其他目击证人的证人证言。

应当收集的证据主要包括犯罪嫌疑人基本情况、醉酒检测鉴定、机动车情况、执法过程证据以及犯罪嫌疑人的供述和辩解。应当收集的证据要注意简化收集方式和证据形式。比如,虽然现场查处、呼气检测、提取和封装血样都需要同步录音录像,但是一般情况下,公安机关收集和移送证据时,只要提供这些环节的照片证明相关事实即可。相关录音录像由公安机关留存备查,在产生争议、当事人等提出异议时再调取核查并移送审查。

《关于办理醉酒危险驾驶刑事案件的意见》第7条第2款主要针对有争议或者有事故等特殊情况,有该种特殊情况的,在收集第7条第1款规定证据的基础上,还要求收集第2款规定的相应证据。比如,到案经过材料。一般刑事案件均有到案经过材料,但是醉驾案件绝大部分是现场查处,在公安机关的受案材料、起诉意见书等中均有体现,一般不涉及自首的认定等情况,因此也就没必要再单独出具一份到案经过材料,但如果发生事故后报警或者在其他情境下查获,就有必要对犯罪嫌疑人到案的情况进行专门说明,以便查清是否存在自首、坦白等情节。

第八条　对犯罪嫌疑人血液样本提取、封装、保管、送检、鉴定等程序,按照公安部、司法部有关道路交通安全违法行为处理程序、鉴定规则等规定执行。

公安机关提取、封装血液样本过程应当全程录音录像。血液样本提取、封装应当做好标记和编号,由提取人、封装人、犯罪嫌疑人在血液样本提取笔录上签字。犯罪嫌疑人拒绝签字的,应当注明。提取的血液样本应当及时送往鉴定机构进行血液酒精含量鉴定。因特殊原因不能及时送检的,应当按照有关规范和技术标准保管检材并在五个工作日内送检。

鉴定机构应当对血液样品制备和仪器检测过程进行录音录像。鉴定机构应当在收到送检血液样本后三个工作日内，按照有关规范和技术标准进行鉴定并出具血液酒精含量鉴定意见，通知或者送交委托单位。

血液酒精含量鉴定意见作为证据使用的，办案单位应当自收到血液酒精含量鉴定意见之日起五个工作日内，书面通知犯罪嫌疑人、被告人、被害人或者其法定代理人。

对第8条的理解与适用：第8条第1款作出原则性规定，要求对犯罪嫌疑人血样提取、封装、保管、送检、鉴定等程序，按照公安部、司法部有关道路交通安全违法行为处理程序、鉴定规则等规定执行。

第8条第2款至第4款的规定有以下五个要求：一是提取、封装血液样本过程必须全程录音录像。《关于办理醉酒驾驶机动车刑事案件适用法律若干问题的意见》（已失效）对抽取血样过程规定的是“应当制作记录；有条件的，应当拍照、录音或者录像”。随着公安部大力推动执法规范化建设以及警务技术不断进步，佩戴使用执法记录仪等设备能够有效做到全程录音录像。为了进一步严格规范血液提取、封装，《关于办理醉酒危险驾驶刑事案件的意见》明确对这一过程应当全程录音录像。

二是血液样本提取、封装应当做好标记和编号，由提取人、封装人、犯罪嫌疑人在血液样本提取笔录上签字。犯罪嫌疑人拒绝签字的，应当注明。上述规定主要是确保提取的血样能够通过封装、标记、编号并由相关人员签字的方式固定且做到可识别、不混淆。在研究过程中，有意见提出提取、封装血样是否需要见证人并要求见证人签字的问题。经研究认为，如果提取、封装过程中能够做到同步录音录像，则没有必要再安排见证人见证，如果无法做到同步录音录像，则有必要找见证人见证。

三是提取的血样应当及时送检，最长不得超过5个工作日。关于提取血样送检时间，近年来实践中遇到的争议较多，2011年公安部《关于公安机关办理醉酒驾驶机动车犯罪案件的指导意见》规定，不能立即送检的，可以在3日内送检。2020年《道路交通安全违法行为处理程序规定》则规定可以在5日（5个工作日）内送检。2023年《关于办理醉酒危险驾驶刑事案件的意见》统一送检时间，即因特殊原因不能及时送检的，应当在5个工作日送检。

四是鉴定过程应当同步录音录像，并在3个工作日内出具鉴定意见。这里的“鉴定过程”主要是指鉴定人员使用检材的过程，主要是要求对血液样品制备和仪器检测过程进行录音录像。要通过录音录像记录血样由封装状态解封、取样、添加试剂等操作到运用仪器设备开展检测的过程。鉴定过程录音录像主要是对鉴定人员使用检材的一种外部监督方式。鉴定机构可以采用在鉴定场所安装固定监控设备等方式对鉴定过程进行全程录音录像。鉴定录音录像不需要同步移送办案机关,而是在当事人提出异议等情况下留案备查。《关于办理醉酒危险驾驶刑事案件的意见》未对录音录像留存的时间作出统一要求,需要由司法鉴定机构主管部门作出规范,从案件办理的角度讲,录音录像应当保存到案件办结前(如二审结束)。《关于公安机关办理醉酒驾驶机动车犯罪案件的指导意见》规定,对送检的血样,检验鉴定机构应当在3日内出具检验报告。《关于办理醉酒危险驾驶刑事案件的意见》结合实践情况,进一步统一明确鉴定机构自接收检材之日起,3个工作日内出具鉴定意见并通知或送交委托单位。

五是鉴定意见应当在5个工作日内书面通知犯罪嫌疑人、被告人、被害人或者其法定代理人。

第九条　具有下列情形之一,经补正或者作出合理解释的,血液酒精含量鉴定意见可以作为定案的依据;不能补正或者作出合理解释的,应当予以排除:

(一)血液样本提取、封装、保管不规范的;

(二)未按规定的时间和程序送检、出具鉴定意见的;

(三)鉴定过程未按规定同步录音录像的;

(四)存在其他瑕疵或者不规范的取证行为的。

对第9条的理解与适用:本条规定了关于瑕疵证据的采信规则。

一是血样提取、封装、保管不规范。这里的"不规范"是指取证行为未按照《道路交通安全违法行为处理程序规定》以及《刑事诉讼法》、《关于办理醉酒危险驾驶刑事案件的意见》等规定规范进行。常见的如提取血样时使用醇类消毒液消毒、没有进行同步录音录像、封装时缺少提取人签字等。以使用醇类酒精消毒为例,在不少案件中,通过侦查实验等方式可证明醇类酒精消毒对血液的污染极小,甚至可以忽略不计。如果血液实测结果高于80毫克/100毫升或者150毫克/100毫升较多,则不应将相关证据直接排除。

二是未按规定的时间和程序送检、出具鉴定意见。《关于办理醉酒危险驾驶刑事案件的意见》规定的送检、出具鉴定意见时间比《司法鉴定程序通则》

《公安机关鉴定规则》等规定更严格，主要是为了从严从快惩治醉驾而作的特殊规定。但是确实有正当理由无法在规定期限内完成，经合理解释或者补正，能够排除合理怀疑的，则相关证据可以采信。比如，在新冠疫情防控等特殊时期，确实无法在《关于办理醉酒危险驾驶刑事案件的意见》规定的最严格的时间内作出鉴定，只要血样按规范得到了妥善保管，综合其他证据可以确保血检结果的可信性，则可以作为证据采信。

三是鉴定过程没有同步录音录像的采信规则与提取、封装过程未同步录音录像的情形相同。

四是存在其他瑕疵或者不规范的取证行为。

对于上述瑕疵证据，虽然可以补正，但是需要说明以下两点。

一是瑕疵证据补正后要达到排除合理怀疑的程度。并不是所有不规范取证行为都可以在补正或者说明后被采信，还要具体问题具体分析，着重看补正和说明能否排除合理怀疑。比如，血液一般需要低温保存，如果长时间未低温保存，证据会受到极大影响，即使补正、说明也不足以确保血检结果的真实性、准确性，此时相关证据应当排除。

二是瑕疵证据可以补正，并不意味着可以随意、故意突破取证规范。公检法机关对瑕疵取证行为要按照自身职责和职权予以纠正，要求相关人员予以改正，杜绝再次发生。比如，检察机关瑕疵取证、违法取证，即使通过补正和合理说明对该类证据予以采信，也要通过口头或者书面方式进行纠正。

2. 规定的区别

《车辆驾驶人员血液、呼气酒精含量阈值与检验》(GB 19522—2024)、《关于办理醉酒危险驾驶刑事案件的意见》等标准以及规范性文件对酒精检测等专门性问题均作出规定，在开展专门审查时，应注意上述标准与司法解释、规范性文件之间的区别。

比如，关于血样送检时间有不同规定。公安部《关于公安机关办理醉酒驾驶机动车犯罪案件的指导意见》规定，提取血样应立即送检，因特殊原因不能立即送检的，应当按照规范低温保存，经上级公安机关交通管理部门负责人批准，可以在 3 日内送检。而《关于办理醉酒危险驾驶刑事案件的意见》规定，提取的血液样本应当及时送往鉴定机构进行血液酒精含量鉴定，因特殊原因不能及时送检的，应当按照有关规范和技术标准保管检材并在 5 个工作日内送检。

案例66　念某投毒案[①]——检材保管链

2006年7月27日晚，福建省平潭县澳前镇澳前村陈某某、丁某某两家人用餐之后，俞乙、俞丙、俞甲等人相继出现中毒症状。次日凌晨，俞乙、俞丙经送医院抢救无效死亡，后经鉴定，俞乙、俞丙系氟乙酸盐鼠药中毒。

福州市中级人民法院一审判决被告人念某犯投放危险物质罪，判处死刑，剥夺政治权利终身。此案历经8次庭审，2014年8月22日，二审福建省高级人民法院作出判决，宣告念某无罪。判决认为，二被害人系中毒死亡，但原判认定致死原因为氟乙酸盐鼠药中毒依据不足，认定的投毒方式依据不确实。

现场勘查：2006年7月28日凌晨5时28分平潭县公安局接到报案后，便封锁了丁某某、陈某某家厨房进行现场勘查，并于7月28日当天做出（2006）080017号立案决定书，对俞乙、俞丙中毒死亡立案侦查。现场勘查的同时开始向有关人员展开调查。

现场勘查中，侦查机关从丁家厨房里提取了包括酱油煮杂鱼、调味料和锅碗瓢盆等在内的一百五十多件物品，连地面上的尘土也被扫起来送去化验。但这一百五十多件提取物中登记造册有记载的只有五件：（1）丁某某卧室内呕吐物一份；（2）丁某某灶台上铁锅一个；（3）灶台旁高压锅一个；（4）煤炉上烧水铝壶（原壶）一个；（5）念某食杂店通往陈某某（丁某某房东）天井的门外侧门把一个。且上述送检检材名称与提取记录记载不一致，相关理化检验报告信息见表7－4。

表7－4　2006年7月28日至8月9日某公安局理化检验报告

某公安局理化检验报告	送检检材	检验目的	检验结果	委托时间	报告出具时间
榕公刑技法化字〔2006〕第567号	俞乙的呕吐物100克	是否含有灭鼠药	经检验，俞乙的呕吐物中检出氟乙酸盐成分	2006年7月28日	2006年8月1日

① 参见百度百科网站，https://baike.baidu.com/item/念斌投毒案/1488296，最后访问日期：2024年1月7日。

续表

某公安局理化检验报告	送检检材	检验目的	检验结果	委托时间	报告出具时间
榕公刑技法化字〔2006〕第662号	念某食杂店通往丁某某厨房的门上提取到的门把一个	是否含有灭鼠药	经检验,将门把上提取的残留物衍生化二级质谱图与标准氟乙酸盐衍生化二级质谱图进行比较,主要离子碎片均存在,倾向于认定门把上的残留物含有氟乙酸盐	2006年7月31日	2006年8月1日
榕公刑技法化字〔2006〕第575号	丁某某灶上的铁锅	是否含有灭鼠药	经检验,丁某某灶上铁锅内残留物中检出氟乙酸盐成分	2006年8月1日	2006年8月6日
榕公刑技法化字〔2006〕第576号	丁某某灶边高压锅(宁波吉林东方铝制品厂)	是否含有灭鼠药	经检验,丁某某灶边高压锅内残留物中检出氟乙酸盐成分	2006年8月9日	2006年8月11日
榕公刑技法化字〔2006〕第576号	楼梯旁煤球炉灶上的烧水铝锅里的水3500毫升	是否含有灭鼠药	楼梯旁煤球炉灶上的烧水铝锅里的水中检出氟乙酸盐成分	2006年8月9日	2006年8月11日

专门审查:应审查检材的“保管链”是否完整可溯、委托送检程序是否符合规定、毒物检验的流程是否符合标准规范、原始数据保存是否符合规定。

(1)关于氟乙酸盐鼠药中毒的依据不足,主要存在三个方面:第一,检材与标样质谱图一样。标注为被害人俞丙尿液和标注为标样的两份质谱图相同,有悖常理。第二,两份不同检材的质谱图一样。分别标注为被害人俞乙心血、呕吐物的两份质谱图相同,同样有悖常理。第三,没有空白对照。鉴定机构在对俞丙的尿液、心血和俞乙的尿液、心血和呕吐物检材的检验过程中,均未按照专业规范要求进行“空白”对照检验以防止假阳性检验结果,因此难以排除检材被污染的可能。

(2)关于投毒方式的依据不确实,主要存在四个方面:第一,铝壶、高压锅的提取送检问题。现场勘验检查笔录记载的提取送检时间为“7月28日”,与检验鉴定委托书记载的“8月9日”相矛盾。第二,铁锅的提取送检问题。现场勘验检查笔录记载的提取送检时间为“7 月 28 日”，与检验鉴定委托书记载的“8 月 1 日”相矛盾，检验时间又载明是“7 月 31 日”，送检与检验的时间前后倒置。第三，鉴定受理登记表记载，侦查机关送检铝壶及里面的 3500 毫升水，但现场勘验检查笔录未记载提取铝壶时壶中有水。第四，鉴定机构在对铝壶水、高压锅和铁锅表面残留物检材的检验过程中，未按照专业规范要求进行“空白”对照检验以防止假阳性检验结果，因此难以排除该 3 份检材被污染的可能。

案例 67　张某危险驾驶案——酒精检测结果

在一例酒驾案件中，张某呼气酒精测试结果为 175mg/100ml，而静脉血检测结果为 114mg/100ml，案件承办人委托开展技术性证据专门审查，审查产生结果差异的可能原因。

专门审查：(1) 酒精含量检测结果的影响因素。

相较于血液酒精含量检测结果，呼气酒精测试有不够精确、不可复查的特点，一般作为现场初筛快检使用。在呼气酒精测试中，影响酒精含量检测仪测量结果的因素较多，如流量、进样温度、大气压力、酒后时间、人员操作等。关于血液酒精含量检测，根据《道路交通执法人体血液采集技术规范》(GA/T 1556—2019) 规定的血液样本提取、保存等规范，由于受到检材保存条件、送检时机等因素的影响，所提取血样中酒精含量会有一定程度的变化。另外，根据酒精体内代谢规律，人体内血液酒精含量是动态变化的，大约在饮酒后 30 分钟—90 分钟内达到最高值，然后开始下降。同时由于吹气时间和抽血时间存在时间差，并且血样提取后保存、送检情况的差异，车辆驾驶人呼气酒精测试值并不必然高于或低于血液酒精含量测试值。

在实践中呼气酒精检测结果一般小于血中酒精检测结果，但这并不是绝对的，正如上述分析的影响检测结果的因素很多，有时血中酒精检测结果高于呼气检测结果，也可以是正常现象，况且，根据相应标准规范，定罪量刑除法律规定的特殊情形外，一般应以血中酒精检测结果为准。

(2) 酒精含量检测结果的适用。

公安部《关于公安机关办理醉酒驾驶机动车犯罪案件的指导意见》规定，“对涉嫌醉酒驾驶机动车、当事人对呼气酒精测试结果有异议，或者拒绝配合呼气酒精测试等方法测试以及涉嫌饮酒后、醉酒驾驶机动车发生交通事故的，应当立即提取血样检验血液酒精含量”。该规定表明，应把呼气酒精测试作为醉酒驾驶的初筛快检程序，把血液酒精检测作为酒后驾驶的强制确查程序。

《关于办理醉酒驾驶机动车刑事案件适用法律若干问题的意见》（法发〔2013〕15号）（已失效）规定：“一、在道路上驾驶机动车，血液酒精含量达到80毫克/100毫升以上的，属于醉酒驾驶机动车，依照刑法第一百三十三条之一第一款的规定，以危险驾驶罪定罪处罚。前款规定的‘道路’‘机动车’，适用道路交通安全法的有关规定。”“六、血液酒精含量检验鉴定意见是认定犯罪嫌疑人是否醉酒的依据。犯罪嫌疑人经呼气酒精含量检验达到本意见第一条规定的醉酒标准，在抽取血样之前脱逃的，可以以呼气酒精含量检验结果作为认定其醉酒的依据。犯罪嫌疑人在公安机关依法检查时，为逃避法律追究，在呼气酒精含量检验或者抽取血样前又饮酒，经检验其血液酒精含量达到本意见第一条规定的醉酒标准的，应当认定为醉酒。”

综上，可以看出，在办理涉嫌醉酒驾驶机动车刑事案件中，一般以血液酒精含量检测结果为准。

(3)酒精含量检测结果异议的处理。

车辆驾驶人对酒精检测结果有异议的，可以依据《道路交通安全违法行为处理程序规定》第36条等规定，申请对留样血样进行重新检验。

第四节　法医物证鉴定专门审查

司法实践中，个体识别与亲子鉴定在实际案（事）件中的应用越来越广泛，DNA等新技术应用在实际检案中的作用越来越显著。关于DNA鉴定等法医物证鉴定的专门审查，显得尤为重要。

一、法医物证鉴定

1. 概念

法医物证鉴定，主要是以血液、精液、唾液、汗液、阴道分泌液、毛发、骨骼、指甲、人体组织及脱落细胞等法医物证为检验对象，应用生命科学技术解决司法实践中与人体有关的生物检材的同一认定、个体识别的鉴定。①

根据《法医类司法鉴定执业分类规定》（司规〔2020〕3 号）第 34 条规定，法医物证鉴定是指鉴定人运用法医物证学的科学技术或者专门知识，对各类生物检材进行鉴别和判断并提供鉴定意见的活动。法医物证鉴定包括个体识别，三联体亲子关系鉴定，二联体亲子关系鉴定，亲缘关系鉴定，生物检材种属和组织来源鉴定，生物检材来源生物地理溯源，生物检材来源个体表型推断，生物检材来源个体年龄推断以及与非人源生物检材相关的其他法医物证鉴定等。

2. 工作任务

法医物证学主要解决司法实践中的个人识别及亲子鉴定问题。主要解决以下具体问题。

（1）在故意伤害、故意杀人等涉及人身伤亡的案件中，常在犯罪现场或可疑凶器上遗留有血痕、可疑血痕或人体组织，需鉴定是否人血或人体组织，是被害人或作案人所遗留。

（2）在强奸类案件中，常在现场床上、地上、被害人衣裤或阴道中遗留有作案人的精液或精液与阴道分泌液的混合斑，需鉴定可疑精液斑或混合斑中的精液是否是犯罪嫌疑人所遗留。

（3）在道路交通事故中，嫌疑车辆上的血痕、毛发与组织碎片需鉴定是否来自被害人。

（4）灾害事故、空难事件造成的尸体离断，需鉴定是否同属一人；纵火杀人，焚尸灭迹、火灾遇难或集体被屠杀需进行尸源鉴定。

（5）可疑父母与子女之间有无血缘关系，诸如私生子、抱错婴儿、拐骗儿童、财产继承、移民及强奸致孕等民事与刑事案件，需进行亲子鉴定。

二、法医物证鉴定领域分类

1. 个体识别。对生物检材进行性别检测、常染色体 STR 检测、Y 染色体 STR 检测、X 染色体 STR 检测、线粒体 DNA 检测等，以判断两个或多个生物检材是否源于同一个体。

2. 三联体亲子关系鉴定。对生物检材进行常染色体 STR 检测、Y 染色体

---

① 参见侯一平主编：《法医物证学》（第 4 版），人民卫生出版社 2016 年版，第 2 项。

STR 检测、X 染色体 STR 检测等，以判断生母、孩子与被检父或者生父、孩子与被检母之间的亲缘关系。

3. 二联体亲子关系鉴定。对生物检材进行常染色体 STR 检测、Y 染色体 STR 检测、X 染色体 STR 检测、线粒体 DNA 检测等，以判断被检父与孩子或者被检母与孩子之间的亲缘关系。

4. 亲缘关系鉴定。对生物检材进行 STR 检测、SNP 检测、线粒体 DNA 检测等，以判断被检个体之间的同胞关系、祖孙关系等亲缘关系。

5. 生物检材种属和组织来源鉴定。对可疑血液、精液、唾液、阴道液、汗液、羊水、组织/器官等各类生物检材及其斑痕进行细胞学检测、免疫学检测、DNA 检测、RNA 检测等，以判断其种属、组织类型或来源。

6. 生物检材来源生物地理溯源。对生物检材进行祖先信息遗传标记检测，以推断被检个体的生物地理来源。

7. 生物检材来源个体表型推断。对生物检材进行生物表型信息遗传标记检测，以推断被检个体容貌、身高等生物表型或其他个体特征信息。

8. 生物检材来源个体年龄推断。对体液（斑）、组织等检材进行生物年龄标志物检测，以推断被检个体的生物学年龄。

9. 与非人源生物检材相关的其他法医物证鉴定。包括但不限于对来自动物、植物、微生物等非人源样本进行同一性鉴识、种属鉴定以及亲缘关系鉴定等。

三、法医物证鉴定标准

常见的法医物证鉴定标准详见附录三。

四、法医物证鉴定专门审查

（一）程序性审查

主要是对检验鉴定的委托、受理、检验、鉴定等程序的合法性进行审查。

1. 检验鉴定形式审查

（1）委托主体是否合适。

（2）鉴定机构与鉴定人是否具备法医 DNA 鉴定资质。

（3）检案当时，鉴定机构是否具备开展该项鉴定所要求的国家（或行业）所规定的实验室检验资质和能力。

(4)鉴定检验项目是否超出鉴定机构及鉴定人的能力范围。

(5)相关人员是否遵守有关回避规定。

(6)鉴定、补充鉴定、重新鉴定的启动以及组织形式是否适当。

(7)会检鉴定的组织形式、专家意见形成过程等是否合法、合规。

(8)法医 DNA 鉴定书、检验报告等鉴定文书格式是否符合规范。

(9)鉴定文书是否附有必要的图谱、表格等资料。

2. 检验鉴定过程审查

法医 DNA 鉴定专门审查,应依据当时通行的技术标准与操作规范,并结合当前现行的国家(或行业)标准、规范。

(1)是否摘录与鉴定相关的资料。

(2)是否标明鉴定适用的标准、方法,所选用标准、方法是否恰当,是否考虑相关影响因素。

(3)现场勘验、提取、包装、保存、送检、委托、受理、检验鉴定等过程相关的各类工作记录,是否完整。

(4)鉴定过程中检材/样本流转记录是否完整,是否能够溯源。

(5)重要鉴定结果的检材、检验方法、检验结果等出现疑问时,应当调取上述相关的记录、表格、图谱等相关材料。

(6)鉴定结果是否考虑检材/样本保存、运输、储存等环境影响,以及检材/样本的量、检测方法、变异等因素所造成的影响。

(二)实体性审查

1. 个体识别、亲子鉴定

(1)每个人的 DNA 基因各不相同,终生不变。

(2)子代常染色体的每对 STR 等位基因,一个来自父亲,另一个来自母亲。

(3)Y 染色体 STR 具有父系遗传特征。

(4)线粒体 DNA、X 染色体 STR 具有母系遗传特征。

(5)遗传过程有基因突变现象(如常用 STR 突变率在 0.01% ~0.64%)。

(6)亲缘鉴定较个体识别更为复杂多样。例如,“奇美拉”现象等。

2. 混合斑鉴定的专门审查

(1)图谱式样。

对于两人的 DNA 混合斑,每个 STR 基因座可以呈现 1、2、3、4 个等位基因。图 7 - 1 这张图谱的一些特征提示 DNA 混合斑的存在,如 D3S1358、D16S539 等基因座上存在两个以上等位基因,D16S539 检测到 4 个等位基因,提示该图谱来自两人的混合斑。

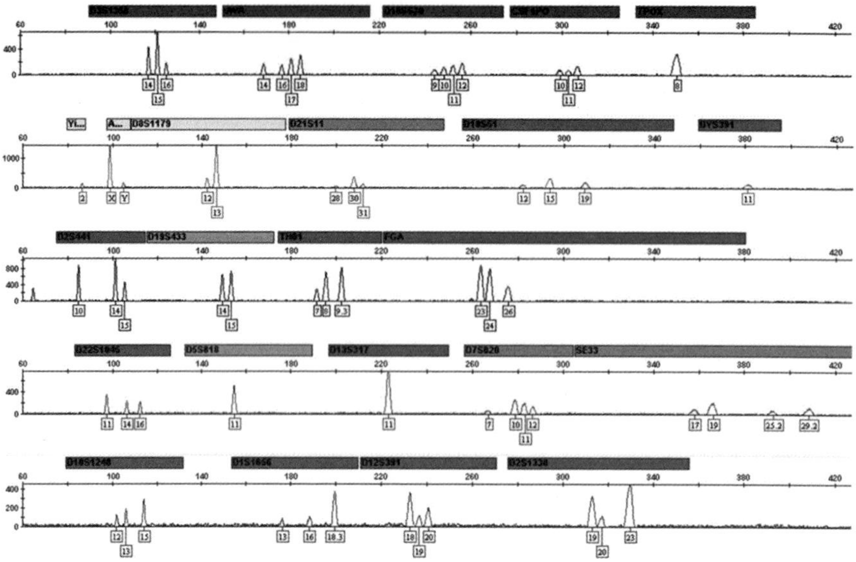

图 7 - 1　某混合斑图谱

(2)确定 DNA 图谱是否来自混合斑。①

第一,在预期的等位基因大小范围内,是否基因座超过 2 个峰?

第二,在杂合子基因座的等位基因之间是否有严重的峰值高度不均衡现象?

第三,Stutter 峰是否出现异常高的现象(但仍小于目的等位基因峰峰高或面积的 15% ~20%)?

这三个问题中的任何一个问题是肯定的话,那么这个 DNA 图谱很可能来自混合斑。

---

① 参见[美]布尔特尔:《法医 DNA 分型专论:证据解释》,侯一平、李成涛、严江伟主译,科学出版社 2018 年版。

(3)表述方式。

第一,甲、乙检材检出 DNA,为混合基因型,包含有丙血样与丁血样在 D8S1179 等 15 个基因座基因型。

第二,可以由……与……混合形成。

第三,不排除为……与……所留。

3. Y 染色体 STR 鉴定专门审查

(1)Y 染色体为男性特有,呈父系遗传见图 7－2。Y 染色体 STR 等位基因常以单倍型连锁遗传,即父、叔、爷、(堂)兄弟等男性家系成员具有相同 Y 染色体,实际案件中多用来作男性家系调查。Y 染色体 STR 在个体识别能力方面与线粒体 DNA 类似,并不具有个体直接认定能力,但有排除能力。

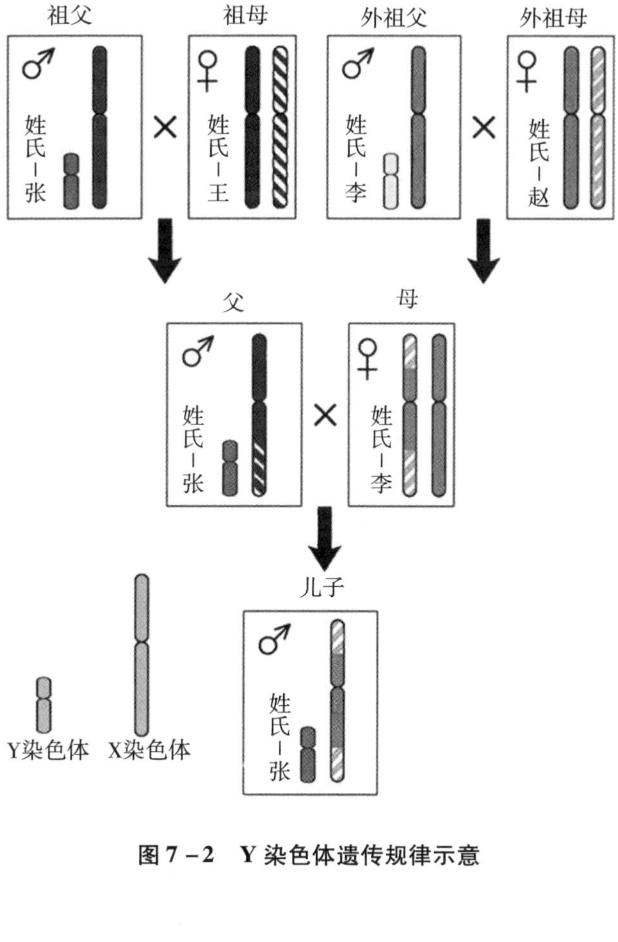

图 7－2　Y 染色体遗传规律示意

(2)同一父系不同男性个体的Y染色体STR分型结果应相同。Y染色体STR分型结果相同,不排除父系遗传关系。如无遗传突变可能且检测结果不相同,则可排除两者来源同一父系。如有遗传突变可能,并要给出父缘关系的排除意见,一般应有3个以上不符合遗传规律的基因座。

(3)Y染色体STR分型结果表述:某检材与某血样在DYS19等19个Y染色体基因座的检测结果相同,符合父系遗传规律。

4. 线粒体DNA鉴定专门审查

(1)线粒体DNA呈母系遗传,兄弟姐妹与母亲有相同的线粒体DNA序列。

(2)线粒体DNA的序列相同但不具个体直接认定能力,有“不排除”同一个体或同一母系来源的参考价值。

(3)线粒体DNA具有突变率和异质性,异质性是指同一个体内存在一种以上的线粒体DNA序列,这种可能存在的异质性使线粒体DNA的“排除”作用不那么可靠,仅1个或2个碱基不同,可能是异质性或突变所致,以“不确定”定义两者同一来源为妥,而序列(3个以上碱基)不同则可排除个体同一或母系同一。因此线粒体DNA序列相同的意义、作用更明确。

例如,在一例线粒体DNA鉴定中,检材A与检材B在线粒体DNA高变区Ⅰ(16101~16389nt)和线粒体DNA高变区Ⅱ(74~365nt)的序列相同,符合母系遗传关系,不排除来源同一个体。检材C与检材D在线粒体DNA高变区Ⅰ(16101~16389nt)的序列相同,符合母系遗传关系,不排除来源同一个体。检材E与检材F在线粒体DNA高变区Ⅰ(16101~16389nt)的序列相同,符合母系遗传关系,不排除来源同一个体。其他检材序列不相同,不能确定符合母系遗传关系,不能确定是来源同一个体。

5. DNA鉴定专门审查常见问题

(1)取样:DNA检验的结果与取样直接相关,生物检材的取样位置、数量、大小等直接关系到检验鉴定结果。

(2)检出限制:生物检材是客观地遗留在客体上的,但限于检材的量与质量。

(3)技术革新:原先检不出的检材,使用新的仪器设备以及检验方法,可能会得出更加可靠的检验结果。比如,在DNA技术刚刚引入时,检出的位点较少,早期仅有1—2个,难以作出同一认定,但可以作出排除的客观依据。

(4)污染与破坏:DNA 检测技术越来越灵敏,极易受到污染影响。另外,人体 DNA 物质很容易因受到环境的影响而破坏,造成客观存在的物质不被检测。例如,温度、湿度、紫外线、化学试剂等都可能破坏 DNA 结构,造成无法检出分型,进而无法进行结果比对。

案例 68 李某力故意杀人案——混合斑检材结果的常见 DNA 鉴定表述

在李某力故意杀人案中,鉴定机构就送检检材予以鉴定,并作出如下表述。

三、论证

(一)本次鉴定选择的 D8S1179、D21S11、D7S820、CSF1PO、D3S1358、TH01、D13S317、D16S539、D2S1338、D19S433、vWA、TPOX、D18S51、Amel、D5S818、FGA 等 STR 基因座均是独立且按照孟德尔遗传规律的遗传标记,其累计个人识别能力(TDP)为 $1-7.472\times10^{-18}$,联合应用可以进行个体识别。

个体识别的证据强度一般依据似然率来判定。大于 1 则不支持现场物证上 DNA 来源于无关个体的假设。LR 值越大,越支持现场物证上 DNA 来源于嫌疑人的假设。

3 号、4 号、6 号检材与 1 号检材在 D8S1179 等 15 个基因座基因型相同,采用中国人群 STR 群体数据资料,按照 GA/T 1161—2014 进行统计学计算,似然率为 1.17×10^{20},即 3 号、4 号、6 号检材上 DNA 来源于 1 号检材所属个体所留的可能性是来源于无关个体所留可能性的 1.17×10^{20} 倍。

5 号、7 号检材提取的模板 DNA 为混合 DNA,在 D8S1179 等 15 个基因座上,均同 1 号检材的等位基因型和 9 号检材的等位基因型混合后一致。

8 号检材与 1 号、9 号检材在 D8S1179 等 15 个基因座基因型均不相同。

(二)Y 染色体呈父系遗传,同一父系个体的 Y 染色体 STR 基因型相同,因此 Y 染色体 STR 多态性检验作为染色体 STR 多态性检验的补充手段,用于判断是否符合父系遗传关系。

1 号与 11 号检材在 DYS576 等 22 个 Y 染色体基因座基因型相同。

四、鉴定意见

(一)送检的"客厅地面擦拭状血迹 1""客厅地面擦拭状血迹 2""北侧背板上方 20cm 处红色斑迹"均为人血,检出 DNA,与"严某华的血样"在 D8S1179

等15个基因座基因型相同，似然率为 1.17×10^{20} 倍。

(二)送检的“卧室门边木质拖把木柄上擦拭物”“床边沿距离床头3cm处红色斑迹”检出DNA，为混合基因型，包含有“严某华的血样”与“李某力的血样”在D8S1179等15个基因座基因型。不能排除送检的“卧室门边木质拖把木柄上擦拭物”“床边沿距离床头3cm处红色斑迹”中混有“李某力血样”所属生物个体的基因型。

(三)“卧室床东侧地面烟蒂”检出DNA，与“严某华的血样”“严小某的血样”“李某力的血样”在D8S1179等15个基因座基因型均不相同。

(四)送检的“严某华的血样”检出DNA，检出的Y染色体STR与“严小某的血样”在DYS576等23个Y染色体基因座基因型相同，不排除二者来源于同一父系。

专门审查：从上述案例可以看出，混合斑的常见表述为A、B检材检出DNA，为混合基因型，包含有C血样与D血样在D8S1179等15个基因座基因型；不能排除送检的E、F检材中混有B血样所属生物个体的基因型。

案例69 麻某钢强奸、故意杀人案①——Y染色体鉴定

1992年3月24日晚，林某在某校园内被他人杀死，案发后，法医在尸体检验时提取了死者阴道拭子，2020年2月，经Y染色体及常染色体DNA数据比对，确定了犯罪嫌疑人为麻某钢。

专门审查：Y染色体为男性特有，呈父系遗传。Y染色体STR等位基因常以单倍型连锁遗传，即爷、父、叔、(堂)兄弟等男性家系成员具有相同Y染色体，实际案件中多用来作男性家系调查。

林某被害案发生后，公安机关对提取的检材开展常规精斑确证试验与血型检验，结果为阴道拭子酸性磷酸酶预试验为阳性，并检见精子，血型为B型。2020年，对提取的检材经过Y染色体检验，排查出犯罪嫌疑人与麻某某为同一父系家族，最终通过常染色体DNA检验，确定了提取的检材DNA数据与麻某某为同一父系家族的麻某钢血样DNA数据相同，即实现了“Y染色体找群、常染色体找人”。

---

① 参见南京市中级人民法院刑事附带民事判决书，(2020)苏01刑初49号。

第五节　法医精神障碍鉴定专门审查

精神病学是一门经验学科，临床客观检查方法有限。法医精神障碍鉴定，需要鉴定人具备丰富的精神医学知识及临床经验。关于刑事责任能力、民事行为能力等的鉴定意见，直接关系到被鉴定人的刑事责任、民事权益，法医精神障碍鉴定意见主观性强，争议较大且这方面的司法鉴定行业标准还不够健全。因此，关于法医精神障碍鉴定的专门审查工作，显得尤为重要。

一、法医精神障碍鉴定

1. 概念

法医精神障碍鉴定，又称司法精神病鉴定，主要是指有资格的法医精神病学专业人员应用精神医学知识、技术和经验依法对被鉴定人某时的精神状态和对其行使某种法律权利或承担某种法律责任或法律义务的能力作出评定。

法医精神障碍鉴定应首先确定被鉴定人精神状态是否正常，如果异常，则应确定存在哪些精神症状，能否构成某种精神障碍的诊断，然后判定其行为时的精神状态对其所实施的行为的辨认及控制能力有无损害及损害的程度，最后对其法律能力作出评定。①

根据《法医类司法鉴定执业分类规定》（司规〔2020〕3 号）第 24 条的规定，法医精神障碍鉴定是指运用法医精神病学的科学技术或者专门知识，对涉及法律问题的被鉴定人的精神状态、行为/法律能力、精神损伤及精神伤残等专门性问题进行鉴别和判断并提供鉴定意见的活动。法医精神障碍鉴定包括精神状态鉴定、刑事类行为能力鉴定、民事类行为能力鉴定、其他类行为能力鉴定、精神损伤类鉴定、医疗损害鉴定、危险性评估、精神障碍医学鉴定以及与心理、精神相关的其他法医精神障碍鉴定等。

---

① 参见胡泽卿主编：《法医精神病学》（第 4 版），人民卫生出版社 2016 年版，第 30 页。

2. 工作任务

(1)刑事案件中法医精神障碍鉴定的目的

确定疑似精神障碍的犯罪嫌疑人或被告人是否患有精神障碍,如有,患何种精神障碍,精神障碍与所实施危害行为之间的关系,以评定其有无刑事责任能力。

确定被鉴定人在刑事诉讼过程中的精神状态,以评定其有无受审能力。

确定被鉴定人在服刑期间的精神状态,以评定其有无服刑能力。

(2)民事案件中法医精神障碍鉴定的目的

确定被鉴定人是否患有精神障碍,患何种精神障碍,精神障碍对其意思表达能力的影响,以评定其有无民事行为能力(如婚姻能力、遗嘱能力、签订合同的能力等);被鉴定人在民事诉讼期间的精神状态,以及对诉讼一事有无行为能力。

在人身伤害案件中,确定被鉴定人是否患有精神障碍,如果患有常见的脑外伤所致精神障碍,可评定其伤残等级和护理依赖程度。

(3)其他方面法医精神障碍鉴定的目的

确定疑似精神障碍的受害人在遭受性侵犯时的精神状态,以评定其对性侵犯有无性防卫能力或自我保护能力。

确定各类案件中疑似精神障碍的证人的精神状态,以及有无作证能力。

被鉴定人在某些事件之后出现精神异常,确定其精神障碍与该事件的关系。

二、法医精神障碍鉴定领域分类

1. 精神状态鉴定。对感知、思维、情感、行为、意志及智力等精神活动状态的评估。包括有无精神障碍(含智能障碍)及精神障碍的分类。

2. 刑事类行为能力鉴定。对涉及犯罪嫌疑人或被告人、服刑人员以及强奸案件中被害人的行为能力进行鉴定。包括刑事责任能力、受审能力、服刑能力(含是否适合收监)、性自我防卫能力鉴定等。

3. 民事类行为能力鉴定。对涉及民事诉讼活动中相关行为能力进行鉴定。包括民事行为能力、诉讼能力鉴定等。

4. 其他类行为能力鉴定。对涉及行政案件的违法者(包括吸毒人员)、各类案件的证人及其他情形下的行为能力进行鉴定。包括受处罚能力,是否适合强制隔离戒毒,作证能力及其他行为能力鉴定等。

5. 精神损伤类鉴定。对因伤或因病致劳动能力丧失及其丧失程度,对各类致伤因素所致人体损害后果的等级划分及损伤伤情的严重程度进行鉴定。包括劳动能力,伤害事件与精神障碍间因果关系,精神损伤程度,伤残程度,休息期(误工期)、营养期、护理期及护理依赖程度等鉴定。

6. 医疗损害鉴定。对医疗机构实施的精神障碍诊疗行为有无过错、诊疗行为与损害后果间是否存在因果关系及原因力大小进行鉴定。

7. 危险性评估。适用于依法不负刑事责任精神病人的强制医疗程序,包括对其被决定强制医疗前或解除强制医疗时的暴力危险性进行评估。

8. 精神障碍医学鉴定。对疑似严重精神障碍患者是否符合精神卫生法规定的非自愿住院治疗条件进行评估。

9. 与心理、精神相关的其他法医精神病鉴定或测试。包括但不限于强制隔离戒毒适合性评估、多道心理生理测试(测谎)、心理评估等。

三、法医精神障碍鉴定标准

司法实践中,目前常见的法医精神障碍鉴定标准有诊断类标准和鉴定技术类标准。诊断类标准包括:《国际疾病分类手册》(第 10 版)(ICD－10)、《美国精神障碍诊断与统计手册》(DSM－5)、《中国精神障碍分类与诊断标准》(第 4 版)(CCMD－4)。鉴定技术类标准包括:《法医精神病学精神检查指南》(GA/T 1971—2021)、《精神障碍者性自我防卫能力评定指南》(SF/T 0071—2020)、《精神障碍者诉讼能力评定》(SF/T 0101—2021)、《精神障碍者司法鉴定精神检查规范》(SF/Z JD0104001—2011)或《法医精神病鉴定精神检查规范》(SF/T 0183—2024)、《精神障碍者刑事责任能力评定指南》(SF/Z JD0104002—2016)、《精神障碍者服刑能力评定指南》(SF/Z JD0104003—2016)或《精神障碍者服刑能力评定》(SF/T 0184—2024)、《道路交通事故受伤人员精神伤残评定规范》(SF/Z JD0104004—2014)、《精神障碍者民事行为能力评定指南》(SF/Z JD0104004—2018)、《精神障碍者受审能力评定指南》(SF/Z JD0104005—2018)。

四、法医精神障碍鉴定专门审查

（一）精神障碍者刑事责任能力审查

1. 精神状态的审查

（1）按《中国精神障碍分类与诊断标准》（第4版）或《国际疾病分类手册》（第10版）诊断，有无精神障碍，何种精神障碍。

（2）既往患有精神障碍是否痊愈或缓解，作案时有无精神症状表现。

（3）有无伪装精神病或诈病。

（4）精神障碍是否具有间歇性特点，作案时精神状态是否完全恢复正常，如心境障碍（情感性精神病）的缓解期。

2. 辨认、控制能力的审查

关于作案动机、作案前先兆、作案的诱因、作案时间选择性、地点选择性、对象选择性、工具选择性、作案当时情绪反应、作案后逃避责任、审讯或检查时对犯罪事实掩盖、审讯或检查时有无伪装、对作案行为的罪错性认识、对作案后果的估计、生活自理能力、工作或学习能力、自知力、现实检验能力、自我控制能力等评估是否具体、客观、科学。

3. 完全刑事责任能力、限定（制）刑事责任能力、无刑事责任能力的审查

（1）精神状态是否正常。

（2）发生危害行为时，是否能够建立明确的精神障碍诊断。

（3）被鉴定人对危害行为的辨认或控制能力完整、削弱还是丧失。

（4）辨认或控制能力的丧失是否由精神障碍所致。

（5）标准化评定工具检验结果是否支持刑事责任能力判定结果。

4. 参考指南

《精神障碍者刑事责任能力评定指南》（SF/Z JD0104002—2016）。

（二）精神障碍者民事责任能力审查

1. 精神状态的审查

（1）按《中国精神障碍分类与诊断标准》（第4版）或《国际疾病分类手册》（第10版）诊断，有无精神障碍，何种精神障碍。

(2)既往患有精神障碍是否痊愈或缓解,行为人进行民事活动时的精神状态如何。

(3)有无伪装精神病或诈病。

2. 辨认能力损害程度的审查

关于能否认识此次民事活动的起因、在民事活动中所处地位、双方权利义务的指向对象、双方各自主张、影响各自主张的主客观因素、可能的解决方案及方案利弊、可能后果的预见程度,综合分析各种因素最终确定解决方案的能力,是否具有明确的自我保护意识并在行动中体现,与相关人员进行联系、讨论、协商的能力,为事务的处理主动采取合理行动的能力,在民事活动过程中的情绪变化,现实检验能力,在民事活动中对自己言行的控制能力等评估是否具体、客观、科学。

3. 完全、限制、无民事行为能力的审查

(1)是否能建立明确的精神障碍诊断。

(2)对所进行民事活动的辨认能力完好、削弱还是丧失。

(3)辨认能力的丧失是否由精神障碍所致。

(4)标准化评定工具检验结果是否支持民事行为能力判定结果。

4. 参考指南

《精神障碍者民事行为能力评定指南》(SF/Z JD0104004—2018)。

(三)精神障碍者服刑能力审查

1. 精神状态的审查

(1)按《中国精神障碍分类与诊断标准》(第4版)或《国际疾病分类手册》(第10版)诊断,有无精神障碍,何种精神障碍。

(2)既往患有精神障碍是否痊愈或缓解2年以上,目前的精神状态如何。

(3)有无伪装精神病。

(4)精神障碍具有间歇性的,目前精神状态是否恢复正常。

2. 有、无服刑能力的审查

(1)精神状态是否正常。

(2)是否能建立明确的精神障碍诊断。

(3)被鉴定人是否能够合理认识自己所承受刑罚的性质、意义和目的,是否能合理地认识自己的身份和出路,对自己当前应当遵循的行为规范是否具有相应的适应能力。

(4)标准化评定工具检验结果是否支持服刑能力判定结果。

3. 参考指南

《精神障碍者服刑能力评定指南》(SF/Z JD0104003—2016)或《精神障碍者服刑能力评定》(SF/T 0184—2024)。

(四)精神障碍者受审能力审查

1. 精神状态的审查

(1)按《中国精神障碍分类与诊断标准》(第4版)或《国际疾病分类手册》(第10版)诊断,有无精神障碍,何种精神障碍。

(2)既往患有精神障碍是否痊愈或缓解,目前的精神状态如何。

(3)有无伪装精神病。

(4)精神障碍具有间歇性的,目前精神状态是否恢复正常。

2. 辨认能力、辩护能力的审查

(1)辨认能力

可从以下方面评估:理解对其刑事起诉的目的和性质;理解诉讼相关的司法程序;理解诉讼相关人员的职责及作用;理解自己在刑事诉讼活动中的法律地位及与这场诉讼的关系;理解自己、其他诉讼参与人证词的能力;理解自己当前被控告的罪名以及可能的后果。

(2)辩护能力

可从以下方面评估:与其他诉讼参与人保持有效交流;对其证词作出陈述或辩解;理解自己、其他诉讼参与人(被害人及证人等)的证词,并对其他诉讼参与人的提问作出合理的回答;与辩护人进行有效配合或独立为自己完成合理的辩护。

3. 有、无受审能力的审查

(1)是否能建立明确的精神障碍诊断。

(2)被鉴定人是否能够认识其面临的刑事诉讼的性质和可能为自己带来的后果,是否能认识自己在刑事诉讼活动中的权利和义务,是否能与辩护人进行有效配合或独立为自己完成合理的辩护。

(3)辨认能力或辩护能力的丧失,是否由精神障碍所致。

(4)标准化评定工具检验结果是否支持受审能力判定结果。

4. 参考指南

《精神障碍者受审能力评定指南》(SF/Z JD0104005—2018)。

(五)精神障碍者性自我防卫能力审查

1. 精神状态的审查

(1)按《中国精神障碍分类与诊断标准》(第4版)或《国际疾病分类手册》(第10版)诊断,有无精神障碍,何种精神障碍。

(2)既往患有精神障碍是否痊愈或缓解,目前的精神状态如何。

(3)有无伪装精神病。

(4)精神障碍具有间歇性的,目前精神状态是否恢复正常。

2. 辨认能力损害程度的审查

(1)能否理解何为发生性关系、何为正当的性关系、何为强奸。

(2)是否知道女性发生性关系后的生理变化、月经与生育之间的关系。

(3)如何知道自己是否怀孕,是否知道如何防止怀孕。

(4)是否知道发生性行为的责任归属,是否主动告发。

(5)能否理解他人与其发生性关系的动机,是否向对方索要财物。

(6)发生性行为时是否有反抗或不愿意的表示。

(7)能否理解与他人发生性关系后对自己的影响。

(8)对案件处理的要求。

3. 有性自我防卫能力、性自我防卫能力削弱、无性自我防卫能力的审查

(1)涉案是精神状态是否正常。

(2)能否建立明确的精神障碍诊断。

(3)对自身性不可侵犯权利的认识与维护能力是否削弱或丧失。

(4)辨认能力削弱或丧失是否由精神障碍所致。

4. 参考指南

《精神障碍者性自我防卫能力评定指南》(SF/T 0071—2020)。

（六）精神障碍者诉讼能力审查

1. 精神状态的审查

（1）按《中国精神障碍分类与诊断标准》（第 4 版）或《国际疾病分类手册》（第 10 版）诊断，有无精神障碍，何种精神障碍。

（2）既往患有精神障碍是否痊愈或缓解，目前的精神状态如何。

（3）有无伪装精神病。

（4）精神障碍具有间歇性的，目前精神状态是否恢复正常。

2. 诉讼能力的审查

（1）是否理解和认识自己及他人在诉讼中所处的地位。

（2）是否理解和认识自己所参与的诉讼活动的性质、目的和意义。

（3）能否理解和行使处分权及申请回避的权利。

（4）能否清楚陈述诉讼请求等。

（5）能否联系代理人，与代理人对诉讼相关事项进行商讨。

（6）是否能采集及提供诉讼所需的证据。

（7）能否清楚地陈述和表达自己的意见，进行法庭辩论。

（8）能否认识到裁决有不利于自己的可能，能否理解败诉后可在上诉期内行使上诉的权利等。

（9）能否理解和行使撤诉权利或申请人民法院执行判决、裁定或调解协议等。

（10）在诉讼过程中能否控制自己的行为和情绪。

3. 有、无诉讼能力的审查

（1）精神状态是否正常。

（2）是否能建立明确的精神障碍诊断。

（3）被鉴定人是否能清楚地认识自己目前面临的诉讼的性质及可能产生的法律后果；是否能良好地理解自己在诉讼中的权利和义务；是否能有效控制自己在诉讼中的行为。

4. 参考指南

《精神障碍者诉讼能力评定》（SF/T 0101—2021）。

（七）精神损害的损伤程度鉴定专门审查

实践中，外伤后精神障碍的损伤程度鉴定，是法医临床鉴定难点。除脑器质性损伤外，《人体损伤程度鉴定标准》未将其他非器质性损伤引起的精神障碍列入损伤程度鉴定范畴。笔者结合法医临床鉴定时间，梳理出关于精神损害的损伤程度鉴定的专门审查要点。

1. 被鉴定人有无精神障碍、何种精神障碍。

2. 被鉴定人何时确定为精神障碍，精神症状等异常发作史。

3. 被鉴定人精神障碍的严重程度及发病前后状况如何。

4. 头部是否遭受过外伤，是否有明确的颅脑外伤。

5. 智力测定情况。

6. 关于损伤程度鉴定，评价外伤、约束、禁闭等（损伤事件）因素与目前（精神损伤）精神障碍之间的因果关系非常复杂：（1）关于外伤等因素（如外伤、相关事件及影响因素，个体因素及个体差异，环境因素等）与精神障碍之间的因果关系，具体分析属于精神专科专门性问题，需要法医精神病学鉴定专家论证。（2）外伤等因素均会造成一定的心理影响，在不能明确因果关系的前提下开展损伤程度鉴定，不利于鉴定的稳定性。（3）防止因相关精神障碍诊断，引起损伤程度鉴定的滥用。（4）精神损伤有别于精神伤残和精神残疾。（5）除器质性损伤导致的精神障碍外，其他非器质性损伤引起的精神障碍，由于原因复杂，目前司法实践中，关于精神损害的损伤程度鉴定存在困难。

7. 鉴于以下原因，非器质性损伤引起的精神障碍不宜引用《人体损伤程度鉴定标准》其他条款比照适用。

（1）《人体损伤程度鉴定标准》总则与分则之间关系：《人体损伤程度鉴定标准》总则条款是沿用《刑法》等法律规定，类似于法律原则性规定，而《人体损伤程度鉴定标准》分则是具体标准条款相关实施规定，类似于法律规则性规定。

（2）《人体损伤程度鉴定标准》其他条款的解释适用应严格限制。除非属于特殊损伤，由于条文无法穷尽，类似损伤程度严重，无直接对应条款的原发损伤、并发症或后遗症。损伤程度鉴定不应当包括附则条款规定的“反应性精神病”等非器质性损伤引起的精神障碍。

（3）《人体损伤程度鉴定标准》比照条款由于不易把握，主观性较强，鉴定人把握存在不平衡的现象。

案例 70 范某故意杀人案——两份精神障碍鉴定意见

犯罪嫌疑人范某因遭遇上学期间失恋、人际关系紧张、考试不及格无法毕业、没能找到好工作、离婚等负性事件,产生了自暴自弃及报复社会的念头。2012 年来到某市,一直寻找作案机会。2017 年 5 月 10 日 17 时许,在某市开发区其暂住地家中,趁租住在隔壁的邻居家的六岁男孩马某来家里和其四岁的儿子在东侧卧室内床上玩耍的机会,用事先准备好的榔头连续击打被害人马某(2012 年 12 月 1 日出生)的头部,致马某因颅脑损伤而死亡。作案后犯罪嫌疑人范某为寻求从轻处罚,第一时间打电话报警并自行骑车至某市开发区分局某派出所投案,后向公安机关多次稳定地供述其出于报复社会的动机故意杀害马某的事实。

专门审查:(1)被鉴定人患有何种精神障碍。被鉴定人于青春期开始出现精神异常表现,其生活适应明显不良,结合鉴定检查所见,被鉴定人临床特点符合《中国精神障碍分类与诊断标准》(第 3 版)精神分裂症的诊断标准。

(2)刑事责任能力鉴定情况。

第一,2012 年,范某因涉嫌强奸犯罪,于 2012 年 7 月在某地司法鉴定所鉴定,鉴定意见为范某罹患精神分裂症,作案时处于发病期,无刑事责任能力。

第二,2014 年,范某利用网络散布暴力攻击政府的言论,后未作鉴定,由公安机关通知其回老家治病。

第三,2017 年 7 月,某地脑科医院司法鉴定所出具司法鉴定意见书,表示犯罪嫌疑人范某作案时无精神病,具有完全刑事责任能力。

(3)同一被鉴定人两次刑事责任能力鉴定意见不一致。相隔 5 年,针对范某的两次犯罪行为,所作出的刑事责任能力鉴定结果不一致。

第一,在 2012 年鉴定中,对被鉴定人进行精神状态审查,按《中国精神障碍分类与诊断标准》或《国际疾病分类手册》诊断,被鉴定人罹患精神分裂症,案发时处于发病期,受精神疾病影响。对被鉴定人进行辨认、控制能力审查,其作案动机受到精神病症状的影响,是属于精神病理性动机。其是当着他人的面实施的强奸犯罪行为且在被人发现后并不及时终止其行为,相反还欲一定要强奸成功，表明其无自我保护意识且其具有明显的被害幻想，故评定其患有精神分裂症，作案时不具有刑事责任能力。

第二，在 2017 年鉴定中，对被鉴定人进行精神状态审查，按《中国精神障碍分类与诊断标准》或《国际疾病分类手册》诊断，无证据表明其作案时处于精神疾病状态，故认定其作案时无精神病。对被鉴定人进行辨认、控制能力审查，据范某供述其杀人的动机系因自己从学校开始就遭受一系列的不幸，如考试不及格、作弊被老师发现、未能毕业、恋爱失败、找工作不如愿、离婚等，使其产生了仇恨社会报复社会的念头。案发前几年其伺机作案，案发前大半年时间内，其明知家庭经济拮据却不去上班，等到只剩下一百元已无法过下去了，就决意去杀人，因隔壁邻居的小孩子经常来找其儿子玩耍，方便作案就决定对这个孩子下手。其供述的犯罪动机与其生活境况相符，也合乎常理。范某归案后在公安机关有多次稳定的供述，其动机为报复社会，直到审查起诉阶段承办人提审时他又提出了自己杀人动机是因为有人要害他，所以他才杀人的，甚至说到了他到某市后一直有人要害他、追杀他、逼他等幻听幻觉的言语。为此承办人专门让公安机关对其犯罪前的较长一段时间有无出现过幻听幻觉等精神不正常的表现，询问了其家人、同学、老师等，均无此反映，并且范某杀人后第一时间去派出所投案自首，其称目的是能从轻处罚。此外，经过退回补充侦查，询问了范某同监室的人员三名，均反映范某在监室的表现有时有捣乱骂人等情况，但思维是正常的，还经常关心自己可能判处的刑罚及死刑执行方式，精神正常。故审查认为，犯罪嫌疑人范某在审查起诉所阶段供述的自己存在被害幻想的说法没有事实依据，应是逃避责任的故意行为，不能作为影响其刑事责任能力的依据。故本次犯罪时没有精神病，被鉴定人对危害行为的辨认或控制能力完整，具有完全刑事责任能力，某鉴定所作的精神障碍鉴定客观、科学。

案例 71　邓某故意杀人案——两份精神障碍鉴定意见

2014 年 10 月 20 日，在某地阁楼内，邓某将其女友张某杀害。邓某先后两次进行司法精神病鉴定，以下分别简称鉴定一、鉴定二（见表 7－5）。

表 7－5 邓某两次鉴定情况

	委托时间	鉴定时间	完成时间	鉴定意见
鉴定一	2014 年 10 月 20 日	2014 年 11 月 5 日	2014 年 12 月 5 日	邓某系精神分裂症;限制刑事责任能力
鉴定二	2015 年 4 月 29 日	2015 年 6 月 9 日	2015 年 7 月 23 日	医学结论:被鉴定人邓某诊断为精神分裂症;法学结论:作案时具有限制刑事责任能力

专门审查:

(1)病史及治疗情况的审查。

邓某从小脖子歪,2013 年做手术矫正,2013 年 6 月在某地精神病医院治疗了几天,由于其社保在某外市,后转某外市治疗。2007 年 6 月以后,其精神就开始不正常,没有发病但有些呆滞。2013 年 6 月 13 日至 7 月 12 日,邓某因认为被害、紧张害怕、行为紊乱 6 天,入某市某医院住院治疗,出院诊断为分裂样精神病。

(2)鉴定技术规范审查。

两份鉴定意见适用的鉴定技术规范,符合精神类疾病诊断规程以及刑事责任能力判定的司法实践,具体如下:

①《精神障碍者司法鉴定精神检查规范》(SF/Z JD0104001—2011)。

②《中国精神障碍分类与诊断标准》(第三版)(CCMD—3)。

③《精神障碍者刑事责任能力评定指南》(SF/Z JD0104002—2011)。

(3)实质性审查。

①案发基本情况。

2014 年 10 月 19 日 21 时许,房间内大声争吵、有女子指责男子的声音……

2014 年 10 月 20 日上午 8 时许,发现门开的,一男子坐在床上,身上有血……

②案发前邓某的精神状态。

2013 年 11 月 16 日,邓某第一次认识女友。

2014 年 8 月 8 日,邓某从某公司离职,到某地再找工作。

2014 年 9 月 9 日,邓某到某地二厂报到。

2014 年 10 月 1 日以后,邓某感觉生活在幻觉里,不知道什么是真的假的,与其女友偶尔会吵架,没有打过架,感情算是好的。

2014 年 10 月 9 日中午，邓某感压力大，想辞职，后公司调其到其他岗位。

2014 年 10 月 10 日，邓某从某厂品保部转调过来，就上了一个星期的班，不知道原因。

2014 年 10 月 14 日晚，邓某感觉女友说上班途中有人拉着她问东问西，不像是一般的问路，邓某感到奇怪。

2014 年 10 月 15 日，上午上班后，邓某一直感觉“有人在跟踪我”，晚上回暂住地后听到有人吹丧曲，感到恐慌，认为暂住地不安全。

2014 年 10 月 19 日，邓某因担心母亲安全而打电话给母亲，看见周边的很多人感到莫名的恐慌，又打电话给女友，想让女友帮他解释一下这些感受的原因。晚饭后，邓某认为总有人在盯着他自己，所以将锤子和刀放在床头防身，觉得自己死掉了。

大概在 2014 年 10 月 20 日，邓某对张某说，其感觉好累，压力好大，并让张某回学校去吧。

(4)专门审查意见。

①精神障碍医学评定审查。

根据鉴定一、鉴定二两份鉴定文书记载，邓某有“分裂样精神病”病史，并有住院治疗的诊疗经过，两份鉴定均通过查阅讯问笔录、案发地邻居以及被鉴定人户籍所在地邻居询问笔录、被鉴定人亲属、同事、看守所同监室其他在押人员等询问材料，结合上述两家鉴定机构的辅助检查以及精神检查结果，两份鉴定中被鉴定人邓某均被诊断为精神分裂症。

审查人分析认为，依据《精神障碍者司法鉴定精神检查规范》(SF/Z JD0104001—2011)、《中国精神障碍分类与诊断标准》(第 3 版)(CCMD－3)，鉴定一、鉴定二中被鉴定人邓某关于精神分裂症诊断的诊断明确、程序合法、依据充分。

②刑事责任能力评定的审查。

根据《精神障碍者刑事责任能力评定指南》(SF/Z JD0104002—2011)的规定，判定限定刑事责任能力的判定标准为“a)在发生危害行为是，能建立明确的精神障碍诊断；b)被鉴定人对危害行为的辨认或控制能力削弱，但尚未到达丧失或不能的程度；c)辨认或控制能力削弱由精神障碍所致；d)参考标准为标准化评定工具检验在限定刑事责任能力范围内。”

据本案送审材料,鉴定一、鉴定二两份司法鉴定意见书虽然在分析论证中表述不同,但其含义基本一致,均认定被鉴定人本次作案系在精神病性症状支配并有一定的现实因素的基础上发生的,作案时其辨认和控制能力削弱,但尚未达到丧失或不能的程度,符合限制刑事责任能力的评判标准,故评定其具有限制刑事责任能力。

审查人分析认为,鉴定一、鉴定二中关于邓某刑事责任能力的分析并无矛盾之处,被鉴定人评定为限制刑事责任能力人依据充分、分析合理。

(5)需要厘清几个关键概念。

①作案时与案发时。作案时是指犯罪嫌疑人在实施犯罪的过程,而案发时是指具体案件被发现时,有时候二者时间差不多在同一时间段,但对于没有及时发现的案件,作案时与案发时往往有一个时间差,短则几小时,长则数月、数年。

②不完全缓解状态与完全缓解状态。

关于精神分裂症缓解阶段①:精神分裂症缓解状态是指其临床症状消失,自知力恢复,能够从事病前或相当于病前水平的工作,社会适应能力及人际关系良好且不残留人格的缺陷。在鉴定实践中常包括两种情况,即不完全缓解状态和完全缓解状态,为此需要进行认真详细的检查,并深入全面调查,然后加以确定。

a. 精神分裂症不完全(部分)缓解状态,表现为主要症状消失,自知力大部分恢复,能从事病前或稍次于病前水平的工作,社会适应能力尚好,但偶有精神病性症状出现;还有表现为临床症状基本缓解,但残留明显的人格改变,如易激惹、敏感多疑、较易与环境发生冲突。因此在本病不完全缓解状态下,因残留的人格改变而导致危害行为或危害行为与其病前行为或正常人危害行为有悖时,一般评定为限制责任能力。

b. 精神分裂症完全缓解状态,一般认为,精神分裂症患者在完全缓解状态下实施危害行为时评定为有完全责任能力。但实际鉴定工作中对其病史、治疗情况、恢复过程,以及其生活、工作及社会适应能力有较全面的了解,必须有充分的证据能够证明其精神分裂症确实完全缓解,特别是注意其社会适应能力是

---

① 参见胡泽卿主编:《法医精神病学》(第4版),人民卫生出版社2016年版,第116页。

否真的恢复良好。我国有学者提出精神分裂症的完全缓解是指:“缓解状态保持稳定二三年时间,具有正常的认知、辨别能力和行为控制能力。”国外学者 Morozo. B. 指出精神分裂症的完全缓解是指:“既无精神症状,也无躯体症状,为时 3 ~4 年且在一般的和强烈的刺激因素作用下仍保持稳定状态。”

③特殊人员的刑事责任能力。

《刑法》第 18 条规定,精神病人在不能辨认或者不能控制自己行为的时候造成危害结果,经法定程序鉴定确认的,不负刑事责任,但是应当责令他的家属或者监护人严加看管和医疗;在必要的时候,由政府强制医疗。间歇性的精神病人在精神正常的时候犯罪,应当负刑事责任。尚未完全丧失辨认或者控制自己行为能力的精神病人犯罪的,应当负刑事责任,但是可以从轻或者减轻处罚。醉酒的人犯罪,应当负刑事责任。

案例 72　王某以危险方法危害公共安全案——精神障碍刑事责任能力

2015 年 6 月 20 日 13 时 53 分许,犯罪嫌疑人王某驾驶宝马轿车沿某市某区石杨路由西向东行驶至友谊河路路口,违反限速规定超速行驶(经鉴定,车辆通过路口时行驶速度为 195. 2km/h),在直行和左转交通信号灯均为红灯的状态下,从左转弯车道直行通过路口,撞上在该路口由南向西正常左转弯行驶的马自达轿车,致马自达轿车撞击解体。宝马轿车失控后又撞上由北向东正常左转弯行驶的某出租车;马自达轿车部分车体及碎片飞出,撞坏正常行驶的一辆公交车和周围其他多辆轿车,造成马自达轿车驾驶员薛某及乘车人刘某当场死亡、某出租车驾驶员王某某受伤及多车受损,后犯罪嫌疑人王某弃车离开事故现场,并于当日 14 时 20 分许因群众发现报警被民警抓获。

经鉴定,被害人薛某符合交通事故致颅脑损伤合并胸腹部闭合性损伤而死亡;刘某符合交通事故致颅脑损伤合并胸部闭合性损伤而死亡。道路交通事故认定书认定,犯罪嫌疑人王某承担事故的全部责任。

关于王某精神障碍鉴定情况:(1)某司法鉴定所鉴定,王某作案时患急性短暂性精神障碍,有限制刑事责任能力。(2)某法庭科学技术鉴定研究所鉴定,被告人王某在案发前、案发当时处于精神病状态,2005 年 6 月 20 日实施违法行为时判定为限制刑事责任能力。

专门审查:

(1)精神状态。

王某个性内向,不善言语,被欺负或被刺激后或倒地不语,或骂人;社会功能正常;案发前出现精神异常,已达到精神病的严重程度,排除精神活性物质所致精神障碍、脑器质精神障碍、精神分裂症。依据《中国精神障碍分类与诊断标准》(第3版),王某的医学诊断为急性短暂性精神障碍。

(2)辨认控制能力。

①案发前:王某在案发前有异常情况,当天上午11时40分拨打“110”报警备案,称有人陷害自己。证人证言均证实王某讲有人跟踪他。附近店铺的商户以及其他证言证实王某案发当天或者前两天表现异常。而且当天王某两次开车出来,第一次加油的速度比较正常,第二次速度明显快于第一次,但从现有证据来看其驾车又没有什么原因。

②案发后:根据行车记录仪以及证人证言证实王某在事故发生后对于熟人的询问一言不发,还坐上证人的车辆驾驶座,被拉下来后离开现场,证人证言证实两人在铁路泵站内发现身上有血的一男子想翻墙出去,翻不出去就倒在地上,感觉不正常。执法记录仪以及证人证言、查获经过证实王某案发后神态不正常,在看见证人后称小萍被他杀了,或称被她爸爸杀了。证实事故发生后王某精神仍有异常。

(3)刑事责任能力的专门审查。

王某本次驾车有受疾病影响的成分;王某智能正常,驾龄多年,超速存在主观上疏忽大意、过分自信。王某作案缺乏明确的现实动机。目前的材料不能证明被鉴定人王某在精神病性症状的直接支配下实施作案行为,被鉴定人在案发当时的违法行为受到其精神病状态的影响,辨认能力、控制能力有所削弱,但尚未完全丧失。作案行为与其当时的整体精神状态相关,依据《精神障碍者刑事责任能力评定指南》(SF/Z JD0104002—2011),评定为限制刑事责任能力。

第八章 鉴定意见专门审查的风险控制

第一节 鉴定意见专门审查活动风险的科学审视

证据审查的实质是对证据形成过程的审查判断。鉴定意见专门审查其实就是对检验鉴定的形成过程进行回溯性审查,[①]是对勘查检查、检验鉴定等活动的事后质量控制。与鉴定相比较,专门审查过程缺少鉴定的亲历性,受审查客体的不完整性、不全面性以及非原始性等因素制约,往往一定程度上影响审查人员的主观判断,给出具专门审查意见带来风险。

2019 年 12 月,《人民检察院刑事诉讼规则》经最高人民检察院第十三届检察委员会第二十八次会议通过,其中第 334 条第 2 款规定了对鉴定意见等技术性证据材料开展专门审查。《人民检察院刑事诉讼规则》以司法解释的形式首次提出了“专门审查”这一科学概念。专门审查的提出,不仅重申了鉴定意见等技术性证据的重要地位,也是对鉴定意见等法定证据的审查定位的重新审视。可以看出,对鉴定意见等技术性证据审查提出了更高的要求。

在技术性证据专门审查活动中,受到审查客体和主观认识等因素以及协作配合机制方面的问题的影响,技术性证据专门审查尚存在形式审查、书面审查等影响专门审查质量的现象。因此,现阶段提出专门审查风险防范和控制对策建议,对进一步强化审查实践活动中的风险控制意识,提高技术性证据专门审查质效有非常重要的意义。

---

① 参见邢庭:《我国刑事诉讼鉴定意见审查研究》,南京师范大学 2017 年硕士学位论文,第 17 ~ 25 页。

笔者尝试通过对检察技术人员从事专门审查活动风险的现状描述，分析实践中可能存在的客观原因，进一步提出防范专门审查活动风险的建议，进一步强化专门审查活动实践中的风险控制意识。

一、审查活动：具有局限性的专门审查工作

审查活动缺乏统一规范。在司法实践中，最高人民检察院已经出台《人民检察院技术性证据专门审查工作规定》（高检发办字〔2023〕22 号），但关于具体的可操作性规定尚缺乏一部统一的体系化的技术规范，目前最高人民检察院已经编制 6 部专门审查指引，但是相较于法庭科学/司法鉴定领域的鉴定标准方法，亟须完善。在实践中，专门审查活动本身尚存在一定的局限性，审查主体对专门审查边界把握不清，关于专门审查的对象内容、意见表述方式、审查意见证据地位等存在不确定性，存在以专门审查代替鉴定、补充鉴定、重新鉴定的现象，这在一定程度上导致专门审查处于较为尴尬的境地。

如关于技术性证据专门审查意见表述方式，大多表述主要是回应原鉴定意见的实质性审查，作出“同意”“不同意”“其他意见”的三种表述。按照检察业务统一应用系统分类，为统计“同意”“不同意”“其他意见”三种表述方法，笔者检索筛选出 2017—2021 年间 J 省检察机关办理的技术性证据审查类案件，其中“同意”占 93.25%；“不同意”占 1.94%；“其他意见”占 4.83%。① 而其中“其他意见”情形多是解决委托人在鉴定意见之外的专门性问题，如在委托对一份法医病理学鉴定书进行专门审查时，提出分析原鉴定中没有提及的致伤方式、致伤工具先后顺序、死亡过程、死亡时间推断等委托要求，上述专门审查意见存在一定风险。

二、审查主体：缺乏亲历性的检验过程

1. 主观性判断的表现

鉴定意见本身即带有主观性判断的成分。鉴定意见是鉴定人根据客观检验所见，按照一定的标准方法，经过分析论证得出的结果，本身带有主观性判断的成分；另外，审查主体基于一份主观判断的鉴定意见再进行检视、判断、审核，

---

① 参见邢庭：《有关“检察机关鉴定意见专门审查指引”的研究》，载《医学与法学》2022 年第 3 期。

由于受到原鉴定主观判断的影响，势必在审查过程中存在一定的主观认识风险。

2. 专门审查风险控制意识不强

实践中，专业技术人员根据业务办案人员的委托，对相关鉴定进行专门审查，可能对于提交的鉴定文书的真实性、合法性缺少判断，而将其直接作为专门审查对象，一定程度上增加了审查风险。例如，对于一份由当事人直接提供的文书材料复印件，未经委托方的合法性审查，专业技术人员直接开展专门审查，可能会因资料不全、篡改等不真实、不完整等情形，出现审查错误的可能。另外，专业技术人员可能对于办案人员提出的委托事项不加区分，一律出具专门审查意见。又如，不区分是鉴定事项还是审查事项，一律开展专门审查，可能出现“以审查替代鉴定”的现象。

3. 需要亲历性工作支持

专门审查区别于检验鉴定，主要是欠缺必要的亲历性的检验过程。因此，在开展实质性审查过程中，需要借助必要的调阅资料、复查复检、留样再测等工作，以达到验证性审查的效果。

(1) 调阅资料：调阅与专门审查对象即鉴定文书相关的必要的检验鉴定基础性资料，进一步验证原鉴定过程的客观性、合法性、可靠性。

(2) 复查复检：必要时，可以对现场、尸体或者损伤进行复查、复勘、复验等工作，进一步验证原检验过程的客观性、可靠性。

(3) 留样再测：必要时，可以对留取的检材样本、图片等，通过重新检测、测量等形式，进一步验证原检验数值的准确性、客观性。例如，复核损伤位置、大小、性状等，复核 X 线、CT、MRI 诊断是否准确，复核 DNA 检材样本、毒物检材样本的定性、定量检测数值。

三、审查对象：专门审查内容单一

2012 年《人民检察院刑事诉讼规则（试行）》（已失效）第 368 条第 2 款规定：“公诉部门对审查起诉案件中涉及专门技术问题的证据材料需要进行审查的，可以送交检察技术人员或者其他有专门知识的人审查，审查后应当出具审查意见。”2019 年 12 月，最高人民检察院第十三届检察委员会第二十八次会议通过了《人民检察院刑事诉讼规则》，该规则第 334 条第 2 款规定：“人民检察院对鉴定意见等技术性证据材料需要进行专门审查的,按照有关规定交检察技术人员或者其他有专门知识的人进行审查并出具审查意见。"从上述诉讼规则中不难发现,技术性证据专门审查的对象是专业技术问题或者鉴定意见等技术性证据材料。

在刑事司法实践中,检察技术人员开展技术性证据专门审查,审查对象大多以鉴定意见的形式出现,有时往往仅有一份鉴定文书,原鉴定意见的过程性材料缺乏,如X光片、CT片等影像学资料,活体、尸体检验照片,图谱、图像附件资料等,有时相关技术类卷宗材料甚至已经灭失,造成了审查人员无法获取全部的鉴定资料,难以判断鉴定过程的完整性、全面性的困境,因此难以审查鉴定的客观性、科学性,更无从谈起合法性、关联性等审查,在一定程度上影响了审查效果,同时提高了审查风险。

比如,在法医病理鉴定专门审查中,一份鉴定文书中显示的大体检验、病理组织学检验结果以及法医病理学诊断结果,需要结合检验记录、检验照片、病理切片、毒物检验过程分析,方能还原整个鉴定过程,必要时,可能还需要复检尸体,以验证检验的规范、全面、客观,这些工作都是鉴定人开展鉴定工作亲历性的表现。因此,单纯性审查一份鉴定文书,势必有一定风险隐患。

再如,在法医毒物鉴定专门审查中,鉴定书表述的毒物的定性定量结果是否与客观情况相符,需要进一步对实验室检验记录、仪器设备的图谱等进行综合分析,必要时还需要进行留样再测,这样才能对鉴定意见结果的客观性、真实性进行全面审查,审查意见的结果才具有可靠性。相反,仅对检验报告或鉴定意见本身作书面审查,势必不能全面回溯鉴定过程,这样可能导致专门审查工作的缺憾与错误。因此,上述需要回溯鉴定过程的工作就是亲历性开展专门审查的过程。

四、审查客体:存在模糊性的审查客体

1. 审查客体与审查对象

《人民检察院组织法》第46条规定:"人民检察院根据检察工作需要,可以设检察技术人员,负责与检察工作有关的事项。"该条从组织法层面规定了检察技术人员的法律地位。加强对技术性证据的审查判断,是检察机关的重要职责。最高人民检察院《关于指派、聘请有专门知识的人参与办案若干问题的规

定（试行）》第8条规定，人民检察院在审查起诉时，发现涉及专门性问题的证据材料有对定罪量刑有重大影响等情形时，可以指派、聘请有专门知识的人进行审查，出具审查意见。《人民检察院刑事诉讼规则》第334条第2款规定："人民检察院对鉴定意见等技术性证据材料需要进行专门审查的，按照有关规定交检察技术人员或者其他有专门知识的人进行审查并出具审查意见"，该条对"技术性证据专门审查"作出了明确规定。

技术性证据专门审查对象，一般是指案件中的鉴定意见、视听资料、电子数据、勘验笔录和专家意见、评估报告等技术性证据材料等。

可以看出，在实践中，专门审查的客体，是指技术性证据。专门审查对象，是技术性证据材料，包括鉴定意见、勘验检查笔录、视听资料、电子数据、专家意见、评估报告等。二者具有一定区别，前者需要进行全面审查，包括证据的合法性、客观性、关联性属性，侧重法律层面；后者是对证据材料的科学性、准确性进行审查，侧重专业技术层面。

2. 审查客体带来的风险

一方面，在司法实践中，办案卷宗中的鉴定意见不可能将所有鉴定内卷资料作为附件随案件移送，有的鉴定内卷资料甚至已经灭失，检察技术人员在占有有限资料的前提下开展专门审查，并作出主观性判断，会因依据的不充分性带来审查风险。另一方面，鉴定意见等技术性证据材料的专门审查，一般仅限于对其科学性、准确性进行审查，而证据材料的合法性、关联性审查有时不属于专门审查的范畴，这样有时会带来审查的真空。办案人员与专业技术人员对同一涉及鉴定的合法性问题都未开展审查，会导致专门审查活动潜在风险。例如，在一起DNA鉴定意见专门审查中，对某一现场血样的来源以及检材提取的合法性，办案人员与专门审查人员均未进行有效审查，导致最终庭审的被动。

五、审查时机：专门审查时机的介入滞后

刑事案件的审查在检察环节或审判环节，除一审审查逮捕阶段的专门审查时机较为靠前外，许多案件往往已进入审查起诉阶段、一审、二审、审判监督、控告申诉等其他刑事诉讼环节，还有些陈年积案侦破后的诉讼程序已距离案发时间久远，若承办人需要开展复查、复检工作，有时会存在检材耗尽、物证灭失等无法弥补的缺憾。例如，在侦查阶段，法医病理死因鉴定经过尸表检验、解剖检

验以及必要的病理组织学检验，形成死因鉴定意见后，尸体一般会不再保存，若后续需要开展验证性专门审查，这样势必会对死因鉴定审查的复查复检过程带来影响，从而影响专门审查质效，此时出具的专门审查意见有时会存在较大风险。

六、审查能力：专业技术力量与审查需求不相适应

1. 专业供给与业务需求不相匹配

专业技术人员的技术供给与业务部门办案的需求常存在不相匹配的情形，因此，在专门审查中会带来专业人员不足、能力水平不高而导致的专门审查风险。一是专业技术人员缺乏，特别是基层检察院、基层法院，有的地区没有法医专业技术人员，更无从谈起案件中专门性问题的审查；二是专业技术人员并不当然同时具备法学与专业技术知识，有时会出现“就技术论技术”的情形，出现专门审查与业务办案“两张皮”现象，导致专门审查意见非常“鸡肋”；三是同一专业技术人员难以胜任审查不同细分专业或不同专业门类的鉴定意见，如具有法医病理鉴定资质的专业技术人员，较难同时胜任比较复杂的法医 DNA、法医精神病鉴定意见的专门审查工作。

2. 专业技术人员与办案人员缺乏有效互动协作机制

司法实践中，办案人员往往侧重于审查鉴定意见的合法性、相关性，以及与其他定案证据的相互印证情况；专业技术人员往往侧重于审查鉴定意见的客观性、科学性，专业技术人员对鉴定意见等技术性证据的审查、审核往往局限于“走马观花”式的审查过程以及“囫囵吞枣”式的审查结论。[①] 业务部门与技术部门之间缺乏有效的互动沟通，审查内容、审查路径存在割裂现象，往往造成案件中鉴定意见存在的真实问题得不到发现并解决的困境。[②] 另外，检察官与检察技术人员之间关于鉴定意见专门审查资料的移送、受理、审查、沟通、交换意见等协作配合方面也存在欠缺。这些协作配合机制的缺乏，势必加大案件专门审查的风险。比如，在一起 DNA 鉴定案例中，对于现场血样的来源以及检材

---

① 参见王昌奎、王勐视：《检察机关技术性证据审查机制实证研究》，载《中国刑事法杂志》2014 年第 2 期。

② 参见李智慧、王建涛：《法医技术性证据审查常见问题探究》，载《中国法医学杂志》2016 年第 Z2 期。

提取的合法性问题，由于缺少有效的沟通，办案人员和专门审查人员均未进行有效审查，最终带来庭审的被动。再如，在一例个体识别鉴定的专门审查中，检察技术人员审查认为一份线粒体 DNA 鉴定意见客观、科学，而承办检察官单纯依据该鉴定意见认定身源是非常危险的操作。

开展鉴定意见专门审查活动不仅需要审查与鉴定意见形成有关的技术标准方法、检验过程、鉴定依据等内容，有时也会审查鉴定意见与其他技术性证据材料的关联性，以进一步印证原鉴定意见的客观、科学性。2013 年《人民检察院法医工作细则》第 25 条第 6 款规定："审查勘验检查笔录中涉及法医学的内容是否客观，有无遗漏勘验检查项目和内容，与检验鉴定是否一致。"在缺乏与办案人员有效沟通衔接的前提下，独立地开展对鉴定意见的专门审查，而忽视对相关联的勘验检查笔录、毒物检验报告、微量物证报告、DNA 鉴定意见等进行关联性审查，不仅可能会给检察技术人员带来困惑，也会因审查工作的盲目性造成潜在的风险。

第二节　鉴定意见专门审查活动风险的防范举措

鉴定意见等技术性证据的取证、举证、质证、认证等过程均需要经历专门审查过程。专门审查要打破阶段性、孤立性、静态性审查的特点，不仅要溯源证据的发现、提取、固定、送检、鉴定等证据载体与证据事实形成的全过程，也要关注其来源的合法性以及与案件的关联性，把专门审查活动贯穿到诉讼全过程，这正是庭审中心主义的实践要求。技术性证据专门审查的实质是回溯性地对鉴定意见等技术性证据的形成过程进行"穿透式"的验证过程。

一、专门审查工作的"四个结合"

鉴定意见专门审查，重点是对鉴定意见的形成过程进行回溯，侧重从程序与实体两个层面，通过书面形式、出庭质证、专家辅助、必要调查等多角度、多维度开展实质审查，要做到全面、全部、全程，从程序与实体审查相结合、结论与过程审查相结合、书面与复核审查相结合、专业与关联审查相结合四个方面开展专门审查工作，[①]要关注形式、程序性审查，更要重视实质、实体性审查，要将结论审查与鉴定意见的形成过程回溯审查相结合，要对书面形式审查，也要进行必要的复核审查，要审查鉴定意见与现场勘验笔录、死因鉴定意见与毒物鉴定意见、物证鉴定意见等的关联与印证，从而达到法庭科学证据审查的实质效果，进一步规避风险、提升审查质效。

（一）程序与实体审查相结合

鉴定意见的审查不仅要对鉴定意见的形式以及形成鉴定意见过程的程序进行审查，关键是要注重鉴定意见的实体审查。实体审查就是对案件中所涉专门性问题的鉴定意见进行实质内容的审查，实体审查更加关注鉴定意见科学性、客观性、可靠性的特点。因此，审查人不仅需要丰富的办案经验，更要有相关专业的专门知识，通常实质审查应由具有专门知识的专业技术人员或相关专家来协助完成。只有秉持实体与程序并举的专门审查原则，才能保障鉴定意见实质客观、公正。

其中，程序审查包括：委托受理、鉴定资质、检验过程、文书形式等。而实体审查包括：资料摘要、检验记录、标准方法、分析论证、意见结果等。（详见第三章、第四章相关内容。）

（二）结论与过程审查相结合

念某投毒案历经 8 次庭审，最终宣告念某无罪。该案是法医毒物学鉴定意见实质审查的典型案例，氟乙酸盐鼠药是该案证据锁链上的关键一环。检方专家辅助人、辩方专家辅助人加上若干名鉴定人三方经过激烈争论，最终，福建省高级人民法院认定，两被害人系中毒死亡，但原判认定关于氟乙酸盐鼠药中毒的依据不足：第一，检材与标样质谱图一样；第二，两份不同检材的质谱图一样；第三，没有空白对照。关于投毒方式的依据不确实：第一，铝壶、高压锅、铁锅现场勘验检查笔录记载的提取送检时间与检验鉴定委托书记载时间相矛盾；第二，侦查机关送检铝壶及里面的 3500 毫升水，但现场勘验检查笔录没有记载；

① 参见邢庭：《我国刑事诉讼鉴定意见审查研究》，南京师范大学 2017 年硕士学位论文，第 18～19 页。

第三,未按照专业规范要求进行空白对照检验。[①] (参见案例 20)

法医学鉴定意见的审查其实就是对原司法鉴定意见的形成过程的回溯,审查一份法医学鉴定意见重点是回溯该鉴定的办理全过程,应把结论审查与过程审查有机结合起来,聚合专门审查与必要调查的方式,以达到实质审查的效果。

1. 回溯鉴定的书证资料

在法医病理学、法医临床学鉴定意见审查中,需要调取全部病历资料、原始检验照片、相关辅助检查的原始 X 光片、CT、MRI 片等,必要时,需要询问被害人的接诊医生,查阅原始检验记录,询问原鉴定人鉴定过程、分析论证的依据,申请通知鉴定人出庭,调查走访现场目击证人,调取视频资料等。比如,询问被鉴定人就诊当时的病情、手术方式以及手术具体过程等。

2. 回溯鉴定检材的"保管链"

(1)检材的来源、取得的合法性、真实性

在法医病理学尸体检验中,血样、拭子、人体组织等生物检材的提取、采集,要注明数量、来源、提取人、提取时间等信息,有无提取笔录、清单等,必要时要有照相、录像。比如,在一起命案中,在被害女性死者的头发里发现了一枚残缺的指甲,该指甲作为重要的物证,要着重审查该指甲的来源、收集提取过程、鉴定过程、同一认定过程与案件的关联性。

(2)检材的保管、送检是否符合相关法律、标准的规定

关于检材的保管、送检,着重审查是否按照相关的规范执行,如检材盛放容器或包装物是否符合规定,送检的检材有无分开包装,是否会交叉污染,是否会将检材混淆,检材的保存方式和保存环境如何,送检时间是否超过规定时限等。

(3)检材是否被污染、腐败

在法医病理学检验中,尸体检验一般要尽早(48 小时内)开展,防止因尸体腐败影响病理组织学检验结果。在法医理化检验中,对腐败尸体的血样进行酒精含量测定,需要注意尸体腐败对其的影响。在法医 DNA 检验中,血痕、血液、阴道拭子、接触性检材等提取、包装、送检等过程需要注意是否有污染、腐败的可能。

---

① 参见福建省高级人民法院刑事附带民事判决书,(2012)闽刑终字第 10 号。

3. 回溯鉴定意见的分析论证

法医学鉴定意见分析论证过程是一份鉴定文书最重要的说理部分，是支持鉴定意见结果的重要论证过程，是实质审查的重要环节。分析论证是否客观科学、说理充分、合乎逻辑，是鉴定意见是否可靠、可信的重要保证。审查人员应具备法医学的专业理论知识和法医学实践办案经验，从专业科学的角度审慎审查鉴定意见的分析论证过程。

4. 回溯过程审查的扩充形式

鉴定文书是鉴定意见的书面形式，鉴定人出庭是鉴定意见表达的口头形式，申请通知鉴定人出庭是过程审查的扩充。鉴定人出庭接受控辩双方的质证，使得鉴定意见的审查更加直观、更加具体，让鉴定意见以“看得见的方式”实现其证明价值，助力庭审实质化。实践中，司法鉴定人出庭率一直不理想，2016 年，经司法行政机关登记管理的司法鉴定人接到出庭通知的数量占涉诉司法鉴定业务总量的 1.54%①，而 2017 年为 1.20%②。法医学鉴定意见的审查，通过申请鉴定人出庭作证或者申请有专门知识的人出庭对鉴定意见提出意见，可以多维度提升实质审查鉴定意见的效果。

（三）书面与复核审查相结合

书面审查是鉴定意见最直观、最常用的方法，书面审查的材料包括但不限于全案卷宗材料，尤其是鉴定意见形成全过程的书面材料。这方面内容已在前述过程审查中论述，在此不再赘述。

当审查过程需要解决的医学相关的专门性问题超出了案件承办人或法医的能力范围、专业领域，我们可以通过专家辅助审查的方式解决。根据最高人民检察院《关于指派、聘请有专门知识的人参与办案若干问题的规定（试行）》相关规定，案件承办人可以通过询问相关领域专家或有专门知识的人，对鉴定意见的相关问题作出咨询，或者委托具有专门知识的人作出审查意见，也可以向鉴定人之外的其他有专门知识的人咨询专门知识，如借助于医院相关临床科

---

① 参见党凌云、郑振玉：《2016 年度全国司法鉴定情况统计分析》，载《中国司法鉴定》2017 年第 3 期。

② 参见党凌云、张效礼：《2017 年度全国司法鉴定情况统计分析》，载《中国司法鉴定》2018 年第 3 期。

室的专家咨询，解决法医学鉴定中相关专门性问题。

(四) 专业与关联审查相结合

法医学鉴定意见不仅要求其自身客观、科学、合法，还必须与案件事实和其他证据能够相互印证，形成证据锁链。孤立的鉴定意见不能作为定案依据，法医学鉴定意见的审查也不能简单孤立地进行，而要与其他证据以及案件事实综合比较分析，通过审查证据间的相互印证作用，与其他证据一起形成证据锁链来证明案件事实。

法医学鉴定意见的专门审查侧重于法医学鉴定意见本身的证据能力与证明力，而关联审查则侧重从关联性角度，审查鉴定意见与其他证据之间的关系，从而证明与案件待证事实有无关联。

一方面，法医学鉴定意见审查有助于审查判断其他证据，如在他杀伪装自杀案件中，法医学鉴定意见有助于对遗书等物证、书证或视听资料的真伪的鉴别。另一方面，法医学鉴定意见专门审查有助于鉴定意见本身与其他证据形成印证关系，如 DNA 鉴定意见审查对确定物证的归属、使用等有重要印证作用。其他证据也是审查判断法医学鉴定意见是否客观、科学的重要依据，如当死亡时间推断与证人证言及其他证据证实的案件事实出现矛盾时，尤其要注意审慎审查。另外，注重审查案件中看似"无关联"的法医学鉴定意见。法医学鉴定意见的审查，不仅要关注指控犯罪的法医学证据，也应该对全案中其他看似"无关联"的客观性证据作出审查，防止冤错案件的发生。比如，在 2003 年浙江张氏叔侄案中，办案人员忽视了死者的指甲缝里的男性 DNA，错误地将张氏叔侄判刑；在 1996 年安徽于某案中，法庭未采纳韩某内裤残留物中检出的精子不属于于某的证据，使于某蒙冤。这些看似"无关联"的法医学鉴定意见，往往是防范冤错案件发生的重要证据。

总之，在以审判为中心的诉讼制度改革的背景下，法医学鉴定意见审查重点内容应落在证据属性之上，要高度重视审查的亲历性，要聚合专门审查和必要调查的方式，重点回溯鉴定意见的形成全过程。[①]

---

① 参见邢庭：《刑事诉讼中法医学鉴定意见审查路径思考》，载张雪樵主编：《检察技术与信息化》2019 年第 5 辑（总第 037 辑），中国检察出版社 2019 年版，第 73 ~ 78 页。

二、推进鉴定人、专家辅助人出庭制度的落实

鉴定文书是鉴定意见的书面形式，鉴定人出庭是鉴定意见表达的口头形式。[①] 根据最高人民检察院《关于指派、聘请有专门知识的人参与办案若干问题的规定(试行)》相关规定，案件承办人可以委托检察技术人员作出专门审查意见，也可以通过咨询相关领域专家或其他有专门知识的人，进一步审查鉴定意见等相关专门性问题，并作出审查意见。鉴定意见的专门审查可以通过鉴定人出庭接受质证的形式，也可通过申请有专门知识的人出庭对鉴定意见提出意见的形式作出，这可使鉴定意见的审查更加直观、具体，防范审查人员因缺乏亲历性而带来的片面认识以及主观缺憾，从多维度提升鉴定意见实质审查的效果。

1. 不断强化鉴定人出庭作证的制度实践

鉴定意见本身不同于书证、物证等实物证据，其具有言词证据属性，它本身又不同于证人证言，证人只是就其了解的案件事实作出客观陈述，而鉴定意见是鉴定人对案件中涉及的专门问题进行的主观判断，具有“意见证据”属性，另外，鉴定意见的科学性、专业性、权威性高度依赖鉴定人的主体属性、鉴定过程和判断能力。因此，鉴定意见的审查判断不能局限于书面审查、当庭宣读书面意见的方式来进行，而应通过鉴定人出庭作证并建立针对鉴定人的交叉询问程序来实现。[②] 鉴定人出庭就鉴定意见的真实性、科学性、合法性发表意见，这既是对鉴定意见有关内容的重新强调，也有可能对鉴定意见作出新的解释和说明。我们可以将预先提交的书面材料视为鉴定意见的书面形式，而把鉴定人出庭过程中的当庭陈述看作鉴定意见的口头形式。只有对两者进行综合的审查判断，才可以更好地还原鉴定全过程，才能最终确定鉴定意见的证据能力和证明力。[③]

2. 探索推进专家辅助人制度完善与落实

《刑事诉讼法》第197条规定了有专门知识的专家辅助人作为鉴定意见质

---

① 参见陈瑞华:《鉴定意见的审查判断问题》,载《中国司法鉴定》2011年第5期。

② 参见陈瑞华:《鉴定意见的审查判断问题》,载《中国司法鉴定》2011年第5期。

③ 参见陈瑞华:《刑事证据法学》(第2版),北京大学出版社2014年版,第200页。

证制度的补充，最高人民法院《关于适用〈中华人民共和国刑事诉讼法〉的解释》第251条的补充性解释使刑事诉讼法对于专家辅助人的规定更具可操作性，对指导司法实践有重要意义。专家辅助人制度的实施不仅强化了控辩双方对鉴定意见的质证能力，和鉴定人出庭制度一样，还保障了在对刑事诉讼鉴定意见的审查方面真正实现庭审实质化，有利于提升司法鉴定制度规范化水平，有利于解决诉讼中重复鉴定、多头鉴定问题，有利于将错误的鉴定意见排除在定案之外，[①]不断提高司法公信力，节约司法资源，充分保障刑事诉讼被告人的辩护权、被害人的知情权以及公正审判权。

3. 探索借鉴技术调查官制度的构建与完善

2014年12月，最高人民法院发布的《关于知识产权法院技术调查官参与诉讼活动若干问题的暂行规定》标志着我国法院技术调查官制度正式建立。技术调查官是指协助法官查明专利等专业性较强案件的技术事实的司法辅助人员，技术调查官须具备相关专业技术知识，负责对专业性较强案件审理中涉及的技术问题进行调查、询问、分析、判断等，为法官裁判案件提供专业技术意见。在刑事诉讼司法实践中，可以借鉴技术调查官制度，探索推进技术调查官对贪污贿赂案件、人身伤亡案件、医疗损害案件、食品安全犯罪案件、环境犯罪案件、知识产权侵权案件、网络犯罪案件等专业性较强案件的刑事诉讼鉴定意见的协助审查和出庭协助法官查明技术事实。和专家辅助人制度一样，技术调查官制度的运行应当避免让技术调查官成为所谓的“影子法官”，确保诉讼程序的公开、公正、透明。

三、加大检察技术人员与办案人员的协作配合

鉴定意见专门审查并非单纯由专业技术人员独立完成，需要建立“技术+业务”的协作配合机制，专门审查工作应当加强与监察机关、公安机关、检察机关、审判机关等司法办案人员的协作，着力增强衔接、配合的有效性，通过制度规制，填补衔接配合的罅隙，在专门审查的程序、内容、形式、实质等方面加大协作配合力度，从而提升鉴定意见专门审查质效，进一步规避专门审查活动的风险。

---

① 参见郭华：《〈刑事诉讼法〉有关鉴定问题的修改与评价》，载《中国司法鉴定》2012年第2期。

1. 探索构建刑事司法部门之间协作配合

构建人民法院、人民检察院、公安机关、国家安全机关、司法行政机关等政法机关之间的审查协作配合机制，探索以信息化手段促进刑事诉讼各阶段的互联互通，不断推进鉴定、检验全流程的信息共享，使证据的流转、移送等更加方便快捷，审查主体获得审查对象更加客观、具体、全面，不断提高鉴定意见审查质效。例如，在法医学死亡原因鉴定中，通过运用信息技术手段，将一份鉴定意见形成全过程的病历材料、影像资料、检验工作记录、仪器设备数据图谱等，在政法机关内部实现电子卷宗网上流转可以便捷地开展可溯源性审查。

2. 明确政法机关内部的衔接配合机制

不断加强公安机关侦查、预审、法制等部门，检察机关侦查监督、审查起诉、检察技术等部门，人民法院刑事审判庭与司法技术审核部门办案人员之间的衔接配合机制。通过制度规制、落实部门之间在鉴定意见审查的委托、受理、审查内容、审查方式、审查时限、审查意见的形式、审查结果的使用等方面的协作配合，推进刑事诉讼审查的审查力度与审查质效，不断提升办案质量。

3. 切实保障当事人的知情权与律师的辩护权

切实提升鉴定意见告知实质化，应合法、全面、具体、及时地告知鉴定意见，除办案秘密外，防止出现口头告知、部分告知、滞后告知等情形，切实提高鉴定人出庭作证、有专门知识的专家辅助人的出庭率。保障有专门知识的专家辅助人的辅助调查权和知情权，允许其查询鉴定的相关依据和证据，并赋予其调取分析该专业性问题所必需的各种材料及证据，了解鉴定的进行过程、鉴定适用的理论依据及鉴定方法等的权利，①同时，在法庭审理中，要保障律师聘请的有专门知识的专家辅助人的意见得到充分表达。

四、创新鉴定意见专门审查的技术支持

不断推进科技信息化建设在司法办案中的作用，全面提升鉴定意见审查质效。

1. 案件材料卷宗电子化

“网上办案”不仅方便办案人员实现案件的互联互通、信息共享，也方便当

---

① 参见张纯兵：《专家辅助人中立性问题研究》，载《中国司法鉴定》2016 年第 6 期。

事人及其诉讼代理人、律师、辩护人等进行查阅案卷获取案件信息。这一方面节约了司法成本、减轻了当事人诉累；另一方面更能实现案件数据的实时更新，案件信息集中管理，案件流程实时监督，不断促进司法办案管理规范化、信息化、科学化，从而进一步提升司法办案质量和效率。依托司法办案信息平台实现“网上办案”的重要前提是案件材料卷宗电子化，案件材料卷宗电子化也给鉴定意见的审查带来了便捷与高效。在诉讼各个环节中，通过网上电子卷宗的流转审查，可以高效、便捷地获取审查鉴定意见的全部材料，以达到全面、实质审查的效果。

2. 构建政法信息共享平台

在刑事诉讼司法实践中，信息共享是提高诉讼效率的基础。充分利用信息化手段，打通政法系统内部案件信息流转的数据鸿沟，在符合安全保密要求的前提下，尽快着手构建连通公安、检察、法院、司法行政等部门的政法信息共享平台，为进一步优化办案模式、提高工作效率、节约司法资源提供基础性支持，真正实现刑事诉讼鉴定意见形成全过程的网上“同步、实质、无障碍”的审查模式。

3. 充分运用大数据、云计算和人工智能辅助技术

当下，信息技术革命日新月异，创新驱动是大势所趋，对政治、经济、文化、社会等领域发展产生了深刻的影响，特别是以移动互联网、物联网、大数据为代表的信息技术已经融入社会生活的方方面面，深刻改变着经济社会发展模式和人民的生产生活方式。信息化建设在司法办案领域也逐渐发挥着不可估量的作用，要善于运用大数据和人工智能技术，不断推进传统诉讼办案模式变革，不断提升司法质量、效率和公信力。

要加快推进司法办案与互联网技术深度融合，充分运用云计算、移动办案办公、生物识别、物联网以及人工智能等新兴技术，不断拓展大数据研究成果，通过构建科学、规范的证据规则体系以及鉴定意见审查标准、审查评价体系，充分利用网上远程专家会检、技术咨询、技术性证据审查、云平台等智能辅助手段，进一步提升鉴定意见审查效能，不断推进鉴定意见审查的智能化、精准化、集约化，早日实现“智慧审查”“智慧办案”。

第三节 纠正专门性问题审查化，防止“以审代鉴”

一、专门性问题审查化

1. 鉴定与专门审查辨析

关于鉴定与专门审查之间的区别与联系（详见第一章第一节）。从意见本身实质意义上看，鉴定意见与专门审查意见同属于一类“有专门知识的人的意见”。

专门审查不能替代鉴定，单纯技术性证据审查不应超越原鉴定意见提出新的意见见解，只能是对原鉴定意见形成过程以及鉴定意见结果的客观性、科学性等提出审查、分析、判断的意见。专门审查意见不能单独作为证据使用，而是仅供办案人员参考，它可以结合原鉴定意见或其他证据来证明案件事实。[①] 否则，该专门审查意见即带有鉴定性质，实质就会发生转变，名义上的审查意见变成了新的鉴定意见，属于鉴定意见。鉴定意见与专门审查意见的区别主要在于：鉴定意见侧重于正向评价判断，审查意见侧重反向审视、监督；鉴定意见侧重于鉴定前、鉴定中解决专门性问题，审查意见侧重于鉴定后解决专门性问题；鉴定意见侧重于客观性、科学性考量，而审查意见不但考量客观性、科学性，还兼顾合法性、关联性。

2. 专门审查实践

在实践中，相较于鉴定的启动程序，专门审查的启动方式较为灵活、便捷，加上直接采取专门审查方式解决案件中专门性问题，以达到类鉴定意见证据效果的案例已不是个例，因此，有必要对解决诉讼中专门性问题的方式进行必要规制，防止直接以启动专门审查的方式来解决诉讼中专门性问题，进而出现专门性问题审查化，“以审代鉴”的现象。

笔者检索筛选出 2017—2021 年 J 省检察机关共办理技术性证据审查类案

---

① 参见郭华：《刑事诉讼专家辅助人出庭的观点争议及其解决思路》，载《证据科学》2013 年第 4 期。

件,其中"同意"意见占 93.25%;"不同意"意见占 1.94%;"其他"意见占 4.83%。[①] 而其中"其他"意见情形多是解决委托人在鉴定意见之外的专门性问题,如在委托对一份法医病理学鉴定书进行专门审查时,提出分析原鉴定中没有提及的致伤方式、致伤工具先后顺序、死亡过程、死亡时间推断等委托要求。在专门审查实践中,除了解释说明类专门审查意见以及肯定性、否定性的验证评价类专门审查意见,其他专门意见一般都会存在鉴定成分。

二、如何防止"以审代鉴"

专门审查的对象是鉴定意见、视听资料、电子数据、勘验笔录和专家意见、评估报告等技术性证据材料,而技术性证据材料本身就是可以独立作为证据使用。专门审查是对已经出具的鉴定意见作出意见,而不是直接对案件中有关专门性问题作出直接判断,专门审查的对象是具体的鉴定意见等技术性证据材料,而不是案件本身的专门性问题。专门审查的对象是鉴定意见、视听资料、电子数据、勘验笔录和专家意见、评估报告等技术性证据材料,而技术性证据材料本身就可以独立作为证据使用。

那么如何防止"以审代鉴"的现象,可以从以下几个方面着手。

1. 明确专门审查情形

对于某一专门性问题未开展鉴定但失去鉴定条件的,可以适用专门审查。例如,在一个陈年命案中,卷宗内已无当年出具死因鉴定意见,只剩下检验记录和检验照片、现场勘验照片,现根据办案需要,需要对被害人的死因进行鉴定。由于失去了再次鉴定条件,办案人员可以委托开展专门审查,此时专门审查意见类似于有专门知识的人的意见,即"专家意见"或"专家论证意见"。

2. 划清鉴定与专门审查边界

(1)鉴定

鉴定是指鉴定人接受委托或聘请,运用专门知识和技能,对案件中某些专门性问题进行分析、判断,并作出的专业意见。学理上、法律上已经将鉴定人在鉴定活动中所提供的专门性意见正式统一界定为"鉴定意见"。鉴定是法律赋予的鉴定权的一部分。

---

① 参见邢庭:《有关"检察机关鉴定意见专门审查指引"的研究》,载《医学与法学》2022 年第 3 期。

(2)专门审查

鉴定结果以鉴定意见形式呈现,其在法律上属于证据,需要经过审查、质证等法律程序后,方可作为据以定案的依据。① 具有相应鉴定资格的审查主体接受委托,对诉讼中涉及的鉴定意见等技术性证据材料进行专门审查,并提出专门审查意见。这里的专门审查意见有别于审查逮捕、审查起诉、法庭审理阶段的检察官、法官的审查意见,系有专门知识的人运用专门知识对专门性问题开展专业审查,是辅助检察官、法官开展审查的专项活动,是法律赋予的审查权的一部分。

(3)鉴定意见与专门审查意见区别

鉴定意见侧重于正向评价判断,专门审查意见侧重反向审视、监督。鉴定意见侧重于鉴定前、鉴定中,解决专门性问题,专门审查意见侧重于鉴定后解决专门性问题。鉴定意见侧重于客观性、科学性考量,而专门审查意见不但考量客观性、科学性,还兼顾合法性、关联性。(详见本书第一章第二节)

3. 定位专门审查属性

2012 年最高人民法院《关于适用〈中华人民共和国刑事诉讼法〉的解释》(法释〔2012〕21 号)(已失效)第 87 条第 1 款规定:“对案件中的专门性问题需要鉴定,但没有法定司法鉴定机构,或者法律、司法解释规定可以进行检验的,可以指派、聘请有专门知识的人进行检验,检验报告可以作为定罪量刑的参考。”

2020 年修正的最高人民法院《关于审理环境侵权责任纠纷案件适用法律若干问题的解释》(法释〔2020〕17 号)(已失效)第 9 条第 2 款规定:“具有专门知识的人在法庭上提出的意见,经当事人质证,可以作为认定事实的根据。”

2021 年最高人民法院《关于适用〈中华人民共和国刑事诉讼法〉的解释》(法释〔2021〕1 号)第 100 条第 1 款规定:“因无鉴定机构,或者根据法律、司法解释的规定,指派、聘请有专门知识的人就案件的专门性问题出具的报告,可以作为证据使用。”相较于 2012 年最高人民法院《关于适用〈中华人民共和国刑事诉讼法〉的解释》第 87 条第 1 款的规定,将“就案件的专门性问题出具的报

① 参见关颖雄:《物证技术司法鉴定概念的反思——以鉴定质量监控为背景》,载《城市学刊》2016 年第 3 期。

告”从“可以作为定罪量刑的参考”修改为“可以作为证据使用”，这无疑是关于“报告”的一次质的飞跃。

2022 年修正的最高人民法院《关于适用〈中华人民共和国民事诉讼法〉的解释》(法释〔2022〕11 号)第 122 条第 2 款规定:“具有专门知识的人在法庭上就专业问题提出的意见，视为当事人的陈述。”

2023 年《人民检察院技术性证据专门审查工作规定》对技术性证据专门审查意见也作出类似规定，专门审查意见可以作为办案部门、检察官判断运用证据或作出相关决定的依据。

从以上法律、司法解释来看，实务界对于“有专门知识的人的意见或报告”的法律属性持开放态度。在办案实践中，以鉴定意见专门审查为例，存在“解释说明”“验证评价”“鉴定推断”三类专门审查意见(详见第六章相关内容)。从实质内容来看，“解释说明”与“验证评价”更侧重对鉴定意见的审查判断，而“鉴定推断”带有鉴定性质，是对原鉴定意见的补充、扩充，类似于补充鉴定、专家论证意见，此形式容易引起争议，可能会出现“以审代鉴”的情形，并且具有鉴定性质的专门审查意见无告知程序，可能会剥夺当事人的异议权。因此，最高人民检察院在规范专门审查意见时，暂未予扩充“鉴定推断类”意见形式。①

三、关于专门审查的突破

笔者认为，一方面要防止“以审代鉴”的情形发生；另一方面应强化专门审查意见的标准化路径。从法律规定以及生效裁判案例来看，确因无法鉴定，作为有专门知识的人依据原始的技术性证据材料提出的意见，其本身具有专业性、客观性、科学性特点。尽管专门审查意见本身不是法定的证据形式，但从审查意见内容上看，若专门审查意见带有专业判断，其中具有亲历性、实质性、验证性审查的技术性证据专门审查意见，可拟制为“报告”作为证据使用。例如，在吴某某故意伤害案②中，检察机关法医接受委托，针对被害人的致伤方式作出专门审查，提出的四点不同于原鉴定意见的专门审查意见，被二审法院采信，二审法院认为，“技术性证据审查意见以原鉴定意见为基础，系运用专门技术

---

① 参见最高人民检察院司法鉴定技术规范《法医类鉴定专门审查指引》(ZGJ/J 002—2022)。

② 参见安徽省高级人民法院刑事判决书，(2019)皖刑终 109 号。

进行的独立法医学文证审查,在被害人尸体已经火化无法重新鉴定的情况下,具有鉴定意见性质;该审查意见由具有相关资质的机构及人员出具,符合专业技术规范,本院予以采信”。

附录一：
法律与司法解释

中华人民共和国刑法（节选）

（1979年7月1日第五届全国人民代表大会第二次会议通过 1997年3月14日第八届全国人民代表大会第五次会议修订 根据1998年12月29日第九届全国人民代表大会常务委员会第六次会议通过的《全国人民代表大会常务委员会关于惩治骗购外汇、逃汇和非法买卖外汇犯罪的决定》、1999年12月25日第九届全国人民代表大会常务委员会第十三次会议通过的《中华人民共和国刑法修正案》、2001年8月31日第九届全国人民代表大会常务委员会第二十三次会议通过的《中华人民共和国刑法修正案（二）》、2001年12月29日第九届全国人民代表大会常务委员会第二十五次会议通过的《中华人民共和国刑法修正案（三）》、2002年12月28日第九届全国人民代表大会常务委员会第三十一次会议通过的《中华人民共和国刑法修正案（四）》、2005年2月28日第十届全国人民代表大会常务委员会第十四次会议通过的《中华人民共和国刑法修正案（五）》、2006年6月29日第十届全国人民代表大会常务委员会第二十二次会议通过的《中华人民共和国刑法修正案（六）》、2009年2月28日第十一届全国人民代表大会常务委员会第七次会议通过的《中华人民共和国刑法修正案（七）》、2009年8月27日第十一届全国人民代表大会常务委员会第十次会议通过的《全国人民代表大会常务委员会关于修改部分法律的决定》、2011年2月25日第十一届全国人民代表大会常务委员会第十九次会议通过的《中华人民共和国刑法修正案（八）》、2015年8月29日第十二届全国人民代表大会常务委员会第十六次会议通过的《中华人民共和国刑法修正案(九)》、2017 年 11 月 4 日第十二届全国人民代表大会常务委员会第三十次会议通过的《中华人民共和国刑法修正案(十)》、2020 年 12 月 26 日第十三届全国人民代表大会常务委员会第二十四次会议通过的《中华人民共和国刑法修正案(十一)》、2023 年 12 月 29 日第十四届全国人民代表大会常务委员会第七次会议通过的《中华人民共和国刑法修正案(十二)》)

第二章　犯　　罪

第一节　犯罪和刑事责任

第十八条　精神病人在不能辨认或者不能控制自己行为的时候造成危害结果,经法定程序鉴定确认的,不负刑事责任,但是应当责令他的家属或者监护人严加看管和医疗;在必要的时候,由政府强制医疗。

间歇性的精神病人在精神正常的时候犯罪,应当负刑事责任。

尚未完全丧失辨认或者控制自己行为能力的精神病人犯罪的,应当负刑事责任,但是可以从轻或者减轻处罚。

醉酒的人犯罪,应当负刑事责任。

中华人民共和国刑事诉讼法(节选)

(1979 年 7 月 1 日第五届全国人民代表大会第二次会议通过 根据 1996 年 3 月 17 日第八届全国人民代表大会第四次会议《关于修改〈中华人民共和国刑事诉讼法〉的决定》第一次修正 根据 2012 年 3 月 14 日第十一届全国人民代表大会第五次会议《关于修改〈中华人民共和国刑事诉讼法〉的决定》第二次修正 根据 2018 年 10 月 26 日第十三届全国人民代表大会常务委员会第六次会议《关于修改〈中华人民共和国刑事诉讼法〉的决定》第三次修正)

第一编 总 则

第三章 回 避

第二十九条 审判人员、检察人员、侦查人员有下列情形之一的,应当自行回避,当事人及其法定代理人也有权要求他们回避:

(一)是本案的当事人或者是当事人的近亲属的;

(二)本人或者他的近亲属和本案有利害关系的;

(三)担任过本案的证人、鉴定人、辩护人、诉讼代理人的;

(四)与本案当事人有其他关系,可能影响公正处理案件的。

第五章 证 据

第三十二条 本章关于回避的规定适用于书记员、翻译人员和鉴定人。

辩护人、诉讼代理人可以依照本章的规定要求回避、申请复议。

第五十条 可以用于证明案件事实的材料,都是证据。

证据包括:

(一)物证;

(二)书证;

(三)证人证言;

（四）被害人陈述；

（五）犯罪嫌疑人、被告人供述和辩解；

（六）鉴定意见；

（七）勘验、检查、辨认、侦查实验等笔录；

（八）视听资料、电子数据。

证据必须经过查证属实，才能作为定案的根据。

第六十四条 对于危害国家安全犯罪、恐怖活动犯罪、黑社会性质的组织犯罪、毒品犯罪等案件，证人、鉴定人、被害人因在诉讼中作证，本人或者其近亲属的人身安全面临危险的，人民法院、人民检察院和公安机关应当采取以下一项或者多项保护措施：

（一）不公开真实姓名、住址和工作单位等个人信息；

（二）采取不暴露外貌、真实声音等出庭作证措施；

（三）禁止特定的人员接触证人、鉴定人、被害人及其近亲属；

（四）对人身和住宅采取专门性保护措施；

（五）其他必要的保护措施。

证人、鉴定人、被害人认为因在诉讼中作证，本人或者其近亲属的人身安全面临危险的，可以向人民法院、人民检察院、公安机关请求予以保护。

人民法院、人民检察院、公安机关依法采取保护措施，有关单位和个人应当配合。

第二编　立案、侦查和提起公诉

第二章　侦　　查

第四节　勘验、检查

第一百二十八条 侦查人员对于与犯罪有关的场所、物品、人身、尸体应当进行勘验或者检查。在必要的时候，可以指派或者聘请具有专门知识的人，在侦查人员的主持下进行勘验、检查。

第一百二十九条 任何单位和个人，都有义务保护犯罪现场，并且立即通知公安机关派员勘验。

第一百三十条 侦查人员执行勘验、检查，必须持有人民检察院或者公安机关的证明文件。

第一百三十一条 对于死因不明的尸体,公安机关有权决定解剖,并且通知死者家属到场。

第一百三十二条 为了确定被害人、犯罪嫌疑人的某些特征、伤害情况或者生理状态,可以对人身进行检查,可以提取指纹信息,采集血液、尿液等生物样本。

犯罪嫌疑人如果拒绝检查,侦查人员认为必要的时候,可以强制检查。

检查妇女的身体,应当由女工作人员或者医师进行。

第一百三十三条 勘验、检查的情况应当写成笔录,由参加勘验、检查的人和见证人签名或者盖章。

第一百三十四条 人民检察院审查案件的时候,对公安机关的勘验、检查,认为需要复验、复查时,可以要求公安机关复验、复查,并且可以派检察人员参加。

第一百三十五条 为了查明案情,在必要的时候,经公安机关负责人批准,可以进行侦查实验。

侦查实验的情况应当写成笔录,由参加实验的人签名或者盖章。

侦查实验,禁止一切足以造成危险、侮辱人格或者有伤风化的行为。

第七节 鉴 定

第一百四十六条 为了查明案情,需要解决案件中某些专门性问题的时候,应当指派、聘请有专门知识的人进行鉴定。

第一百四十七条 鉴定人进行鉴定后,应当写出鉴定意见,并且签名。

鉴定人故意作虚假鉴定的,应当承担法律责任。

第一百四十八条 侦查机关应当将用作证据的鉴定意见告知犯罪嫌疑人、被害人。如果犯罪嫌疑人、被害人提出申请,可以补充鉴定或者重新鉴定。

第一百四十九条 对犯罪嫌疑人作精神病鉴定的期间不计入办案期限。

第三章 提起公诉

第一百六十九条 凡需要提起公诉的案件,一律由人民检察院审查决定。

第一百七十条 人民检察院对于监察机关移送起诉的案件,依照本法和监察法的有关规定进行审查。人民检察院经审查，认为需要补充核实的，应当退回监察机关补充调查，必要时可以自行补充侦查。

对于监察机关移送起诉的已采取留置措施的案件，人民检察院应当对犯罪嫌疑人先行拘留，留置措施自动解除。人民检察院应当在拘留后的十日以内作出是否逮捕、取保候审或者监视居住的决定。在特殊情况下，决定的时间可以延长一日至四日。人民检察院决定采取强制措施的期间不计入审查起诉期限。

第三编　审　　判

第二章　第一审程序

第一节　公 诉 案 件

第一百九十二条　公诉人、当事人或者辩护人、诉讼代理人对证人证言有异议，且该证人证言对案件定罪量刑有重大影响，人民法院认为证人有必要出庭作证的，证人应当出庭作证。

人民警察就其执行职务时目击的犯罪情况作为证人出庭作证，适用前款规定。

公诉人、当事人或者辩护人、诉讼代理人对鉴定意见有异议，人民法院认为鉴定人有必要出庭的，鉴定人应当出庭作证。经人民法院通知，鉴定人拒不出庭作证的，鉴定意见不得作为定案的根据。

第一百九十四条　证人作证，审判人员应当告知他要如实地提供证言和有意作伪证或者隐匿罪证要负的法律责任。公诉人、当事人和辩护人、诉讼代理人经审判长许可，可以对证人、鉴定人发问。审判长认为发问的内容与案件无关的时候，应当制止。

审判人员可以询问证人、鉴定人。

第一百九十五条　公诉人、辩护人应当向法庭出示物证，让当事人辨认，对未到庭的证人的证言笔录、鉴定人的鉴定意见、勘验笔录和其他作为证据的文书，应当当庭宣读。审判人员应当听取公诉人、当事人和辩护人、诉讼代理人的意见。

第一百九十六条　法庭审理过程中，合议庭对证据有疑问的，可以宣布休庭，对证据进行调查核实。

人民法院调查核实证据，可以进行勘验、检查、查封、扣押、鉴定和查询、冻结。

第一百九十七条 法庭审理过程中，当事人和辩护人、诉讼代理人有权申请通知新的证人到庭，调取新的物证，申请重新鉴定或者勘验。

公诉人、当事人和辩护人、诉讼代理人可以申请法庭通知有专门知识的人出庭，就鉴定人作出的鉴定意见提出意见。

法庭对于上述申请，应当作出是否同意的决定。

第二款规定的有专门知识的人出庭，适用鉴定人的有关规定。

第二百零四条 在法庭审判过程中，遇有下列情形之一，影响审判进行的，可以延期审理：

（一）需要通知新的证人到庭，调取新的物证，重新鉴定或者勘验的；

（二）检察人员发现提起公诉的案件需要补充侦查，提出建议的；

（三）由于申请回避而不能进行审判的。

第五编 特别程序

第五章 依法不负刑事责任的精神病人的强制医疗程序

第三百零二条 实施暴力行为，危害公共安全或者严重危害公民人身安全，经法定程序鉴定依法不负刑事责任的精神病人，有继续危害社会可能的，可以予以强制医疗。

第三百零三条 根据本章规定对精神病人强制医疗的，由人民法院决定。

公安机关发现精神病人符合强制医疗条件的，应当写出强制医疗意见书，移送人民检察院。对于公安机关移送的或者在审查起诉过程中发现的精神病人符合强制医疗条件的，人民检察院应当向人民法院提出强制医疗的申请。人民法院在审理案件过程中发现被告人符合强制医疗条件的，可以作出强制医疗的决定。

对实施暴力行为的精神病人，在人民法院决定强制医疗前，公安机关可以采取临时的保护性约束措施。

第三百零六条 强制医疗机构应当定期对被强制医疗的人进行诊断评估。对于已不具有人身危险性，不需要继续强制医疗的，应当及时提出解除意见，报决定强制医疗的人民法院批准。

被强制医疗的人及其近亲属有权申请解除强制医疗。

第三百零七条 人民检察院对强制医疗的决定和执行实行监督。

中华人民共和国民事诉讼法(节选)

(1991年4月9日第七届全国人民代表大会第四次会议通过 根据2007年10月28日第十届全国人民代表大会常务委员会第三十次会议《关于修改〈中华人民共和国民事诉讼法〉的决定》第一次修正 根据2012年8月31日第十一届全国人民代表大会常务委员会第二十八次会议《关于修改〈中华人民共和国民事诉讼法〉的决定》第二次修正 根据2017年6月27日第十二届全国人民代表大会常务委员会第二十八次会议《关于修改〈中华人民共和国民事诉讼法〉和〈中华人民共和国行政诉讼法〉的决定》第三次修正 根据2021年12月24日第十三届全国人民代表大会常务委员会第三十二次会议《关于修改〈中华人民共和国民事诉讼法〉的决定》第四次修正 根据2023年9月1日第十四届全国人民代表大会常务委员会第五次会议《关于修改〈中华人民共和国民事诉讼法〉的决定》第五次修正)

第一编 总 则

第四章 回 避

第四十七条 审判人员有下列情形之一的,应当自行回避,当事人有权用口头或者书面方式申请他们回避:

(一)是本案当事人或者当事人、诉讼代理人近亲属的;

(二)与本案有利害关系的;

(三)与本案当事人、诉讼代理人有其他关系,可能影响对案件公正审理的。

审判人员接受当事人、诉讼代理人请客送礼,或者违反规定会见当事人、诉讼代理人的,当事人有权要求他们回避。

审判人员有前款规定的行为的,应当依法追究法律责任。

前三款规定,适用于法官助理、书记员、司法技术人员、翻译人员、鉴定人、勘验人。

第四十八条 当事人提出回避申请,应当说明理由,在案件开始审理时提出;回避事由在案件开始审理后知道的,也可以在法庭辩论终结前提出。

被申请回避的人员在人民法院作出是否回避的决定前,应当暂停参与本案的工作,但案件需要采取紧急措施的除外。

第四十九条 院长担任审判长或者独任审判员时的回避,由审判委员会决定;审判人员的回避,由院长决定;其他人员的回避,由审判长或者独任审判员决定。

第五十条 人民法院对当事人提出的回避申请,应当在申请提出的三日内,以口头或者书面形式作出决定。申请人对决定不服的,可以在接到决定时申请复议一次。复议期间,被申请回避的人员,不停止参与本案的工作。人民法院对复议申请,应当在三日内作出复议决定,并通知复议申请人。

第六章 证 据

第六十六条 证据包括:

(一)当事人的陈述;

(二)书证;

(三)物证;

(四)视听资料;

(五)电子数据;

(六)证人证言;

(七)鉴定意见;

(八)勘验笔录。

证据必须查证属实,才能作为认定事实的根据。

第七十九条 当事人可以就查明事实的专门性问题向人民法院申请鉴定。当事人申请鉴定的,由双方当事人协商确定具备资格的鉴定人;协商不成的,由人民法院指定。

当事人未申请鉴定，人民法院对专门性问题认为需要鉴定的，应当委托具备资格的鉴定人进行鉴定。

第八十条 鉴定人有权了解进行鉴定所需要的案件材料，必要时可以询问当事人、证人。

鉴定人应当提出书面鉴定意见，在鉴定书上签名或者盖章。

第八十一条 当事人对鉴定意见有异议或者人民法院认为鉴定人有必要出庭的，鉴定人应当出庭作证。经人民法院通知，鉴定人拒不出庭作证的，鉴定意见不得作为认定事实的根据；支付鉴定费用的当事人可以要求返还鉴定费用。

第八十二条 当事人可以申请人民法院通知有专门知识的人出庭，就鉴定人作出的鉴定意见或者专业问题提出意见。

第八十三条 勘验物证或者现场，勘验人必须出示人民法院的证件，并邀请当地基层组织或者当事人所在单位派人参加。当事人或者当事人的成年家属应当到场，拒不到场的，不影响勘验的进行。

有关单位和个人根据人民法院的通知，有义务保护现场，协助勘验工作。

勘验人应当将勘验情况和结果制作笔录，由勘验人、当事人和被邀参加人签名或者盖章。

第二编 审判程序

第十二章 第一审普通程序

第三节 开庭审理

第一百四十一条 法庭调查按照下列顺序进行：

（一）当事人陈述；

（二）告知证人的权利义务，证人作证，宣读未到庭的证人证言；

（三）出示书证、物证、视听资料和电子数据；

（四）宣读鉴定意见；

（五）宣读勘验笔录。

第一百四十二条 当事人在法庭上可以提出新的证据。

当事人经法庭许可，可以向证人、鉴定人、勘验人发问。

当事人要求重新进行调查、鉴定或者勘验的，是否准许，由人民法院决定。

第一百四十九条 有下列情形之一的,可以延期开庭审理:

(一)必须到庭的当事人和其他诉讼参与人有正当理由没有到庭的;

(二)当事人临时提出回避申请的;

(三)需要通知新的证人到庭,调取新的证据,重新鉴定、勘验,或者需要补充调查的;

(四)其他应当延期的情形。

第十五章 特别程序

第五节 认定公民无民事行为能力、限制民事行为能力案件

第一百九十八条 申请认定公民无民事行为能力或者限制民事行为能力,由利害关系人或者有关组织向该公民住所地基层人民法院提出。

申请书应当写明该公民无民事行为能力或者限制民事行为能力的事实和根据。

第一百九十九条 人民法院受理申请后,必要时应当对被请求认定为无民事行为能力或者限制民事行为能力的公民进行鉴定。申请人已提供鉴定意见的,应当对鉴定意见进行审查。

全国人民代表大会常务委员会
关于司法鉴定管理问题的决定(节选)

(2005年2月28日第十届全国人民代表大会常务委员会第十四次会议通过 根据2015年4月24日第十二届全国人民代表大会常务委员会第十四次会议《关于修改〈中华人民共和国义务教育法〉等五部法律的决定》修正)

为了加强对鉴定人和鉴定机构的管理,适应司法机关和公民、组织进行诉讼的需要,保障诉讼活动的顺利进行,特作如下决定:

一、司法鉴定是指在诉讼活动中鉴定人运用科学技术或者专门知识对诉讼涉及的专门性问题进行鉴别和判断并提供鉴定意见的活动。

二、国家对从事下列司法鉴定业务的鉴定人和鉴定机构实行登记管理制度：

（一）法医类鉴定；

（二）物证类鉴定；

（三）声像资料鉴定；

（四）根据诉讼需要由国务院司法行政部门商最高人民法院、最高人民检察院确定的其他应当对鉴定人和鉴定机构实行登记管理的鉴定事项。

法律对前款规定事项的鉴定人和鉴定机构的管理另有规定的，从其规定。

三、国务院司法行政部门主管全国鉴定人和鉴定机构的登记管理工作。省级人民政府司法行政部门依照本决定的规定，负责对鉴定人和鉴定机构的登记、名册编制和公告。

四、具备下列条件之一的人员，可以申请登记从事司法鉴定业务：

（一）具有与所申请从事的司法鉴定业务相关的高级专业技术职称；

（二）具有与所申请从事的司法鉴定业务相关的专业执业资格或者高等院校相关专业本科以上学历，从事相关工作五年以上；

（三）具有与所申请从事的司法鉴定业务相关工作十年以上经历，具有较强的专业技能。

因故意犯罪或者职务过失犯罪受过刑事处罚的，受过开除公职处分的，以及被撤销鉴定人登记的人员，不得从事司法鉴定业务。

五、法人或者其他组织申请从事司法鉴定业务的，应当具备下列条件：

（一）有明确的业务范围；

（二）有在业务范围内进行司法鉴定所必需的仪器、设备；

（三）有在业务范围内进行司法鉴定所必需的依法通过计量认证或者实验室认可的检测实验室；

（四）每项司法鉴定业务有三名以上鉴定人。

六、申请从事司法鉴定业务的个人、法人或者其他组织，由省级人民政府司法行政部门审核，对符合条件的予以登记，编入鉴定人和鉴定机构名册并公告。

省级人民政府司法行政部门应当根据鉴定人或者鉴定机构的增加和撤销登记情况，定期更新所编制的鉴定人和鉴定机构名册并公告。

七、侦查机关根据侦查工作的需要设立的鉴定机构，不得面向社会接受委托从事司法鉴定业务。

人民法院和司法行政部门不得设立鉴定机构。

八、各鉴定机构之间没有隶属关系;鉴定机构接受委托从事司法鉴定业务,不受地域范围的限制。

鉴定人应当在一个鉴定机构中从事司法鉴定业务。

九、在诉讼中,对本决定第二条所规定的鉴定事项发生争议,需要鉴定的,应当委托列入鉴定人名册的鉴定人进行鉴定。鉴定人从事司法鉴定业务,由所在的鉴定机构统一接受委托。

鉴定人和鉴定机构应当在鉴定人和鉴定机构名册注明的业务范围内从事司法鉴定业务。

鉴定人应当依照诉讼法律规定实行回避。

十、司法鉴定实行鉴定人负责制度。鉴定人应当独立进行鉴定,对鉴定意见负责并在鉴定书上签名或者盖章。多人参加的鉴定,对鉴定意见有不同意见的,应当注明。

十一、在诉讼中,当事人对鉴定意见有异议的,经人民法院依法通知,鉴定人应当出庭作证。

十二、鉴定人和鉴定机构从事司法鉴定业务,应当遵守法律、法规,遵守职业道德和职业纪律,尊重科学,遵守技术操作规范。

十三、鉴定人或者鉴定机构有违反本决定规定行为的,由省级人民政府司法行政部门予以警告,责令改正。

鉴定人或者鉴定机构有下列情形之一的,由省级人民政府司法行政部门给予停止从事司法鉴定业务三个月以上一年以下的处罚;情节严重的,撤销登记:

(一)因严重不负责任给当事人合法权益造成重大损失的;

(二)提供虚假证明文件或者采取其他欺诈手段,骗取登记的;

(三)经人民法院依法通知,拒绝出庭作证的;

(四)法律、行政法规规定的其他情形。

鉴定人故意作虚假鉴定,构成犯罪的,依法追究刑事责任;尚不构成犯罪的,依照前款规定处罚。

十四、司法行政部门在鉴定人和鉴定机构的登记管理工作中,应当严格依法办事,积极推进司法鉴定的规范化、法制化。对于滥用职权、玩忽职守,造成严重后果的直接责任人员，应当追究相应的法律责任。

十五、司法鉴定的收费标准由省、自治区、直辖市人民政府价格主管部门会同同级司法行政部门制定。

十六、对鉴定人和鉴定机构进行登记、名册编制和公告的具体办法，由国务院司法行政部门制定，报国务院批准。

十七、本决定下列用语的含义是：

（一）法医类鉴定，包括法医病理鉴定、法医临床鉴定、法医精神病鉴定、法医物证鉴定和法医毒物鉴定。

（二）物证类鉴定，包括文书鉴定、痕迹鉴定和微量鉴定。

（三）声像资料鉴定，包括对录音带、录像带、磁盘、光盘、图片等载体上记录的声音、图像信息的真实性、完整性及其所反映的情况过程进行的鉴定和对记录的声音、图像中的语言、人体、物体作出种类或者同一认定。

十八、本决定自2005年10月1日起施行。

最高人民法院关于适用《中华人民共和国刑事诉讼法》的解释（节选）

（法释〔2021〕1号）

第四章 证 据

第二节 物证、书证的审查与认定

第八十二条 对物证、书证应当着重审查以下内容：

（一）物证、书证是否为原物、原件，是否经过辨认、鉴定；物证的照片、录像、复制品或者书证的副本、复制件是否与原物、原件相符，是否由二人以上制作，有无制作人关于制作过程以及原物、原件存放于何处的文字说明和签名；

（二）物证、书证的收集程序、方式是否符合法律、有关规定；经勘验、检查、搜查提取、扣押的物证、书证，是否附有相关笔录、清单，笔录、清单是否经调查人员或者侦查人员、物品持有人、见证人签名，没有签名的，是否注明原因；物品

的名称、特征、数量、质量等是否注明清楚;

(三)物证、书证在收集、保管、鉴定过程中是否受损或者改变;

(四)物证、书证与案件事实有无关联;对现场遗留与犯罪有关的具备鉴定条件的血迹、体液、毛发、指纹等生物样本、痕迹、物品,是否已作DNA鉴定、指纹鉴定等,并与被告人或者被害人的相应生物特征、物品等比对;

(五)与案件事实有关联的物证、书证是否全面收集。

第八十三条 据以定案的物证应当是原物。原物不便搬运、不易保存、依法应当返还或者依法应当由有关部门保管、处理的,可以拍摄、制作足以反映原物外形和特征的照片、录像、复制品。必要时,审判人员可以前往保管场所查看原物。

物证的照片、录像、复制品,不能反映原物的外形和特征的,不得作为定案的根据。

物证的照片、录像、复制品,经与原物核对无误、经鉴定或者以其他方式确认真实的,可以作为定案的根据。

第八十四条 据以定案的书证应当是原件。取得原件确有困难的,可以使用副本、复制件。

对书证的更改或者更改迹象不能作出合理解释,或者书证的副本、复制件不能反映原件及其内容的,不得作为定案的根据。

书证的副本、复制件,经与原件核对无误、经鉴定或者以其他方式确认真实的,可以作为定案的根据。

第八十五条 对与案件事实可能有关联的血迹、体液、毛发、人体组织、指纹、足迹、字迹等生物样本、痕迹和物品,应当提取而没有提取,应当鉴定而没有鉴定,应当移送鉴定意见而没有移送,导致案件事实存疑的,人民法院应当通知人民检察院依法补充收集、调取、移送证据。

第八十六条 在勘验、检查、搜查过程中提取、扣押的物证、书证,未附笔录或者清单,不能证明物证、书证来源的,不得作为定案的根据。

物证、书证的收集程序、方式有下列瑕疵,经补正或者作出合理解释的,可以采用:

(一)勘验、检查、搜查、提取笔录或者扣押清单上没有调查人员或者侦查人员、物品持有人、见证人签名,或者对物品的名称、特征、数量、质量等注明不详的；

（二）物证的照片、录像、复制品，书证的副本、复制件未注明与原件核对无异，无复制时间，或者无被收集、调取人签名的；

（三）物证的照片、录像、复制品，书证的副本、复制件没有制作人关于制作过程和原物、原件存放地点的说明，或者说明中无签名的；

（四）有其他瑕疵的。

物证、书证的来源、收集程序有疑问，不能作出合理解释的，不得作为定案的根据。

第五节　鉴定意见的审查与认定

第九十七条　对鉴定意见应当着重审查以下内容：

（一）鉴定机构和鉴定人是否具有法定资质；

（二）鉴定人是否存在应当回避的情形；

（三）检材的来源、取得、保管、送检是否符合法律、有关规定，与相关提取笔录、扣押清单等记载的内容是否相符，检材是否可靠；

（四）鉴定意见的形式要件是否完备，是否注明提起鉴定的事由、鉴定委托人、鉴定机构、鉴定要求、鉴定过程、鉴定方法、鉴定日期等相关内容，是否由鉴定机构盖章并由鉴定人签名；

（五）鉴定程序是否符合法律、有关规定；

（六）鉴定的过程和方法是否符合相关专业的规范要求；

（七）鉴定意见是否明确；

（八）鉴定意见与案件事实有无关联；

（九）鉴定意见与勘验、检查笔录及相关照片等其他证据是否矛盾；存在矛盾的，能否得到合理解释；

（十）鉴定意见是否依法及时告知相关人员，当事人对鉴定意见有无异议。

第九十八条　鉴定意见具有下列情形之一的，不得作为定案的根据：

（一）鉴定机构不具备法定资质，或者鉴定事项超出该鉴定机构业务范围、技术条件的；

（二）鉴定人不具备法定资质，不具有相关专业技术或者职称，或者违反回避规定的；

(三)送检材料、样本来源不明,或者因污染不具备鉴定条件的;

(四)鉴定对象与送检材料、样本不一致的;

(五)鉴定程序违反规定的;

(六)鉴定过程和方法不符合相关专业的规范要求的;

(七)鉴定文书缺少签名、盖章的;

(八)鉴定意见与案件事实没有关联的;

(九)违反有关规定的其他情形。

第九十九条 经人民法院通知,鉴定人拒不出庭作证的,鉴定意见不得作为定案的根据。

鉴定人由于不能抗拒的原因或者有其他正当理由无法出庭的,人民法院可以根据情况决定延期审理或者重新鉴定。

鉴定人无正当理由拒不出庭作证的,人民法院应当通报司法行政机关或者有关部门。

第一百条 因无鉴定机构,或者根据法律、司法解释的规定,指派、聘请有专门知识的人就案件的专门性问题出具的报告,可以作为证据使用。

对前款规定的报告的审查与认定,参照适用本节的有关规定。

经人民法院通知,出具报告的人拒不出庭作证的,有关报告不得作为定案的根据。

第一百零一条 有关部门对事故进行调查形成的报告,在刑事诉讼中可以作为证据使用;报告中涉及专门性问题的意见,经法庭查证属实,且调查程序符合法律、有关规定的,可以作为定案的根据。

第六节 勘验、检查、辨认、侦查实验等笔录的审查与认定

第一百零二条 对勘验、检查笔录应当着重审查以下内容:

(一)勘验、检查是否依法进行,笔录制作是否符合法律、有关规定,勘验、检查人员和见证人是否签名或者盖章;

(二)勘验、检查笔录是否记录了提起勘验、检查的事由,勘验、检查的时间、地点,在场人员、现场方位、周围环境等,现场的物品、人身、尸体等的位置、特征等情况,以及勘验、检查的过程;文字记录与实物或者绘图、照片、录像是否相符;现场、物品、痕迹等是否伪造、有无破坏;人身特征、伤害情况、生理状态有

无伪装或者变化等;

(三)补充进行勘验、检查的,是否说明了再次勘验、检查的原由,前后勘验、检查的情况是否矛盾。

第一百零三条 勘验、检查笔录存在明显不符合法律、有关规定的情形,不能作出合理解释的,不得作为定案的根据。

第一百零四条 对辨认笔录应当着重审查辨认的过程、方法,以及辨认笔录的制作是否符合有关规定。

第一百零五条 辨认笔录具有下列情形之一的,不得作为定案的根据:

(一)辨认不是在调查人员、侦查人员主持下进行的;

(二)辨认前使辨认人见到辨认对象的;

(三)辨认活动没有个别进行的;

(四)辨认对象没有混杂在具有类似特征的其他对象中,或者供辨认的对象数量不符合规定的;

(五)辨认中给辨认人明显暗示或者明显有指认嫌疑的;

(六)违反有关规定,不能确定辨认笔录真实性的其他情形。

第一百零六条 对侦查实验笔录应当着重审查实验的过程、方法,以及笔录的制作是否符合有关规定。

第一百零七条 侦查实验的条件与事件发生时的条件有明显差异,或者存在影响实验结论科学性的其他情形的,侦查实验笔录不得作为定案的根据。

第九章 公诉案件第一审普通程序

第三节 宣布开庭与法庭调查

第二百四十六条 公诉人可以提请法庭通知证人、鉴定人、有专门知识的人、调查人员、侦查人员或者其他人员出庭,或者出示证据。被害人及其法定代理人、诉讼代理人,附带民事诉讼原告人及其诉讼代理人也可以提出申请。

在控诉方举证后,被告人及其法定代理人、辩护人可以提请法庭通知证人、鉴定人、有专门知识的人、调查人员、侦查人员或者其他人员出庭,或者出示证据。

第二百四十九条 公诉人、当事人或者辩护人、诉讼代理人对证人证言有异议,且该证人证言对定罪量刑有重大影响,或者对鉴定意见有异议,人民法院认为证人、鉴定人有必要出庭作证的,应当通知证人、鉴定人出庭。

控辩双方对侦破经过、证据来源、证据真实性或者合法性等有异议,申请调查人员、侦查人员或者有关人员出庭,人民法院认为有必要的,应当通知调查人员、侦查人员或者有关人员出庭。

第二百五十条 公诉人、当事人及其辩护人、诉讼代理人申请法庭通知有专门知识的人出庭,就鉴定意见提出意见的,应当说明理由。法庭认为有必要的,应当通知有专门知识的人出庭。

申请有专门知识的人出庭,不得超过二人。有多种类鉴定意见的,可以相应增加人数。

第二百五十一条 为查明案件事实、调查核实证据,人民法院可以依职权通知证人、鉴定人、有专门知识的人、调查人员、侦查人员或者其他人员出庭。

第二百五十二条 人民法院通知有关人员出庭的,可以要求控辩双方予以协助。

第二百五十三条 证人具有下列情形之一,无法出庭作证的,人民法院可以准许其不出庭:

(一)庭审期间身患严重疾病或者行动极为不便的;

(二)居所远离开庭地点且交通极为不便的;

(三)身处国外短期无法回国的;

(四)有其他客观原因,确实无法出庭的。

具有前款规定情形的,可以通过视频等方式作证。

第二百五十四条 证人出庭作证所支出的交通、住宿、就餐等费用,人民法院应当给予补助。

第二百五十五条 强制证人出庭的,应当由院长签发强制证人出庭令,由法警执行。必要时,可以商请公安机关协助。

第二百五十六条 证人、鉴定人、被害人因出庭作证,本人或者其近亲属的人身安全面临危险的,人民法院应当采取不公开其真实姓名、住址和工作单位等个人信息,或者不暴露其外貌、真实声音等保护措施。辩护律师经法庭许可,查阅对证人、鉴定人、被害人使用化名情况的,应当签署保密承诺书。

审判期间,证人、鉴定人、被害人提出保护请求的,人民法院应当立即审查;认为确有保护必要的,应当及时决定采取相应保护措施。必要时,可以商请公安机关协助。

第二百五十七条 决定对出庭作证的证人、鉴定人、被害人采取不公开个人信息的保护措施的，审判人员应当在开庭前核实其身份，对证人、鉴定人如实作证的保证书不得公开，在判决书、裁定书等法律文书中可以使用化名等代替其个人信息。

第二百五十八条 证人出庭的，法庭应当核实其身份、与当事人以及本案的关系，并告知其有关权利义务和法律责任。证人应当保证向法庭如实提供证言，并在保证书上签名。

第二百五十九条 证人出庭后，一般先向法庭陈述证言；其后，经审判长许可，由申请通知证人出庭的一方发问，发问完毕后，对方也可以发问。

法庭依职权通知证人出庭的，发问顺序由审判长根据案件情况确定。

第二百六十条 鉴定人、有专门知识的人、调查人员、侦查人员或者其他人员出庭的，参照适用前两条规定。

第二百六十一条 向证人发问应当遵循以下规则：

（一）发问的内容应当与本案事实有关；

（二）不得以诱导方式发问；

（三）不得威胁证人；

（四）不得损害证人的人格尊严。

对被告人、被害人、附带民事诉讼当事人、鉴定人、有专门知识的人、调查人员、侦查人员或者其他人员的讯问、发问，适用前款规定。

第二百六十二条 控辩双方的讯问、发问方式不当或者内容与本案无关的，对方可以提出异议，申请审判长制止，审判长应当判明情况予以支持或者驳回；对方未提出异议的，审判长也可以根据情况予以制止。

第二百六十三条 审判人员认为必要时，可以询问证人、鉴定人、有专门知识的人、调查人员、侦查人员或者其他人员。

第二百六十四条 向证人、调查人员、侦查人员发问应当分别进行。

第二百六十五条 证人、鉴定人、有专门知识的人、调查人员、侦查人员或者其他人员不得旁听对本案的审理。有关人员作证或者发表意见后，审判长应当告知其退庭。

第二百七十三条 法庭审理过程中，控辩双方申请通知新的证人到庭，调取新的证据,申请重新鉴定或者勘验的,应当提供证人的基本信息、证据的存放地点,说明拟证明的事项,申请重新鉴定或者勘验的理由。法庭认为有必要的,应当同意,并宣布休庭;根据案件情况,可以决定延期审理。

人民法院决定重新鉴定的,应当及时委托鉴定,并将鉴定意见告知人民检察院、当事人及其辩护人、诉讼代理人。

第二十六章　依法不负刑事责任的精神病人的强制医疗程序

第六百三十条　实施暴力行为,危害公共安全或者严重危害公民人身安全,社会危害性已经达到犯罪程度,但经法定程序鉴定依法不负刑事责任的精神病人,有继续危害社会可能的,可以予以强制医疗。

第六百三十二条　对人民检察院提出的强制医疗申请,人民法院应当审查以下内容:

(一)是否属于本院管辖;

(二)是否写明被申请人的身份,实施暴力行为的时间、地点、手段、所造成的损害等情况,并附证据材料;

(三)是否附有法医精神病鉴定意见和其他证明被申请人属于依法不负刑事责任的精神病人的证据材料;

(四)是否列明被申请人的法定代理人的姓名、住址、联系方式;

(五)需要审查的其他事项。

第六百三十六条　开庭审理申请强制医疗的案件,按照下列程序进行:

(一)审判长宣布法庭调查开始后,先由检察员宣读申请书,后由被申请人的法定代理人、诉讼代理人发表意见;

(二)法庭依次就被申请人是否实施了危害公共安全或者严重危害公民人身安全的暴力行为、是否属于依法不负刑事责任的精神病人、是否有继续危害社会的可能进行调查;调查时,先由检察员出示证据,后由被申请人的法定代理人、诉讼代理人出示证据,并进行质证;必要时,可以通知鉴定人出庭对鉴定意见作出说明;

(三)法庭辩论阶段,先由检察员发言,后由被申请人的法定代理人、诉讼代理人发言,并进行辩论。

被申请人要求出庭,人民法院经审查其身体和精神状态,认为可以出庭的,应当准许。出庭的被申请人,在法庭调查、辩论阶段,可以发表意见。

检察员宣读申请书后,被申请人的法定代理人、诉讼代理人无异议的,法庭调查可以简化。

第六百三十七条 对申请强制医疗的案件,人民法院审理后,应当按照下列情形分别处理:

(一)符合刑事诉讼法第三百零二条规定的强制医疗条件的,应当作出对被申请人强制医疗的决定;

(二)被申请人属于依法不负刑事责任的精神病人,但不符合强制医疗条件的,应当作出驳回强制医疗申请的决定;被申请人已经造成危害结果的,应当同时责令其家属或者监护人严加看管和医疗;

(三)被申请人具有完全或者部分刑事责任能力,依法应当追究刑事责任的,应当作出驳回强制医疗申请的决定,并退回人民检察院依法处理。

第六百三十八条 第一审人民法院在审理刑事案件过程中,发现被告人可能符合强制医疗条件的,应当依照法定程序对被告人进行法医精神病鉴定。经鉴定,被告人属于依法不负刑事责任的精神病人的,应当适用强制医疗程序,对案件进行审理。

开庭审理前款规定的案件,应当先由合议庭组成人员宣读对被告人的法医精神病鉴定意见,说明被告人可能符合强制医疗的条件,后依次由公诉人和被告人的法定代理人、诉讼代理人发表意见。经审判长许可,公诉人和被告人的法定代理人、诉讼代理人可以进行辩论。

人民检察院刑事诉讼规则(节选)

(高检发释字〔2019〕4号)

(2019年12月2日最高人民检察院第十三届检察委员会第二十八次会议通过 自2019年12月30日起施行)

第四章 辩护与代理

第四十七条 自人民检察院对案件审查起诉之日起,应当允许辩护律师查阅、摘抄、复制本案的案卷材料。案卷材料包括案件的诉讼文书和证据材料。

人民检察院直接受理侦查案件移送起诉,审查起诉案件退回补充侦查、改变管辖、提起公诉的,应当及时告知辩护律师。

第五章 证　　据

第六十四条 行政机关在行政执法和查办案件过程中收集的物证、书证、视听资料、电子数据等证据材料,经人民检察院审查符合法定要求的,可以作为证据使用。

行政机关在行政执法和查办案件过程中收集的鉴定意见、勘验、检查笔录,经人民检察院审查符合法定要求的,可以作为证据使用。

第九章 侦　　查

第七节 鉴　　定

第二百一十八条 人民检察院为了查明案情,解决案件中某些专门性的问题,可以进行鉴定。

鉴定由人民检察院有鉴定资格的人员进行。必要时,也可以聘请其他有鉴定资格的人员进行,但是应当征得鉴定人所在单位同意。

第二百一十九条 人民检察院应当为鉴定人提供必要条件,及时向鉴定人送交有关检材和对比样本等原始材料,介绍与鉴定有关的情况,并明确提出要求鉴定解决的问题,但是不得暗示或者强迫鉴定人作出某种鉴定意见。

第二百二十条 对于鉴定意见,检察人员应当进行审查,必要时可以进行补充鉴定或者重新鉴定。重新鉴定的,应当另行指派或者聘请鉴定人。

第二百二十一条 用作证据的鉴定意见,人民检察院办案部门应当告知犯罪嫌疑人、被害人;被害人死亡或者没有诉讼行为能力的,应当告知其法定代理人、近亲属或诉讼代理人。

犯罪嫌疑人、被害人或被害人的法定代理人、近亲属、诉讼代理人提出申请,可以补充鉴定或者重新鉴定,鉴定费用由请求方承担。但原鉴定违反法定程序的,由人民检察院承担。

犯罪嫌疑人的辩护人或者近亲属以犯罪嫌疑人有患精神病可能而申请对

犯罪嫌疑人进行鉴定的,鉴定费用由申请方承担。

第二百二十二条 对犯罪嫌疑人作精神病鉴定的期间不计入羁押期限和办案期限。

第十章 审查逮捕和审查起诉

第一节 一般规定

第二百五十九条 办理审查逮捕、审查起诉案件,可以询问证人、被害人、鉴定人等诉讼参与人,并制作笔录附卷。询问时,应当告知其诉讼权利和义务。

询问证人、被害人的地点按照刑事诉讼法第一百二十四条的规定执行。

第二百六十条 讯问犯罪嫌疑人,询问被害人、证人、鉴定人,听取辩护人、被害人及其诉讼代理人的意见,应当由检察人员负责进行。检察人员或者检察人员和书记员不得少于二人。

讯问犯罪嫌疑人,询问证人、鉴定人、被害人,应当个别进行。

第七节 审查起诉

第三百三十二条 人民检察院认为需要对案件中某些专门性问题进行鉴定而监察机关或者公安机关没有鉴定的,应当要求监察机关或者公安机关进行鉴定。必要时,也可以由人民检察院进行鉴定,或者由人民检察院聘请有鉴定资格的人进行鉴定。

人民检察院自行进行鉴定的,可以商请监察机关或者公安机关派员参加,必要时可以聘请有鉴定资格或者有专门知识的人参加。

第三百三十三条 在审查起诉中,发现犯罪嫌疑人可能患有精神病的,人民检察院应当依照本规则的有关规定对犯罪嫌疑人进行鉴定。

犯罪嫌疑人的辩护人或者近亲属以犯罪嫌疑人可能患有精神病而申请对犯罪嫌疑人进行鉴定的,人民检察院也可以依照本规则的有关规定对犯罪嫌疑人进行鉴定。鉴定费用由申请方承担。

第三百三十四条 人民检察院对鉴定意见有疑问的,可以询问鉴定人或者有专门知识的人并制作笔录附卷,也可以指派有鉴定资格的检察技术人员或者聘请其他有鉴定资格的人进行补充鉴定或者重新鉴定。

人民检察院对鉴定意见等技术性证据材料需要进行专门审查的,按照有关规定交检察技术人员或者其他有专门知识的人进行审查并出具审查意见。

第三百三十五条 人民检察院审查案件时,对监察机关或者公安机关的勘验、检查,认为需要复验、复查的,应当要求其复验、复查,人民检察院可以派员参加;也可以自行复验、复查,商请监察机关或者公安机关派员参加,必要时也可以指派检察技术人员或者聘请其他有专门知识的人参加。

第三百三十六条 人民检察院对物证、书证、视听资料、电子数据及勘验、检查、辨认、侦查实验等笔录存在疑问的,可以要求调查人员或者侦查人员提供获取、制作的有关情况,必要时也可以询问提供相关证据材料的人员和见证人并制作笔录附卷,对物证、书证、视听资料、电子数据进行鉴定。

第十一章 出席法庭

第一节 出席第一审法庭

第四百零四条 公诉人对证人证言有异议,且该证人证言对案件定罪量刑有重大影响的,可以申请人民法院通知证人出庭作证。

人民警察就其执行职务时目击的犯罪情况作为证人出庭作证,适用前款规定。

公诉人对鉴定意见有异议的,可以申请人民法院通知鉴定人出庭作证。经人民法院通知,鉴定人拒不出庭作证的,公诉人可以建议法庭不予采纳该鉴定意见作为定案的根据,也可以申请法庭重新通知鉴定人出庭作证或者申请重新鉴定。

必要时,公诉人可以申请法庭通知有专门知识的人出庭,就鉴定人作出的鉴定意见提出意见。

当事人或者辩护人、诉讼代理人对证人证言、鉴定意见有异议的,公诉人认为必要时,可以申请人民法院通知证人、鉴定人出庭作证。

第四百零六条 证人在法庭上提供证言,公诉人应当按照审判长确定的顺序向证人发问。可以要求证人就其所了解的与案件有关的事实进行陈述,也可以直接发问。

证人不能连贯陈述的,公诉人可以直接发问。

向证人发问，应当针对证言中有遗漏、矛盾、模糊不清和有争议的内容，并着重围绕与定罪量刑紧密相关的事实进行。

发问采取一问一答形式，提问应当简洁、清楚。

证人进行虚假陈述的，应当通过发问澄清事实，必要时可以宣读在侦查、审查起诉阶段制作的该证人的证言笔录或者出示、宣读其他证据。

当事人和辩护人、诉讼代理人向证人发问后，公诉人可以根据证人回答的情况，经审判长许可，再次向证人发问。

询问鉴定人、有专门知识的人参照上述规定进行。

第四百二十条 在法庭审判过程中，遇有下列情形之一的，公诉人可以建议法庭延期审理：

（一）发现事实不清、证据不足，或者遗漏罪行、遗漏同案犯罪嫌疑人，需要补充侦查或者补充提供证据的；

（二）被告人揭发他人犯罪行为或者提供重要线索，需要补充侦查进行查证的；

（三）发现遗漏罪行或者遗漏同案犯罪嫌疑人，虽不需要补充侦查和补充提供证据，但需要补充、追加起诉的；

（四）申请人民法院通知证人、鉴定人出庭作证或者有专门知识的人出庭提出意见的；

（五）需要调取新的证据，重新鉴定或者勘验的；

（六）公诉人出示、宣读开庭前移送人民法院的证据以外的证据，或者补充、追加、变更起诉，需要给予被告人、辩护人必要时间进行辩护准备的；

（七）被告人、辩护人向法庭出示公诉人不掌握的与定罪量刑有关的证据，需要调查核实的；

（八）公诉人对证据收集的合法性进行证明，需要调查核实的。

在人民法院开庭审理前发现具有前款情形之一的，人民检察院可以建议人民法院延期审理。

第四节　出席第二审法庭

第四百四十九条 检察人员在审查第一审案卷材料时，应当复核主要证据，可以讯问原审被告人。必要时，可以补充收集证据、重新鉴定或者补充鉴定。需要原侦查案件的公安机关补充收集证据的,可以要求其补充收集。

被告人、辩护人提出被告人自首、立功等可能影响定罪量刑的材料和线索的,可以移交公安机关调查核实,也可以自行调查核实。发现遗漏罪行或者同案犯罪嫌疑人的,应当建议公安机关侦查。

对于下列原审被告人,应当进行讯问:

(一)提出上诉的;

(二)人民检察院提出抗诉的;

(三)被判处无期徒刑以上刑罚的。

第四百五十条 人民检察院办理死刑上诉、抗诉案件,应当进行下列工作:

(一)讯问原审被告人,听取原审被告人的上诉理由或者辩解;

(二)听取辩护人的意见;

(三)复核主要证据,必要时询问证人;

(四)必要时补充收集证据;

(五)对鉴定意见有疑问的,可以重新鉴定或者补充鉴定;

(六)根据案件情况,可以听取被害人的意见。

第十二章 特别程序

第五节 依法不负刑事责任的精神病人的强制医疗程序

第五百三十四条 对于实施暴力行为,危害公共安全或者严重危害公民人身安全,已经达到犯罪程度,经法定程序鉴定依法不负刑事责任的精神病人,有继续危害社会可能的,人民检察院应当向人民法院提出强制医疗的申请。

提出强制医疗的申请以及对强制医疗决定的监督,由负责捕诉的部门办理。

第五百三十五条 强制医疗的申请由被申请人实施暴力行为所在地的基层人民检察院提出;由被申请人居住地的人民检察院提出更为适宜的,可以由被申请人居住地的基层人民检察院提出。

第五百三十六条 人民检察院向人民法院提出强制医疗的申请,应当制作强制医疗申请书。强制医疗申请书的主要内容包括:

(一)涉案精神病人的基本情况,包括姓名、性别、出生年月日、出生地、户籍地、公民身份号码、民族、文化程度、职业、工作单位及职务、住址，采取临时保护性约束措施的情况及处所等；

（二）涉案精神病人的法定代理人的基本情况，包括姓名、住址、联系方式等；

（三）案由及案件来源；

（四）涉案精神病人实施危害公共安全或者严重危害公民人身安全的暴力行为的事实，包括实施暴力行为的时间、地点、手段、后果等及相关证据情况；

（五）涉案精神病人不负刑事责任的依据，包括有关鉴定意见和其他证据材料；

（六）涉案精神病人继续危害社会的可能；

（七）提出强制医疗申请的理由和法律依据。

第五百四十一条 人民检察院对公安机关移送的强制医疗案件，发现公安机关对涉案精神病人进行鉴定违反法律规定，具有下列情形之一的，应当依法提出纠正意见：

（一）鉴定机构不具备法定资质的；

（二）鉴定人不具备法定资质或者违反回避规定的；

（三）鉴定程序违反法律或者有关规定，鉴定的过程和方法违反相关专业规范要求的；

（四）鉴定文书不符合法定形式要件的；

（五）鉴定意见没有依法及时告知相关人员的；

（六）鉴定人故意作虚假鉴定的；

（七）其他违反法律规定的情形。

人民检察院对精神病鉴定程序进行监督，可以要求公安机关补充鉴定或者重新鉴定。必要时，可以询问鉴定人并制作笔录，或者委托具有法定资质的鉴定机构进行补充鉴定或者重新鉴定。

第十三章 刑事诉讼法律监督

第一节 一般规定

第五百五十一条 人民检察院对刑事诉讼活动实行法律监督，发现违法情形的，依法提出抗诉、纠正意见或者检察建议。

人民检察院对于涉嫌违法的事实，可以采取以下方式进行调查核实：

（一）讯问、询问犯罪嫌疑人；

（二）询问证人、被害人或者其他诉讼参与人；

（三）询问办案人员；

（四）询问在场人员或者其他可能知情的人员；

（五）听取申诉人或者控告人的意见；

（六）听取辩护人、值班律师意见；

（七）调取、查询、复制相关登记表册、法律文书、体检记录及案卷材料等；

（八）调取讯问笔录、询问笔录及相关录音、录像或其他视听资料；

（九）进行伤情、病情检查或者鉴定；

（十）其他调查核实方式。

人民检察院在调查核实过程中不得限制被调查对象的人身、财产权利。

附录二：
鉴定规则

人民检察院鉴定规则(试行)

(高检发办字〔2006〕33号)

第一章 总 则

第一条 为规范人民检察院鉴定工作,根据《中华人民共和国刑事诉讼法》和《全国人民代表大会常务委员会关于司法鉴定管理问题的决定》等有关规定,结合检察工作实际,制定本规则。

第二条 本规则所称鉴定,是指人民检察院鉴定机构及其鉴定人运用科学技术或者专门知识,就案件中某些专门性问题进行鉴别和判断并出具鉴定意见的活动。

第三条 鉴定工作应当遵循依法、科学、客观、公正、独立的原则。

第二章 鉴定机构、鉴定人

第四条 本规则所称鉴定机构,是指在人民检察院设立的,取得鉴定机构资格并开展鉴定工作的部门。

第五条 本规则所称鉴定人,是指取得鉴定人资格,在人民检察院鉴定机构中从事法医类、物证类、声像资料、司法会计鉴定以及心理测试等工作的专业技术人员。

第六条 鉴定人享有下列权利:

(一)了解与鉴定有关的案件情况,要求委托单位提供鉴定所需的材料;

(二)进行必要的勘验、检查;

(三)查阅与鉴定有关的案件材料,询问与鉴定事项有关的人员;

(四)对违反法律规定委托的案件、不具备鉴定条件或者提供虚假鉴定材料的案件,有权拒绝鉴定;

(五)对与鉴定无关问题的询问,有权拒绝回答;

(六)与其他鉴定人意见不一致时,有权保留意见;

(七)法律、法规规定的其他权利。

第七条 鉴定人应当履行下列义务:

(一)严格遵守法律、法规和鉴定工作规章制度;

(二)保守案件秘密;

(三)妥善保管送检的检材、样本和资料;

(四)接受委托单位与鉴定有关问题的咨询;

(五)出庭接受质证;

(六)法律、法规规定的其他义务。

第八条 鉴定人有下列情形之一的,应当自行回避,委托单位也有权要求鉴定人回避:

(一)是本案的当事人或者是当事人的近亲属的;

(二)本人或者其近亲属和本案有利害关系的;

(三)担任过本案的证人或者诉讼代理人的;

(四)重新鉴定时,是本案原鉴定人的;

(五)其他可能影响鉴定客观、公正的情形。

鉴定人自行提出回避的,应当说明理由,由所在鉴定机构负责人决定是否回避。

委托单位要求鉴定人回避的,应当提出书面申请,由检察长决定是否回避。

第三章 委托与受理

第九条 鉴定机构可以受理人民检察院、人民法院和公安机关以及其他侦查机关委托的鉴定。

第十条 人民检察院内部委托的鉴定实行逐级受理制度,对其他机关委托的鉴定实行同级受理制度。

第十一条 人民检察院各业务部门向上级人民检察院或者对外委托鉴定

时，应当通过本院或者上级人民检察院检察技术部门统一协助办理。

第十二条 委托鉴定应当以书面委托为依据，客观反映案件基本情况、送检材料和鉴定要求等内容。鉴定机构受理鉴定时，应当制作委托受理登记表。

第十三条 鉴定机构对不符合法律规定、办案程序和不具备鉴定条件的委托，应当拒绝受理。

第四章 鉴　　定

第十四条 鉴定机构接受鉴定委托后，应当指派两名以上鉴定人共同进行鉴定。根据鉴定需要可以聘请其他鉴定机构的鉴定人参与鉴定。

第十五条 具备鉴定条件的，一般应当在受理后十五个工作日以内完成鉴定；特殊情况不能完成的，经检察长批准，可以适当延长，并告知委托单位。

第十六条 鉴定应当严格执行技术标准和操作规程。需要进行实验的，应当记录实验时间、条件、方法、过程、结果等，并由实验人签名，存档备查。

第十七条 具有下列情形之一的，鉴定机构可以接受案件承办单位的委托，进行重新鉴定：

（一）鉴定意见与案件中其他证据相矛盾的；

（二）有证据证明鉴定意见确有错误的；

（三）送检材料不真实的；

（四）鉴定程序不符合法律规定的；

（五）鉴定人应当回避而未回避的；

（六）鉴定人或者鉴定机构不具备鉴定资格的；

（七）其他可能影响鉴定客观、公正情形的。

重新鉴定时，应当另行指派或者聘请鉴定人。

第十八条 鉴定事项有遗漏或者发现新的相关重要鉴定材料的，鉴定机构可以接受委托，进行补充鉴定。

第十九条 遇有重大、疑难、复杂的专门性问题时，经检察长批准，鉴定机构可以组织会检鉴定。

会检鉴定人可以由本鉴定机构的鉴定人与聘请的其他鉴定机构的鉴定人共同组成；也可以全部由聘请的其他鉴定机构的鉴定人组成。

会检鉴定人应当不少于三名，采取鉴定人分别独立检验，集体讨论的方式进行。

会检鉴定应当出具鉴定意见。鉴定人意见有分歧的,应当在鉴定意见中写明分歧的内容和理由,并分别签名或者盖章。

第五章　鉴定文书

第二十条　鉴定完成后,应当制作鉴定文书。鉴定文书包括鉴定书、检验报告等。

第二十一条　鉴定文书应当语言规范,内容完整,描述准确,论证严谨,结论科学。

鉴定文书应当由鉴定人签名,有专业技术职称的,应当注明,并加盖鉴定专用章。

第二十二条　鉴定文书包括正本和副本,正本交委托单位,副本由鉴定机构存档备查。

第二十三条　鉴定文书的归档管理,依照人民检察院立卷归档管理的相关规定执行。

第六章　出　　庭

第二十四条　鉴定人接到人民法院的出庭通知后,应当出庭。因特殊情况不能出庭的,应当向法庭说明原因。

第二十五条　鉴定人在出庭前,应当准备出庭需要的相关材料。

鉴定人出庭时,应当遵守法庭规则,依法接受法庭质证,回答与鉴定有关的询问。

第七章　附　　则

第二十六条　本规则自 2007 年 1 月 1 日起实施,最高人民检察院此前有关规定与木规则不一致的,以本规则为准。

第二十七条　本规则由最高人民检察院负责解释。

公安机关鉴定规则

（公通字〔2017〕6号）

第一章 总 则

第一条 为规范公安机关鉴定工作，保证鉴定质量，维护司法公正，根据《中华人民共和国刑事诉讼法》、《中华人民共和国民事诉讼法》、《中华人民共和国行政诉讼法》、《全国人民代表大会常务委员会关于司法鉴定管理问题的决定》和有关法律法规，结合公安机关工作实际，制定本规则。

第二条 本规则所称的鉴定，是指为解决案（事）件调查和诉讼活动中某些专门性问题，公安机关鉴定机构的鉴定人运用自然科学和社会科学的理论成果与技术方法，对人身、尸体、生物检材、痕迹、文件、视听资料、电子数据及其它相关物品、物质等进行检验、鉴别、分析、判断，并出具鉴定意见或检验结果的科学实证活动。

第三条 本规则所称的鉴定机构，是指根据《公安机关鉴定机构登记管理办法》，经公安机关登记管理部门核准登记，取得鉴定机构资格证书并开展鉴定工作的机构。

第四条 本规则所称的鉴定人，是指根据《公安机关鉴定人登记管理办法》，经公安机关登记管理部门核准登记，取得鉴定人资格证书并从事鉴定工作的专业技术人员。

第五条 公安机关的鉴定工作，是国家司法鉴定工作的重要组成部分。公安机关鉴定机构及其鉴定人依法出具的鉴定文书，可以在刑事司法和行政执法活动，以及事件、事故、自然灾害等调查处置中应用。

第六条 公安机关鉴定机构及其鉴定人应当遵循合法、科学、公正、独立、及时、安全的工作原则。

第七条 公安机关应当保障所属鉴定机构开展鉴定工作所必需的人员编制、基础设施、仪器设备和有关经费等。

第二章　鉴定人的权利与义务

第八条　鉴定人享有下列权利:

(一)了解与鉴定有关的案(事)件情况,开展与鉴定有关的调查、实验等;

(二)要求委托鉴定单位提供鉴定所需的检材、样本和其他材料;

(三)在鉴定业务范围内表达本人的意见;

(四)与其他鉴定人的鉴定意见不一致时,可以保留意见;

(五)对提供虚假鉴定材料或者不具备鉴定条件的,可以向所在鉴定机构提出拒绝鉴定;

(六)发现违反鉴定程序,检材、样本和其他材料虚假或者鉴定意见错误的,可以向所在鉴定机构申请撤销鉴定意见;

(七)法律、法规规定的其他权利。

第九条　鉴定人应当履行下列义务:

(一)遵守国家有关法律、法规;

(二)遵守职业道德和职业纪律;

(三)遵守鉴定工作原则和鉴定技术规程;

(四)按规定妥善接收、保管、移交与鉴定有关的检材、样本和其他材料;

(五)依法出庭作证;

(六)保守鉴定涉及的国家秘密、商业秘密和个人隐私;

(七)法律、法规规定的其他义务。

第三章　鉴定人的回避

第十条　具有下列情形之一的,鉴定人应当自行提出回避申请;没有自行提出回避申请的,有关公安机关负责人应当责令其回避;当事人及其法定代理人也有权要求其回避:

(一)是本案当事人或者当事人的近亲属的;

(二)本人或者其近亲属与本案有利害关系的;

(三)担任过本案证人、辩护人、诉讼代理人的;

(四)担任过本案侦查人员的;

(五)是重新鉴定事项的原鉴定人的;

（六）担任过本案专家证人，提供过咨询意见的；

（七）其他可能影响公正鉴定的情形。

第十一条 鉴定人自行提出回避申请的，应当说明回避的理由；口头提出申请的，公安机关应当记录在案。

当事人及其法定代理人要求鉴定人回避的，应当提出申请，并说明理由；口头提出申请的，公安机关应当记录在案。

第十二条 鉴定人的回避，由县级以上公安机关负责人决定。

第十三条 当事人及其法定代理人对鉴定人提出回避申请的，公安机关应当在收到回避申请后二日以内作出决定并通知申请人；情况复杂的，经县级以上公安机关负责人批准，可以在收到回避申请后五日以内作出决定。

第十四条 当事人或者其法定代理人对驳回申请回避的决定不服的，可以在收到驳回申请回避决定书后五日以内向作出决定的公安机关申请复议。

公安机关应当在收到复议申请后五日以内作出复议决定并书面通知申请人。

第十五条 在作出回避决定前，申请或者被申请回避的鉴定人不得停止与申请回避鉴定事项有关的检验鉴定工作。在作出回避决定后，申请或者被申请回避的鉴定人不得再参与申请回避鉴定事项相关的检验鉴定工作。

第四章 鉴定的委托

第十六条 公安机关办案部门对与案（事）件有关需要检验鉴定的人身、尸体、生物检材、痕迹、文件、视听资料、电子数据及其它相关物品、物质等，应当及时委托鉴定。

第十七条 本级公安机关鉴定机构有鉴定能力的，应当委托该机构；超出本级公安机关鉴定机构鉴定项目或者鉴定能力范围的，应当向上级公安机关鉴定机构逐级委托；特别重大案（事）件的鉴定或者疑难鉴定，可以向有鉴定能力的公安机关鉴定机构委托。

第十八条 因技术能力等原因，需要委托公安机关以外的鉴定机构进行鉴定的，应当严格管理。各省级公安机关应当制定对外委托鉴定管理办法以及对外委托鉴定机构和鉴定人名册。

第十九条 委托鉴定单位应当向鉴定机构提交：

(一)鉴定委托书;

(二)证明送检人身份的有效证件;

(三)委托鉴定的检材;

(四)鉴定所需的比对样本;

(五)鉴定所需的其他材料。

委托鉴定单位应当指派熟悉案(事)件情况的两名办案人员送检。

第二十条 委托鉴定单位提供的检材,应当是原物、原件。

无法提供原物、原件的,应当提供符合本专业鉴定要求的复印件、复制件。所提供的复印件、复制件应当有复印、复制无误的文字说明,并加盖委托鉴定单位公章。

送检的检材、样本应当使用规范包装,标识清楚。

第二十一条 委托鉴定单位及其送检人向鉴定机构介绍的情况、提供的检材和样本应当客观真实,来源清楚可靠。委托鉴定单位应当保证鉴定材料的真实性、合法性。

对受到污染、可能受到污染或者已经使用过的原始检材、样本,应当作出文字说明。

对具有爆炸性、毒害性、放射性、传染性等危险的检材、样本,应当作出文字说明和明显标识,并在排除危险后送检;因鉴定工作需要不能排除危险的,应当采取相应防护措施。不能排除危险或者无法有效防护,可能危及鉴定人员和机构安全的,不得送检。

第二十二条 委托鉴定单位及其送检人不得暗示或者强迫鉴定机构及其鉴定人作出某种鉴定意见。

第二十三条 具有下列情形之一的,公安机关办案部门不得委托该鉴定机构进行鉴定:

(一)未取得合法鉴定资格证书的;

(二)超出鉴定项目或者鉴定能力范围的;

(三)法律、法规规定的其他情形。

第五章 鉴定的受理

第二十四条 鉴定机构可以受理下列委托鉴定:

（一）公安系统内部委托的鉴定；

（二）人民法院、人民检察院、国家安全机关、司法行政机关、军队保卫部门，以及监察、海关、工商、税务、审计、卫生计生等其他行政执法机关委托的鉴定；

（三）金融机构保卫部门委托的鉴定；

（四）其他党委、政府职能部门委托的鉴定。

第二十五条 鉴定机构应当在公安机关登记管理部门核准的鉴定项目范围内受理鉴定事项。

第二十六条 鉴定机构可以内设专门部门或者专门人员负责受理委托鉴定工作。

第二十七条 鉴定机构受理鉴定时，按照下列程序办理：

（一）查验委托主体和委托文件是否符合要求；

（二）听取与鉴定有关的案（事）件情况介绍；

（三）查验可能具有爆炸性、毒害性、放射性、传染性等危险的检材或者样本，对确有危险的，应当采取措施排除或者控制危险。

（四）核对检材和样本的名称、数量和状态，了解检材和样本的来源、采集和包装方法等；

（五）确认是否需要补送检材和样本；

（六）核准鉴定的具体要求；

（七）鉴定机构受理人与委托鉴定单位送检人共同填写鉴定事项确认书，一式两份，鉴定机构和委托鉴定单位各持一份。

第二十八条 鉴定事项确认书应当包括下列内容：

（一）鉴定事项确认书编号；

（二）鉴定机构全称和受理人姓名；

（三）委托鉴定单位全称和委托书编号；

（四）送检人姓名、职务、证件名称及号码和联系电话；

（五）鉴定有关案（事）件名称、案件编号；

（六）案（事）件情况摘要；

（七）收到的检材和样本的名称、数量、性状、包装，检材的提取部位和提取方法等情况；

（八）鉴定要求；

（九）鉴定方法和技术规范；

（十）鉴定机构与委托鉴定单位对鉴定时间以及送检检材和样本等使用、保管、取回事项进行约定,并由送检人和受理人分别签字。

第二十九条 鉴定机构对检验鉴定可能造成检材、样本损坏或者无法留存的,应当事先征得委托鉴定单位同意,并在鉴定事项确认书中注明。

第三十条 具有下列情形之一的,鉴定机构不予受理:

（一）超出本规则规定的受理范围的；

（二）违反鉴定委托程序的；

（三）委托其他鉴定机构正在进行相同内容鉴定的；

（四）超出本鉴定机构鉴定项目范围或者鉴定能力的；

（五）检材、样本不具备鉴定条件的或危险性未排除的；

（六）法律、法规规定的其他情形。

鉴定机构对委托鉴定不受理的,应当经鉴定机构负责人批准,并向委托鉴定单位出具《不予受理鉴定告知书》。

第六章 鉴定的实施

第三十一条 鉴定工作实行鉴定人负责制度。鉴定人应当独立进行鉴定。

鉴定的实施,应当由两名以上具有本专业鉴定资格的鉴定人负责。

第三十二条 必要时,鉴定机构可以聘请本机构以外的具有专门知识的人员参与,为鉴定提供专家意见。

第三十三条 鉴定机构应当在受理鉴定委托之日起十五个工作日内作出鉴定意见,出具鉴定文书。法律法规、技术规程另有规定,或者侦查破案、诉讼活动有特别需要,或者鉴定内容复杂、疑难及检材数量较大的,鉴定机构可以与委托鉴定单位另行约定鉴定时限。

需要补充检材、样本的,鉴定时限从检材、样本补充齐全之日起计算。

第三十四条 实施鉴定前,鉴定人应当查看鉴定事项确认书,核对受理鉴定的检材和样本,明确鉴定任务和鉴定方法,做好鉴定的各项准备工作。

第三十五条 鉴定人应当按照本专业的技术规范和方法实施鉴定,并全面、客观、准确地记录鉴定的过程、方法和结果。

多人参加鉴定,鉴定人有不同意见的,应当注明。

第三十六条 具有下列情形之一的,鉴定机构及其鉴定人应当中止鉴定:

(一)因存在技术障碍无法继续进行鉴定的;

(二)需补充鉴定材料无法补充的;

(三)委托鉴定单位书面要求中止鉴定的;

(四)因不可抗力致使鉴定无法继续进行的;

(五)委托鉴定单位拒不履行鉴定委托书规定的义务,被鉴定人拒不配合或者鉴定活动受到严重干扰,致使鉴定无法继续进行的。

中止鉴定原因消除后,应当继续进行鉴定。鉴定时限从批准继续鉴定之日起重新计算。

中止鉴定或者继续鉴定,由鉴定机构负责人批准。

第三十七条 中止鉴定原因确实无法消除的,鉴定机构应当终止鉴定,将有关检材和样本等及时退还委托鉴定单位,并出具书面说明。

终止鉴定,由鉴定机构负责人批准。

第三十八条 根据鉴定工作需要,省级以上公安机关可以依托所属鉴定机构按鉴定专业设立鉴定专家委员会。

鉴定专家委员会应当根据本规则规定,按照鉴定机构的指派对辖区有争议和疑难鉴定事项提供专家意见。

第三十九条 鉴定专家委员会的成员应当具有高级专业技术资格或者职称。

鉴定专家委员会可以聘请公安机关外的技术专家。

鉴定专家委员会组织实施鉴定时,相同专业的鉴定专家人数应当是奇数且不得少于三人。

第四十条 对鉴定意见,办案人员应当进行审查。

对经审查作为证据使用的鉴定意见,公安机关应当及时告知犯罪嫌疑人、被害人或者其法定代理人。

第四十一条 犯罪嫌疑人、被害人对鉴定意见有异议提出申请,以及办案部门或者办案人员对鉴定意见有疑义的,公安机关可以将鉴定意见送交其他有专门知识的人员提出意见。必要时,询问鉴定人并制作笔录附卷。

第七章 补充鉴定、重新鉴定

第四十二条 对有关人员提出的补充鉴定申请,经审查,发现有下列情形之一的,经县级以上公安机关负责人批准,应当补充鉴定:

(一)鉴定内容有明显遗漏的;

(二)发现新的有鉴定意义的证物的;

(三)对鉴定证物有新的鉴定要求的;

(四)鉴定意见不完整,委托事项无法确定的;

(五)其他需要补充鉴定的情形。

经审查,不存在上述情形的,经县级以上公安机关负责人批准,作出不准予补充鉴定的决定,并在作出决定后三日以内书面通知申请人。

第四十三条 对有关人员提出的重新鉴定申请,经审查,发现有下列情形之一的,经县级以上公安机关负责人批准,应当重新鉴定:

(一)鉴定程序违法或者违反相关专业技术要求的;

(二)鉴定机构、鉴定人不具备鉴定资质和条件的;

(三)鉴定人故意作出虚假鉴定或者违反回避规定的;

(四)鉴定意见依据明显不足的;

(五)检材虚假或者被损坏的;

(六)其他应当重新鉴定的情形。

重新鉴定,应当另行指派或者聘请鉴定人。

经审查,不存在上述情形的,经县级以上公安机关负责人批准,作出不准予重新鉴定的决定,并在作出决定后三日以内书面通知申请人。

第四十四条 进行重新鉴定,可以另行委托其他鉴定机构进行鉴定。鉴定机构应当从列入鉴定人名册的鉴定人中,选择与原鉴定人专业技术资格或者职称同等以上的鉴定人实施。

第八章 鉴定文书

第四十五条 鉴定文书分为《鉴定书》和《检验报告》两种格式。

客观反映鉴定的由来、鉴定过程,经过检验、论证得出鉴定意见的,出具《鉴定书》。

客观反映鉴定的由来、鉴定过程,经过检验直接得出检验结果的,出具《检验报告》。

鉴定后,鉴定机构应当出具鉴定文书,并由鉴定人及授权签字人在鉴定文书上签名,同时附上鉴定机构和鉴定人的资质证明或者其他证明文件。

第四十六条 鉴定文书应当包括:

(一)标题;

(二)鉴定文书的唯一性编号和每一页的标识;

(三)委托鉴定单位名称、送检人姓名;

(四)鉴定机构受理鉴定委托的日期;

(五)案件名称或者与鉴定有关的案(事)件情况摘要;

(六)检材和样本的描述;

(七)鉴定要求;

(八)鉴定开始日期和实施鉴定的地点;

(九)鉴定使用的方法;

(十)鉴定过程;

(十一)《鉴定书》中应当写明必要的论证和鉴定意见,《检验报告》中应当写明检验结果;

(十二)鉴定人的姓名、专业技术资格或者职称、签名;

(十三)完成鉴定文书的日期;

(十四)鉴定文书必要的附件;

(十五)鉴定机构必要的声明。

第四十七条 鉴定文书的制作应当符合以下要求:

(一)鉴定文书格式规范、文字简练、图片清晰、资料齐全、卷面整洁、论证充分、表述准确;使用规范的文字和计量单位。

(二)鉴定文书正文使用打印文稿,并在首页唯一性编号和末页成文日期上加盖鉴定专用章。鉴定文书内页纸张两页以上的,应当在内页纸张正面右侧边缘中部骑缝加盖鉴定专用章。

(三)鉴定文书制作正本、副本各一份。正本交委托鉴定单位,副本由鉴定机构存档。

(四)鉴定文书存档文件包括:鉴定文书副本、审批稿、检材和样本照片或者检材和样本复制件、检验记录、检验图表、实验记录、鉴定委托书、鉴定事项确认书、鉴定文书审批表等资料。

(五)补充鉴定或者重新鉴定的,应当单独制作鉴定文书。

第四十八条 鉴定机构应当指定授权签字人、实验室负责人审核鉴定文书。审批签发鉴定文书,应当逐一审验下列内容:

(一)鉴定主体是否合法;

(二)鉴定程序是否规范;

(三)鉴定方法是否科学;

(四)鉴定意见是否准确;

(五)文书制作是否合格;

(六)鉴定资料是否完备。

第四十九条 鉴定文书制作完成后,鉴定机构应当及时通知委托鉴定单位领取,或者按约定的方式送达委托鉴定单位。

委托鉴定单位应当在约定时间内领取鉴定文书。

鉴定文书和相关检材、样本的领取情况,由领取人和鉴定机构经办人分别签字。

第五十条 委托鉴定单位有要求的,鉴定机构应当向其解释本鉴定意见的具体含义和使用注意事项。

第九章 鉴定资料和检材样本的管理

第五十一条 鉴定机构和委托鉴定单位应当在职责范围内妥善管理鉴定资料和相应检材、样本。

第五十二条 具有下列情形之一的,鉴定完成后应当永久保存鉴定资料:

(一)涉及国家秘密没有解密的;

(二)未破获的刑事案件;

(三)可能或者实际被判处有期徒刑十年以上、无期徒刑、死刑的案件;

(四)特别重大的火灾、交通事故、责任事故和自然灾害;

(五)办案部门或者鉴定机构认为有永久保存必要的;

(六)法律、法规规定的其他情形。

其他案(事)件的鉴定资料保存三十年。

第十章　出庭作证

第五十三条　公诉人、当事人或者辩护人、诉讼代理人对鉴定意见有异议，经人民法院依法通知的，公安机关鉴定人应当出庭作证。

第五十四条　鉴定人出庭作证时，应当依法接受法庭质证，回答与鉴定有关的询问。

第五十五条　公安机关应当对鉴定人出庭作证予以保障，并保证鉴定人的安全。

第十一章　鉴定工作纪律与责任

第五十六条　鉴定人应当遵守下列工作纪律：

(一)不得擅自受理任何机关、团体和个人委托的鉴定；

(二)不得擅自参加任何机关、团体和个人组织的鉴定活动；

(三)不得违反规定会见当事人及其代理人；

(四)不得接受当事人及其代理人的宴请或者礼物；

(五)不得擅自向当事人及其代理人或者其他无关人员泄露鉴定事项的工作情况；

(六)不得违反检验鉴定技术规程要求；

(七)不得以任何形式泄露委托鉴定涉及的国家秘密、商业秘密和个人隐私；

(八)不得在其他面向社会提供有偿鉴定服务的组织中兼职。

第五十七条　鉴定机构及其鉴定人违反本规则有关规定，情节轻微的，按照《公安机关鉴定机构登记管理办法》、《公安机关鉴定人登记管理办法》有关规定处理。

第五十八条　鉴定人在鉴定工作中玩忽职守、以权谋私、收受贿赂，或者故意损毁检材、泄露鉴定意见情节、后果严重的，或者故意作虚假鉴定、泄露国家秘密的，依据有关法律、法规进行处理；构成犯罪的，依法追究刑事责任。

第五十九条　送检人具有以下行为的，依照有关规定追究相应责任：

(一)暗示、强迫鉴定机构、鉴定人作出某种鉴定意见，导致冤假错案或者其他严重后果的；

(二)故意污染、损毁、调换检材的;

(三)因严重过失致使检材污染、减损、灭失,导致无法鉴定或者作出错误鉴定的;

(四)未按照规定对检材排除风险或者作出说明,危及鉴定人、鉴定机构安全的。

第十二章　附　　则

第六十条　本规则自发布之日起施行。此前有关规定与本规则不一致的,以本规则为准。

附件:1.《鉴定文书》封面式样

2.《鉴定书》通用式样

3.《检验报告》通用式样

4.《不予受理鉴定告知书》式样

5.《中止鉴定告知书》式样

附件1

鉴　定　文　书

鉴定机构全称

本鉴定机构声明:

1. 本鉴定文书的鉴定意见仅对受理的检材和样本有效。

2. 如对本鉴定文书的鉴定意见有异议或者疑问,请与本鉴定机构联系。

3. 未经本鉴定机构的书面同意,任何单位或者个人不得部分复印本鉴定文书(全部复印除外)。

附件 2

鉴定机构全称

鉴定书

编号:(加盖鉴定专用章)

一、绪论

(一)委托单位:

(二)送检人:

(三)受理日期:20 年 月 日

(四)案(事)件情况摘要:

(五)检材和样本:

(六)鉴定要求:

(七)检验开始日期:20 年 月 日

(八)检验地点:

二、检验

三、论证

四、鉴定意见

鉴定人:专业技术资格或者职称 ×××(签字)

专业技术资格或者职称 ×××(签字)

授权签字人:专业技术资格或者职称 ×××(签字)

20 年 月 日

(加盖鉴定专用章)

第 页 共 页

附件：

送检检材
原大或者
比例照片

送检检材比例放大照片

照片一　　×××检材照片

送检样本
原大或者
比例照片

送检样本比例放大照片

照片二　×××样本照片

标示特征的照片

标示特征的照片

照片三　×××特征比对照片

第　　页　　共　　页

附件3

鉴定机构全称

检验报告

编号:(加盖鉴定专用章)

一、绪论

(一)委托单位:

(二)送检人:

(三)受理日期:20　年　月　日

(四)案(事)件情况摘要:

(五)检材和样本:

(六)鉴定要求:

(七)检验开始日期:20　年　月　日

(八)检验地点:

二、检验

三、检验结果

附件:

鉴定人:专业技术资格或者职称　　×××(签名)

专业技术资格或者职称　　×××(签名)

授权签字人:专业技术资格或者职称　　×××(签名)

20　年　月　日

(加盖鉴定专用章)

第　页　共　页

附件 4

不予受理鉴定告知书(存根)

[20]第 号

委托单位					
送检人			证件名称及号码		
案(事)件名称			案件编号		
不予受理理由	根据《公安机关鉴定规则》第____条____款之规定,因____________,故不予受理。				
填表人		批准人		批准时间	20 年 月 日

--------------------骑缝章--------------------

(鉴定机构名称)

不予受理鉴定告知书

[20]第 号

____________:

根据《公安机关鉴定规则》第____条____款之规定,因________________________,现决定对你单位有关____________________的鉴定委托不予受理。

特此告知。

(鉴定单位公章)

20 年 月 日

附件 5

中止鉴定告知书(存根)

[20]第 号

委托单位					
送检人			证件名称及号码		
案(事)件名称			案件编号		
中止鉴定理由	根据《公安机关鉴定规则》第____条____款之规定,因____________________________,故中止鉴定。				
填表人		批准人		批准时间	20 年 月 日

----------骑缝章----------

(鉴定机构名称)
中止鉴定告知书

[20]第 号

____________:

根据《公安机关鉴定规则》第____条____款之规定,因____________________________,现决定中止你单位委托的________________的鉴定工作。

特此告知。

(鉴定单位公章)

20 年 月 日

司法鉴定程序通则

(司法部令第 132 号)

第一章 总 则

第一条 为了规范司法鉴定机构和司法鉴定人的司法鉴定活动,保障司法鉴定质量,保障诉讼活动的顺利进行,根据《全国人民代表大会常务委员会关于司法鉴定管理问题的决定》和有关法律、法规的规定,制定本通则。

第二条 司法鉴定是指在诉讼活动中鉴定人运用科学技术或者专门知识对诉讼涉及的专门性问题进行鉴别和判断并提供鉴定意见的活动。司法鉴定程序是指司法鉴定机构和司法鉴定人进行司法鉴定活动的方式、步骤以及相关规则的总称。

第三条 本通则适用于司法鉴定机构和司法鉴定人从事各类司法鉴定业务的活动。

第四条 司法鉴定机构和司法鉴定人进行司法鉴定活动,应当遵守法律、法规、规章,遵守职业道德和执业纪律,尊重科学,遵守技术操作规范。

第五条 司法鉴定实行鉴定人负责制度。司法鉴定人应当依法独立、客观、公正地进行鉴定,并对自己作出的鉴定意见负责。司法鉴定人不得违反规定会见诉讼当事人及其委托的人。

第六条 司法鉴定机构和司法鉴定人应当保守在执业活动中知悉的国家秘密、商业秘密,不得泄露个人隐私。

第七条 司法鉴定人在执业活动中应当依照有关诉讼法律和本通则规定实行回避。

第八条 司法鉴定收费执行国家有关规定。

第九条 司法鉴定机构和司法鉴定人进行司法鉴定活动应当依法接受监督。对于有违反有关法律、法规、规章规定行为的,由司法行政机关依法给予相应的行政处罚;对于有违反司法鉴定行业规范行为的,由司法鉴定协会给予相应的行业处分。

第十条 司法鉴定机构应当加强对司法鉴定人执业活动的管理和监督。司法鉴定人违反本通则规定的,司法鉴定机构应当予以纠正。

第二章 司法鉴定的委托与受理

第十一条 司法鉴定机构应当统一受理办案机关的司法鉴定委托。

第十二条 委托人委托鉴定的,应当向司法鉴定机构提供真实、完整、充分的鉴定材料,并对鉴定材料的真实性、合法性负责。司法鉴定机构应当核对并记录鉴定材料的名称、种类、数量、性状、保存状况、收到时间等。

诉讼当事人对鉴定材料有异议的,应当向委托人提出。

本通则所称鉴定材料包括生物检材和非生物检材、比对样本材料以及其他与鉴定事项有关的鉴定资料。

第十三条 司法鉴定机构应当自收到委托之日起七个工作日内作出是否受理的决定。对于复杂、疑难或者特殊鉴定事项的委托,司法鉴定机构可以与委托人协商决定受理的时间。

第十四条 司法鉴定机构应当对委托鉴定事项、鉴定材料等进行审查。对属于本机构司法鉴定业务范围,鉴定用途合法,提供的鉴定材料能够满足鉴定需要的,应当受理。

对于鉴定材料不完整、不充分,不能满足鉴定需要的,司法鉴定机构可以要求委托人补充;经补充后能够满足鉴定需要的,应当受理。

第十五条 具有下列情形之一的鉴定委托,司法鉴定机构不得受理:

(一)委托鉴定事项超出本机构司法鉴定业务范围的;

(二)发现鉴定材料不真实、不完整、不充分或者取得方式不合法的;

(三)鉴定用途不合法或者违背社会公德的;

(四)鉴定要求不符合司法鉴定执业规则或者相关鉴定技术规范的;

(五)鉴定要求超出本机构技术条件或者鉴定能力的;

(六)委托人就同一鉴定事项同时委托其他司法鉴定机构进行鉴定的;

(七)其他不符合法律、法规、规章规定的情形。

第十六条 司法鉴定机构决定受理鉴定委托的,应当与委托人签订司法鉴定委托书。司法鉴定委托书应当载明委托人名称、司法鉴定机构名称、委托鉴定事项、是否属于重新鉴定、鉴定用途、与鉴定有关的基本案情、鉴定材料的提供和退还、鉴定风险,以及双方商定的鉴定时限、鉴定费用及收取方式、双方权利义务等其他需要载明的事项。

第十七条 司法鉴定机构决定不予受理鉴定委托的,应当向委托人说明理由,退还鉴定材料。

第三章 司法鉴定的实施

第十八条 司法鉴定机构受理鉴定委托后,应当指定本机构具有该鉴定事项执业资格的司法鉴定人进行鉴定。

委托人有特殊要求的,经双方协商一致,也可以从本机构中选择符合条件的司法鉴定人进行鉴定。

委托人不得要求或者暗示司法鉴定机构、司法鉴定人按其意图或者特定目的提供鉴定意见。

第十九条 司法鉴定机构对同一鉴定事项,应当指定或者选择二名司法鉴定人进行鉴定;对复杂、疑难或者特殊鉴定事项,可以指定或者选择多名司法鉴定人进行鉴定。

第二十条 司法鉴定人本人或者其近亲属与诉讼当事人、鉴定事项涉及的案件有利害关系,可能影响其独立、客观、公正进行鉴定的,应当回避。

司法鉴定人曾经参加过同一鉴定事项鉴定的,或者曾经作为专家提供过咨询意见的,或者曾被聘请为有专门知识的人参与过同一鉴定事项法庭质证的,应当回避。

第二十一条 司法鉴定人自行提出回避的,由其所属的司法鉴定机构决定;委托人要求司法鉴定人回避的,应当向该司法鉴定人所属的司法鉴定机构提出,由司法鉴定机构决定。

委托人对司法鉴定机构作出的司法鉴定人是否回避的决定有异议的,可以撤销鉴定委托。

第二十二条 司法鉴定机构应当建立鉴定材料管理制度,严格监控鉴定材料的接收、保管、使用和退还。

司法鉴定机构和司法鉴定人在鉴定过程中应当严格依照技术规范保管和使用鉴定材料,因严重不负责任造成鉴定材料损毁、遗失的,应当依法承担责任。

第二十三条 司法鉴定人进行鉴定,应当依下列顺序遵守和采用该专业领域的技术标准、技术规范和技术方法:

(一)国家标准;

(二)行业标准和技术规范;

(三)该专业领域多数专家认可的技术方法。

第二十四条 司法鉴定人有权了解进行鉴定所需要的案件材料,可以查阅、复制相关资料,必要时可以询问诉讼当事人、证人。

经委托人同意,司法鉴定机构可以派员到现场提取鉴定材料。现场提取鉴定材料应当由不少于二名司法鉴定机构的工作人员进行,其中至少一名应为该鉴定事项的司法鉴定人。现场提取鉴定材料时,应当有委托人指派或者委托的人员在场见证并在提取记录上签名。

第二十五条 鉴定过程中,需要对无民事行为能力人或者限制民事行为能力人进行身体检查的,应当通知其监护人或者近亲属到场见证;必要时,可以通知委托人到场见证。

对被鉴定人进行法医精神病鉴定的,应当通知委托人或者被鉴定人的近亲属或者监护人到场见证。

对需要进行尸体解剖的,应当通知委托人或者死者的近亲属或者监护人到场见证。

到场见证人员应当在鉴定记录上签名。见证人员未到场的,司法鉴定人不得开展相关鉴定活动,延误时间不计入鉴定时限。

第二十六条 鉴定过程中,需要对被鉴定人身体进行法医临床检查的,应当采取必要措施保护其隐私。

第二十七条 司法鉴定人应当对鉴定过程进行实时记录并签名。记录可以采取笔记、录音、录像、拍照等方式。记录应当载明主要的鉴定方法和过程,检查、检验、检测结果,以及仪器设备使用情况等。记录的内容应当真实、客观、准确、完整、清晰,记录的文本资料、音像资料等应当存入鉴定档案。

第二十八条 司法鉴定机构应当自司法鉴定委托书生效之日起三十个工作日内完成鉴定。

鉴定事项涉及复杂、疑难、特殊技术问题或者鉴定过程需要较长时间的,经本机构负责人批准,完成鉴定的时限可以延长,延长时限一般不得超过三十个工作日。鉴定时限延长的,应当及时告知委托人。

司法鉴定机构与委托人对鉴定时限另有约定的,从其约定。

在鉴定过程中补充或者重新提取鉴定材料所需的时间,不计入鉴定时限。

第二十九条 司法鉴定机构在鉴定过程中,有下列情形之一的,可以终止鉴定:

(一)发现有本通则第十五条第二项至第七项规定情形的;

(二)鉴定材料发生耗损,委托人不能补充提供的;

(三)委托人拒不履行司法鉴定委托书规定的义务、被鉴定人拒不配合或者鉴定活动受到严重干扰,致使鉴定无法继续进行的;

(四)委托人主动撤销鉴定委托,或者委托人、诉讼当事人拒绝支付鉴定费用的;

(五)因不可抗力致使鉴定无法继续进行的;

(六)其他需要终止鉴定的情形。

终止鉴定的,司法鉴定机构应当书面通知委托人,说明理由并退还鉴定材料。

第三十条 有下列情形之一的,司法鉴定机构可以根据委托人的要求进行补充鉴定:

(一)原委托鉴定事项有遗漏的;

(二)委托人就原委托鉴定事项提供新的鉴定材料的;

(三)其他需要补充鉴定的情形。

补充鉴定是原委托鉴定的组成部分,应当由原司法鉴定人进行。

第三十一条 有下列情形之一的,司法鉴定机构可以接受办案机关委托进行重新鉴定:

(一)原司法鉴定人不具有从事委托鉴定事项执业资格的;

(二)原司法鉴定机构超出登记的业务范围组织鉴定的;

(三)原司法鉴定人应当回避没有回避的;

(四)办案机关认为需要重新鉴定的;

(五)法律规定的其他情形。

第三十二条 重新鉴定应当委托原司法鉴定机构以外的其他司法鉴定机构进行;因特殊原因,委托人也可以委托原司法鉴定机构进行,但原司法鉴定机构应当指定原司法鉴定人以外的其他符合条件的司法鉴定人进行。

接受重新鉴定委托的司法鉴定机构的资质条件应当不低于原司法鉴定机构,进行重新鉴定的司法鉴定人中应当至少有一名具有相关专业高级专业技术职称。

第三十三条 鉴定过程中,涉及复杂、疑难、特殊技术问题的,可以向本机构以外的相关专业领域的专家进行咨询,但最终的鉴定意见应当由本机构的司法鉴定人出具。

专家提供咨询意见应当签名,并存入鉴定档案。

第三十四条 对于涉及重大案件或者特别复杂、疑难、特殊技术问题或者多个鉴定类别的鉴定事项,办案机关可以委托司法鉴定行业协会组织协调多个司法鉴定机构进行鉴定。

第三十五条 司法鉴定人完成鉴定后,司法鉴定机构应当指定具有相应资质的人员对鉴定程序和鉴定意见进行复核;对于涉及复杂、疑难、特殊技术问题或者重新鉴定的鉴定事项,可以组织三名以上的专家进行复核。

复核人员完成复核后,应当提出复核意见并签名,存入鉴定档案。

第四章 司法鉴定意见书的出具

第三十六条 司法鉴定机构和司法鉴定人应当按照统一规定的文本格式制作司法鉴定意见书。

第三十七条 司法鉴定意见书应当由司法鉴定人签名。多人参加的鉴定,对鉴定意见有不同意见的,应当注明。

第三十八条 司法鉴定意见书应当加盖司法鉴定机构的司法鉴定专用章。

第三十九条 司法鉴定意见书应当一式四份,三份交委托人收执,一份由司法鉴定机构存档。司法鉴定机构应当按照有关规定或者与委托人约定的方式,向委托人发送司法鉴定意见书。

第四十条 委托人对鉴定过程、鉴定意见提出询问的,司法鉴定机构和司法鉴定人应当给予解释或者说明。

第四十一条 司法鉴定意见书出具后,发现有下列情形之一的,司法鉴定机构可以进行补正:

(一)图像、谱图、表格不清晰的;

(二)签名、盖章或者编号不符合制作要求的;

(三)文字表达有瑕疵或者错别字,但不影响司法鉴定意见的。

补正应当在原司法鉴定意见书上进行,由至少一名司法鉴定人在补正处签名。必要时,可以出具补正书。

对司法鉴定意见书进行补正,不得改变司法鉴定意见的原意。

第四十二条 司法鉴定机构应当按照规定将司法鉴定意见书以及有关资料整理立卷、归档保管。

第五章 司法鉴定人出庭作证

第四十三条 经人民法院依法通知,司法鉴定人应当出庭作证,回答与鉴定事项有关的问题。

第四十四条 司法鉴定机构接到出庭通知后,应当及时与人民法院确认司法鉴定人出庭的时间、地点、人数、费用、要求等。

第四十五条 司法鉴定机构应当支持司法鉴定人出庭作证,为司法鉴定人依法出庭提供必要条件。

第四十六条 司法鉴定人出庭作证,应当举止文明,遵守法庭纪律。

第六章 附 则

第四十七条 本通则是司法鉴定机构和司法鉴定人进行司法鉴定活动应当遵守和采用的一般程序规则,不同专业领域对鉴定程序有特殊要求的,可以依据本通则制定鉴定程序细则。

第四十八条 本通则所称办案机关,是指办理诉讼案件的侦查机关、审查起诉机关和审判机关。

第四十九条 在诉讼活动之外,司法鉴定机构和司法鉴定人依法开展相关鉴定业务的,参照本通则规定执行。

第五十条 本通则自 2016 年 5 月 1 日起施行。司法部 2007 年 8 月 7 日发布的《司法鉴定程序通则》(司法部第 107 号令)同时废止。

附录三：
法医鉴定技术标准目录

法医病理鉴定		
名称	文号	实施时间
尸体辨认照相、录像方法规则	GA/T 223—1999	1999 年 10 月 1 日
人体组织器官中硅藻硝酸破机法检验	GA/T 813—2009	2009 年 5 月 1 日
法庭科学 尸体检验照相规范	GA/T 1198—2014	2014 年 10 月 24 日
法庭科学 法医电动开颅锯通用技术要求	GA/T 1489—2018	2018 年 6 月 1 日
道路交通事故尸体检验	GA/T 268—2019	2019 年 6 月 3 日
法庭科学 汉族青少年骨龄鉴定技术规程	GA/T 1583—2019	2019 年 10 月 1 日
法庭科学 人体耻骨性别形态学检验技术规范	GA/T 1584—2019	2019 年 10 月 1 日
法庭科学 尸体检验摄像技术规范	GA/T 1585—2019	2019 年 10 月 1 日
法医学 尸体检验技术总则	GA/T 147—2019	2019 年 12 月 1 日
法医学 病理检材的提取、固定、取材及保存规范	GA/T 148—2019	2019 年 12 月 1 日
法医学 机械性窒息尸体检验规范	GA/T 150—2019	2019 年 12 月 1 日
法医学 新生儿尸体检验规范	GA/T 151—2019	2019 年 12 月 1 日
法医学 中毒尸体检验规范	GA/T 167—2019	2019 年 12 月 1 日
法医学 机械性损伤尸体检验规范	GA/T 168—2019	2019 年 12 月 1 日
法医学 猝死尸体检验规范	GA/T 170—2019	2019 年 12 月 1 日
法庭科学 硅藻检验技术规范 微波消解－真空抽滤－显微镜法	GA/T 1662—2019	2019 年 12 月 1 日
法医学 死亡原因分类及其鉴定指南	GA/T 1968—2021	2022 年 5 月 1 日
法医学 机械性损伤致伤物分类及推断指南	GA/T 1969—2021	2022 年 5 月 1 日
不锈钢尸体解剖台	GA/T 750—2021	2022 年 5 月 1 日

续表

名称	文号	实施时间
尸体解剖检验室建设规范	GA/T 830—2021	2022 年 5 月 1 日
法医学 尸体检验职业防护指南	GB/T 43634—2024	2024 年 3 月 15 日
尸体多层螺旋计算机体层成像(MSCT)血管造影操作规程	SF/T 0067—2020	2020 年 5 月 29 日

法医临床鉴定(人体损伤程度)		
名称	文号	实施时间
人体损伤程度鉴定标准	最高人民法院、最高人民检察院、公安部、国家安全部、司法部	2014 年 1 月 1 日
人体重伤鉴定标准	司发〔1990〕070 号	已废止
人体轻伤鉴定标准(试行)	法(司)发〔1990〕6 号	已废止
人体轻微伤的鉴定	GA/T 146—1996	已废止
听力障碍的法医学评定	GA/T 914—2010	2010 年 12 月 1 日
男性性功能障碍法医学鉴定	GA/T 1188—2014	2014 年 9 月 28 日
性侵害案件法医临床学检查指南	GA/T 1194—2014	2014 年 9 月 29 日
法医临床检验规范	RB/T 192—2015	2016 年 7 月 1 日
男性性功能障碍法医学鉴定	GB/T 37237—2018	2019 年 4 月 1 日
法庭科学 法医临床鉴定室建设规范	GA/T 1588—2019	2019 年 11 月 1 日
法医临床检验规范	SF/T 0111—2021	2021 年 11 月 17 日
法医临床影像学检验实施规范	SF/T 0112—2021	2021 年 11 月 17 日
法医临床学检验规范	GA/T 1970—2021	2022 年 5 月 1 日
法医学 视觉电生理检查规范	GA/T 1967—2021	2022 年 5 月 1 日
周围神经功能障碍法医临床鉴定技术规范	GB/T 43638—2024	2024 年 7 月 1 日
视觉功能障碍法医临床鉴定技术规范	GB/T 43639—2024	2024 年 7 月 1 日
听觉功能障碍法医临床鉴定技术规范	GB/T 43640—2024	2024 年 7 月 1 日
环境损害致人身伤害司法鉴定技术导则	SF/T 0068—2020	2020 年 5 月 29 日

续表

名称	文号	实施时间
人身损害与疾病因果关系判定指南	SF/T 0095—2021	2021 年 11 月 17 日
肢体运动功能评定	SF/T 0096—2021	2021 年 11 月 17 日
医疗损害司法鉴定指南	SF/T 0097—2021	2021 年 11 月 17 日
法医临床检验规范	SF/T 0111—2021	2021 年 11 月 17 日
法医临床影像学检验实施规范	SF/T 0112—2021	2021 年 11 月 17 日

法医临床鉴定(伤残程度)		
名称	文号	实施时间
道路交通事故受伤人员伤残评定	GB 18667—2002	已废止
人身损害受伤人员误工损失日评定准则	GA/T 521—2004	已废止
听力障碍的法医学评定	GA/T 914—2010	2010 年 12 月 1 日
残疾人残疾分类和分级	GB/T 26341—2010	2011 年 5 月 1 日
人身损害误工期、护理期、营养期评定	GA/T 1193—2014	2014 年 11 月 27 日
法庭科学 人体损伤检验照相规范	GA/T 1197—2014	2014 年 10 月 24 日
劳动能力鉴定 职工工伤与职业病致残等级	GB/T 16180—2014	2015 年 1 月 1 日
人身损害护理依赖程度评定	GB/T 31147—2014	已废止
法庭科学 人身损害受伤人员后续诊疗项目评定技术规程	GA/T 1555—2019	2019 年 4 月 9 日
道路交通事故受伤人员治疗终结时间	GA/T 1088—2021	2022 年 1 月 1 日
中国残疾人实用评定标准	〔1995〕残联组联字第 61 号	1995 年 9 月 15 日
运动创伤与运动致病事故程度分级标准(试行)		1999 年 9 月
职工非因工伤残或因病丧失劳动能力程度鉴定标准(试行)	劳社部发〔2002〕8 号	2002 年 4 月 5 日
医疗事故分级标准(试行)	卫生部令第 32 号	2002 年 9 月 1 日
军人残疾等级评定标准	民发〔2011〕218 号	2012 年 1 月 1 日
人身保险伤残评定标准	中国保险行业协会、中国法医学会	2013 年 6 月 8 日

续表

名称	文号	实施时间
人体损伤致残程度分级	最高人民法院、最高人民检察院、公安部、国家安全部、司法部	2017 年 1 月 1 日

法医物证鉴定		
名称	文号	实施时间
法庭科学 人类荧光标记 STR 复合扩增检测试剂质量基本要求	GB/T 37226—2018	2018 年 12 月 28 日
法庭科学 DNA 鉴定文书内容及格式	GB/T 41021—2021	2023 年 1 月 1 日
法庭科学 DNA 数据库选用的基因座及其数据结构	GB/T 41009—2021	2023 年 1 月 1 日
法庭科学 DNA 数据库建设规范	GB/T 21679—2023	2024 年 7 月 1 日
法医学 物证检材的提取、保存与送检	GA/T 169—1997	已废止
法庭科学 DNA 数据库选用的基因座及其数据结构	GA 469—2004	2004 年 5 月 1 日
法庭科学 DNA 数据库现场生物样品和被采样人信息项及其数据结构	GA 470—2004	2004 年 5 月 1 日
抗 A、抗 B 血清试剂	GA 471—2004	已废止
抗人血红蛋白血清试剂	GA 472—2004	已废止
抗人精液血清试剂	GA 473—2004	已废止
抗猪、羊等常见动物血清试剂	GA 474—2004	已废止
抗人血清试剂	GA 475—2004	已废止
人血红蛋白金标检验试剂条	GA 476—2004	2004 年 7 月 1 日
人前列腺特异性抗原(PSA)金标检验试剂条	GA 477—2021	2022 年 5 月 1 日
人毛发 ABO 血型检测解离法	GA 655—2006	已废止
人血液(痕)ABO 血型检测凝集法、解离法	GA 656—2006	已废止
人体液斑 ABO 血型检测凝集抑制试验	GA 657—2006	已废止
人血红蛋白检测 金标试剂条法	GA 765—2020	2020 年 5 月 1 日

续表

名称	文号	实施时间
人精液 PSA 检测金标试剂条法	GA 766—2020	2020 年 5 月 1 日
物证通用标签	GA 55—2011	2011 年 12 月 9 日
法庭科学 DNA 亲子鉴定规范	GA/T 965—2011	2011 年 12 月 9 日
法庭科学 DNA 实验室建设规范	GA/T 382—2014	2014 年 5 月 9 日
法庭科学 DNA 实验室检验规范	GA/T 383—2014	2014 年 5 月 9 日
毒品原植物的 DNA 提取 二氧化硅法	GA/T 1160—2014	2014 年 5 月 9 日
法庭科学 DNA 检验鉴定文书内容及格式	GA/T 1161—2014	2014 年 5 月 9 日
法医生物检材的提取、保存、送检规范	GA/T 1162—2014	2014 年 5 月 9 日
人类 DNA 荧光标记 STR 分型结果的分析及应用	GA/T 1163—2014	2014 年 5 月 9 日
法医 DNA 鉴定能力验证实施指南	RB/T 194—2015	2016 年 7 月 1 日
法庭科学 复合 SNPs 检验族群推断方法	GA/T 1377—2018	2018 年 12 月 11 日
法庭科学 STR 已知分型参照物质技术要求	GA/T 1378—2018	2018 年 12 月 11 日
法庭科学 DNA 磁珠纯化试剂质量基本要求	GA/T 1379—2018	2018 年 12 月 12 日
法庭科学 DNA 数据库人员样本采集规范	GA/T 1380—2018	2018 年 12 月 12 日
法庭科学 人类血液采集存储卡通用技术要求	GA/T 1665—2019	2019 年 12 月 1 日
法庭科学 犬 DNA 实验室检验规范	GA/T 1703—2019	2019 年 12 月 1 日
法庭科学 DNA 实验室质量控制规范	GA/T 1704—2019	2019 年 12 月 1 日
法庭科学 生物样本自动分拣方法	GA/T 1705—2019	2019 年 12 月 1 日
法庭科学 生物样本自动分拣设备通用技术要求	GA/T 1706—2019	2019 年 12 月 1 日
序列多态 STR 等位基因命名规则	GA/T 1694—2020	2021 年 1 月 1 日
法医物证检验术语	GA/T 1972—2021	2022 年 5 月 1 日
法医物证鉴定实验室管理规范	SF/T 0069—2020	2020 年 5 月 29 日
染色体遗传标记高通量测序与法医学应用规范	SF/T 0070—2020	2020 年 5 月 29 日
大麻的法医学 STR 遗传标记分型检验要求	SF/T 0098—2021	2021 年 11 月 17 日
生物学全同胞关系鉴定技术规范	SF/T 0117—2021	2021 年 11 月 17 日
法医物证实验室污染防控技术规范	SF/T 0129—2023	2023 年 12 月 1 日
同卵双生子个体识别技术规范	SF/T 0130—2023	2023 年 12 月 1 日

续表

名称	文号	实施时间
生物学半同胞关系鉴定技术规范	SF/T 0131—2023	2023 年 12 月 1 日
法医 InDel 分型与应用技术规范	SF/T 0132—2023	2023 年 12 月 1 日
HRM 用于致幻蘑菇古巴光盖伞种属鉴定技术规范	SF/T 0133—2023	2023 年 12 月 1 日
法医学 生物检材核酸提取技术规范	SF/T 0134—2023	2023 年 12 月 1 日
法医微单倍型遗传标记分型与应用技术规范	SF/T 0135—2023	2023 年 12 月 1 日
法医学 非人源生物检材种属鉴定技术规范	SF/T 0136—2023	2023 年 12 月 1 日
亲子鉴定文书规范	SF/T 0137—2023	2023 年 12 月 1 日
法庭科学 DNA 实验室建设规范	GB/T 43633—2024	2024 年 10 月 1 日
法庭科学 DNA 实验室检验规范	GB/T 43635—2024	2024 年 10 月 1 日
法庭科学 DNA 二代测序检验规范	GB/T 43636—2024	2024 年 10 月 1 日
生物学全同胞关系鉴定技术规范	GB/T 43641—2024	2024 年 7 月 1 日
法医学 个体识别技术规范	GB/T 43642—2024	2024 年 7 月 1 日

法医毒物鉴定		
名称	文号	实施时间
车辆驾驶人员血液、呼气酒精含量阈值与检验	GB 19522—2024	2024 年 8 月 1 日
疑似毒品中海洛因的气相色谱、气相色谱 - 质谱检验方法	GB/T 29635—2013	2013 年 11 月 1 日
呼出气体酒精含量检测仪	GB/T 21254—2017	2018 年 7 月 1 日
疑似毒品中甲基苯丙胺检验	GB/T 29636—2023	2024 年 3 月 1 日
疑似毒品中氯胺酮检验	GB/T 29637—2023	2024 年 6 月 1 日
血液、尿液中乙醇、甲醇、正丙醇、丙酮、异丙醇和正丁醇检验	GB/T 42430—2023	2024 年 3 月 1 日
剧毒物品分级、分类及品名编号	GA 57—1993	1993 年 10 月 1 日
剧毒物品品名表	GA 58—1993	1993 年 10 月 1 日
中毒案件检材中巴比妥类物的定性定量分析	GA/T 102—1995	1995 年 8 月 1 日

续表

名称	文号	实施时间
血,尿中已醇甲醇正丙,已醛,丙酮,异丁醇,正丁醇,异戊醇的定性分析及乙醇,甲醇,正丙醇的定量分析方法	GA/T 105—1995	1995 年 8 月 1 日
毒物分析名词术语	GA/T 122—1995	1996 年 5 月 1 日
中毒检材中氯丙嗪、异丙嗪、奋乃静的定性定量分析方法	GA/T 189—1998	1999 年 3 月 1 日
毒物分析鉴定书编写规程	GA/T 191—1998	已废止
毒物分析检验记录内容及格式	GA/T 192—1998	已废止
中毒案件采取检材规则	GA/T 193—1998	1999 年 3 月 1 日
中毒案件检材包装、贮存、运送及送检规则	GA/T 194—1998	1999 年 3 月 1 日
中毒检材中氯喹的定性定量分析方法	GA/T 198—1998	1999 年 3 月 1 日
中毒检材中阿米替林、多虑平、三甲丙咪嗪、氯丙咪嗪、丙咪嗪的定性定量分析方法	GA/T 199—1998	1999 年 3 月 1 日
中毒检材中士的宁、马钱子生物碱的定性定量分析方法	GA/T 200—1998	1999 年 3 月 1 日
中毒案件检材中磷胺、久效磷的定性定量分析	GA/T 203—1999	1999 年 7 月 1 日
中毒案件检材中可卡因及其主要代谢物苯甲酰爱冈宁的 HPLC 和 GC 定性定量分析	GA/T 207—1999	1999 年 7 月 1 日
中毒检材中静松灵的定性定量分析方法	GA/T 597—2006	2006 年 5 月 1 日
唾液酒精检测试纸条	GA/T 843—2009	2009 年 12 月 1 日
生物样品中氰离子的气相色谱法和化学检验方法	GA/T 930—2011	2011 年 5 月 1 日
生物样品中敌鼠等六种抗凝血杀鼠剂的高效液相色谱检验方法	GA/T 932—2011	2011 年 5 月 1 日
生物样品中氟乙酸根离子的气相色谱和气相色谱－质谱联用检验方法	GA/T 933—2011	2011 年 5 月 1 日
生物样品中次乌头碱、乌头碱、中乌头碱的液相色谱－串联质谱检验方法	GA/T 934—2011	2011 年 5 月 1 日
生物样品血液、尿液中乙醇、甲醇、正丙醇、乙醛、丙酮、异丙醇和正丁醇的顶空－气相色谱检验方法	GA/T 1073—2013	2013 年 8 月 1 日

续表

名称	文号	实施时间
生物样品中Y-羟基丁酸的气相色谱-质谱和液相色谱-串联质谱检验方法	GA/T 1074—2013	2013年6月28日
车辆驾驶人员血液酒精含量检验实验室规范	GA/T 1147—2014	2014年5月1日
法庭科学 毛发、血液中氯胺酮气相色谱和气相色谱-质谱检验方法	GA/T 1316—2016	2016年6月30日
法庭科学 吸毒人员尿液中吗啡和单乙酰吗啡气相色谱和气相色谱-质谱检验方法	GA/T 1318—2016	2016年7月11日
法庭科学 吸毒人员尿液中苯丙胺等四种苯丙胺类毒品气相色谱和气相色谱-质谱检验方法	GA/T 1319—2016	2016年7月11日
法庭科学 血液、尿液中氟离子气相色谱 质谱检验方法	GA/T 1320—2016	2016年7月11日
法庭科学 生物体液中哌替啶及其代谢物气相色谱和气相色谱-质谱检验方法	GA/T 1321—2016	2016年7月8日
法庭科学 血液中地西泮等十种苯骈二氮杂类药物气相色谱-质谱检验方法	GA/T 1322—2016	2016年7月11日
法庭科学 生物检材中唑吡坦气相色谱、气相色谱-质谱和液相色谱-串联质谱检验方法	GA/T 1327—2016	2016年9月14日
法庭科学 生物检材中卡马西平气相色谱和气相色谱-质谱检验方法	GA/T1328—2016	2016年9月14日
法庭科学 吸毒人员尿液中氯胺酮气相色谱和气相色谱-质谱检验方法	GA/T 1329—2016	2016年9月14日
法庭科学 吸毒人员尿液中四氢大麻酚和四氢大麻酸气相色谱-质谱检验方法	GA/T 1330—2016	2016年9月14日
法庭科学 血液中阿维菌素B1a液相色谱-串联质谱检验方法	GA/T 1331—2016	2016年9月14日
法庭科学 血液中甲草胺等五种酰胺类除草剂气相色谱-质谱检验方法	GA/T 1332—2016	2016年9月14日
疑似毒品中苯丙胺等五种苯丙胺类毒品检验 毛细管电泳、傅立叶变换红外光谱法	GA/T 1518—2018	2018年9月18日
法庭科学 230种药(毒)物液相色谱-串联质谱筛查方法	GA/T 1530—2018	2018年11月5日

续表

名称	文号	实施时间
生物检材中地芬诺酯检验 液相色谱－质谱法	GA/T 1535—2018	2018 年 11 月 26 日
法庭科学 生物检材中甲氰菊酯等五种拟除虫菊酯类农药检验 气相色谱－质谱法	GA/T 103—2019	2019 年 12 月 1 日
法庭科学 生物检材中斑蝥素检验 气相色谱－质谱和液相色谱－质谱法	GA/T 121—2019	2019 年 12 月 1 日
法庭科学 血液、尿液中苯、甲苯、乙苯和二甲苯检验 顶空气相色谱法	GA/T 204—2019	2019 年 12 月 1 日
法庭科学 生物检材中磷化氢检验 顶空气相色谱和顶空气相色谱－质谱法	GA/T 208—2019	2019 年 12 月 1 日
血液酒精含量的检验方法	GA/T 842—2019	2019 年 5 月 1 日
道路交通执法人体血液采集技术规范	GA/T 1556—2019	2019 年 5 月 1 日
法庭科学 涉嫌吸毒人员尿液采集操作规范	GA/T 1586—2019	2019 年 11 月 1 日
法庭科学 生物检材中芬太尼检验 液相色谱－质谱法	GA/T 1601—2019	2019 年 12 月 1 日
法庭科学 生物检材中地西泮及其代谢物检验 液相色谱和液相色谱－质谱法	GA/T 1602—2019	2019 年 12 月 1 日
法庭科学 生物检材中地芬尼多检验 气相色谱和气相色谱－质谱法	GA/T 1603—2019	2019 年 12 月 1 日
法庭科学 生物检材中地西泮等 23 种药物检验 快速溶剂萃取气相色谱－质谱法	GA/T 1604—2019	2019 年 12 月 1 日
法庭科学 生物检材中丁丙诺啡检验 液相色谱－质谱法	GA/T 1605—2019	2019 年 12 月 1 日
法庭科学 生物检材中毒死蜱等五种有机磷农药检验 快速溶剂萃取气相色谱和气相色谱－质谱法	GA/T 1606—2019	2019 年 12 月 1 日
法庭科学 生物检材中海洛因代谢物检验 液相色谱 质谱法	GA/T 1607—2019	2019 年 12 月 1 日
法庭科学 生物检材中河豚毒素检验液相色谱－质谱法	GA/T 1608—2019	2019 年 12 月 1 日
法庭科学 生物检材中林可霉素检验 液相色谱－质谱法	GA/T 1609—2019	2019 年 12 月 1 日

续表

名称	文号	实施时间
法庭科学 生物检材中红霉素和罗红霉素检验液相色谱 - 质谱法	GA/T 1610—2019	2019 年 12 月 1 日
法庭科学 生物检材中甲氰菊酯等五种拟除虫菊酯类农药及其代谢物检验 液相色谱 - 质谱法	GA/T 1611—2019	2019 年 12 月 1 日
法庭科学 生物检材中乐果等八种有机磷类农药检验气相色谱和气相色谱 - 质谱法	GA/T 1612—2019	2019 年 12 月 1 日
法庭科学 生物检材中利多卡因、罗哌卡因和布比卡因检验气相色谱 - 质谱和液相色谱 - 质谱法	GA/T 1613—2019	2019 年 12 月 1 日
法庭科学 生物检材中氯胺酮检验气相色谱和气相色谱 - 质谱法	GA/T 1614—2019	2019 年 12 月 1 日
法庭科学 生物检材中氯氮平检验气相色谱和气相色谱 - 质谱法	GA/T 1615—2019	2019 年 12 月 1 日
法庭科学 生物检材中氯霉素检验液相色谱和液相色谱 - 质谱法	GA/T 1616—2019	2019 年 12 月 1 日
法庭科学 生物检材中马钱子碱和士的宁检验液相色谱和液相色谱 - 质谱法	GA/T 1617—2019	2019 年 12 月 1 日
法庭科学 生物检材中美沙 T 检验液相色谱 - 质谱法	GA/T 1618—2019	2019 年 12 月 1 日
法庭科学 生物检材中灭多威和灭多威肟检验气相色谱 - 质谱和液相色谱 - 质谱法	GA/T 1619—2019	2019 年 12 月 1 日
法庭科学 生物检材中扑尔敏检验气相色谱和气相色谱 - 质谱法	GA/T 1620—2019	2019 年 12 月 1 日
法庭科学 生物检材中噻嗪酮检验 气相色谱 - 质谱和液相色谱 - 质谱法	GA/T 1621—2019	2019 年 12 月 1 日
法庭科学 生物检材中沙蚕毒素、杀虫双、杀虫环和杀螟丹检验 气相色谱、气相色谱 - 质谱和液相色谱 - 质谱法	GA/T 1622—2019	2019 年 12 月 1 日
法庭科学 生物检材中涕灭威检验 气相色谱 - 质谱和液相色谱 - 质谱法	GA/T 1623—2019	2019 年 12 月 1 日
法庭科学 生物检材中五氟利多检验 液相色谱 - 质谱法	GA/T 1624—2019	2019 年 12 月 1 日

续表

名称	文号	实施时间
法庭科学 生物检材中西玛津和莠去津检验 气相色谱－质谱法	GA/T 1625—2019	2019年12月1日
法庭科学 生物检材中佐匹克隆和右佐匹克隆检验 液相色谱－质谱法	GA/T 1626—2019	2019年12月1日
法庭科学 生物检材中2,4－D等四种苯氧羧酸类除草剂检验 气相色谱和气相色谱－质谱法	GA/T 1627—2019	2019年12月1日
法庭科学 生物检材中草甘膦检验 离子色谱－质谱法	GA/T 1628—2019	2019年12月1日
法庭科学 血液、尿液中百草枯检验 气相色谱和气相色谱－质谱法	GA/T 1629—2019	2019年12月1日
法庭科学 血液、尿液中铬等五种元素检验 电感耦合等离子体质谱法	GA/T 1630—2019	2019年12月1日
法庭科学 血液、尿液中米氮平和氟西汀检验 气相色谱和气相色谱－质谱法	GA/T 1631—2019	2019年12月1日
法庭科学 血液、尿液中缩节胺和矮壮素检验 液相色谱－质谱法	GA/T 1632—2019	2019年12月1日
法庭科学 血液、尿液中乙基葡萄糖醛酸苷检验 气相色谱－质谱和液相色谱－质谱法	GA/T 1633—2019	2019年12月1日
法庭科学 毛发、血液中苯丙胺等四种苯丙胺类毒品检验 气相色谱和气相色谱－质谱法	GA/T 1634—2019	2019年12月1日
法庭科学 毛发、血液中吗啡和单乙酰吗啡检验 气相色谱－质谱法	GA/T 1635—2019	2019年12月1日
法庭科学 毛发、血液中四氢大麻酚和四氢大麻酸检验 气相色谱－质谱法	GA/T 1636—2019	2019年12月1日
法庭科学 血液中甲磺隆等四种磺酰脲类除草剂检验 液相色谱和液相色谱－质谱法	GA/T 1637—2019	2019年12月1日
法庭科学 尿液中地西泮等四种苯骈二氮杂革类药物及其代谢物检验 气相色谱－质谱法	GA/T 1638—2019	2019年12月1日
法庭科学 唾液中苯丙胺等四种苯丙胺类毒品和氯胺酮检验 液相色谱－质谱法	GA/T 1639—2019	2019年12月1日
法庭科学 唾液中吗啡和6－单乙酰吗啡检验 液相色谱－质谱法	GA/T 1640—2019	2019年12月1日

续表

名称	文号	实施时间
法庭科学 疑似毒品中苯丙胺和替苯丙胺检验 气相色谱和气相色谱-质谱法	GA/T 1641—2019	2019 年 12 月 1 日
法庭科学 疑似毒品中大麻检验 液相色谱和液相色谱-质谱法	GA/T 1642—2019	2019 年 12 月 1 日
法庭科学 疑似毒品中二亚甲基双氧安非他明检验 液相色谱和液相色谱-质谱法	GA/T 1643—2019	2019 年 12 月 1 日
法庭科学 疑似毒品中甲卡西酮、卡西酮和 4-甲基甲卡西酮检验 液相色谱-质谱法	GA/T 1644—2019	2019 年 12 月 1 日
法庭科学 疑似毒品中可卡因检验 液相色谱和液相色谱-质谱法	GA/T 1645—2019	2019 年 12 月 1 日
法庭科学 疑似毒品中美沙酮检验 液相色谱和液相色谱-质谱法	GA/T 1646—2019	2019 年 12 月 1 日
法庭科学 疑似毒品中溴西泮等五种苯骈二氮杂革类毒品检验 液相色谱和液相色谱-质谱法	GA/T 1647—2019	2019 年 12 月 1 日
法庭科学 疑似毒品中鸦片检验 液相色谱和液相色谱-质谱法	GA/T 1648—2019	2019 年 12 月 1 日
法庭科学 毒物检验方法确认规范	GA/T 1649—2019	2019 年 12 月 1 日
法庭科学 生物检材中敌敌畏和敌百虫检验 气相色谱-质谱和液相色谱-质谱法	GA/T 187—2021	2022 年 5 月 1 日
法医毒物分析方法验证通则	SF/T 0063—2020	2020 年 5 月 29 日
血液中 188 种毒(药)物的气相色谱-高分辨质谱检验方法	SF/T 0064—2020	2020 年 5 月 29 日
毛发中二甲基色胺等 16 种色胺类新精神活性物质及其代谢物的液相色谱-串联质谱检验方法	SF/T 0065—2020	2020 年 5 月 29 日
生物检材中芬太尼等 31 种芬太尼类新精神活性物质及其代谢物的液相色谱-串联质谱检验方法	SF/T 0066—2020	2020 年 5 月 29 日
血液中扑草净等 20 种除草剂的液相色谱-串联质谱检验方法	SF/T 0092—2021	2021 年 11 月 17 日
血液中卡西酮等 37 种卡西酮类新精神活性物质及其代谢物的液相色谱-串联质谱检验方法	SF/T 0093—2021	2021 年 11 月 17 日

续表

名称	文号	实施时间
毛发中 5F - MDMB - PICA 等 7 种合成大麻素类新精神活性物质的液相色谱 - 串联质谱检验方法	SF/T 0094—2021	2021 年 11 月 17 日
血液中氰化物的气相色谱 - 质谱和气相色谱检验方法	SF/T 0113—2021	2021 年 11 月 17 日
生物检材中吗啡、O6 - 单乙酰吗啡和可待因的检验方法	SF/T 0114—2021	2021 年 11 月 17 日
血液中 45 种有毒生物碱的液相色谱 - 串联质谱检验方法	SF/T 0115—2021	2021 年 11 月 17 日
血液、尿液中苯丙胺类兴奋剂、哌替啶和氯胺酮的检验方法	SF/T 0116—2021	2021 年 11 月 17 日

法医精神病鉴定		
名称	文号	实施时间
法医精神病学精神检查指南	GA/T 1971—2021	2022 年 5 月 1 日
精神障碍者性自我防卫能力评定指南	SF/T 0071—2020	2020 年 5 月 29 日
精神障碍者诉讼能力评定	SF/T 0101—2021	2021 年 11 月 17 日
法医精神病鉴定精神检查规范	SF/T 0183—2024	2025 年 6 月 1 日
精神障碍者服刑能力评定	SF/T 0184—2024	2025 年 6 月 1 日

暂予监外执行		
名称	文号	实施时间
罪犯保外就医执行办法	司发〔1990〕247 号	已废止
暂予监外执行规定	司发通〔2014〕112 号	2014 年 12 月 1 日
最高人民法院关于罪犯交付执行前暂予监外执行组织诊断工作有关问题的通知	法〔2014〕319 号	2014 年 12 月 11 日
最高人民法院关于印发《罪犯生活不能自理鉴别标准》的通知	法〔2016〕305 号	2016 年 7 月 26 日
司法部关于印发《监狱暂予监外执行程序规定》的通知		2016 年 10 月 1 日

续表

名称	文号	实施时间
关于罪犯交付执行前暂予监外执行医学诊断工作的若干意见	苏高法〔2015〕19号	2015年1月15日
关于规范《暂予监外执行规定》中相关医学问题的意见	苏检发〔2015〕13号	2015年5月15日
关于落实《暂予监外执行规定》中省级人民政府指定医院的意见	苏司通〔2015〕113号	2015年10月22日
关于规范暂予监外执行罪犯病情诊断、妊娠检查或者生活不能自理鉴别工作的通知	苏司通〔2017〕31号	2017年7月15日
关于规范《暂予监外执行规定》中相关医学问题的意见(二)	苏高法〔2022〕223号	2022年10月24日
关于进一步规范暂予监外执行工作的意见	司发通〔2023〕24号	2023年5月28日

医疗事故与医疗损害		
名称	文号	实施时间
医疗事故处理条例	国务院令第351号	2002年9月1日
医疗事故分级标准(试行)	卫生部令第32号	2002年9月1日
医疗事故技术鉴定暂行管理办法	卫生部令第30号	2002年9月1日
医疗机构病历管理规定	国卫医发〔2013〕31号	2014年1月1日
最高人民法院关于审理医疗损害责任纠纷案件适用法律若干问题的解释	法释〔2020〕17号	2021年1月1日
医疗器械监督管理条例	国务院令第276号	2021年6月1日
医疗机构管理条例	1994年2月26日通过,2016年2月6日、2022年3月29日修订	1994年9月1日
医疗损害司法鉴定指南	SF/T 0097—2021	2021年11月17日

最高人民检察院司法鉴定技术规范		
名称	文号	实施时间
“消”字号抗(抑)菌剂中抗真菌药物测定 气相色谱－质谱法	ZGJ/J 001—2022	2022年6月7日

续表

名称	文号	实施时间
法医类鉴定专门审查指引	ZGJ/J 002—2022	2022 年 9 月 1 日
法医病理鉴定专门审查指引	ZGJ/J 003—2022	2022 年 9 月 1 日
法医临床鉴定专门审查指引	ZGJ/J 004—2022	2022 年 9 月 1 日
法医 DNA 鉴定专门审查指引	ZGJ/J 005—2022	2022 年 9 月 1 日
监管场所被监管人死亡检察法医技术工作指引	ZGJ/J 006—2023	2023 年 2 月 1 日
鱼体中地西泮的测定 液相色谱 - 串联质谱法	ZGJ/J 007—2023	2004 年 7 月 1 日
伤害类案件人体损伤程度鉴定意见专门审查指引	ZGJ/J 008—2024	2024 年 10 月 12 日

附录四：

法医类司法鉴定意见专门审查思维导图

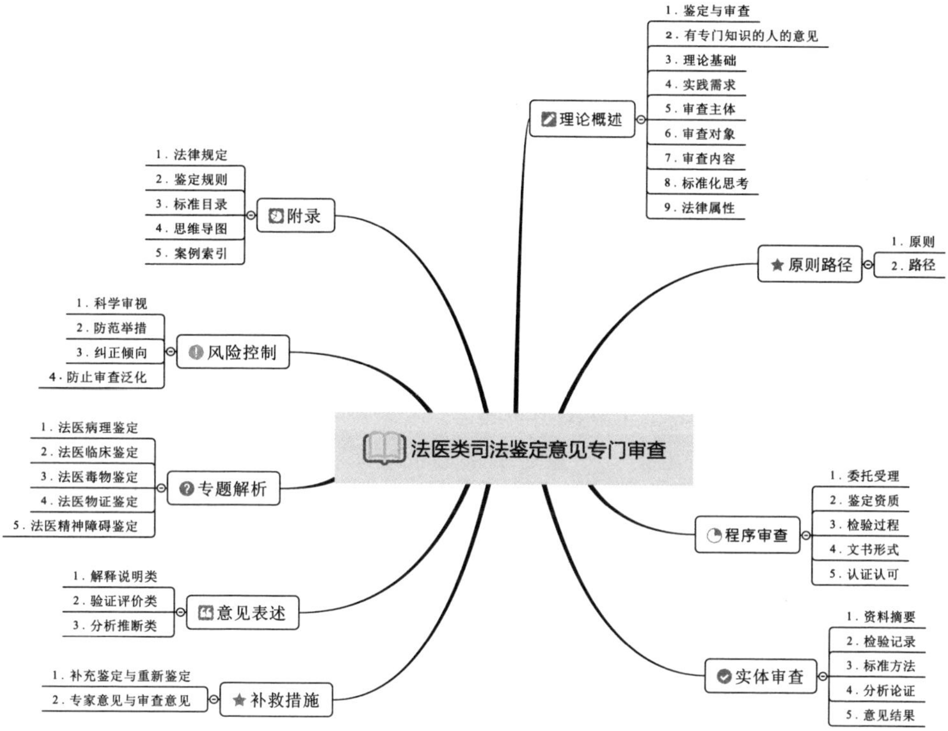

附录五：
专门审查案例索引